Vom Baby zum Schulkind

Ein Praxisbuch für Eltern

Vom Baby zum Schulkind

Herausgegeben von
Prof. Dr. Klaus Fröhlich-Gildhoff

Ein Praxisbuch für Eltern

Impressum

Chefredaktion: Dr. Beate Varnhorn
Projektleitung und redaktionelle Leitung: Denise Spindelndreier
Redaktion: Antje Kleinelümern-Depping, Ursula Rzepka, Cordula Speer
Bildredaktion: Anka Hartenstein, Sonja Rudowicz, Svenja Schumann
Grafische Beratung: Jo Pelle Küker-Bünermann
Herstellung: Marcel Hellmund, Michael Schack

Konzeptentwicklung und redaktionelle Betreuung:
interConcept Medienagentur, München
Redaktionsleitung interConcept: Dr. Markus Schreiber
Redaktionelle Mitarbeit: Renate Wolf, München
Text: Barbara Rusch, München (Die Autorin widmet das Buch ihrer Tochter Gesa.)
Fachkorrektur: Dipl.-Päd. Barbara Bach, Köln
Layout: Satzart Christiane Sander, Bochum
Satz: Keysselitz Deutschland GmbH, München
Einbandgestaltung: INIT, Büro für Gestaltung, Bielefeld

Die in diesem Buch veröffentlichten Ratschläge wurden mit größter Sorgfalt erarbeitet und geprüft. Eine Garantie kann jedoch nicht übernommen werden. Ebenso ist eine Haftung für Personen- oder Sachschäden ausgeschlossen.

Die in diesem Werk verwendeten Kennzeichen sind Marken ihrer jeweiligen Eigentümer. Aus dem Fehlen des Zeichens ® kann nicht geschlossen werden, der betreffende Name sei nicht geschützt.

Die Spielkomponenten dieser Serie sind durch den TÜV Rheinland geprüft.

Die in diesem Buch gewählten Schreibweisen folgen dem Werk »WAHRIG – Die deutsche Rechtschreibung« sowie den Empfehlungen der WAHRIG-Redaktion. Weitere Informationen unter www.wahrig.de.

© 2008 Wissen Media Verlag GmbH, Gütersloh/München
Alle Rechte vorbehalten – Printed in China
ISBN 978-3-577-09200-5

Vorwort

»Vom Baby zum Schulkind – Ein Praxisbuch für Eltern« hat das Ziel, Eltern darin zu unterstützen, ihre Kinder und deren Entwicklung zu verstehen und gut zu begleiten.

Das Grundverständnis dieses Buches geht von der wissenschaftlich begründeten Erkenntnis aus, dass Kinder von der ersten Lebensminute an bestrebt sind, mit der Welt in Kontakt zu treten und gute Beziehungen zu anderen aufzubauen. Kinder wollen die Welt erforschen. Sie wollen lernen, fragen, ausprobieren – dazu brauchen sie Menschen, die sie liebevoll annehmen, unterstützen, verstehen, ihnen bei Krisen Trost spenden, sie aber auch ermutigen und anregen.

Jedes Kind ist einzigartig. Kinder kommen mit unterschiedlichem Temperament auf die Welt, sie haben ein sehr unterschiedliches Entwicklungstempo. Nur wenn Kinder in ihrer Einzigartigkeit angenommen und unterstützt werden, kann sich ihre Seele gesund entwickeln und sie können einen guten Selbstwert aufbauen – damit ist dann auch die Grundlage für gelingende Beziehungen gegeben.

Die wichtigste Erkenntnis der Entwicklungspsychologie ist, dass eine sichere, verlässliche Beziehung zu einer erwachsenen Bezugsperson den besten Schutzfaktor für eine gelingende, gesunde Entwicklung darstellt. Damit die natürliche Lebens- und Entdeckungsfreude gefördert wird und Kinder lernen, sich auf die Welt einzulassen und sich in ihr zurechtzufinden, brauchen sie eine anregende Umwelt und Menschen, die ihnen vertrauen und die diese Umwelt verstehen.

Zu diesem Verständnis ist es auch nötig, über Wissen darüber zu verfügen, wie Kinder lernen und welche Entwicklungsthemen und -aufgaben in welchen Altersabschnitten besonders wichtig sind. Das Praxisbuch ist Eltern ein wertvoller alltagsnaher Ratgeber bei der wichtigen Aufgabe, das Kind in seinen Entwicklungsphasen und bei seinem aufregenden Weg, die Welt zu entdecken, zu begleiten und zu unterstützen.

Das »Praxisbuch für Eltern« hat somit das Ziel, Eltern und Bezugspersonen Unterstützung zu geben, damit sie sich »sicherer« fühlen im Umgang mit ihren Kindern und der Förderung bis zum Schulalter. Die Sicherheit der Eltern kann dann auch die Kinder in der Bewältigung der alterstypischen Entwicklungsaufgaben, in der Entwicklung ihres Selbstwerts und im gelingenden Kontakt zu anderen Menschen stärken.

Prof. Dr. Klaus Fröhlich-Gildhoff

Inhaltsverzeichnis

Vorwort 5
So funktioniert das Lernpaket 10
Einleitung – Frühkindliche Bildung 12

Was bedeutet Entwicklung?

Die frühkindliche Entwicklung im Überblick 16
Der kognitive Bereich 18
Der soziale Bereich 22
Der motorische Bereich 25
Der sprachliche Bereich 29
Entwicklung als ganzheitlicher und individueller Prozess 36

Welche Faktoren bestimmen die Entwicklung?

Anlage und Umwelt 40
Ganz der Papa! Der Einfluss der Erbanlagen 41
Der Einfluss der Familie 42
Der Einfluss des gesellschaftlichen Umfeldes 45
Die Kunst der richtigen Entscheidung 49

Inhaltsverzeichnis

Das erste und zweite Lebensjahr

Die kognitive Entwicklung im ersten Lebenshalbjahr 54
Die Entwicklung der sozialen Beziehungen im ersten Lebenshalbjahr 57
Die motorische Entwicklung im ersten Lebenshalbjahr 61
Die sprachliche Entwicklung im ersten Lebenshalbjahr 66
Das Tagebuch für mein erstes Lebenshalbjahr 69
Die kognitive Entwicklung im zweiten Lebenshalbjahr 71
Die Entwicklung sozialer Beziehungen im zweiten Lebenshalbjahr 74
Die motorische Entwicklung im zweiten Lebenshalbjahr 77
Die sprachliche Entwicklung im zweiten Lebenshalbjahr 81
Die kognitive Entwicklung im zweiten Lebensjahr 86
Die Entwicklung sozialer Beziehungen im zweiten Lebensjahr 94
Die motorische Entwicklung im zweiten Lebensjahr 100
Die sprachliche Entwicklung im zweiten Lebensjahr 105
Das Tagebuch für mein zweites Lebenshalbjahr und zweites Lebensjahr 108

Das dritte Lebensjahr

Die kognitive Entwicklung im dritten Lebensjahr 112
Die Entwicklung sozialer Beziehungen im dritten Lebensjahr 122

Inhaltsverzeichnis

Die motorische Entwicklung im dritten Lebensjahr 135
Die sprachliche Entwicklung im dritten Lebensjahr 143
Das Tagebuch für mein drittes Lebensjahr 156

Das vierte Lebensjahr

Die kognitive Entwicklung im vierten Lebensjahr 160
Die Entwicklung sozialer Beziehungen im vierten Lebensjahr 171
Die motorische Entwicklung im vierten Lebensjahr 181
Die sprachliche Entwicklung im vierten Lebensjahr 193
Das Tagebuch für mein viertes Lebensjahr 208

Das fünfte Lebensjahr

Die kognitive Entwicklung im fünften Lebensjahr 212
Die Entwicklung sozialer Beziehungen im fünften Lebensjahr 228
Die motorische Entwicklung im fünften Lebensjahr 238
Die sprachliche Entwicklung im fünften Lebensjahr 248
Das Tagebuch für mein fünftes Lebensjahr 264

Inhaltsverzeichnis

Das sechste und siebte Lebensjahr

Vom Kindergartenkind zum Erstklässler 268
Die kognitive Entwicklung im sechsten und siebten Lebensjahr 272
Die Entwicklung sozialer Beziehungen im sechsten und siebten Lebensjahr ... 282
Die motorische Entwicklung im sechsten und siebten Lebensjahr 288
Die sprachliche Entwicklung im sechsten und siebten Lebensjahr 296
Das Tagebuch für mein sechstes und siebtes Lebensjahr 304
Schlusswort – Jetzt bin ich groß! 306

Serviceteil

Information und Hilfe 310
Glossar 311
Register 315
Bildnachweis 320

So funktioniert das Lernpaket

Konrad hat sichtlich Spaß daran, in die bunte Welt des Lesebuchs zur Wortschatzerweiterung einzutauchen und viele neue Wörter kennenzulernen.

So funktioniert das Lernpaket

In den ersten Lebensjahren durchlebt ein Kind eine faszinierende Entwicklung vom winzigen Neugeborenen zum »großen« Kindergartenkind. Auch wenn der sprichwörtliche Ernst des Lebens erst mit dem ersten Schultag beginnt, so fängt der Bildungsprozess eines Kindes doch bereits mit der Stunde seiner Geburt an. Gerade jene Jahre bis zum Ende der Kindergartenzeit sind eine intensive Lernphase, in der wichtige Weichen gestellt werden. Damit Sie Ihr Kind durch diese wichtige Zeit fördernd, verstehend und unterstützend begleiten können, wurde dieses umfassende Lernpaket zusammengestellt. Es besteht aus einem Praxisbuch, sieben Leitfäden zu bestimmten Lernthemen sowie Lesebüchern, Spielen, Aktivitätenbüchern und CDs.

Das Praxisbuch

Was bedeutet eigentlich Entwicklung? Welche Faktoren spielen dabei eine entscheidende Rolle? Welche Fortschritte im geistigen und sozialen, motorischen und sprachlichen Bereich erzielen Kinder in bestimmten Altersstufen? Und welche Entwicklungsphase durchlebt mein Kind gerade? Auf diese und viele andere Fragen finden Sie ausführliche Antworten im Praxisbuch des Lernpakets. Auf der Basis neuester wissen-

Gebannt hören Merle, Malte und Jan zu, wenn ihnen Mama aus dem Lesebuch »Die kleine Hexe Leonie und der Buchstabenzauber« vorliest.

So funktioniert das Lernpaket

Eifrig ordnen Paul und Emma die Zahlen den Bildern zu und vertiefen so auf unterhaltsame Weise ihr mathematisches Verständnis.

schaftlicher Forschungen wird hier mit vielen anschaulichen Beispielen beschrieben, auf welchen bisweilen verschlungenen Pfaden die gesamtpersönliche Entwicklung von Kindern in den ersten Lebensjahren verläuft. Daneben finden Sie noch zahlreiche Anregungen zu vielen verschiedenen Themen rund um die frühkindliche Bildung.

Leitfäden und Spielkomponenten

Die sieben Leitfäden beschäftigen sich jeweils mit einem Lernbereich: »Die Welt der Farben«, »Der Wortschatz« und »Hören und sprechen«, »Zahlen und Mengen«, »Die Uhrzeit«, »Das ABC« sowie »Die Welt der Formen« lauten wichtige Themen der frühkindlichen Erfahrungs- und Lernwelt. Dieses Wissen erlernen Kinder jeweils hauptsächlich in bestimmten Altersstufen, in denen sie daher besonders gut gefördert werden können. Die Leitfäden begleiten Eltern und ihre Kinder jedoch den gesamten vorschulischen Zeitraum über und bringen ihnen die zentralen Themen der kindlichen Erfahrungswelt nahe. Einführende Kapitel erklären, welche Entwicklungsschritte für das spezielle Lernthema von großer Bedeutung sind und wie sie unterstützt werden können. Der Praxisteil bietet dazu eine große Zahl von Spielen und spielerischen Aktivitäten, die Spaß machen und leicht in den Alltag integriert werden können. Zu jedem Leitfaden gehören zudem ein Lesebuch sowie zwei weitere Komponenten, bestehend aus einem Aktivitätenbuch, einem Spiel oder einer CD, mit denen Ihr Kind spielerisch die entsprechenden Kenntnisse und Fähigkeiten erwerben und vertiefen kann.

Mit dem Lesebuch »Im Land der Farbfeen« lernt Konrad die verschiedenen Farben genauer kennen.

Einleitung

Frühkindliche Bildung

Für den Menschen spielt von Geburt an das ihm von der Natur mitgegebene Rüstzeug eine Rolle. Unser Leben wird aber bei weitem nicht allein von der durch die Gene gesteuerten Veranlagung bestimmt, vielmehr entwickeln wir uns unter vielfältigsten Einflüssen unserer Umwelt. Dieser komplexe natürliche wie kulturelle Prozess, der während der frühen Kindheit besonders intensiv verläuft, wird als »Bildung« bezeichnet.

Ein vielschichtiger Prozess

Im Sinne der Pädagogik beschränkt sich der Bildungsvorgang nicht nur auf die Aneignung von Wissensinhalten. Er stellt vielmehr einen vielschichtigen, lebenslangen Lern- und Entwicklungsprozess dar, der die gesamte Persönlichkeit eines Menschen miteinbezieht, seine Wahrnehmung und Emotionen, seine Kenntnisse und sein Denken, sein Handeln und Erfahren fordert.

Dieser komplexe Vorgang setzt ein, sobald ein Baby das Licht der Welt erblickt, denn Neugeborene sind bereits mit einem hervorragenden Rüstzeug an sinnlichen, motorischen und emotionalen Fähigkeiten ausgestattet und zudem bereit, mit den Menschen ihrer Umwelt Kontakt aufzunehmen. Aufgrund ihrer vielfältigen Potenziale können Kleinkinder im Wechselspiel mit ihrer Umwelt sich selbst und ihre Umgebung durch Wahrnehmung und im begreifenden Handeln entdecken. Auf diese

Weise entwickeln sie nach und nach ein Bild von der Welt, das sie im Laufe der Zeit aufgrund ihrer weiteren gesammelten Erfahrungen, erworbenen Kenntnisse und Fertigkeiten ständig ergänzen und erneuern werden.

Eigenständiges Lernen

Vom ersten Tag an sind Kinder die Gestalter ihres individuellen Bildungsprozesses, denn nur sie selbst sind in der Lage, ihr eigenes Wissen und Können auf vielfältigste Weise zu erwerben. So kann man einem Kind das Sitzen nicht beibringen, dennoch wird es mit der Zeit lernen, aufrecht auf einem Stuhl zu thronen. Dazu sind jedoch einige Voraussetzungen notwendig. Es muss den Wunsch verspüren, sitzen zu lernen, sowie aufgrund seiner motorischen Entwicklung in der Lage sein, diese Fertigkeit zu erwerben, und es muss reichlich Gelegenheit zum Üben haben. Dieses Prinzip der Selbstbildung lässt sich auf alle Entwicklungsbereiche übertragen. Ob und auf welche Weise diese Selbstbildungsprozesse stattfinden, ist allerdings nicht nur von der angeborenen Lernfreude, der Neugierde und Leistungsmotivation eines Kindes abhängig, sondern wird auch von seinem jeweiligen Entwicklungsstand sowie von äußeren Faktoren beeinflusst. Eine besonders wichtige Rolle spielen dabei die Bezugspersonen – eine positive Entwicklung erfolgt immer vor dem Hintergrund sicherer Beziehungen. »Vom Baby zum Schulkind – Ein Praxisbuch für Eltern« steht Eltern darin zur Seite, die Erfahrungsumwelt Ihres Kindes anregend und motivierend zu gestalten und somit seine Bildungsprozesse optimal zu begleiten und zu unterstützen.

Zusammenspiel von Selbstbildung und Unterstützung

Die Kleinen erfassen die Welt, indem sie sich durch eigenständiges Lernen aktiv mit ihr auseinandersetzen. Sie begreifen beispielsweise, dass Eis aus gefrorenem Wasser besteht und bei Wärme schmilzt, indem sie einen Eiszapfen so lange in der Hand halten, bis er zu tropfen beginnt. Oder sie verstehen durch ihre eigenen Erfahrungen, wie Konflikte durch Gespräche und Kompromisse gelöst werden können. Sie lernen in ganzheitlichen Zusammenhängen, die alle Bereiche ihrer Persönlichkeit fordern. Die Kinder brauchen dazu sichere Bindungen – nur wenn sie sich aufgehoben fühlen, wenn sie wissen, dass ihnen in Krisen jemand zur Seite steht, wenn ihnen Fehler verziehen werden, dann können sie sich optimal mit ihrer Umwelt auseinandersetzen. Eltern begleiten Kinder am besten auf ihrem individuellen Bildungsweg, indem sie ihre Fähigkeit zur Selbstbildung in den Mittelpunkt der Unterstützung stellen. Dies bedeutet vor allem, ihnen Raum und Anreize zum forschenden Lernen mit allen Sinnen zu bieten, das ihrem Entwicklungsstand entspricht und ihre Interessen anspricht.

Das »Praxisbuch für Eltern« liefert einen umfassenden Überblick über die Entwicklungsphasen des Kindes und die altersgerechten Förderungsmöglichkeiten – ein verlässlicher Ratgeber für den Weg des Kindes bis zum Ende der Vorschulzeit.

Prof. Dr. Klaus Fröhlich-Gildhoff

 INFO

Schon Neugeborene sind bildungsbereit

Menschen sind von Anfang an bildungsbereit. Denn die Neugierde auf die Welt, der Wunsch, sie zu erforschen und zu begreifen, ist uns allen angeboren.

Was bedeutet Entwicklung?

Entwicklung heißt Veränderung und bezeichnet einen Vorgang des Wandels, der beim Menschen nie abgeschlossen ist. Besonders gravierende Entwicklungsprozesse von Körper, Geist und Psyche durchlaufen wir von der Geburt bis zum Ende des Kindergartenalters. In einer kurzen Zeitspanne von rund sechs Jahren wächst ein Säugling zu einem Kind heran, das aufgrund seines vielfältigen Wissens und Könnens fähig und bereit ist, in die Schule zu gehen.

Was bedeutet Entwicklung?

Im Kindergartenalter ist die Kreativität so weit entwickelt, dass mit einfachen Mitteln kleine Welten entstehen, in denen fantasievolle Spiele stattfinden.

Die frühkindliche Entwicklung im Überblick

Der dynamische Lern- und Wachstumsprozess der Kindheit und Jugend passiert verschiedene Stadien und verläuft bei jedem Kind anders. Der Entwicklungsfortgang stellt hohe Anforderungen an die Kleinen, denn ständig gilt es, Neues zu entdecken und zu wagen. Die »Hochleistungs-Forscher in Windeln« sind deshalb auf einen stützenden Rahmen angewiesen, den sie in sicheren Beziehungen zu vertrauten Menschen finden, die sie ermutigen, loben, anerkennen, wie sie sind, und nicht überfordern.

Kompetente Säuglinge

Schon im Mutterleib durchläuft ein Kind eine erstaunliche Verwandlung. Ab dem Zeitpunkt der Geburt werden ihm dann zusätzlich enorme Anpassungsleistungen abverlangt. Um diese Aufgaben erfüllen und in der neuen Umgebung überleben zu können, ist es mit verschiedenen Basisfähigkeiten sowie Bewegungsmustern ausgestattet. Diese ermöglichen es den Säuglingen von Geburt an, »kompetent« alle nun notwendigen Entwicklungsschritte gemäß den besonderen Bedingungen ihrer Umwelt zu bewältigen. Die Ausbildung der Wahrnehmung, der Motorik, der Erkundungsfähigkeit und der Gedächtnisleistungen schreitet schnell voran. Zum Beispiel ist das in den ersten Lebenswochen neu entdeckte und ab diesem Zeitpunkt vom Kind bewusst eingesetzte Lächeln ein ausschlaggebender Faktor, um eine sichere Bindung herzustellen und das nötige Urvertrauen zu gewinnen.

Das erworbene Können vertieft sich im zweiten Lebensjahr rasant und zeigt sich am auffälligsten im aufrechten Gang und im beginnenden Sprechen.

In dieser »sensomotorisch« genannten, etwa zwei Jahre dauernden ersten Lebensphase prägen die körperlichen Wahrnehmungen, also die sensorischen und motorischen Beobachtungen und Erkenntnisse, und ihre Verarbeitung die Entwicklung des Kindes in allen Bereichen. Auf der Grundlage seiner Erlebnisse mit Gegenständen, aber auch mit Menschen vervollkommnen sich die neuronalen Strukturen. Im Zuge dieser Veränderungen gestalten sich die Prozesse der Verarbeitung und Speicherung von Wahrnehmungen im Gehirn neu. Um in späteren Jahren in der Lage zu sein, sich Dinge vorzustellen oder zu rationalen Einsichten zu kommen, muss ein Kind also zuerst seine Welt ganz real »begreifen«, »in den Mund nehmen«, »erstrampeln«, dann »erkrabbeln« und »erlaufen«.

Denken in Symbolen

Im dritten und vierten Lebensjahr erreichen Jungen und Mädchen die Hälfte ihrer späteren Körpergröße und ihre motorischen Fertigkeiten verbessern sich laufend. Ihr Ich-Bewusstsein beginnt sich langsam auszubilden und ihr soziales Umfeld erweitert sich zunehmend. In diesem Alter erstellt ein Kind differenzierte geistige Bilder von Dingen und Handlungen und unterscheidet bereits zwischen vorhandenen Gegenständen und dazu gedachten Symbolen. Charakteristisch ist in dieser »symbolisch« oder auch »vorbegrifflich« genannten Phase die erste Ausbildung von Theorien über die Welt, in denen nicht immer zwischen Lebewesen und unbelebten Objekten unterschieden wird oder Naturerscheinungen anhand ihrer Zweckmäßigkeit erklärt werden.

Erfahrene Kindergartenkinder

Anspruchsvolle Bewegungsabläufe wie Rad- oder Skifahren können ab vier bis sechs Jahren erlernt werden. Bis zum siebten Lebensjahr eignen sich die Jungen und Mädchen einen enormen Wortschatz an und wenden die grammatischen Strukturen ihrer Erstsprache(n) in der Regel richtig an. Das Kommunikationsvermögen verbessert sich auch, weil sich die Kinder nun die Perspektiven und Möglichkeiten ihres Gegenübers besser vorstellen können. Die sozialen Fähigkeiten erlauben es ihnen, immer komplexere Rollen- und Regelspiele zu entwerfen. In diesem Alter greifen die Kleinen beim problemlösenden Denken auf ihre eigenen Erfahrungen zurück und wenden das Prinzip von Ursache und Wirkung zunehmend an.

INFO

Was macht ein Entwicklungspsychologe?

Der Begriff »Entwicklung« bezeichnet Prozesse des Entstehens und der Veränderung im körperlich-motorischen, kognitiven, sprachlichen und sozial-emotionalen Bereich im Leben eines Menschen. Entwicklungspsychologen beschäftigen sich damit, wie und warum, in welchem Alter und in welchen Bereichen solche Prozesse erfolgen, ausgelöst oder unterdrückt werden und auf welche Weise sie sich gegenseitig bedingen oder beeinflussen.

Was bedeutet Entwicklung?

Die Umwelt kreativ erleben und dabei Sinneseindrücke sammeln macht Spaß und fördert gleichzeitig die geistige Entwicklung.

Der kognitive Bereich

Der kognitive oder geistige Bereich dient der menschlichen Erkenntnisfindung. Er umfasst die Funktionen und Verhaltensweisen, mit deren Hilfe wir Wissen und Fertigkeiten erwerben und anwenden können. Dazu gehören die Wahrnehmung und das Lernen, die Erinnerung und Konzentration, die Steuerung der Motorik sowie das eng mit der Sprache verbundene Denken. Diese geistigen Prozesse laufen im Gehirn des Menschen ab. Das komplexeste menschliche Organ ist aber auch für unsere Emotionen zuständig.

Das Gehirn ist die übergeordnete Schaltzentrale

Das kindliche Gehirn erfährt nach der Geburt einen enormen Wachstumsschub und hat nach fünf Jahren 90 Prozent seines endgültigen Gewichts von etwa 1300 Gramm erreicht. Dabei verdreifacht es sein Anfangsgewicht von rund 250 Gramm in den ersten zwölf Monaten. Wenn ein Kind zur Welt kommt, umfasst seine »Denkzentrale« bereits die unvorstellbare Anzahl von circa 100 Milliarden Neuronen. Diese Nervenzellen sind für die Aufnahme, Verarbeitung und Weiterleitung von Informationen zuständig.

Ein Neugeborenes verfügt damit zwar über eine ähnliche Neuronen-Ausstattung wie ein Erwachsener, doch sind die Zellen kleiner und vor allem sehr viel weniger über Synapsen vernetzt. Diese Verknüpfungen bilden sich in den folgenden Jahren in einem für jeden Menschen individuellen Entwicklungsprozess billionenfach aus und verbinden die Nervenzellen zu komplexen, flexibel verbundenen neuronalen Netzwerken. Denken, sprechen, Sinneseindrücke verarbeiten, sich erinnern, bewusste wie unbewusste Bewegungen ausführen, sich ärgern oder freuen: Unser Verhalten, unsere Handlungen und unsere Empfindungen basieren auf Aktivitäten in diesen Netzwerken, die sich ein Leben lang verändern können.

Lernen formt unser komplexestes Organ

Da das Gehirn bei einem Neugeborenen als ein »gering beschriebenes Blatt« nur wenige, notwendige neuronale Netzwerke aufweist, bietet es ihm ein fantastisches Potenzial, zu lernen und seine Fähigkeiten an die Erfordernisse seiner Umwelt anzupassen. Lernen bedeutet in diesem Zusammenhang, dass neuronale Netzwerke wachsen, verändert oder anders strukturiert werden. Zusätzliche Synapsen, das heißt Verknüpfungen, bilden sich durch neue Erfahrungen. Und wenn wir Wissen vertiefen oder Fertigkeiten trainieren, also dazulernen, verstärken sich diese Netzwerke.

Der kognitive Bereich

Wenig genutzte Verbindungen werden schwächer und verschwinden schließlich ganz. Als Ergebnis eines solchen Abbaus vergessen wir Kenntnisse oder verlieren Fertigkeiten.

Die Umwelt speist die grauen Zellen

Die Entstehung von Synapsen und neuronalen Netzen ist zwar auch durch genetische Faktoren bedingt, aber sinnliche Wahrnehmungen, Erfahrungen und Lernprozesse spielen eine entscheidende Rolle für die Ausbildung des Gehirns. Je mehr Anregungen ein Kind von seiner Umwelt erfährt, desto schneller und größer ist die Zunahme der synaptischen Verbindungen. Sie spiegeln auf neurologischer Basis die geistige Entwicklung wider, die ein Kind durchlebt. In den ersten Lebensjahren wuchern die Verknüpfungen zwischen den Zellen in unvorstellbarer Geschwindigkeit.

Das Gehirn ist lebenslang formbar, manche Entwicklungen laufen jedoch nur in ganz bestimmten Phasen ab und sind in dieser Zeit von den Reizen aus der Umwelt abhängig. So entstehen etwa neuronale Netze, die für die Verarbeitung visueller Eindrücke wichtig sind, in den ersten Lebenswochen. Dies geschieht aber nur, wenn ein Kind in dieser Zeit sieht. Kann es in dieser kritischen Phase keine optischen Reize empfangen, bilden sich die notwendigen Synapsen nicht aus, die von Geburt an vorhandenen Nervenverbindungen verkümmern und das Kind wird oder bleibt blind.

Kleine Baumeister machen ganz nebenbei eine Vielzahl von Erfahrungen, die für die kognitiven Fortschritte von großer Bedeutung sind.

INFO

Der Aufbau des Gehirns

Das bei Erwachsenen rund 1300 Gramm schwere Gehirn besteht aus miteinander kommunizierenden Teilbereichen. Es wird von den Schädelknochen sowie den drei Hirnhäuten geschützt.
Im **Hirnstamm** zwischen Rückenmark und Großhirn werden lebenserhaltende Funktionen wie die Atmung sowie Reflexe kontrolliert. Hier verlaufen die Verbindungen zwischen Gehirn und Rückenmark.
Das **Kleinhirn** umfasst zwei Hälften (Hemisphären), die durch einen Nervenstrang (Vermis) verknüpft sind. Im Kleinhirn werden Bewegungen koordiniert, die Muskelanspannung gesteuert und das Gleichgewicht aufrechterhalten. Hier ist auch der Sitz der Raumorientierung.
Im **Zwischenhirn** liefert der Thalamus Informationen von den Sinnesorganen an die sensorischen Systeme, der Hypothalamus kontrolliert das vegetative System.

Das **limbische System** verarbeitet unsere Erfahrungen emotional.
Rund 85 Prozent des Gehirns nimmt das in Lappen unterteilte **Großhirn** ein. Hier spielen sich komplexe Prozesse wie Lernen, Denken, Sprechen und Erinnern ab. Die Forschung konnte in den letzten Jahren zunehmend die Aufgaben verschiedener Bereiche des Großhirns bestimmen.
Bei den meisten Menschen scheinen in der linken Hemisphäre unter anderem Sprache, Musikalität und mathematisches Denken angesiedelt zu sein, in der rechten etwa die visuell-räumliche Wahrnehmung, Kreativität und Körperkoordination sowie Emotionen. Bei komplexeren Leistungen wie Sprechen oder Denken sind jedoch fast immer mehrere Bereiche gleichzeitig beteiligt. Die Zusammenarbeit erfolgt über den »Balken«, der wie eine Brücke die beiden Hälften des Großhirns verbindet.

Was bedeutet Entwicklung?

Die Bedeutung der Emotionen

Entscheidend für unsere Gefühle ist das limbische System des Gehirns, das unsere Erfahrungen emotional verarbeitet. Es ist wiederum eng mit dem zum Großhirn gehörigen Stirnhirn verbunden, in dem Emotionen bewusst eingeordnet, zugelassen oder unterdrückt werden. Dieses emotionale Bewertungsverfahren entwickelt sich bis etwa zum vierten Lebensjahr.

Durch spontane Gefühlsäußerungen senden Kinder deutliche Signale an die Umwelt aus.

Vielschichtige Reaktionen

Wut oder Freude, Furcht oder Überraschung sind verschiedenste Arten von subjektiv erlebten Gefühlsregungen, die in unterschiedlicher Intensität auftreten. Stets begleitet werden Emotionen von körperlichen Veränderungen. So beginnt beispielsweise unser Herz schneller zu klopfen, wenn wir erschrecken, wir zittern vor Angst oder wir erröten, wenn wir Scham empfinden. Zu den Aufgaben unserer Emotionen zählt unter anderem, bestimmte Verhaltensweisen auszulösen. So verziehen wir etwa grimmig unser Gesicht, wenn wir wütend sind, und warnen so unsere Umwelt vor unserer Aggression. Oder wir reagieren auf einen angstauslösenden Reiz mit einem gezielten Fluchtverhalten und rennen davon.

Emotionen sind notwendig

Bereits Neugeborene besitzen die Fähigkeit, Ekel zu empfinden und auszudrücken. Für sie selbst ist diese fundamentale Reaktion ein Schutz vor schädlichen Stoffen, zugleich zeigen sie durch ihr Verhalten und ihre Mimik ihrer Umwelt, dass sie etwas ablehnen. Ein Säugling schreit aufgeregt, weil er Hunger hat, fördert durch freu-

Der kognitive Bereich

diges Lächeln die Bindung an seine Bezugspersonen und fühlt sich durch deren emotionale Zuwendung geborgen. Die Beispiele zeigen, welch bedeutende Rolle Emotionen von Anfang an für uns spielen. Sie zählen zu unserer überlebenswichtigen Grundausstattung, denn sie dienen dazu, unsere eigenen Handlungen und die unserer Mitmenschen zu regulieren. Dafür müssen wir Gefühlsregungen erleben und ausdrücken können sowie im Gegenzug in der Lage sein, die Emotionen anderer Menschen zu erkennen.

Gefühle zeigen und erkennen

Wenn sich im Lauf der ersten Lebensmonate und -jahre das emotionale Repertoire ausdifferenziert, verfeinern sich mit der Zeit auch die emotionalen Ausdrucksmöglichkeiten. So reagiert ein wenige Wochen alter Säugling, den eine andere Person »ärgert«, indem sie zum Beispiel seinen Arm festhält, mit verschiedenen Mimiken und beginnt schließlich zu schreien. Im Alter von vier Monaten zeigt er in der gleichen Situation bereits einen verärgerten Gesichtsausdruck, er zieht die Augenbrauen zusammen, verengt die Augen und verzieht wütend den Mund. Mit sieben Monaten schließlich blickt er mit deutlich aufgebrachter Miene den Verursacher des Ärgernisses an und schreit zudem so lange, bis sein Arm wieder losgelassen wird. Doch seine Fähigkeiten reichen nun noch weiter: Befindet sich eine Bezugsperson in der Nähe, kann er seinen Blick auf sie richten und so um Hilfe bitten. So wie der Säugling seine Missbilligung zunehmend gezielter zeigen kann, lernen Kinder allgemein immer besser, ihre Emotionen unterschiedlichsten Situationsaspekten zuzuordnen und im Verhalten so auszudrücken, wie es von ihrer Umwelt verstanden und akzeptiert wird. Dies führt unter anderem dazu, dass sie auch mit Ausdruckssymbolen kommunizieren, etwa einen Schmollmund ziehen oder einer Person die Zunge herausstrecken.

Doch nicht nur der gefühlsmäßige Ausdruck, auch die Fähigkeit, die emotionalen Zeichen anderer zu erfassen, wächst. Von Neugeborenen weiß man, dass sie bereits auf das Weinen anderer Kinder reagieren und sich »anstecken« lassen. Mit rund acht Monaten sind Kinder dann in der Lage, Anlass und Ausdruck einer Emotion in Verbindung zueinander zu setzen. Sie verstehen etwa, dass sich eine Person über etwas ärgert oder freut und deshalb die entsprechende Mimik zeigt. Im Lauf des Kleinkindalters beginnen sie, empathisch zu reagieren, sich in andere einzufühlen. So lassen sie sich beispielsweise nicht mehr nur von der Traurigkeit anderer anstecken, sondern versuchen, ihr betrübtes Gegenüber zu trösten.

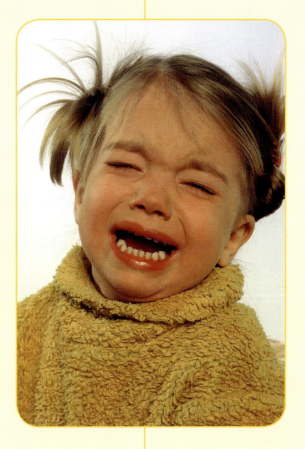

Ein äußerst wirksames Mittel, um seiner Enttäuschung Luft zu machen, sind Tränen.

TIPP

Gefühle zulassen

Eltern sollten gegenüber ihren Kindern ihre Gefühle, auch solche der Angst und der Trauer, deutlich zeigen und darüber sprechen. Nur so können Kinder ein intaktes Gefühlsleben entwickeln.

Was bedeutet Entwicklung?

Der soziale Bereich

Auf ihrem langen Weg in die Selbstständigkeit sind Kinder auf die Hilfe und Unterstützung ihrer Umwelt angewiesen, mit der sie sich vom ersten Atemzug an austauschen. Sie beginnen eine tiefe emotionale Bindung zu ihren engsten Bezugspersonen aufzubauen, die sie bei ihren ersten Erkundungen begleiten. In den folgenden Jahren erweitern sie parallel zu ihren kognitiven, sprachlichen und motorischen Fortschritten und dem damit einhergehenden wachsenden Ich-Bewusstsein ihr soziales Bezugsnetz erheblich.

In entspannter Atmosphäre Zeit füreinander zu haben, ist ein wichtiges Element beim Aufbau stabiler, harmonischer Beziehungen zwischen Eltern und Kindern.

Bindung an enge Bezugspersonen

»Bonding« nennt man in der Fachsprache die tiefe gefühlsmäßige, von Fürsorge geprägte Beziehung, die Eltern zu ihrem Kind schon in dessen ersten Lebensstunden aufzubauen beginnen. Die emotionale Bindung und Anhänglichkeit, die das Kind an die ihm Sicherheit und Schutz bietenden Menschen in seiner Umgebung ausbildet, wird als »Attachment« bezeichnet. Eine entscheidende Etappe in diesem Prozess erreichen die Jungen und Mädchen im dritten Lebenshalbjahr. Jetzt lösen sie sich langsam von der Mutter, wenn sie aufgrund ihrer wachsenden motorischen Fertigkeiten selbstständig Nähe suchen oder sich entfernen können. Darüber hinaus vermissen sie dank ihrer kognitiven Entwicklung allmählich ihre Eltern, wenn diese abwesend sind. Nun spielen also die Kategorien Nähe und Abstand sowie Trennungsängste eine wichtige Rolle.

Emotionale Grundlage der Persönlichkeitsbildung

Welche Qualität die Beziehung zwischen Kind und Bezugsperson besitzt, hängt vom Verlauf des Bindungsvorgangs ab. Je nachdem, wie beschützt und angenommen sich die Jungen und Mädchen fühlen, bauen sie eine sichere oder unsichere Bindung auf. Forschungen haben ergeben, dass sicher gebundene Kinder in der Regel emotional stabiler sind. Sie haben größeres Vertrauen in ihre Fähigkeiten und zu ihrer Umgebung. Deshalb fällt es ihnen meist leichter als unsicher gebundenen Kindern, ihr Sozialverhalten zu entwickeln, auf andere zuzugehen oder Konflikte zu lösen. Häufig können sie mit Enttäuschungen und Misserfolgen besser umgehen, zeigen deshalb mehr Ausdauer und eine höhere Motivation, Dinge zu erkunden, Fertigkeiten zu lernen, sich Herausforderungen zu stellen und sich kreativ auszudrücken.

Der soziale Bereich

Der »Fremde-Situations-Test«

In den 1960er Jahren entwickelte die Entwicklungspsychologin Mary Ainsworth mit ihrem wissenschaftlichen Team den »Fremde-Situations-Test«, ein standardisiertes Verfahren, das den Bindungsstil von Ein- bis Zweijährigen überprüft. Im Rahmen dieser Untersuchung wird festgehalten, wie sich ein Kind in acht aufeinanderfolgenden und mehrere Minuten dauernden Episoden verhält, in denen es in zunehmendem Maß Unvertrautheit und Fremdheit erfährt, so dass das Bindungssystem aktiviert wird. Es befindet sich im Verlauf der einzelnen Situationen mit und ohne die Mutter sowie mit und ohne eine fremde Person in einem Spielzimmer.

Zuerst sind Mutter und Kind allein im Raum. Ihre Interaktionen werden durch eine Einwegscheibe verfolgt. In der dritten Situation betritt die fremde Person den Raum. Auch hier gilt das Augenmerk den Reaktionen des Kindes. In der folgenden »Szene« verlässt die Mutter das Zimmer, danach kommt sie zurück und der fremde Mensch verschwindet. In der sechsten Situation ist das Kind allein, danach betritt die fremde Person den Raum. Sie verlässt den Raum, wenn die Mutter wieder zurückkehrt.

Sichere und unsichere Kinder

Aus den Verhaltensweisen, mit denen das Kind auf den unbekannten Menschen und das Weggehen und Zurückkommen der Mutter reagiert, lassen sich Rückschlüsse auf die Bindungsqualität ziehen. Charakteristisch für sozial sicher gebundene Kinder ist, dass sie ihren Kummer darüber, dass die Mutter das Spielzimmer ohne sie verlässt, deutlich zeigen. Bei der Rückkehr der Mutter lassen sie sich aber dann schnell wieder beruhigen. Unsicher gebundene Kinder äußerten in der Trennungssituation, die, wie Messungen der Herzfrequenzen belegten, auch sie in Aufregung versetzten, ihre Empfindungen nicht offen. Einen dritten Typus bilden ambivalent-unsichere Kinder. Diese reagieren mit starkem Kummer, wenn die Mutter weggeht, zeigen aber ein zwiespältiges Verhalten, wenn sie zurückkommt. Sie suchen einerseits den Kontakt zur Mutter, wehren jedoch ihre Tröstungsversuche ab. Schließlich gibt es noch einen vierten Typus. Es handelt sich hierbei um das desorganisierte Kind, das während des Tests Verhaltensauffälligkeiten zeigt und offensichtlich über keine klare Verhaltensstrategie verfügt.

Betritt die unbekannte Person den Raum, wird das Kind mit der ersten fremden Situation des Tests konfrontiert.

Was bedeutet Entwicklung?

Es braucht zunächst nur ein Bilderbuch, um eine neue Welt zu entdecken. Besonders toll ist es aber, wenn man dann noch mit Mama oder Papa über die neuen und vielfältigen Eindrücke sprechen kann.

Selbstbildung im Austausch mit anderen

Kinder erschließen sich von Geburt an aus eigenem Antrieb ihr »persönliches Universum« und entwickeln sich dabei laufend auf verschiedenen Ebenen (zum Beispiel emotional, sozial, kognitiv, sprachlich, motorisch) weiter. Ihre Neugierde und ihr unstillbarer Wissensdurst bilden die Grundlage der frühkindlichen Bildungsprozesse.

Die kleinen Forscher gestalten zwar ihre Entwicklung selbst, sie brauchen auf diesem Weg aber Unterstützung. Als soziale Wesen geschieht für sie Bildung zu einem großen Teil im Rahmen von Beziehungen. Sichere Bindungen an die Eltern und an andere Bezugspersonen sind für das Gelingen ihrer Bemühungen eine ausschlaggebende Voraussetzung.

Dieser gemeinsam erlebte Lernprozess, der im Spiel mit anderen Kindern ebenso erfolgen kann wie im Gespräch, in der Auseinandersetzung und in Unternehmungen mit Erwachsenen, wird »Ko-Konstruktion« genannt. Er vollzieht sich im handelnden Miteinander, im nonverbalen und im sprachlichen Dialog gleichsam in einer Lerngemeinschaft.

Behutsame Hilfestellung

Die Rolle des Erwachsenen im ko-konstruktiven Ablauf besteht nicht darin, als Lehrender Kompetenzen zu vermitteln und Fakten weiterzugeben. Vielmehr ist es seine Aufgabe, den Bildungsprozess der Kinder zu beobachten und zu fördern, ihre Interessen zu entdecken und zu unterstützen, ihre Neugierde anzuregen und ihre Fragestellungen aufzunehmen sowie in einem gemeinsamen forschenden Lernen die Antworten auf ihre Fragen zu finden. Es gilt, den Kleinen Sicherheit und Selbstvertrauen zu vermitteln, ihnen verlässlich zur Seite zu stehen und sie zum selbstständigen Denken und Agieren zu ermutigen. Auf diese Weise wird eine geistige, emotionale und soziale Umgebung geschaffen, die den Mädchen und Jungen die Möglichkeit gibt, selbsttätig und mit positivem Interesse auf »Entdeckungsreise« zu gehen.

Voneinander lernen

Phänomene und Gegenstände gemeinsam erkunden, Ideen austauschen, ändern und erweitern, Aufgaben miteinander lösen, Vorbilder ablehnen oder übernehmen: Durch die Zusammenarbeit in ko-konstruktiven Bildungsprozessen erleben nicht nur Kinder, sondern auch Erwachsene, dass es bei Problemen nicht nur eine Antwort gibt, Erscheinungen unterschiedlich erklärt, Dingen verschiedene Bedeutungen verliehen werden können. Sie kommen mit neuen Weltsichten in Berührung und erweitern so ihren geistigen Horizont.

Der motorische Bereich

Mit Hilfe ihrer Bewegungsfähigkeit erobern, erkunden und erfassen die Kleinen im Verlauf der frühen Kindheit ihre Umwelt, die sie von Anfang an mit ihren Sinnesorganen wahrnehmen. Durch die motorischen Fortschritte werden also gleichzeitig die geistigen, emotionalen und sozialen Entwicklungen maßgeblich beeinflusst. Sie bestimmen auch, auf welche Weise(n) Kinder sich selbst und ihren Lebensbereich erfahren und wie sie mit anderen Menschen in Kontakt treten und kommunizieren können.

Wechselspiel von Motorik und Wahrnehmung

Unsere Bewegungsfähigkeit ermöglicht es uns, dass wir uns mit unserer Umwelt auseinandersetzen, auf sie reagieren und sie gestalten. Diese motorische Eroberung unseres Existenzbereichs ist untrennbar mit unserer Wahrnehmung gekoppelt, denn erst unsere Sinne befähigen uns, das Gleichgewicht zu halten, unseren Körper zu spüren, unsere Muskeln und Gelenke zu koordinieren und den Raum zu erfahren. Im Gegenzug ist für Wahrnehmung auch die Motorik erforderlich. So müssen wir für visuelle Sinneseindrücke die Augen bewegen, zum Orten einer Geräuschquelle den Kopf drehen und zum Erfühlen eines Objektes unsere Hände benutzen. Dieses enge Zusammenspiel von Bewegung und Wahrnehmung wird mit dem Fachbegriff »Sensomotorik« bezeichnet.

Verzahnung mit anderen Bereichen

Die motorische ist stets ein Teil der gesamtpersönlichen Entwicklung. Denn im kindlichen Verhalten und Erfahren sind Bewegen, Fühlen, Denken und Handeln untrennbar miteinander verwoben. Ihre Freude an körperlicher Aktivität und der Drang nach motorischer Selbstständigkeit bilden grundlegende Voraussetzungen dafür, dass die Jungen und Mädchen ihren Aktionskreis erweitern und so verschiedenste sinnliche, kognitive und emotionale Anreize erhalten. Ihre vielfältigen Bewegungserfahrungen ermöglichen es ihnen, sich selbst zu erfahren und sich mitzuteilen, sich für ihre Umwelt zu öffnen und sie zu erkunden, Wissen zu erlangen und Fertigkeiten zu erlernen.

Über seine Bewegungserfahrungen gewinnt ein Kind neue Eindrücke von der eigenen Körperlichkeit und erlebt seine wachsende motorische Selbstständigkeit. Es erfährt, dass es Dinge selbst bewirken kann. Dies stärkt auch das Vertrauen in die eigenen Fähigkeiten, was wiederum für die gesamte Entwicklung und die damit verbundenen Lernprozesse eine positiv motivierende Kraftquelle bildet.

INFO

Aktivität im Mutterleib

Die motorische Entwicklung des Menschen beginnt, bevor er das Licht der Welt erblickt. Schon im fünften Schwangerschaftsmonat führt ein Fötus erste Bewegungen aus. Neugeborene verfügen deshalb über verschiedene erste Bewegungsmuster.

Beim Spielen mit Bauklötzen wird vor allem die Feinmotorik geschult.

Was bedeutet Entwicklung?

Geschmackssinn und Motorik sind auf vielfältige Weise miteinander verbunden. So muss der Finger zunächst die Marmelade aufnehmen und sie dann geschickt zum Mund führen, ehe Mund und Zunge in Aktion treten können.

Die Sinne als Basis der Wahrnehmung

Dem Menschen stehen bereits bei der Geburt alle körpernahen und -fernen Sinnessysteme zur Verfügung, über die er innere und äußere Reize aufnehmen und registrieren kann. Diese im Wahrnehmungsprozess interpretierten Sinnesempfindungen versetzen ihn in die Lage, seine Umgebung, seinen Körper sowie sich selbst in Bezug zu seiner Umwelt zu erfahren.

Die körpernahen Sinne

Zu den körpernahen Sinnessystemen zählen das kinästhetische, vestibuläre und taktile System sowie der Geschmacks- und der Geruchssinn.

Die kinästhetische Wahrnehmung wird auch Propriozeption oder Tiefensensibilität genannt. Über das kinästhetische System erfolgt die Eigenwahrnehmung des Körpers. Es liefert Informationen sowohl über die Körperposition und die Bewegung des gesamten Körpers im Raum, die Bewegungen und die Position der Körperteile sowie die Körperhaltung und den Spannungszustand der Muskeln. Ohne die kinästhetische Wahrnehmung ist zum Beispiel ein aufrechter Gang nicht möglich.

Über das vestibuläre System halten wir mit Hilfe des Gleichgewichtsorgans im Innenohr das Gleichgewicht und kontrollieren Bewegungen, indem wir Lageveränderungen und Beschleunigungskräfte wahrnehmen. Diese werden zugleich mit den Wahrnehmungsinhalten des visuellen und des vestibulären Systems abgeglichen.

Das taktile System ist für die Oberflächensensibilität zuständig. Über dieses Sinnessystem werden Reize auf der Haut verspürt, also Berührungen, Druck, Temperatur, Schmerzen und Bewegungen.

Der gustatorische oder Geschmackssinn ist unser körpereigener »Lebensmittelkontrolleur«. Über die Geschmackssinneszellen, die sich bei Erwachsenen überwiegend auf der Zunge, bei Kindern auch in der Mundhöhle befinden, ermitteln wir die geschmackliche Qualität von fester und flüssiger Nahrung und somit auch ihre Bekömmlichkeit. Mit dem Geschmackssinn eng verbunden sind Reflexe wie der Speichel- und der Würgereflex sowie der Brechreiz. Sie helfen ihm bei seiner Aufgabe, Bekömmliches den Verdauungswegen zuzuführen und Unbekömmliches aus dem Körper zu entfernen.

Über den olfaktorischen oder Geruchssinn nehmen wir rund zehntausend verschiedene Gerüche aus unserer Umgebung mit Hilfe von Sinneszellen in der Nase wahr. Er dient unter anderem dazu, vor Gefahren wie Feuer oder verdorbenen Lebensmitteln zu warnen. Die Bewertung von Gerüchen als angenehm oder abstoßend ist zu einem großen Teil von der kulturellen und sozialen Prägung abhängig sowie von den Emotionen, die wir damit verbinden.

Die körperfernen Sinne

Zu den körperfernen Sinnen gehören das für das Hören zuständige auditive sowie das für das Sehen verantwortliche visuelle System.

Über das auditive System vernehmen wir Schall, also Geräusche, Töne und Klänge. Dies geschieht vor allem über die Ohren, sehr lauter Schall wird zudem am ganzen Körper über das taktile System wahrgenommen.

Über das visuelle System erfassen wir mit Hilfe der Augen visuelle Reize wie Farben und Formen, Helligkeit und Kontrast, aber auch Bewegungen und Räume. Die Bedeutung des Sehens für den Menschen in der Interaktion mit seiner Umwelt zeigt sich unter anderem an der Größe und der großen Zahl von Gehirnarealen, die an der visuellen Wahrnehmung beteiligt sind.

Mit den Sinnen die Welt begreifen

Die Informationen, die über innere Körper- und äußere Umweltreize auf uns eindringen, werden im komplexen Prozess der Wahrnehmung verarbeitet. Auf diese subjektive, von unseren Erfahrungen, Emotionen und vom aktuellen Befinden beeinflusste Weise gewinnen wir eine Vorstellung von unserer Umwelt und uns selbst.

Im Zuge dieses Vorgangs werden allerdings nicht alle auf uns einflutenden Reize der Umgebung bewusst registriert, was unser Gehirn überfordern würde, vielmehr nehmen wir nur die Reize, die in der momentanen Situation für uns wichtig sind, wahr: Wir konzentrieren uns auf etwas, beispielsweise auf den Straßenverkehr. Die relevanten Reize werden nun an die Großhirnrinde weitergeleitet, wo die Informationen mit im Gedächtnis abgelegten Erfahrungen verglichen, mit Wahrnehmungen aus anderen Sinnesbereichen abgestimmt und gespeichert werden. Als Ergebnis dieses Verarbeitungsablaufes sendet das Gehirn Befehle aus, die ein Verhalten, Bewegungen und Handlungen auslösen. Diese Reaktionen bewirken wiederum neue Wahrnehmungen.

INFO

»Teamsport« Wahrnehmung

Das für die Informationsaufnahme erforderliche Zusammenspiel verschiedener Sinnessysteme wird »sensorische Integration« genannt. Als »Intermodalität« bezeichnet man die Fähigkeit, die Inhalte der Wahrnehmungen verschiedener Sinne miteinander zu verbinden.

Die Wahrnehmung muss trainiert werden

Ein Neugeborenes schult seine Wahrnehmung, indem es seine Sinnesempfindungen im Zusammenspiel mit seiner motorischen Entwicklung in einem ständigen Lernprozess bewertet und differenziert. Im Zuge seiner Entwicklung verfeinert es seine Wahrnehmung und kann verschiedenste Wahrnehmungsinhalte immer besser in Bezug zueinander setzen. Diese Fähigkeit bildet später die Grundlage, komplexe Fertigkeiten wie Sprechen oder Lesen zu lernen.

Was bedeutet Entwicklung?

 ## Entwicklung durch Wohlbefinden

Ein Kind, das sich wohlfühlt, kann sich selbst besser erfahren und findet somit leichter das für seine gesamtpersönliche Entwicklung notwendige Selbstvertrauen. Eine ausgewogene »Mischkost« für Körper und Sinne hilft den Kleinen dabei, ihr physisches und seelisches Gleichgewicht zu finden und zu erhalten.

In der Hektik des Alltags sollten sich Eltern immer wieder Zeit nehmen, mit dem Baby zu kuscheln: Es tut allen sehr gut!

- **Zuwendung und Körperkontakt**
  Von ihrer ersten Lebensstunde an brauchen die Jungen und Mädchen Körperkontakt. Kuscheln, Auf-dem-Schoß-Sitzen und Getragenwerden vermitteln ihnen ein gutes Körpergefühl und Geborgenheit.

- **Freie und gemeinsame Zeit**
  Ein enger Terminplan stört eine positive Entwicklung von Kindern nachhaltig. Achten Sie darauf, dass viel Raum zum freien Spielen bleibt. Gleichzeitig benötigen die Kleinen aber auch Zeit, in der vertraute Erwachsene sich mit ihnen beschäftigen. Eine wichtige Rolle übernehmen zudem Rituale im manchmal hektischen Alltag. Sie geben den Jungen und Mädchen ein Gefühl der Sicherheit.

- **Körperliche Bewegung und sinnliche Wahrnehmungen**
  Sorgen Sie dafür, dass Ihr Kind genug Zeit und Platz zum Toben und Spielen findet. Bewegung ist ein Grundbedürfnis, und ein Kind ist auf vielfältige sinnliche Anreize angewiesen, um sich entfalten zu können.

- **Die richtige Ernährung**
  Kinder brauchen gesunde Kost, die sie mit allen notwendigen Nährstoffen versorgt und mit ihren Aromen und Konsistenzen ein sinnliches Erlebnis darstellt. Also lieber knackige Karotten statt Süßigkeiten und frisch zubereitete Gerichte statt Fertigeinerlei servieren. Und essen Sie gemeinsam mit Ihrem Kind, denn Essen ist auch ein soziales Vergnügen.

- **Körperliche Pflege und Gesundheitsfürsorge**
  Achten Sie auf die körperliche Pflege ihres Kindes und vor allem auf das tägliche Putzen der Zähne. Beobachten Sie seine körperliche Entwicklung, nehmen Sie die Vorsorgeuntersuchungen in Anspruch und scheuen Sie sich nicht, bei Unsicherheiten den Kinderarzt um Rat zu fragen.

Der sprachliche Bereich

Zu den wichtigsten frühkindlichen Entwicklungsaufgaben zählt zweifellos der Erwerb der Sprache. Sie stellt das wichtigste kommunikative Medium des Menschen dar und bildet die Grundlage unseres gesellschaftlichen Miteinanders und unserer Kultur. Rund vier bis sechs Jahre braucht ein Kind, bis es das System seiner Erstsprache(n) erwirbt und anzuwenden lernt. Bei diesem hochkomplexen Lernprozess spielen verschiedene Rahmenbedingungen eine entscheidende Rolle.

Faktoren der Sprachentwicklung

Die frühkindliche Sprachentwicklung ist ein komplexer Prozess, dessen Verlauf und Gelingen von verschiedensten Bedingungen beeinflusst wird. Damit ein Kind im Rahmen einer positiven Gesamtentwicklung Sprache erwerben und auch produzieren kann, müssen diese unterschiedlichen Faktoren erfolgreich zusammenwirken. Hierbei spielen verschiedene physische Voraussetzungen, Wahrnehmungs- und kognitive Fähigkeiten und motorische Fertigkeiten ebenso eine Rolle wie die kindliche Bereitschaft zur Interaktion und Kommunikation sowie die Impulse der sozialen Umwelt. Doch wie tragen diese verschiedenen Bereiche dazu bei, dass Kinder Sprache erwerben, verstehen und anwenden können?

Vierjährige Kinder können schon anschaulich von ihren Erlebnissen erzählen.

Organische und motorische Voraussetzungen

Wenn Kinder auf die Welt kommen, besitzen sie bereits eine Stimme zum Sprechen und Schreien. Doch vor dem Sprechen steht das Hören, weshalb ein intaktes Hörvermögen eine wichtige Vorbedingung für eine optimale Sprachentwicklung darstellt. Ohne die Fähigkeit, Laute zu hören, kann ein Kind auch nicht durch Nachahmung lernen, sie selbst zu bilden. Nicht behandelte Beeinträchtigungen der Hörfähigkeit ziehen deshalb in der Regel auch immer Entwicklungsverzögerungen im sprachlichen Bereich nach sich.

Bei der lautlichen Sprachproduktion sind hingegen der Hals- und Nasenraum sowie die Mundhöhle als Resonanzkörper für die Lautverstärkung, Gaumensegel, Zunge, Lippen und Kiefer für die Lautbildung, die sogenannte Artikulation, sowie der Kehlkopf für die Produktion des Grundtons zuständig. Verletzungen oder Fehlbildungen in diesem Bereich können zu Störungen der Sprechentwicklung führen. Bei diesem Prozess spielt zudem die mundmotorische Geschicklichkeit eine wichtige Rolle, denn für jeden einzelnen Laut ist ein anderes Zusammenspiel der Bewegungen von Zunge, Lippen, Unterkiefer und Wangen erforderlich. Diese Bewegungsabläufe üben Kinder im Lauf der Sprachentwicklung von Anfang an durch Lallen, Gurren und andere lautliche Äußerungen. Ganz allgemein trainieren sie die Mundmotorik zudem durch Saugen, Schlucken und Kauen.

Wahrnehmung und Verarbeitung von Sinneseindrücken

Neben der auditiven Wahrnehmung, dem Hören und Verarbeiten akustischer Reize, tragen auch die anderen Wahrnehmungsbereiche zu einer erfolgreichen Sprachent-

INFO

Ab wann hört ein Kind?

Menschen können schon im Mutterleib hören; die für gutes Hören erforderliche vollständige Reifung der Hörbahnen erfolgt jedoch erst in den ersten Lebensjahren. Dafür müssen Kinder Schallreize vernehmen und zur Verarbeitung an das Gehirn weiterschicken können.

TIPP

Hat mein Kind Hörprobleme?

Häufig werden ernsthafte Probleme des Hörvermögens erst spät erkannt, zumeist wenn ein Kind eine verzögerte Sprachentwicklung aufweist. Doch je früher mögliche Schwächen der auditiven Wahrnehmung entdeckt werden, desto besser kann ein Kind gefördert werden. Deshalb sollten auch schon sehr junge Kinder einem Arzt vorgestellt werden, wenn sich auch nur der geringste Verdacht einer Hörschädigung ergibt. Folgende einfache Beobachtungshinweise können erste Anhaltspunkte über die intakte Hörfähigkeit eines Kindes liefern, bevor es zu sprechen beginnt. Wichtig ist hierbei, dass das Kind die Geräuschquelle nicht sehen oder fühlen kann, die Geräusche unterschiedlich laut sind und unterschiedliche Klangqualitäten von schrill bis dumpf aufweisen.

Lebensalter drei bis fünf Wochen:
Das Kind erschrickt bei plötzlichen lauten Geräuschen, etwa lautem Klatschen.

Lebensalter ab etwa drei Monate:
Das Kind richtet seine Augen auf eine Geräuschquelle, beispielsweise eine Babyrassel, kann stimmhaft lachen und Laute bilden.

Lebensalter ab etwa sechs Monate:
Das Kind produziert verschiedenste Lautformen, lallt und brabbelt in unterschiedlichen Stimmlagen. Wenn das Kind »verstummt« und sich nur noch durch Schreien lautlich äußert, kann dies auf eine gestörte Hörfähigkeit hinweisen.

Lebensalter etwa zwölf Monate:
Das Kind reagiert darauf, wenn es aus etwa einem Meter Entfernung in normaler Lautstärke angesprochen wird. In diesem Alter wird bei der Vorsorgeuntersuchung U6 auch das Gehör überprüft. Fachleute empfehlen zudem, bis Ende des ersten Lebensjahres eine apparative Hörprüfung vornehmen zu lassen.

Der sprachliche Bereich

wicklung bei. So ermöglicht es die visuelle Wahrnehmung, dass ein Kind Sprechbewegungen sowie die für die Kommunikation wichtigen Gestiken und Mimiken anderer Menschen sieht und nachahmen sowie durch Blickkontakt in Dialog treten kann. Wenn es beim Spielen Gegenstände in den Mund nimmt und erforscht, erfährt es nicht nur, ob diese weich oder hart, rau oder glatt sind. Es nimmt auch die Lage, Spannung und Bewegung von Zunge, Lippen, Kiefer und Gaumen wahr. Für die Artikulationsfähigkeit sind dies wichtige Sinneseindrücke. Über die eigene Körperwahrnehmung erfasst das Kind schließlich die für die Mundmotorik wichtige Stellung von Muskeln und Gelenken.

Von Anfang an sprachbereit und sprechfreudig

Der Mensch ist als soziales Wesen darauf angewiesen, sich mit anderen Menschen zu verständigen. Die Bereitschaft zur Kommunikation ist uns in die Wiege gelegt, versuchen doch schon Säuglinge ab dem Zeitpunkt ihrer Geburt über ihre (vor-)sprachlichen Fähigkeiten sich ihren Bezugspersonen verständlich zu machen. Schreien, Weinen und Lachen, Lallen, Gurren und entzückt Quietschen – über solch immer differenziertere lautliche Äußerungen zeigt ein Kind seine Bedürfnisse und Wünsche, seine Emotionen und sein Befinden. Lange bevor es das erste »richtige« Wort ausspricht, tritt es mit Hilfe dieses lautlichen Repertoires mit seinen Bezugspersonen in einen intensiven Dialog ein. Zur Verständigung tragen darüber hinaus verschiedene nonverbale Elemente bei: Mimiken, Gesten und Lächeln, aber auch Handlungen wie Zeigen, Nehmen, Geben oder Wegstoßen.

Der Sprechantrieb von Kindern zeigt sich bereits an ersten lustvollen Lallmonologen im ersten Lebenshalbjahr, und für eine optimale Sprachentwicklung gilt es, diese Sprechfreude zu erhalten. Eine wichtige Rolle spielt hierbei die Unterstützung,

Die zunehmende Fähigkeit, mit anderen Kindern zu spielen, geht mit einer wachsenden sprachlichen Kompetenz einher.

Was bedeutet Entwicklung?

INFO

Die Sprache wächst wie ein Baum

Ein anschauliches Bild der kindlichen Sprachentwicklung vermittelt der von dem Psychologen, Philosophen und Sprachtherapeuten Wolfgang Wendlandt gestaltete »Sprachbaum«. Vergleicht man diesen Prozess mit dem Wachstum eines Baumes, so bildet die Sprachbereitschaft des Kindes den Keim, aus dem sich die Pflanze entwickeln wird. Die Wurzeln bestehen aus den für den Spracherwerb notwendigen Fähigkeiten und Entwicklungsprozessen des Kindes, aus Wahrnehmung, Motorik, geistiger und sozial-emotionaler Entwicklung, Hirnreifung und Lautäußerungen. Aus diesem kräftig ausgebildeten Wurzelwerk wächst der Stamm der Sprachentwicklung, der seine Stärke aus der Sprechfreude und dem Sprachverständnis gewinnt. Die Krone des Baumes bildet schließlich die ausgebildete Sprache, die sich in die verschiedenen Sprachbereiche Wortschatz, Grammatik und Artikulation verästelt.

Aber auch äußere Faktoren sind für das Gedeihen des Sprachbaums unabdingbar. Wärme und liebevolle Akzeptanz wirken wie das notwendige Sonnenlicht, das tägliche Miteinander und anregende Kommunizieren liefern das unentbehrliche Wasser. Die Erde, in der die Wurzeln des Sprachbaums fest verankert sind, besteht aus der Lebensumwelt, Kultur und Gesellschaft des Kindes, die auf seine gesamte Entwicklung fundamentalen Einfluss nehmen. Sie liefern die wichtigen Nährstoffe für den Sprachbaum.

INFO

Geteilte Aufmerksamkeit ist doppelte Aufmerksamkeit

Rund um den siebten Lebensmonat erweitern sich die Möglichkeiten der Kinder zur Kommunikation und Interaktion erheblich. In diesem Alter erwerben sie die Fähigkeit zur geteilten Aufmerksamkeit. Sie sind nun in der Lage, etwa durch Zeigegesten die Aufmerksamkeit ihres Gegenübers auf einen Gegenstand ihres Interesses zu richten, den dieser benennen kann. Im Zuge dieser Entwicklung werden nun einfache gemeinsame Spiele möglich, die eine breite Basis zur Kommunikation bieten.

die ein Kind von seiner Umwelt erfährt. Wenn die Bezugspersonen auf seine vorsprachlichen Äußerungen und Signale eingehen und auf seine Botschaften mit Interesse und fürsorglicher Liebe reagieren, gelingt ihre Kommunikation mit dem Kind gut. Dieser Erfolg verleiht ihm das für die Sprechfreude nötige Selbstvertrauen und ermutigt es, die vertrauten Kommunikationsmuster zu verändern, so zum Beispiel die von den Bezugspersonen gehörten Laute nachzuahmen und so Schritt für Schritt in die Sprache der Umwelt zu finden.

Im Gespräch – Die sprachliche Umwelt

Auch in späteren Phasen der Sprachentwicklung ist im wahrsten Sinne des Wortes der Zu-Spruch der Umwelt ein wichtiger Faktor. Denn Kinder lernen Sprache vor allem durch Ansprache im Gespräch, das heißt wenn mit ihnen gesprochen wird. Das sprachliche Vorbild spielt in diesem Prozess von Anfang an eine wichtige Rolle, bietet es doch die notwendigen Anregungen für den Spracherwerb und das Muster zum Nachahmen im spielerischen Lernen. Doch auch im übertragenen Sinn beeinflusst der Zuspruch der Umwelt die Fortschritte, die ein Kind beim Sprechen macht. Wenn es ermutigt und ihm genügend Gelegenheit geboten wird, sich im Rahmen seiner wachsenden sprachlichen Fähigkeiten zu äußern und seine neu erworbenen Fertigkeiten ohne Zwang zu üben, wird es die für die Sprachentwicklung wichtige Freude am Sprechen erfahren. Wird sein sprachlicher Freiraum jedoch durch ständige Korrekturen oder häufiges mangelndes Interesse seines Gegenübers eingeengt, kann ein Kind den Spaß am Sprechen und an der Sprache verlieren. Wenn solche

Der sprachliche Bereich

negativen Umweltreaktionen überwiegen, kann sich dies langfristig hemmend auf die Sprachentwicklung auswirken.

Doch nicht nur die Interaktion mit sprachkompetenten Erwachsenen, auch der Umgang mit anderen Kindern stellt wichtige Anreize und Übungsgelegenheiten für den Spracherwerb dar. Schon bei jüngeren, besonders jedoch bei Kindern ab dem dritten Lebensjahr spielt die Sprache im Spiel und in der Auseinandersetzung mit Gleichaltrigen eine immer größere Rolle. Sie genießen ihre wachsenden Sprachkompetenzen, die ihnen das soziale Miteinander mit anderen Kindern erleichtern.

Sprachverständnis und Sprachproduktion

Der Entwicklungsstand der aktiven Sprachproduktion lässt sich anhand der Äußerungen nachvollziehen, die ein Kind von sich gibt. Schwieriger ist es jedoch, sein Sprachverständnis einzuschätzen. Dieses lässt sich nur indirekt durch die Handlungen eines Kindes ermessen, indem es beispielsweise seinen Kopf zu der Person dreht, die seinen Namen gerufen hat, in späteren Jahren auf eine Frage sinnvoll antwortet, eine sprachliche Anweisung richtig ausführt oder fasziniert einer Geschichte lauscht und deren Inhalt mit eigenen Worten wiedergeben kann.

Im Allgemeinen steht die Entwicklung des Sprachverständnisses vor der Ausbildung der Sprachproduktion; Kinder können eher Sprache verstehen als sich selbst sprachlich ausdrücken. Je jünger Kinder sind, eine desto größere Rolle spielen begleitende Gesten und Mimiken sowie der Situationszusammenhang, um das Gesagte für sie verständlich zu machen. Bis sie in die Schule kommen, können Kinder über alles, was ihren konkreten Erfahrungs- und Lebensbereich betrifft, in ihrem Alter gemäßen, einfachen Sätzen reden. Ihr Sprachverständnis ist jedoch noch immer größer als ihr Vermögen, sich auszudrücken. Ihre Fertigkeit, grammatische Strukturen anzuwenden, ist geringer, als diese zu verstehen, und wie bei Erwachsenen übertrifft ihr passiver Wortschatz bei weitem den Umfang des Vokabulars, das sie aktiv anwenden.

Sind der sprachlichen Ausdrucksfähigkeit noch Grenzen gesetzt, kann man Trotz und Wut auch durch ausdrucksstarke Mimik deutlich machen!

Was bedeutet Entwicklung?

Die korrigierende Unterstützung des kindlichen Spracherwerbs sollte so ablaufen, dass Kinder die Verbesserungen unbewusst aufnehmen, zum Beispiel in Form eines kleinen Lautspiels.

 TIPP

Keine »Babysprache«

Eltern sollten ihre Sprachebene dem jeweiligen Verständnisniveau eines Kindes anpassen, ohne aber in eine infantile, unkorrekte »Babysprache« zu verfallen, die ein Kleinkind kaum in seiner Sprachentwicklung fördert. Gefragt ist vielmehr die korrekte, erklärende und wiederholende Sprache.

Wie funktioniert der frühkindliche Spracherwerb?

Kinder lernen in den ersten vier bis sechs Lebensjahren, Sprachmelodie und Sprachrhythmus der Sprache zu erkennen und einzusetzen, Laute zu unterscheiden und auszusprechen sowie die Regeln der Wortbildung, des Satzbaus und anderer grammatischer Funktionen. Außerdem bauen sie einen umfassenden aktiven und einen erheblich größeren passiven Wortschatz auf. Zudem müssen Kinder auch die sozialen Aspekte des Sprachgebrauchs lernen – etwa wann man zuhört oder wann man spricht.

Bewusst oder unbewusst?

Bislang konnte die Wissenschaft nicht zufriedenstellend klären, wie dieser hochkomplexe Lernprozess funktioniert. Einig ist man sich über alle Fachrichtungen und -meinungen hinweg, dass der Spracherwerb nicht nur über die bloße Nachahmung der gehörten Sprache erfolgt. Denn ein Kind lernt nicht, eine unendliche Anzahl von Sätzen zu imitieren. Es erwirbt vielmehr die Kompetenz, aus einer begrenzten Menge von Wörtern und Regeln selbst zahllose verständliche Aussagen zu bilden

Der sprachliche Bereich

beziehungsweise immer wieder neue, in unzähligen Variationen formulierte Sätze zu verstehen. Dieser langwierige Prozess läuft jedoch nicht bewusst über das absichtliche Lernen von Vokabular und Grammatikregeln ab. Vielmehr erschließen sich Kinder die Regeln und Struktur ihrer Erstsprache(n) in einem eigenständigen, unbewussten Prozess. Denn das Denken über Sprache wird Kindern erst möglich, wenn sie die hierfür erforderlichen Sprachkompetenzen erworben haben. In der Regel sind sie dazu erst im Schulalter in der Lage.

Unbewusste Förderung

Doch nicht nur der Spracherwerb verläuft auf einer unbewussten Ebene, auch das Sprachelehren erfolgt weniger in einem bewussten denn in einem intuitiven Prozess. So sprechen Eltern und enge Bezugspersonen quer durch die Kulturen, ohne darüber nachzudenken, mit ihren Kindern auf gleiche Art und Weise. In der Kommunikation mit Säuglingen verwenden sie die »Ammensprache«, die sich durch eine hohe, für die Kinder besonders gut verständliche Tonlage, eine ausgeprägte Sprachmelodie und viele Wiederholungen auszeichnet. Die »stützende Sprache« kommt im zweiten Lebensjahr zum Einsatz. Sie unterstützt vor allem den Worterwerb der Kinder und findet mehr und mehr in einfachen Dialogen statt. Die »lehrende Sprache« ab dem dritten Lebensjahr fördert stärker den Grammatikerwerb. Erwachsene wiederholen in der lehrenden Sprache im Rahmen von Dialogen die Äußerungen von Kindern in korrigierter oder ergänzter Form, ohne diese als Korrekturen zu kennzeichnen.

Diese verschiedenen Sprechstile gegenüber Kindern sind deren sich langsam entwickelnden geistigen und Wahrnehmungsfähigkeiten in den ersten drei Lebensjahren optimal angepasst. Sie bieten deshalb die ideale Unterstützung für die vielgestaltigen Spracherwerbsprozesse, welche die Kinder eigenständig durchlaufen.

Neben der mehr oder weniger alltäglichen Kommunikation spielt schließlich das Vorlesen, bei dem nicht zuletzt Konzentration und Gedächtnis gefördert werden, eine entscheidende Rolle für den frühkindlichen Spracherwerb (siehe S. 202 f.).

Beinahe tagtäglich können Eltern miterleben, wie bei ihren Kindern der in vieler Hinsicht unbewusst ablaufende Spracherwerb fortschreitet und sich so ganz neue Möglichkeiten der Kommunikation ergeben.

Was bedeutet Entwicklung?

Entwicklung als ganzheitlicher und individueller Prozess

Jedes Kind lernt und entfaltet sich individuell, in seiner ureigensten Geschwindigkeit und in Anpassung an die Bedingungen seiner sozialen Umwelt und seines Lebensraumes. Im Zuge dieses hochkomplexen Prozesses bedingen und beeinflussen sich die jeweiligen Fähigkeiten, Fertigkeiten und Fortschritte in den einzelnen Bereichen. Die frühkindliche Entwicklung ist ein ganzheitlicher Vorgang, bei dem Körper, Geist und Seele gleichermaßen betroffen und in einem permanenten Wechselspiel miteinander verbunden sind.

Ein Netzwerk von Systemen

Jungen und Mädchen erfassen ihre Welt von Anfang an mit Hilfe ihrer Motorik, ihrer Wahrnehmung und ihrer Emotionen, die sich gegenseitig ermöglichen, unterstützen und schulen. Dieses handelnde Begreifen bildet die Basis für ihre kognitive und soziale Entwicklung, die wiederum nur im andauernden Zusammenspiel mit allen anderen Systemen fortschreiten kann und im Gegenzug deren weitere Entfaltung bedingt und beeinflusst. An Entwicklungsfortschritten und Lernerfolgen in einzelnen Bereichen ist demzufolge stets die Vielzahl der Systeme, die Kindern zur Verfügung stehen, beteiligt.

Individueller Ablauf

Vom Liegen zum Stehen, vom wahrnehmenden Begreifen zum Denken, vom Lallen zum Sprechen: Die einzelnen Schritte der frühkindlichen Entwicklung erfolgen zwar in einem altersgebundenen groben Ablauf, jedoch innerhalb dieser verschiedenen Phasen von Kind zu Kind äußerst individuell. Meilensteine wie das Laufenlernen, das Bilden erster Zwei-Wort-Sätze oder das Benennen von Farben werden in bestimmten Altersstufen erreicht, allerdings innerhalb weit gespannter Zeiträume. Je nach Entwicklungsereignis und abhängig von den Stärken und Schwächen eines Kindes, seinen Erfahrungen und den Einflüssen seiner Umwelt können diese Wochen, Monate oder gar Jahre umfassen. Manche Kinder ziehen sich mit sieben Monaten zum Stehen hoch, andere, wenn sie gut ein Jahr alt sind, einige wenige können bereits im dritten Lebenshalbjahr Zwei-Wort-Sätze produzieren, andere erst mit rund zwei Jahren, und die einen lernen das Fahrradfahren mit vier, die anderen mit sieben oder acht Jahren. Doch sie alle bewegen sich im Rahmen einer unauffälligen Entwicklung.

Unterschiedliche Fortschritte in den einzelnen Bereichen

Die kindliche Entwicklung verläuft nicht nur zeitlich, sondern auch in jedem Bereich höchst variabel. Auch dies hängt von verschiedenen Faktoren wie Veranlagung,

---

TIPP

Das »ganze« Kind

Freuen Sie sich über die Fortschritte Ihres Kindes und lassen Sie sich von vermeintlichen Rückschlägen nicht aus der Ruhe bringen. Denken Sie auch stets daran, dass bei jedem Lernen das »ganze« Kind gefordert wird. Geben Sie ihm deshalb Raum, Zeit und vielfältige Anregungen, damit es sich in allen Bereichen entwickeln kann.

Entwicklung als ganzheitlicher und individueller Prozess

Interessen und Umwelteinflüssen ab. So machen manche Kinder in der Motorik schnellere Fortschritte als im Spracherwerb, andere wiederum haben schon früh eine gute räumliche Vorstellung und ein hervorragendes Sprachverständnis, brauchen jedoch länger, wenn es darum geht, zu Gleichaltrigen Kontakte aufzubauen und Regelspiele zu erlernen. Die Bandbreite der Entwicklungsmöglichkeiten ist hierbei unbegrenzt.

Darüber hinaus verläuft die Entwicklung innerhalb der einzelnen Bereiche nicht in einem gleichmäßigen Tempo. So ist es durchaus möglich, dass ein Kind bereits sehr früh gehen, jedoch erst spät zielgerichtet greifen kann. Oder es baut vielleicht schnell einen großen passiven Wortschatz auf, braucht aber verhältnismäßig lange, bis es selbst die ersten Wörter und Sätze äußert.

Alle Bereiche sind miteinander vernetzt: Der wache Blick ermöglicht neue Sinneseindrücke, die die kognitive Entwicklung fördern, was sich wiederum auf die sprachliche und motorische Entwicklung auswirkt.

Unterschiedliche Abfolge der Entwicklung

Entwicklung ist zudem kein linearer, geradliniger Vorgang, dessen einzelne Etappen unbedingt in einer bestimmten Reihenfolge ablaufen müssen. Manchmal vollziehen Kinder bestimmte Entwicklungsschritte in parallelen Sprüngen, meistern etwa gleichzeitig mit dem Stehen auch das Gehen. Manche Jungen und Mädchen wiederum lassen beispielsweise das Krabbeln ganz aus und lernen gleich nach dem Robben das Gehen (und möglicherweise erst danach das Krabbeln).

Entwicklung ist außerdem ein Prozess, der von mehr oder weniger großen Fortschritten, aber auch von scheinbarem Stillstand und sogar Rückschritten geprägt ist. Neu erworbene Fähigkeiten und Fertigkeiten bedürfen einer langen Übung, bis sie sich automatisiert haben. Es ist deshalb nicht ungewöhnlich, dass Kinder erste Wörter verlauten lassen, sie dann vermeintlich »verlernen« und nurmehr Silbenkombinationen von sich geben, bis sie nach einiger Zeit wieder mit dem Sprechen beginnen und damit auch nicht mehr aufhören.

Welche Faktoren bestimmen die Entwicklung?

Bislang gibt es keine allgemeingültige Antwort auf die Frage, welche Umstände vorrangigen Einfluss auf den Werdegang eines kleinen Jungen oder eines kleinen Mädchens ausüben. Forscher aller Fachrichtungen stimmen allerdings darin überein, dass der Verlauf der kindlichen Entwicklung durch die enge Beziehung zwischen genetischen und Umweltfaktoren bestimmt wird.

Welche Faktoren bestimmen die Entwicklung?

Jeder Mensch ist einzigartig und formt sich auf seinem ganz eigenen Weg. Bestimmt wird diese Entwicklung durch Erbgut und Umwelteinflüsse.

Anlage und Umwelt

Die Wissenschaft ist uneinig darüber, welche Rolle Erbanlage und Umwelt für die menschliche Entwicklung spielen. Fest steht aber, dass beide Faktoren bei der Entfaltung der Fähigkeiten eines Kindes in einem andauernden Wechselspiel stehen.

Ein beeinflussbarer Bauplan

Über alle Kulturgrenzen hinweg weisen Kinder in ihrer frühen Entwicklung einige Ähnlichkeiten auf. So drängt es jedes Kleinkind danach, gehen zu lernen, und spätestens im zweiten Lebensjahr erobert es seine Welt aus eigenem Antrieb auf zwei Beinen. Auch bezaubern Säuglinge vom Nord- bis zum Südpol mit ihrem Lächeln und sichern sich so die Zuwendung ihrer Bezugspersonen. Dies heißt jedoch nicht, dass die frühkindliche Entwicklung ausschließlich nach einem universellen genetischen Bauplan abläuft. Hinzu kommt eine mehr oder weniger individuelle genetische Prägung, zudem kann sich das angeborene »Rüstzeug« eines Menschen nur in einer geeigneten Umwelt entfalten. So lernen alle Jungen und Mädchen ab einem gewissen Alter sprechen, jedoch nur, wenn mit ihnen auch geredet wird.

Zu der Umwelt, die ein Kind prägt, zählen seine Familie ebenso wie seine Freunde, Bekannte oder Erzieherinnen und Erzieher, die Kultur(en) seiner Umgebung und das Gesellschaftssystem, in dem es lebt. Daneben spielen das natürliche und materielle Umfeld ebenfalls eine Rolle, denn es ist ein Unterschied, ob ein Kind in der Stadt oder auf dem Land, in der Wüste oder in üppig grüner Landschaft, in Armut oder Reichtum aufwächst.

Ganz der Papa! Der Einfluss der Erbanlagen

Neugeborene kommen bereits mit gewissen Kompetenzen zur Welt und zeigen weltweit in bestimmten Entwicklungsschritten verblüffende Übereinstimmungen. Dieses Forschungsfeld ist vor allem für Biologen auf der Suche nach den menschlichen Gemeinsamkeiten interessant. Die Frage, inwieweit sich die Gene auf Verhalten und Entwicklung auswirken, ist jedoch noch lange nicht geklärt.

Alles eine Frage der Gene?

Sind wir in unserem Verhalten unseren Erbanlagen hilflos ausgeliefert oder spielen sie dafür keine Rolle? Weder – noch. Für die generelle Gewichtung der Anteile, die einerseits die genetischen Anlagen, andererseits die Umwelt für die gesamtpersönliche Entwicklung spielen, lässt sich allerdings keine eindeutige Antwort finden. Zu sehr befinden sich diese Faktoren in einem permanenten, komplexen Wechselspiel, fördern und bedingen sich gegenseitig.

Unsere Erbanlagen bestimmen unter anderem unsere Haar- und Augenfarbe, welches Geschlecht wir haben und an welchen genetisch bedingten Erkrankungen wir leiden. Endogene, also von »innen« verursachte, anlagebedingte Faktoren spielen zudem bei dem lebenslangen Prozess des Wachsens und Reifens des Organismus eine Rolle. Dies zeigt sich beispielsweise an der motorischen Entwicklung von Säuglingen. Gezielte Bewegungen können sie zunächst nur mit dem Kopf ausführen, mit Rumpf, Armen und Beinen klappt das erst einige Zeit später. Wie gut und schnell sie jedoch diese Fertigkeiten erlernen, hängt auch von ihrer Umwelt ab.

Wie gleich sind Zwillinge?

Wie schwierig es ist, die Tragweite der einzelnen Faktoren genau zu bestimmen, zeigt ein Beispiel aus der Forschung. Eineiige Zwillinge haben oft das Bedürfnis, sich voneinander abzugrenzen, und bilden trotz gleicher Erbanlagen verschiedene Verhaltensweisen aus. Eineiige Zwillinge, die getrennt aufwachsen, gleichen sich in ihrer Persönlichkeit häufig stärker. Zunächst bestätigt dieses Phänomen den großen Einfluss der Gene, zeigt aber auch die bedeutende Rolle der äußeren Faktoren, da die Herkunfts- und Adoptivfamilien in besagten Fällen häufig ein stark übereinstimmendes Umfeld bieten. Es kann also auch an der sozialen Umgebung liegen, dass eineiige Zwillinge wesensähnlich sind.

INFO

Doppelter Beweis

In der Zwillingsforschung werden neben eineiigen Zwillingen auch zweieiige untersucht. Wenn genetisch identische Zwillinge in einem Merkmal mehr übereinstimmen als zweieiige, weist dies unter Umständen darauf hin, dass diese Eigenschaft stärker genetisch bedingt ist.

Eineiige Zwillinge belegen zweifelsfrei, dass unser Aussehen im Wesentlichen von den Genen bestimmt wird.

Welche Faktoren bestimmen die Entwicklung?

Der Einfluss der Familie

So vielfältig wie unsere Gesellschaft ist, so unterschiedlich sind auch die Formen des Zusammenlebens. Ungeachtet dessen, ob Kinder in der Kleinfamilie, allein mit einem Elternteil oder in der traditionellen Großfamilie aufwachsen, dient die Familie als sicherer Hafen, der Geborgenheit liefert. Sie fungiert darüber hinaus als erste »Schule des Lebens«, in der Jungen und Mädchen soziales Verhalten lernen sowie geistige Anreize und motorische Förderung erhalten.

Prägend für die ersten Lebensjahre

Die Familie bietet die Umgebung, in der sich ein Kind anfangs ausschließlich oder hauptsächlich aufhält. Dort erhält es die Liebe und Wertschätzung, den Schutz und die Versorgung, aber auch die Unterstützung in verschiedensten Bereichen, die für sein Gedeihen unerlässlich sind. Die ersten engen Bezugspersonen sind in der Regel seine Eltern, die im Idealfall viele Jahre lang seine wichtigsten Helfer, Beschützer und Förderer bleiben. Als sein Lebenszentrum besitzt die Familie entscheidenden Einfluss auf seine kindliche Psyche und Entwicklung. Wie und mit wem Kinder in einer Familie aufwachsen, wer ihre engsten Bezugspersonen sind, welche Werte innerhalb dieser Gemeinschaft vermittelt und welche Regeln des Zusammenlebens postuliert werden, welchen emotionalen Rückhalt sie dort erhalten, wie Konflikte ausgetragen und Kompromisse geschlossen werden, welche Verluste sie durch Tod oder Scheidung ertragen müssen – alles das prägt ihre gesamtpersönliche Entwicklung.

Jede Familie ist anders

Die klassische Kleinfamilie mit Vater, Mutter und Kind(ern), die vielfach noch als Ideal postuliert wird, konkurrierte in der Realität schon immer mit anderen Familienformen. In unserer Gesellschaft gibt es wie in vielen anderen Kulturen eine Bandbreite von Familienkonstellationen. Jedes Kind erlebt eine ganz individuelle Familiensituation, die von den Familienmitgliedern, deren Verhalten, der jeweiligen »Familienkultur«, dem Erziehungsstil, aber auch dem weiteren Umfeld bestimmt ist. Selbst die gerne als modern bezeichnete Patchwork-Familie blickt auf eine lange Geschichte zurück. So war es schon früher vor allem aus wirtschaftlichen Gründen üblich, dass

Bei gemeinsamen Aktivitäten bereichern sich die verschiedenen Generationen gegenseitig.

sich verwitwete Ehepartner wieder neu verheirateten und ihre Kinder mit in die Ehe brachten beziehungsweise weitere gemeinsame Kinder hinzukamen.

Kinder aus binationalen Familien erwerben von klein auf interkulturelle Kompetenz.

Rivalität und Zusammenhalt unter Geschwistern

Neben der Familienform und der Verfügbarkeit und Fürsorge der Eltern spielen Geschwister und die individuelle Position in der Geschwisterreihe eine wichtige Rolle in der kindlichen Entwicklung. Ob Zwilling oder großer Bruder, kleine Schwester oder Mittelkind, Geschwisterliebe stellt sich nicht von selbst ein, sondern muss im täglichen Zusammensein wachsen. Rund drei Jahre dauert es meist, bis sich eine starke Bindung etabliert hat.

Mal ein Herz und eine Seele, dann wie Hund und Katz: Geschwister halten in bestimmten Situationen gegenüber Familienfremden, aber auch den Eltern fest zusammen, lernen voneinander und können ganz allgemein von ihrer vertrauensvollen Beziehung profitieren. Im Gegenzug sind heftige Konflikte sowie von Neid und Eifersucht geprägte Rivalitäten an der Tagesordnung. Den Eltern fällt die schwierige Aufgabe zu, alle Kinder gleichberechtigt zu behandeln und ihnen stets gerecht zu sein sowie sie in ihrer Verschiedenheit anzunehmen.

Die Rolle der Großeltern

In vielen Büchern oder Filmen werden Großmütter mit Dutt und Schürze in der Küche werkelnd und Großväter bärtig, mit Brille und Pfeife im Lehnstuhl sitzend und den Enkeln vorlesend dargestellt. Auch wenn dieses Bild nicht (mehr) der Realität entspricht, so kommt Großeltern in vielen Familien noch immer eine wichtige Aufgabe zu. Häufig übernehmen sie sogar so viele Pflichten, dass ohne sie der Familienbetrieb nicht funktionieren würde. Nur in seltenen Fällen läuft dies ohne Konflikte und Rivalitäten zwischen den beiden Eltern-Generationen ab.

Die wichtigste Ressource, die Großeltern in die Familie einbringen, ist in der Regel Zeit. Stehen sie selbst nicht mehr im Arbeitsprozess, haben sie oft mehr Zeit für gemeinsame Unternehmungen mit den Enkeln, können geduldiger auf sie eingehen und in Krisen eine wertvolle Stütze sein. Für die Kinder kann die Beziehung zu den Großeltern eine große Bereicherung ihrer Erfahrenswelt darstellen.

TIPP

Kritik muss erlaubt sein

Wie und in welchem Maß Großeltern in das alltägliche Familienleben und in die Erziehung der Enkel eingebunden sind, ist abhängig von der jeweiligen Familiensituation, muss individuell ausgehandelt werden und erfordert von allen Seiten viel Toleranz. Dazu gehört auch, dass sich beide Seiten kritisieren dürfen. Dies sollte jedoch nie im Beisein des Kindes erfolgen.

Welche Faktoren bestimmen die Entwicklung?

»Ich bin keine Supermutter«

»Während der Schwangerschaft war ich noch fest davon überzeugt, dass ich Kind, Küche und Karriere problemlos unter einen Hut bekomme«, schmunzelt die Mutter des heute sechsjährigen Lukas. »Heute bin ich um einige Illusionen ärmer und um viele Erfahrungen reicher.«

»Ganz sicher bin ich damals auch dem Idealbild der ›Supermutter‹ auf den Leim gegangen«, fährt die 35-Jährige fort. »Engagiert im Beruf, als Frau attraktiv, verständnisvolle, aber auch durchsetzungsfähige Partnerin und liebevolle Mutter, die ihrem Kind jegliche Förderung angedeihen, dabei aber die eigenen Interessen nicht zu kurz kommen lässt. Wer würde nicht gerne diesem Inbegriff der erfolgreichen Frau entsprechen?«

Erstens kommt es anders, als man zweitens denkt

Familie und Beruf sowie das Bild von der perfekten Supermutter verlangen Frauen heutzutage enorm viel ab.

»Als Lukas dann auf der Welt war, erfuhr ich hautnah, welche ausschlaggebenden Faktoren ich in diesem wunderschönen Szenario vergessen hatte. So war Lukas häufig krank und schlief über ein Jahr lang nicht durch. Ich glaubte, dass ich meine Augenringe nie mehr loswürde. Auch in der Beziehung hatten wir einige Krisen durchzustehen, der ›Babyschock‹ musste von uns beiden erst verdaut werden. Und zu guter Letzt fand ich keine adäquate Betreuung für meinen Sohn, so dass ich die ersten drei Jahre doch zu Hause blieb. Danach suchte ich über ein Jahr nach einer neuen Stelle, denn meine alte Firma hatte inzwischen Insolvenz angemeldet.«

Neue Herausforderungen für alle

»So schön die Jahre als Hausfrau und Mutter waren, ich hatte doch Schwierigkeiten, diese Rolle anzunehmen. Ich war manchmal frustriert und fühlte mich von meiner Umgebung nicht ernst genommen. Als ich dann wieder im Beruf stand, plagten mich anfänglich starke Schuldgefühle. Ich musste erst lernen, dass es uns allen besser geht, wenn es auch mir gutgeht. Tatsächlich hat sich Lukas bald an die neue Situation nicht nur gewöhnt, sondern aus der Herausforderung Nutzen gezogen. Er ist viel selbstständiger geworden und hat dadurch sehr großes Selbstvertrauen gewonnen. Für unseren weiteren gemeinsamen Weg als Familie sind dies sehr positive Signale.«

Der Einfluss des gesellschaftlichen Umfeldes

Familien leben nicht abgesondert, sondern eingebunden in ein Netzwerk aus sozialen Beziehungen. Je älter ein Kind wird, desto mehr bereichern diese außerhalb der Familie angesiedelten Kontakte seine Erlebniswelt. In der Spielgruppe und im Kindergarten, durch Freizeitaktivitäten und das Beisammensein mit Nachbarskindern, bei Freunden und Verwandten macht es Erfahrungen, die für seine Persönlichkeitsentwicklung von Bedeutung sind.

Die Rolle der Institutionen

In unserer Gesellschaft gehen immer öfter beide Elternteile einer Erwerbsarbeit nach. Je nach Lebensumständen ist diese Entscheidung bewusst gefällt oder aufgrund wirtschaftlicher Zwänge unumgänglich. Dass Mütter und Väter aufgrund ihrer Arbeitssituation die Betreuung der Kinder nicht alleine übernehmen können, ist nicht neu. Die für uns heute klassische Kleinfamilie mit dem Vater als Ernährer und der Mutter, die nur Hausfrau und Erzieherin der Kinder war, etablierte sich erst ab dem 19. Jahrhundert als Ideal und war überwiegend im Bürgertum verankert. So war es im bäuerlichen Umfeld stets üblich, dass Frauen ihren Anteil an der Feld- und Stallarbeit übernahmen und weitere Aufgaben verrichteten. Darüber hinaus gingen sie ab Beginn der Industrialisierung im steigenden Maß einer Erwerbsarbeit außerhalb des Hauses nach oder verdienten ihr Geld in Heimarbeit. Die Kinderbetreuung fiel deshalb schon früher nicht nur der Kernfamilie zu, sondern wurde zum Beispiel von der Dorfgemeinschaft oder der Großfamilie, je nach wirtschaftlichen Möglichkeiten aber auch von bezahlten Personen erledigt, die häufig im Familienverband lebten. Aufgrund der veränderten gesellschaftlichen Verhältnisse kommt diese Aufgabe nun mehr und mehr Institutionen zu.

Betreuung und Förderung

Spielgruppen, Kinderkrippen, Tagesmütter und Kindertagesstätten sind mittlerweile eine gesellschaftliche Notwendigkeit geworden. Sie sind jedoch beileibe nicht nur Einrichtungen zur Versorgung und Betreuung der Kinder. Als Bildungsinstitutionen bieten sie vielfältige Förderungen in sämtlichen Bereichen der frühkindlichen Entwicklung. Kenntnisse, Fertigkeiten und Erfahrungen, die Jungen und Mädchen hier erwerben, sind nicht nur für ihren späteren schulischen Erfolg, sondern für ihr gesamtes Lebenswissen von großer Bedeutung. Familien mit Kindern sind heute nicht mehr die Norm und Kinder haben auch aufgrund der Lebensumstände vor allem in den Städten immer weniger Gelegenheit, auf informellem Wege mit Gleichaltrigen unbeaufsichtigt auf der Straße oder im Hof zu spielen. In dieser Gesellschaft bieten die Institutionen eine wichtige Möglichkeit, um notwendige Sozialkompetenzen zu erwerben, kindliches Selbstvertrauen zu gewinnen und Lebensfreude im Spiel mit anderen zu entwickeln.

TIPP

In die Arbeitswelt der Eltern hineinschnuppern

Für Kinder ist es wichtig zu wissen, welche Tätigkeit ihre Eltern verrichten. Ein Besuch am Arbeitsplatz erleichtert es ihnen, die Lebenswelt der Eltern zu verstehen.

Welche Faktoren bestimmen die Entwicklung?

»Ich gehe zu Max und zeige ihm meine tollen Spritzflaschen.« Kinder, die heute noch die Möglichkeit haben, mit Gleichaltrigen spontan zu spielen, können sich glücklich schätzen.

Netzwerke bilden

Institutionen können jedoch nicht in allen Fällen und rund um die Uhr zur Verfügung stehen. Viele Kinder besuchen beispielsweise nur vormittags eine Kindertagesstätte und Betreuungsbedarf gibt es häufig auch außerhalb der Öffnungszeiten. Was tun, wenn eine wichtige Arbeitsbesprechung am Spätnachmittag angesetzt wird, ein dringender Arztbesuch erledigt werden muss oder ein abendlicher Konzertbesuch die notwendige Abwechslung vom Alltagseinerlei bringen soll? Hier ist es von immensem Nutzen, so früh und intensiv wie möglich ein Netzwerk von Personen aufzubauen, die in solchen Situationen helfend einspringen.

Zu diesen Netzwerken zählen beispielsweise die Großeltern und Freunde, eine wichtige Rolle spielen auch Familien aus der Nachbarschaft, deren Nachwuchs dieselbe Kindertagesstätte besucht. Je besser sich die Kinder kennen, desto leichter fällt es ihnen, einige Zeit in einer »fremden« Familie zu verbringen oder gar dort zu übernachten. Der Nutzen liegt bei solchen Arrangements einerseits in der gegenseitigen Lebenserleichterung. Andererseits suchen Kinder spätestens ab dem Kindergartenalter zunehmend Kontakte außerhalb des familiären Umfelds. Sie wollen mit Gleichaltrigen spielen und Freunde gewinnen. Dies wird ihnen ermöglicht und erleichtert, wenn sie sich häufig bei anderen Familien mit Kindern aufhalten können oder im Gegenzug Besuch bekommen. Ein Nachbarschaftsnetzwerk, in dem Kinder Erfahrungen außerhalb der Familie sammeln, ist jedoch nicht nur für die Ausbildung von Sozialkompetenzen wichtig. Welche Regeln gelten bei den Nachbarn, was wird dort gegessen, wie sehen andere Wohnungen aus? Durch häufigen Kontakt mit anderen Lebenssituationen und -entwürfen vertiefen die Kleinen auch ihr Weltwissen.

Der Verinselung entgegensteuern

Kinder wachsen heute in einer Umgebung auf, die immer weniger kindgerecht ist. Aufgrund des Geburtenrückgangs leben viele Kinder nicht mehr so nahe mit anderen Kindern zusammen, dass sie sich spontan und ohne Hilfe der Erwachsenen zum Spielen treffen können. Hinzu kommt, dass vor allem in den Städten, verstärkt aber auch auf dem Land unter anderem aufgrund des wachsenden Verkehrs nur noch beschränkt öffentliche Räume zur Verfügung stehen, die sie zum gefahrlosen Spiel für sich erobern können. In der Folge mangelt es vielen Jungen und Mädchen neben Bewegung zusätzlich an ausreichenden Kontakten zu Gleichaltrigen. Diese finden sie oft nur noch in Betreuungseinrichtungen wie Kindertagesstätten.

Darüber hinaus wird der Alltag schon von den Jüngsten nach Terminplan gestaltet. Viele besuchen regelmäßig eine Kindertagesstätte und Einrichtungen, in denen sie speziell angeleitet werden, beispielsweise Musikschulen, Malkurse oder Sportvereine. So erstrebenswert eine Rundumförderung ist, so verarmend kann sie sich auf die Erlebniswelt auswirken, wenn das freie Spiel mit Gleichaltrigen zu kurz kommt.

Verinselung nennen Soziologen diese Entwicklung, die es Kindern immer schwerer macht, ihren Lebensraum beispielsweise bei Streifzügen über Wiesen, durch den Wald oder durch Hinterhöfe auch selbstbestimmt zu entdecken. Das elterliche Auto wird dem Bild zufolge zur Fähre, die die Jungen und Mädchen von einer Insel zur anderen, vom Kindergarten zum Malkurs, vom Sportverein zum Freund oder zur Freundin bringt. Die skizzierten gesellschaftlichen Bedingungen führen dazu, dass Kindheit heute im viel größeren Umfang als früher unter ständiger pädagogischer Betreuung und nach Plan erlebt wird. Eigeninitiative und Spontanität bleiben hier nicht selten auf der Strecke. Diesem Trend lässt sich jedoch bis zu einem gewissen Grad entgegenwirken, indem man beispielsweise das nachmittägliche Förderprogramm zurückschraubt, viele Kontakte in der Nachbarschaft knüpft und trotz widriger Bedingungen versucht, den Kindern so viel Freiraum wie möglich zu erkämpfen.

 TIPP

Engagement für die Kinder

Kinder brauchen Freiräume, die auch politisch erkämpft werden können. Wenn es Zeit und Möglichkeiten erlauben, ist auch dies ein Weg, um eine kindergerechtere Umwelt zu schaffen.

Welche Faktoren bestimmen die Entwicklung?

Wer hilft bei Problemen?

Kindererziehung ist keine leichte Aufgabe, und alle Eltern gelangen einmal an den Punkt, an dem sie Unterstützung brauchen. Manchmal hilft es schon, sich mit anderen Vätern und Müttern, die mit ähnlichen Problemen kämpfen, auszutauschen. Darüber hinaus finden sich im Umfeld jeder Familie Anlaufstellen, die professionelle Hilfe anbieten.

Kinderärzte und Therapeuten

Lässt sich mein Kind einfach Zeit oder weist es eine Entwicklungsstörung auf? Eine erste Anlaufstelle bei solchen Fragen stellen Kinderärzte dar, und man sollte sich nicht scheuen, sie um Rat zu fragen. Aufgrund ihres Fachwissens und ihrer Erfahrung können sie entscheiden, ob ein Kind spezielle Förderung braucht, und beispielsweise eine logopädische, ergotherapeutische oder krankengymnastische Behandlung empfehlen.

Pädagogische Beratung von Erziehern

Die Erzieherinnen und Erzieher in den Kindertagesstätten lernen im täglichen Miteinander die Kinder gut kennen und können deren Entwicklung unter einem anderen Blickwinkel als Eltern beobachten. Als vertrauten Außenstehenden fällt es ihnen aufgrund ihrer Fachkompetenz meist leichter, die Stärken und Schwächen eines Kindes zu beurteilen. Sie können deshalb bei bestimmten Erziehungsfragen beratend zur Seite zu stehen und im Idealfall in Zusammenarbeit mit den Eltern Lösungen erarbeiten.

Jugendämter und Erziehungsberatungsstellen

Darüber hinaus geben die kommunalen Jugendämter Erziehungsberechtigten Rat und Unterstützung. In der Regel bieten sie Beratung zu Erziehungsfragen in Form von Einzel- oder Gruppengesprächen. Sie leisten außerdem Hilfe in Krisensituationen wie bei der Trennung der Eltern oder dem Tod des Vaters oder der Mutter, in Unterhalts- und Sorgerechtsfragen. Psychologische und sozialpädagogische Hilfe bieten zudem die Erziehungs- und Familienberatungsstellen verschiedener Träger. Die Fachleute dieser Einrichtungen können konkrete Hilfestellung bei diversen Problemen leisten oder weitere Behandlungen wie eine Familien- oder Psychotherapie empfehlen.

Man darf von professioneller Hilfe keine Wunder erwarten, aber oft kann in einer schwierigen Erziehungssituation der Fachmann den Weg zu einer Lösung aufzeigen.

Die Kunst der richtigen Entscheidung

Erziehung soll dazu beitragen, dass Kinder Eigenständigkeit und Selbstverantwortung, Kompetenz in vielen Bereichen sowie ein sozialfähiges Verhalten erwerben. Ob und wie diese Ziele erreicht werden, ist von vielen Faktoren wie den äußeren Lebensumständen oder den individuellen Anlagen eines Kindes abhängig. Eine wichtige Rolle spielt aber auch der Erziehungsstil, den Eltern praktizieren.

Was ist Erziehung?

Erziehung bedeutet, auf Kinder so einzuwirken, dass sie sich mit ihren individuellen Besonderheiten zu eigenständigen und charakterfesten, leistungsfähigen und sozial kompetenten Persönlichkeiten entwickeln. Sie soll den Jungen und Mädchen das erforderliche Rüstzeug vermitteln, um den Anforderungen ihrer Umwelt gerecht werden zu können.

Diese anspruchsvolle Aufgabe bedeutet, Forderungen zu stellen und diese idealerweise in einem partnerschaftlichen Verhältnis unter Berücksichtigung der Persönlichkeit des Kindes durchzusetzen. Sie schließt aber auch mit ein, dass Erziehende ihr eigenes Handeln reflektieren. Nicht zu Unrecht sprechen Pädagogen deshalb von der Kunst der Erziehung, die eine ständige Gratwanderung zwischen Fordern und Gewährenlassen, Ermuntern zur Eigenaktivität und Schutz vor Gefahren darstellt.

Wie diese Aufgabe am besten bewältigt werden kann und nach welchen Idealen sie ausgerichtet sein soll, wird seit Jahrtausenden diskutiert. Beschwerden über schlecht erzogene Kinder sind dabei so alt wie die Beschäftigung mit dem Thema selbst, wie ein Zitat des Philosophen Sokrates zeigt: »Die Kinder von heute sind Tyrannen. Sie widersprechen ihren Eltern, kleckern mit dem Essen und ärgern ihre Lehrer!«

Ob alltägliche oder besondere Verrichtungen, ob soziales oder individuelles Verhalten: Das Vorbild der Eltern spielt bei der Erziehung eine zentrale Rolle.

Wann beginnt der Formungsprozess?

Psychologen zufolge beginnt Erziehung bereits vor der Geburt, wenn die werdenden Eltern beginnen, sich das Kind und seine Verhaltensweisen vorzustellen. Sie schaf-

Welche Faktoren bestimmen die Entwicklung?

»Um Gottes Willen, wie schaut's denn hier aus?« Ein gewisses Maß an »Chaos« sollte man einem Kind schon zugestehen, ihm aber auch klare Grenzen aufzeigen.

fen bereits ein Umfeld aus bestimmten Erwartungen, Hoffnungen und Ängsten, denen ihr Sohn oder ihre Tochter entsprechen wird – oder auch nicht.

Wird ein Kind geboren, findet Erziehung von Anfang an statt, indem beispielsweise durch das erste Lächeln ein Bindungsverhalten aufgebaut wird oder durch Tragen und Bewegungsspiele Wahrnehmung und Motorik geschult werden. Erziehung geschieht von den ersten Lebensstunden an durch soziale Erfahrungen, die ein Säugling beim Wickeln, Baden, Stillen oder Spielen erlebt. Im Lauf der Zeit erweitert sich das Feld der Erziehung, werden die Anforderungen komplexer und Erziehungsinhalte zunehmend auch durch die Sprache vermittelt.

Wie unterstütze ich mein Kind am besten?

Eine wichtige Erziehungsrolle kommt zweifellos den Eltern zu. Die überwältigende Mehrheit der Erziehungsberechtigten weiß um ihre zentrale Bedeutung für die kindliche Entwicklung und nimmt ihre Aufgabe sehr ernst. Hierzu zählt auch, dass sich Eltern sehr häufig über Erziehungsfragen informieren und ihr eigenes Verhalten kritisch reflektieren.

 INFO

Geschichte der modernen Erziehung

Die Stunde der modernen Erziehung schlug im 18. Jahrhundert. Im Zuge der Aufklärung wurde der Mensch als vernunftbegabtes Wesen erkannt, das sein Leben selbst gestalten und durch Erziehung geformt werden könne. Wurden Jungen und Mädchen zuvor als kleine Erwachsene betrachtet, so entdeckte man jetzt die Kindheit als einen wichtigen Lebensabschnitt mit eigenen Besonderheiten und Herausforderungen.

Während von der Aufklärung inspirierte Pädagogen wie Jean-Jacques Rousseau die Förderung der Kinder im Rahmen ihrer besonderen Bedürfnisse und Eigenheiten betonte, wurde im 19. und noch im 20. Jahrhundert ein autoritärer, durch Zucht und Ordnung charakterisierter Erziehungsstil propagiert.

Diesem standen im 20. Jahrhundert immer differenziertere, reformpädagogische Erziehungsbegriffe entgegen, wie sie Maria Montessori oder Ellen Key entwickelten. Sie stellten das Kind mit seinen kreativen Kräften, seiner Individualität und Eigenständigkeit in den Mittelpunkt. Eine wichtige Maxime ist hier das Lernen durch Handeln. Mitte des 20. Jahrhunderts bildete die antiautoritäre Erziehung eine Gegenströmung zu der bis dahin immer noch stark autoritätsfixierten Pädagogik. Einige Konzepte der antiautoritären Bewegung sind zum Allgemeingut der demokratischen Erziehung geworden, beispielsweise die Mitbestimmung der Eltern und Kinder in pädagogischen Institutionen oder die Förderung der kindlichen Selbstbestimmung.

Die Kunst der richtigen Entscheidung

Die meisten Väter und Mütter gehen zudem davon aus, dass Erziehung keine Einbahnstraße darstellt, in der Inhalte einseitig vom Erziehenden zum Kind vermittelt werden, sie findet für die Mehrzahl vielmehr in einem Dialog zwischen beiden Parteien statt.

Wer von seinem Kind Höflichkeit verlangt, muss auch selbst höflich sein, und wer Einsichtigkeit verlangt, muss sich selbst entschuldigen können. Das ist für die Väter und Mütter in der Regel eine Selbstverständlichkeit. Kinder lernen durch Nachahmung, und deshalb ist es auch erforderlich, erwünschte Verhaltensweisen überzeugend vorzuleben.

Erziehungsstile und ihre Wirkung

Die eigene Erziehung, die individuelle Persönlichkeit, aber auch das allgemeine soziale und kulturelle Umfeld tragen dazu bei, welchen Erziehungsstil man praktiziert. Meist entsprechen die Erziehungsmethoden von Eltern vorwiegend, aber nicht nur einem Stil.

Von ganz unterschiedlichen Machtverhältnissen geprägt ist der traditionelle autoritäre Erziehungsstil. Autoritäre Eltern erwarten ein sehr hohes Maß an Gehorsam und billigen Kindern zugleich nur geringen Raum für Entscheidungsmöglichkeiten zu. Typisch sind strenge Regeln und Strafen. Forschungen zufolge neigen autoritär erzogene Kinder überdurchschnittlich zu aggressivem Verhalten, geringer sozialer Kompetenz, einem niedrigen Selbstwertgefühl und wenig Eigenständigkeit.

Den permissiven (nachsichtigen) Erziehungsstil bestimmt eine hohe Toleranz des kindlichen Verhaltens, dem nur wenige Forderungen entgegengestellt werden. Kontrolle und Bestrafung spielen hier keine große Rolle, doch fehlt häufig Orientierung und Struktur. Auch permissiv erzogene Kinder entwickeln überdurchschnittlich Aggressionen, zudem haben sie häufiger ihre Emotionen nicht im Griff und weisen ein geringes Verantwortungsbewusstsein auf.

Klare Regeln herrschen hingegen beim autoritativen Erziehungsstil. Deren Einhaltung wird nicht durch Machtausübung, sondern in der offenen Kommunikation zwischen Eltern und Kindern durchgesetzt. Dabei wird auch der kindliche Standpunkt geachtet. Der autoritative Erziehungsstil mit seinen klaren Strukturen und der Förderung der kindlichen Selbstständigkeit und Eigenaktivität scheint der erfolgreichste Weg zu sein, damit Kinder Eigenständigkeit, emotionale und soziale Kompetenz sowie Leistungsfähigkeit ausbilden.

Auch wenn Eltern auf eine ausgewogene Ernährung achten sollten, hat es wenig Sinn, ein Kind dazu zu zwingen, etwas zu essen, was es nicht mag.

Das erste und zweite Lebensjahr

Kinder sind bereits mit einem ganzen Bündel an Kompetenzen ausgestattet, wenn sie das Licht der Welt erblicken. Es befähigt sie, ihre Umgebung von Anfang an mit Unterstützung durch ihre Sinne und Bewegungen zu erforschen und mit ihren Mitmenschen in Kontakt zu treten. Im Laufe der ersten 24 Monate durchleben sie eine faszinierende Entwicklung vom körperlich hilflosen Säugling zum kräftigen Kleinkind, das seine Umwelt auf zwei Beinen erobert.

Das erste und zweite Lebensjahr

Die kognitive Entwicklung im ersten Lebenshalbjahr

Sie sind ohne die Hilfe anderer Menschen nicht überlebensfähig, aber ganz und gar nicht orientierungslos: Neugeborene haben schon bei der Geburt »alle Sinne beisammen«, da sich diese bereits im Mutterleib ausbilden. In der ersten Lebensstunde beginnt für jeden Erdenbürger ein komplexer Lernprozess, der in den ersten Monaten vor allem über die sinnliche Wahrnehmung und die Motorik abläuft.

Die sinnliche Grundausstattung

Durch sein sensorisches Rüstzeug kann bereits ein Neugeborenes von Anfang an Schmerzen oder Wohlbefinden, aber auch Eindrücke aus seiner Umwelt wahrnehmen. Gerade geboren, reagiert ein Säugling über die Haut auf äußere Sinneseindrücke und empfindet Nässe, Kälte und Wärme. Hautkontakt mit Mutter oder Vater gibt dem Neugeborenen ein Gefühl der Sicherheit und fördert die Bindung zwischen Eltern und Kind. Schon wenige Tage nach der Geburt erkennen Säuglinge die Brust der Mutter und kurz darauf auch den Vater am Körpergeruch. Zudem kann ein kleiner Mensch bereits am ersten Tag seines Lebens süß, sauer, salzig und bitter unterschei-

---

 INFO

Stimulierung des Gehirns durch Reize

Tasten, riechen, schmecken, hören, sehen gehören zu den sinnlichen Wahrnehmungen und lösen im Gehirn komplexe Denkprozesse aus, die seine Entwicklung stimulieren. Sie bilden die »Nahrung«, die es für seinen Reifungsprozess benötigt, denn das Gehirn wird durch seine Wahrnehmungen geformt.

Die kognitive Entwicklung im ersten Lebenshalbjahr

den. Ein Neugeborenes nimmt von Anfang an Sinneseindrücke aus seiner körperfernen Umwelt wahr. Es erkennt die Stimme seiner Mutter wieder und unterscheidet nach wenigen Tagen auch die Stimme des Vaters von anderen Männerstimmen. Ab etwa dem zweiten Lebensmonat richtet es den Blick auf Geräuschquellen. Besonderes Interesse zeigen Neugeborene an sprachlichen Lauten – eine wichtige Voraussetzung für das Verstehen und aktive Erlernen von Sprache.

Darüber hinaus strömt eine Flut von Sinnesreizen auf ein Neugeborenes ein, das diese zwar wahrnehmen, jedoch noch nicht einordnen kann. Erst langsam lernt es, diese Reize zu unterscheiden und Personen und Gegenständen zuzuordnen.

Sehen und erkennen

Neugeborene können in der Ferne nicht scharf sehen, ihr Sehvermögen beschränkt sich auf den Nahbereich. Allerdings verfeinert sich die Sehschärfe in den ersten sechs Monaten nach der Geburt ganz besonders. Von Anfang an erkennen Babys aber Formen, und Gesichter nehmen sie in den ersten Monaten in einem Abstand von 10 bis 30 Zentimetern besonders gut wahr. Bewegt sich etwas in ihrem Gesichtsfeld, verfolgen sie es im Alter von wenigen Wochen mit den Augen. Bereits in den ersten beiden Lebensmonaten lernen Säuglinge, Helligkeitsstufen zu unterscheiden; nach drei bis vier Monaten nehmen sie vermutlich bereits das gesamte Farbspektrum wahr.

Die Bedeutung von Ritualen

Von Geburt an verfeinert sich die Wahrnehmung ständig. Drei bis sechs Monate alte Säuglinge entdecken nicht mehr nur Gegenstände oder Gesichter, sondern können sich schon Zusammenhänge merken. Ereignisse wie beispielsweise das Baden oder Füttern werden als abgeschlossene Handlungen verstanden. Das Kind merkt sich solche Erfahrungen und die Emotionen, die damit verbunden sind. Die beim Baden erlebten Sinneseindrücke verknüpfen sich im Gehirn zu einem »Bild«. Aufgrund dieses gespeicherten »Bildes« erkennt das Baby diese Eindrücke wieder und erwartet beim nächsten Baden ihre Wiederkehr. Deshalb sind Rituale für das Wohlbefinden des Kindes von großer Bedeutung. Das (am besten immer gleiche) Lied zum Einschlafen, die Spieluhr beim Wickeln, solche vorhersehbaren Abläufe helfen ihm, seine Wahrnehmungen zu ordnen. Sie verleihen ihm Sicherheit.

Körperkontakt ist für einen Säugling so wichtig, weil sein Tastsinn von Anfang an schon sehr gut ausgeprägt ist.

Lernen und Kommunizieren durch Nachahmung

Besonders erstaunlich ist die Fähigkeit der Säuglinge zur Nachahmung. Bereits wenige Stunden nach der Geburt können sie einfache Mimiken imitieren. Darüber hinaus scheinen sie es sogar zu bemerken, wenn sie selbst nachgeahmt werden. Im Lauf der nächsten Monate und der folgenden Jahre werden dann nicht nur Mimiken, sondern auch Laute (wichtig für den Spracherwerb), Bewegungen und sogar Verhaltensweisen imitiert und in den Lernprozess einbezogen.

Das erste und zweite Lebensjahr

Checkpoint: Reflexe und Sinneswahrnehmung

Bei einem gesunden Baby werden bestimmte Reflexe nach einigen Monaten durch bewusste Handlungen ersetzt, weil sein Nervensystem zunehmend reift. Diese Entwicklung wird in den kinderärztlichen Untersuchungen U2 (3. bis 10. Lebenstag), U3 (4. bis 6. Lebenswoche) und U4 (3. bis 4. Lebensmonat) beobachtet:

- Der zum Trinken notwendige Saugreflex wird ausgelöst, wenn etwas seinen Gaumen berührt. Er verschwindet etwa im sechsten Lebensmonat.
- Eine Berührung der Hand- oder Fußinnenflächen löst den Greifreflex aus. Etwa ab dem vierten Lebensmonat greift ein Baby nicht mehr reflexhaft, sondern bewusst zu.
- Der Kriechreflex wird ausgelöst, wenn das Baby auf dem Bauch liegt und Druck an den Fußsohlen verspürt. Es versucht zu kriechen. Meist verschwindet dieser Reflex bis zum Ende des dritten Monats.
- In den ersten Lebenswochen lässt sich bei Säuglingen der Schreitreflex auslösen. Sobald man das Baby aufrecht hält und sein Füßchen einen ebenen Untergrund verspürt, beginnt es, einen Fuß vor den anderen zu setzen.

Schon sehr früh suchen Babys eine Rassel mit den Augen, wenn man sie über ihnen bewegt.

Neben der Entwicklung der Reflexe sind auch die raschen Fortschritte in der Sinneswahrnehmung im ersten Lebenshalbjahr von großer Bedeutung. Das Hör- und das Sehvermögen des Babys werden vor allem in den beiden kinderärztlichen Untersuchungen U3 und U4 einer eingehenden Überprüfung unterzogen:

- Ein Neugeborenes kennt die Stimme der Mutter und lernt schnell, auch andere Stimmen zu unterscheiden.
- Schon nach wenigen Wochen sucht das Baby eine Geräuschquelle mit den Augen.
- Mit etwa sechs Monaten reagiert es, wenn sein Name gerufen wird.
- Schon in den ersten Wochen verfolgt das Baby eine Lichtquelle mit den Augen, nach zirca drei Monaten dreht es dazu in der Rückenlage den Kopf.
- Ungefähr in diesem Alter beginnt es, eine neue Umgebung mit den Augen zu untersuchen.

Die Entwicklung der sozialen Beziehungen im ersten Lebenshalbjahr

Menschen sind Beziehungswesen, und diese Grundeigenschaft kommt vom ersten Tag unseres Daseins an zum Tragen. Lächeln und Lallen, Blickkontakte, Mimik und Nachahmung, aber auch Schreien, Weinen und Körperhaltung – das alles sind überlebenswichtige Fähigkeiten des Säuglings, um von Anfang an im Rahmen seiner Möglichkeiten aktiv zu kommunizieren. Auf diese Weise legen schon Neugeborene die Grundlage für eine tiefe emotionale Bindung zwischen Eltern und Kind.

Geburt und »Ent-Bindung«

Bei der Geburt vollbringt der Säugling eine fantastische Leistung. War er bislang in geschützter Einheit mit der Mutter herangewachsen, so muss sein Körper nun eigenständig funktionieren und sich an die neue Umwelt anpassen. Wie es der Begriff schon andeutet, wird bei einer Entbindung auch eine Bindung gelöst: Die körperliche Einheit des Kindes mit der Mutter ist nun beendet und wird in dieser Form nur noch über das Stillen aufrechterhalten. Bis sich ein Säugling jedoch als ein von der Mutter körperlich unabhängiges Wesen versteht, vergehen noch Monate. Diese Erkenntnis der eigenen, von der Mutter abgegrenzten Körperlichkeit fällt in eine Phase ab etwa dem sechsten Lebensmonat, in der ein Baby auch immer mehr seine Umwelt zu erobern beginnt. Diese kann es nun dank seiner motorischen Entwicklung immer besser im wahrsten Sinne des Wortes be-greifen.

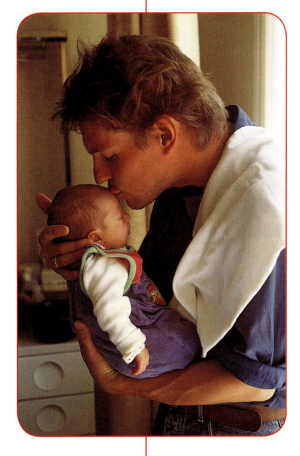

Eine entscheidende Grundlage für eine spätere positive Persönlichkeitsentwicklung des Kindes ist die frühe enge Bindung zu den Eltern, auch zum Vater.

Schon Neugeborene bauen Beziehungen auf

Mit der Abnabelung von der Mutter beginnt ein langer Weg zur Selbstständigkeit, auf dem jeder neue Erdenbürger auf die Hilfe anderer angewiesen ist. Mutter Natur hat es in weiser Voraussicht so eingerichtet, dass Babys ihre »Beziehungsarbeit« schon so früh wie möglich beginnen. Kurz nach der Geburt sind Säuglinge in der Regel eine gewisse Zeitspanne lang hellwach und haben all ihre »Antennen« weit ausgefahren. Bei manchen Neugeborenen kann diese intensive Wachphase sogar bis zu einer Stunde dauern. Sie bietet den Eltern eine erste wichtige Gelegenheit, ein tiefes emotionales Band zu ihrem Kind aufzubau-

Das erste und zweite Lebensjahr

Besonders durch das Stillen entwickelt sich eine intensive emotionale Beziehung zwischen Mutter und Kind.

en. Durch sanftes Streicheln, engen Körperkontakt, leises, beruhigendes Sprechen und Blickkontakte können sie in diesen frühen Lebensminuten intensiv auf ihr gerade geborenes Kind eingehen, das auf diese zärtliche und einfühlsame Kontaktaufnahme in ganz besonderem Maß anspricht.

Bereits in diesem kurzen, als »sensible Phase« eingeschätzten Zeitraum beginnt sich eine tiefe gefühlsmäßige Bindung der Eltern an ihr Kind zu entwickeln. In der Fachsprache wird diese Kontaktaufnahme »Bonding« genannt. Für Säuglinge ist das Bonding von existenzieller Bedeutung: Sie knüpfen auf diese Weise ein enges Band mit den Menschen, die für sie sorgen und sie behüten, mit der Mutter, dem Vater oder einer anderen fürsorglichen Person.

Die Beziehungen in den ersten Wochen und Monaten

Die ersten Momente des zärtlichen und intensiven gegenseitigen Kennenlernens bilden einen ganz entscheidenden Grundstein im fortschreitenden Aufbau einer positiven, liebevollen Bindung zwischen Eltern und Kind. Das ist für den Säugling nicht nur in Hinblick auf seine körperliche Versorgung, sondern auch für seine emotionale und geistige Entwicklung von höchster Bedeutung. Das Fundament dieser wechselseitigen Beziehung festigt sich in den folgenden Wochen und Monaten, wenn die liebevolle Kommunikation zwischen dem Kind und seinen Eltern immer besser klappt. Je mehr positive Gefühle zwischen Eltern und Kind in alltäglichen Verrichtungen wie Füttern, Wickeln oder Spielen fließen und übertragen werden, desto behüteter fühlt sich das Kind und desto schneller vertieft sich auch seine emotionale Bindung an die Eltern.

Für die Kommunikation und den Aufbau sozialer Beziehungen spielen die kognitiven Fähigkeiten, die das Kind in seinen ersten Lebensmonaten entwickelt (s. Seite 54 f.), eine entscheidende Rolle. Die sinnliche Wahrnehmung des Säuglings bildet sich immer stärker aus. Er freut sich über menschliche Stimmen und kann sprachliche Laute von anderen Geräuschen unterscheiden. Auch vertraute Gerüche werden erkannt. Gesichter wecken schon das Interesse von Neugeborenen. Mehr

Die Entwicklung der sozialen Beziehungen im ersten Lebenshalbjahr

INFO

Warum finden wir Babys süß?

Kaum jemand kann dem Liebreiz eines Babys widerstehen. Woran liegt das? Verantwortlich hierfür ist das sogenannte Kindchenschema, also die Kombination aus großen Augen, niedlichem Näschen, Pausbacken, hoher Stirn und relativ großem Kopf im Verhältnis zum zarten Körper. Dank des Kindchenschemas wecken Babys bei anderen Menschen ganz spontan intensive fürsorgliche Gefühle. Für Babys, die existenziell auf die Fürsorge anderer angewiesen sind, erfüllt das Kindchenschema eine überlebenswichtige Funktion.

noch: Offensichtlich haben Säuglinge auch ein Gefühl dafür, dass ihr eigenes Gesicht dem anderer Menschen gleicht. Sie sind deshalb auch bereits als Neugeborene in der Lage, Mimiken nachzuahmen, etwa den Mund zu öffnen oder die Zunge herauszustrecken.

Verfeinerte Ausdrucksfähigkeit

Mit etwa zwei bis drei Monaten nehmen die wachen Phasen der Kinder zu. Sie zeigen dann in der Regel immer mehr Interesse an ihrer Umwelt und an Gesichtern. In diesem Alter können sie zwar schon schärfer sehen, erkennen Dinge jedoch noch am besten, wenn sie ungefähr 20 bis 30 Zentimeter entfernt sind. Gesichter in diesem idealen »Gesprächs-Abstand«, also zum Beispiel das Gesicht der Mutter beim Stillen oder Füttern mit dem Fläschchen, werden von den Säuglingen intensiv gemustert und regelrecht »studiert«. Auch suchen Babys aktiv den Blick ihres Gegenübers oder vermeiden ihn bewusst.

Mimiken werden nun weniger in einem gegenseitigen spontanen Wechselspiel nachgeahmt, sondern dienen zunehmend dazu, Gefühle und Befindlichkeiten auszudrücken. Immer deutlicher zeigen Babys gegen Ende des ersten Lebenshalbjahres auf diese Weise eine ganze Palette an Gefühlen, wie zum Beispiel Freude und Kummer, Ekel und Ärger, Interesse, Erstaunen und Furcht. Zugleich unterscheiden sie nun fröhliche, ärgerliche, traurige und neutrale Gesichtsausdrücke von anderen Menschen. Manche Babys können schon im fünften Lebensmonat diesen Mimiken die entsprechende freundliche, verärgerte, traurige oder neutrale Stimme zuordnen.

Säuglinge kommunizieren aber auch über die Stimme und den ganzen Körper. Ab einem Alter von ungefähr zwei Monaten können sie schon recht differenziert schreien und Hunger, Schmerz, Erschrecken und Ärger deutlich kundtun. Mit etwa vier Monaten entzücken sie ihre Umgebung mit lautem Lachen und Quietschen, wenn sie sich freuen und aufgeregt sind. Und wenn das Kind nach dem Aufwachen der Mutter die Ärmchen erwartungsvoll entgegenstreckt, zeigt es deutlich, dass es aufgenommen werden möchte und sich darauf freut.

INFO

Was versteht man unter einer sensiblen Phase?

In einer sensiblen Phase ist ein Kind jeweils besonders empfänglich für äußere Einflüsse auf einem ganz bestimmten Gebiet und erweitert intensiv kognitive, motorische, soziale oder emotionale Fähigkeiten. Für den Spracherwerb ist es dabei wichtig, gemeinsame Verständigungsformen zu finden. Lassen Sie sich auf die Sprache des Babys ein und ahmen Sie spielerisch und lustvoll die Laute des Kindes nach.

Das erste und zweite Lebensjahr

Beeinflusst ein Baby seine Umwelt? Das soziale Lächeln

Für die frischgebackenen Eltern zählt das erste Lächeln, mit dem sie ihr Kind anstrahlt, sicher zu den schönsten Erlebnissen. In der Regel taucht dieses soziale Lächeln erstmals nach etwa fünf bis acht Lebenswochen auf. Anfänglich wird es mit Vorliebe menschlichen Stimmen und Gesichtern entgegengebracht, später nur noch Gesichtern, in denen Bewegungen zu erkennen sind. Die meisten Menschen reagieren verzückt auf dieses Babylächeln mit seinem offenen, zahnlosen Mund und strahlenden Augen.

Zufall oder bewusster Ausdruck?

Für viele Biologen stellt das soziale Lächeln des Säuglings zu Beginn seines Auftretens einfach nur ein zufälliges Verhalten oder schlicht eine angeborene Reaktion auf einen Reiz dar. Diese kann zum Beispiel durch den Anblick eines Gesichtes oder durch einen Blickkontakt ausgelöst werden. Manche Psychologen gehen dagegen davon aus, dass Babys durch ihr Lächeln durchaus Wohlbehagen und Entspannung ausdrücken – etwa wenn großer Hunger gestillt wurde und sie anschließend zufrieden und satt der Welt entgegenlächeln. Andere Wissenschaftler wiederum sehen es in der Zufriedenheit und Entspannung begründet, die sich bei den Kleinen einstellt, wenn sie ein Problem gelöst haben (und nun beispielsweise erkannt haben, dass die Rassel klappert, wenn man sie schüttelt).

»Beziehungskleber«

Doch sei es nun angeborene Reaktion, Zufall, Entspannung oder Befriedigung, die Babys Mundwinkel zu seinem ersten Lächeln nach oben ziehen: Das Lächeln wird von anderen Menschen als ein soziales Verhalten gesehen, als Ausdruck von Freude, Zustimmung und Hinwendung. Es löst wiederum eine Form der Zuwendung wie Lächeln, Hochnehmen, Herzen aus und hilft so als eine Art »Beziehungskleber«, die positive Bindung zur Mutter, zum Vater oder einer anderen vertrauten Bezugsperson zu festigen.

Das relativ späte Erscheinen des ersten sozialen Lächelns mag damit zusammenhängen, dass Babys erst nach etwa sechs Lebenswochen subtile Mimenspiele erkennen.

Die motorische Entwicklung im ersten Lebenshalbjahr

Der Drang nach Bewegung ist uns allen angeboren, denn sie gehört zu den Voraussetzungen für die meisten Entwicklungsschritte. Im Zusammenspiel mit der sinnlichen Wahrnehmung ermöglicht Bewegung schon dem Säugling, seine Umwelt zu erfahren und mit ihr in Kontakt zu treten. Biologische Reifeprozesse und Training sorgen dafür, dass der Säugling seine anfangs unkontrollierten Bewegungen immer gezielter ausführen kann. Zunächst lebenswichtige motorische Reflexe des Neugeborenen klingen im Lauf der Entwicklung der ersten Lebensmonate nach und nach ab.

Bewegung von Anfang an

Schon lange, bevor es die werdende Mutter verspüren kann, führt das Kind im Mutterleib isolierte Bewegungen aus. Bereits in der zehnten Woche berührt es mit der Hand sein Gesicht, ab der zwölften Woche saugt und schluckt es, und nur wenig später kann es bereits gähnen und sich »wie die Großen« räkeln und strecken. Bis zum Ende der Schwangerschaft verfügt es dann bereits über viele wichtige Bewegungsmuster. So kann es etwa schon die Augäpfel parallel bewegen – eine wichtige Voraussetzung für das beidäugige Sehen! Einige Bewegungsmuster, die sogenannten Reflexe, stellen das erforderliche Rüstzeug dar, damit das Neugeborene unmittelbar nach der Geburt überleben kann. Auch sie werden bereits vor der Geburt geübt.

Strampeln schult die Motorik und trainiert die Muskeln. Durch Strampeln drückt ein Säugling auch seinen Gemütszustand aus.

Das erste und zweite Lebensjahr

Gezieltes Greifen ist ein wichtiger Schritt der motorischen Entwicklung des ersten Lebensjahres.

Hierzu zählen die Atem- und Schluckbewegungen, aber auch bestimmte Verhaltensmuster. So kann ein Neugeborenes zum Beispiel schon saugen und verbindet dies bald mit einer Suchbewegung nach der Mutterbrust.

Wir sind alle »Frühgeborene«

Wenn ein Kind auf die Welt kommt, ist sein Bewegungsapparat noch schwach entwickelt. Menschenkinder sind unter körperlichen wie auch unter kognitiven Aspekten regelrechte »Frühchen«, und das aus gutem Grund. Bereits im Mutterleib wächst unser Gehirn sehr stark. Würden wir nicht nach rund 40 Wochen auf die Welt kommen, wäre seine Versorgung mit ausreichend Sauerstoff nicht mehr gewährleistet. Darüber hinaus würde der Kopf so groß, dass es bei der Geburt zu Komplikationen käme. Deshalb haben Neugeborene einen verhältnismäßig schweren, großen Kopf und ein bereits gut funktionierendes Gehirn, der Körper ist jedoch noch sehr klein und schwach. Ihre motorische Reife ist in den ersten Lebenswochen noch »fötal«, das heißt wie bei einem Fötus im Mutterleib. Deshalb nehmen Neugeborene auch eine typische »geschlossene« Körperhaltung ein, ziehen ihre Arme und Beine an. Nimmt man sie

> **INFO**
>
> **Reifung und Entwicklung sind nicht dasselbe**
>
> Unter Reifung versteht man die durch genetische Faktoren gesteuerte Ausformung unseres Körpers sowie körperlicher Funktionen. Die Reifung lässt sich nicht von außen beeinflussen. Der jeweilige Stand der biologischen Reifung bietet aber die Grundlage für die sehr wohl durch Umwelterfahrungen, Üben und Lernen beeinflussbare Entwicklung. So kann ein Kind ab einem bestimmten Reifezeitpunkt räumlich sehen, greifen oder laufen lernen. Wann es aber tatsächlich so weit ist, hängt von seiner Entwicklung ab. Diese ist ein Vorgang, der auf Reize von außen hin erfolgt, Erfahrungen und Lernvorgänge fördern die Entwicklung. Für Eltern ist es wichtig, den jeweils richtigen Reifezeitpunkt zu erkennen, ab dem eine bestimmte Entwicklung gefördert werden kann.

Die motorische Entwicklung im ersten Lebenshalbjahr

hoch, können sie das verhältnismäßig schwere Köpfchen noch nicht halten. Und versucht man sie aufzusetzen, rundet sich ihr Rücken so, dass sie regelrecht in sich zusammensacken.

Erst zufällig, dann zielgerichtet

Besonders auffällig sind die Strampelbewegungen, die schon Neugeborene ausführen. Sie sind anfänglich zufällig und ungerichtet und werden mit der Zeit kräftiger und fließender. Bereits in den ersten Lebenswochen werden diese Spontanbewegungen, wie sie der Fachmann nennt, immer vielfältiger. Schon die Kleinsten beherrschen eine breite Palette an Bewegungen wie schieben, schlagen, winken oder kratzen. In den folgenden Monaten lernen sie durch ständiges Üben, diese Bewegungen mit Absicht und kontrolliert auszuführen. Das Mobile über dem Wickeltisch oder die Rasselkette über dem Bettchen sind ein großer Spaß, wenn man sie durch gezieltes Strampeln in Bewegung versetzen kann! In der Regel können dies Säuglinge schon nach wenigen Monaten. Doch bis zum ersten gezielten Greifen, dem ersten freien Sitzen oder gar dem ersten selbstständigen Schritt ist es ein weiter Weg.

Das Anheben des Kopfes in Bauchlage zählt zu den ersten gezielten Bewegungen, die ein kleines Menschenkind ausführen kann.

Stützen, schaukeln, drehen

Säuglinge verfügen, über die Spontanbewegungen hinaus, aber auch schon sehr früh über ein gewisses Repertoire an gezielten Bewegungen, das sie ständig erweitern und verfeinern. Bereits im ersten Lebensmonat sind manche Neugeborene in der Lage, ihren Kopf kurz anzuheben, wenn sie auf dem Bauch liegen. In den folgenden Wochen und Monaten gelingt ihnen dies immer besser. Nach wenigen Monaten können sie dann schon, gestützt auf die Unterarme, den Kopf und die Brust längere Zeit anheben. Etwas länger dauert es jedoch, bis sie den Kopf auch anheben können, wenn sie auf dem Rücken liegen. Und mit etwa einem halben Jahr halten sie ihren Kopf, der am Anfang viel zu schwer für ihren zarten Körper war, bereits lange aufgerichtet und drehen ihn hin und her, wenn sie abgestützt sitzen.

Neugeborene verfolgen beispielsweise schon bewegliche Lichtquellen mit den Augen. Im Alter von wenigen Wochen suchen sie zudem mit den Augen den Verursacher eines Geräusches und etwa ab dem dritten Monat blicken sie Personen, die sich bewegen, nach. Nur wenig später können sie dazu auch den Kopf drehen. Dabei machen sie so große Fortschritte, dass sie sich mit etwa einem halben Jahr bereits vom Rücken auf den Bauch und umgekehrt drehen. Ein wenig früher beginnen sie meist schon in Bauchlage zu »schaukeln«. Dazu heben sie gleichzeitig den Kopf, den Brustkorb und die Arme an und strecken zudem die Beinchen ruckartig aus.

Das Greifen – eine Frage der Koordination

Wenn die Muskulatur nach den ersten Lebensmonaten deutlich kräftiger geworden ist und der Säugling wachsendes Interesse an seiner Umwelt zeigt, werden auch

 INFO

Was ist PEKiP?

Das Prager Eltern-Kind-Programm will die körperliche und geistige Entwicklung von Kindern im ersten Lebensjahr fördern. Dazu finden regelmäßige Treffen von Eltern-Kind-Gruppen in entspannter, gemütlicher Umgebung statt. In gemeinsamen Bewegungsspielen, die individuell an die Bedürfnisse und Kompetenzen der Kleinen angepasst sind, soll das Lernen aktiviert und die Beziehung zwischen Eltern und Kind vertieft werden. Gleichzeitig entstehen Kontakte zu anderen jungen Familien.

Das erste und zweite Lebensjahr

> **INFO**
>
> **Das Kind bestimmt das Tempo seiner Entwicklung**
>
> Viele Eltern sind beunruhigt, wenn ihr Kind nicht in einem bestimmten Alter bestimmte Vorgänge beherrscht, die in manchen Ratgebern als Norm für das jeweilige Alter angegeben werden. Tatsächlich gibt es aber keinen vorgegebenen Zeitplan, sondern ganz allein Ihr Kind bestimmt sein individuelles Entwicklungstempo. Es kann motorische Fertigkeiten erst erlernen, wenn sein Nervensystem und seine Muskeln die hierfür nötige Reife erlangt haben. Bei einem Kind stehen die Entwicklung der sinnlichen Wahrnehmung wie Sehen, Fühlen, Hören und Tasten sowie die der Motorik in einem steten Wechselspiel. Besonders deutlich wird dies etwa beim Greifen: Je besser das Kind schon sieht, desto besser kann es auch nach Gegenständen greifen. Und je mehr es das Greifen übt, desto mehr trainiert es auch seinen Gesichtssinn. Erfahrungsgemäß treten Fortschritte in der Motorik in der Regel in einem bestimmten Zeitraum und in einer gewissen Reihenfolge auf, doch jedes Kind ist anders! Egal, ob es eher ein »Früh-« oder »Spätstarter« ist – ob es später Spitzensportler wird, lässt sich daran nicht erkennen.

die gezielten Bewegungen vielfältiger. Ungefähr ab dem dritten Lebensmonat lässt der Greifreflex nach und wird langsam durch das gezielte Greifen ersetzt. Viele Säuglinge können in diesem Alter schon Gegenstände in der Hand festhalten (meist versuchen sie, diese dann in den Mund zu stecken). Tasten und Fühlen, also die Hände, spielen in diesem Alter eine wichtige Rolle, wenn der Säugling seine Umwelt erkundet. Die eigenen Finger werden zum interessanten Spielgerät und intensiv betrachtet.

Die Augen als Hilfsmittel

Damit das gezielte Greifen immer besser klappt, muss erst ein »Meilenstein« erreicht werden: gutes und scharfes Sehen. Solange das Greifen noch wie ein Reflex funktioniert, koordiniert das Baby die Wahrnehmungen der Augen und die Aktivität der Hände nicht. Für das gezielte Greifen muss es jedoch lernen, dorthin zu greifen, wo es den Gegenstand (etwa einen Löffel) sieht, den es nehmen möchte. Bis die Koordination von Augen, Armen und Fingern zufriedenstellend geschieht, ist einiges Training erforderlich. Frühestens mit etwa vier Monaten sind die meisten Babys in der Lage, die Bewegungen der eigenen Hand mit den Augen zu verfolgen. Dazu müssen sie noch lernen, die Hand, die sich auf den begehrten Löffel zubewegt, und den Löffel selbst gleichzeitig im Auge zu behalten. Das ist für den kleinen Menschen eine schwierige Aufgabe. Umso erstaunlicher, dass es Säuglingen mit knapp fünf Monaten schon häufig gelingt, sich Gegenstände zu »schnappen«, die sich langsam vor ihrer Nase bewegen. Das heißt, sie können schon vorausberechnen, wo sich der Gegenstand befinden wird, wenn sie ihre Hand auf Nasenhöhe gebracht haben. Eine wahre Meisterleistung!

Die motorische Entwicklung im ersten Lebenshalbjahr

Babys sind »Traglinge«

Bei Menschenkindern handelt es sich nicht um »Nestflüchter«, sondern um »Traglinge«. Unsere frühesten Urahnen, aber auch noch unsere nächsten Vorfahren haben ihren Nachwuchs viele Stunden am Tag getragen. Auch heute noch ist es in vielen Teilen der Welt üblich, Babys und kleine Kinder auf der Hüfte, am Rücken oder auf der Schulter zu tragen. Dahinter stecken praktische Gründe (selbst mit »geländegängigen« Kinderwagen käme man in afrikanischen Dörfern nicht weit), aber auch andere Motive: Säuglinge sind ganz einfach zufriedener und ruhiger, wenn sie getragen werden.

Schaukeln wie im Mutterleib

Das Getragenwerden liegt uns noch allen »im Blut«. Wenn Sie Ihr Baby unter den Armen hochheben, spreizt es die Beine und winkelt die Knie an. Es nimmt so eine optimale Position ein, um auf der Hüfte oder dem Rücken Platz zu nehmen und sich an den Körper der anderen Person anzuschmiegen! Wenn Sie Ihr Baby tragen, wird es geschaukelt wie im Mutterleib. Es ist Ihnen ganz nah. Durch den warmen Hautkontakt mit der Mutter oder einer anderen vertrauten Person, ihren Geruch, ihre nahe Stimme, ihr Atmen fühlt sich der Säugling sicher und geborgen. Aber auch für die Person, die das Baby trägt, ist es schön, den kleinen Menschen so nah und intensiv bei sich zu spüren, ihn zu beschützen und ihm Sicherheit zu geben. Das Tragen festigt nicht nur immer wieder die enge Verbindung mit der Mutter, es bietet auch dem Vater oder anderen vertrauten Personen die Gelegenheit, einen intensiven Kontakt mit dem Baby aufzubauen.

Stimulation für Körper und Geist

Das Getragenwerden tut dem Baby nicht nur in der Seele wohl, es macht es auch »gescheit«. Das Gefühl der Geborgenheit stimuliert jene Bereiche des Gehirns, in denen Emotionen verarbeitet werden und das Sozialverhalten gesteuert wird. Darüber hinaus ist das Getragenwerden für den »Tragling« auch eine Art von Sport. Durch die ständigen Bewegungen trainiert es den Gleichgewichtssinn, kräftigt die Muskulatur und stimuliert die Nerven. Außerdem sieht das Kind mehr als im Kinderwagen oder im Bettchen.

Sinnliche Wahrnehmung und motorische Leistungen spielen beim Getragenwerden eine große Rolle und tragen zum Wohle des Kindes bei. Auf diese Weise wird es mit vielen Reizen verwöhnt, die sich positiv auf die Entwicklung seines Gehirns und Körpers auswirken.

Das erste und zweite Lebensjahr

Die sprachliche Entwicklung im ersten Lebenshalbjahr

Auch wenn Kinder mit dem »richtigen« Sprechen erst sehr viel später beginnen, mit Sprache im weitesten Sinne umgehen können schon die Kleinsten. Denn die Fähigkeit, auf menschliche Stimmen zu hören und die verschiedenen sprachlichen Laute zu unterscheiden, ist uns gleichsam in die Wiege gelegt. Man kann also gar nicht zu früh beginnen, mit einem Baby Unterhaltungen zu führen. Das Vergnügen liegt dabei auf beiden Seiten.

Der lange Weg zum ersten Wort

Die Frage, ob Sprache dem Menschen naturgegeben ist, führt immer wieder zu hitzigen Diskussionen. »Angeboren oder erlernt« lautet die Gretchenfrage der Sprachwissenschaftler, die bislang für viele Bereiche des Spracherwerbs nicht zufriedenstellend beantwortet ist. Einig ist man sich jedoch ohne Wenn und Aber, dass zwischen dem ersten Schrei nach der Geburt und dem ersten Wort eine große geistige Leistung liegt. Denn bevor einem kleinen Kind das erste bewusste »Mama« oder »Papa« über die Lippen kommt, muss es ja gelernt haben, aus dem Strom von Sprachlauten, den die Menschen seiner Umgebung von sich geben, einzelne Wörter zu isolieren, sie nachzubilden und im richtigen Zusammenhang anzuwenden. Dabei kommt vor dem Sprechen zunächst dem Hören große Bedeutung zu.

Wichtige biologische Voraussetzungen für den Spracherwerb sind von klein auf gegeben, so dass bereits im frühesten Alter die kindliche Sprachentwicklung gefördert werden kann.

Die sprachliche Entwicklung im ersten Lebenshalbjahr

Vor dem Sprechen steht das Hören

Die akustischen Wahrnehmungen Geräusche, Töne, Stimmen, Sprache spielen für den Menschen von Anfang an eine wichtige Rolle. Ganz allgemein können Neugeborene menschliche Stimmen besonders gut hören, wobei sie in der Regel auf weibliche Stimmen stärker reagieren. Vertrautheit mit Stimmen und Sprachlauten bringen sie bereits bei der Geburt mit, denn schon bevor Babys auf die Welt kommen, können sie hören. Etwa ab Ende des sechsten Schwangerschaftsmonats horchen sie im Mutterleib auf die mütterliche Stimme, die sie gedämpft vernehmen. Sie reagieren zudem darauf, wenn die Mutter höher oder tiefer, aber auch zum Beispiel fröhlich oder verärgert laut spricht. So verwundert es nicht, dass Neugeborene gleich nach der Geburt tatsächlich die Stimme der Mutter an der Sprachmelodie (Fachbegriff: Prosodie) wiedererkennen. Aber auch die Stimme des Vaters wird registriert. Schon wenige Tage nach der Geburt können Säuglinge seine Stimme von derjenigen anderer Männer unterscheiden.

Eine breite Palette von Lauten

Doch so gut Babys auch hören mögen, bevor sie selbst vielfältige Laute von sich geben können, dauert es einige Zeit. Grund dafür ist eine äußerst sinnvolle anatomische Besonderheit bei Neugeborenen. Bei ihnen sitzt der Kehlkopf noch weit oben, so dass die Speise- und Luftröhre gut voneinander getrennt sind. Dadurch kann ein Säugling gleichzeitig Schlucken und Atmen. Erst wenn der Kehlkopf nach rund drei bis vier Monaten beginnt, sich zu senken (und somit auch die Gefahr steigt, sich zu verschlucken), können Babys eine immer breitere Palette an Lauten produzieren.

Ein Säugling lernt in den ersten Monaten immer intensiver und aussagekräftiger zu schreien, und den ersten gehauchten Lauten des Neugeborenen folgen nach etwa zwei bis drei Monaten die unterschiedlichsten Geräusche. In den folgenden Wochen und Monaten wird begeistert in verschiedensten Tonlagen gegurrt und gejuchzt, gelallt und gebrabbelt. Dabei nimmt das Spielen und Experimentieren mit Zunge, Kehlkopf und Lippen einen breiten Raum ein. Das Kind lernt so mit der Zeit, die auf diese Weise anfangs zufällig produzierten Laute bewusst zu erzeugen.

Baby-Konversation – Verstehen ohne Worte

Auch die Kleinsten lieben es, wenn man mit ihnen spricht, am besten langsam, deutlich und in dem typisch hohen Singsang, mit dem sich Menschen überall auf der Welt mit Babys unterhalten. Schon mit Säuglingen lassen sich Dialoge führen, die eine wunderbare sprachliche Vorübung darstellen. Erwachsene verhalten sich dabei intuitiv richtig, indem sie mit ihrem kleinen Gegenüber in Blickkontakt bleiben, auf seine Mimik und Gestik eingehen, sein Lallen, Glucksen und Brabbeln wiederholen. So entspinnen sich zauberhafte, intensive Unterhaltungen, bei denen beide Partner aufeinander eingehen und so ihre Bindung vertiefen.

INFO

Welche Laute spricht ein Baby zuerst?

Gegen Ende des ersten Lebenshalbjahres ist ein Baby in der Lage, die ersten »richtigen« Laute zu äußern. Es handelt sich um die Konsonanten m und p. Darüber hinaus ahmt es bereits die Vokale a und e nach, ohne diese allerdings schon korrekt auszusprechen.

Das erste und zweite Lebensjahr

Mit zwei Sprachen aufwachsen? Für Babys kein Problem

Wie kommt es, dass kleine Kinder akzentfrei nicht nur in einer, sondern auch zwei oder gar mehreren Sprachen plaudern können, Erwachsene jedoch eigentlich nie mehr die Aussprache einer neu erlernten Fremdsprache so perfekt meistern? Die Erklärung liegt in unserer sinnlichen Wahrnehmung, denn Babys können nicht nur gut hören, sie hören bestimmte Töne sogar besser als größere Kinder und Erwachsene!

Natürliche Sprachbegabung

Im Gegensatz zu Erwachsenen können Neugeborene alle sprachlichen Laute unterscheiden. Sie sind von Natur aus in der Lage, jede Sprache als Muttersprache zu erlernen. Wenn jedoch ab dem Alter von etwa zehn Monaten für das Kind das Lautsystem der Sprache – oder auch Sprachen – seiner Umgebung zu dominieren beginnt, verliert sich diese bemerkenswerte Fähigkeit. So »verlernen« chinesische Babys, zwischen den beiden Lauten l und r zu unterscheiden, denn diese Differenzierung spielt in ihren Muttersprachen keine Rolle. Wächst ein kleiner Chinese jedoch mit einer weiteren Sprache auf, in der diese Unterscheidung sehr wohl eine Bedeutung hat, wird er auch später nicht »Regen« und »legen« verwechseln, weil er den Unterschied ganz einfach hört!

Spracherwerb

Babys lernen die in ihrer(n) Muttersprache(n) vorkommenden Laute zunehmend besser zu hören und zu unterscheiden. Zudem erkennen sie mit der Zeit gleiche Laute wieder, auch wenn sie von den Menschen ihrer Umgebung immer wieder leicht verschieden ausgesprochen werden. Dadurch sind sie in der Lage, die spezifische Lautstruktur einer Sprache zu erfassen und in dem chaotischen, steten Strom von Lauten, den sie um sich hören, stets wiederkehrende Wörter zu erkennen. Da Babys schon vom ersten Tag an beginnen, Sprache zu lernen, ist es nur von Vorteil, wenn Eltern mit verschiedenen Muttersprachen von Anfang an schon mit den Kleinsten in der Sprache reden, die sie am besten beherrschen. Denn beim Sprachenlernen heißt es: je eher und intensiver, desto besser.

Wenn Eltern mit verschiedenen Muttersprachen von Anfang an in ihrer jeweiligen Sprache mit ihrem Kind sprechen, ermöglichen sie diesem, mühelos eine zweite Muttersprache zu erwerben.

Das Tagebuch für mein erstes Lebenshalbjahr

Mein erster Auftritt auf dieser Welt war ziemlich spektakulär und vor allem sehr, sehr anstrengend! Ich hatte überhaupt nicht damit gerechnet, gleich nach der Geburt plötzlich selbst Luft holen zu müssen. Zum Glück war ich ganz nah bei meiner Mama, ich konnte dabei ihren Herzschlag ganz deutlich hören und ihren Duft riechen. Das hat mich doch sehr beruhigt. Ich weiß noch genau, dass es an einer Stelle einfach unwiderstehlich gut roch. Ich näherte mich, und als ich in diese Richtung den Mund aufmachte, konnte ich plötzlich an Mama saugen. Was für eine fantastische Überraschung! Inzwischen bin ich ja schon richtig groß und weiß, dass man auch andere Dinge ganz gut essen kann. Die fühlen sich am Anfang im Mund ganz merkwürdig an und schmecken sogar unterschiedlich. Aber Mamas Brust ist mir immer noch am liebsten.

Ein bezauberndes Lächeln

Eine Weile nach meiner Geburt legte sich die erste Aufregung. Ich war gar nicht mehr müde und erschöpft, sondern hellwach und ganz gespannt, was in meiner Umgebung passieren würde. Bald erkannte ich Papa und später auch meinen Bruder Laurin. Der ist schon sehr viel größer als ich, aber lange nicht so groß wie Mama und Papa. Als er mich das erste Mal sah, machte er ganz merkwürdige Dinge mit seinem Gesicht. Als ich das auch versuchte und es mir gelang, waren alle total begeistert. Das fand ich dann wieder ganz toll. Am liebsten mögen alle, wenn ich die Mundwinkel nach oben ziehe, das nennt man »Lächeln«. Es gefällt mir natürlich auch gut, wenn andere mich anlächeln. Dann weiß ich, dass alles in Ordnung ist. Besonders Mama kann ich mit meinem Lächeln so richtig »bezaubern«, wie sie immer sagt. Papa ist dafür auch sehr empfänglich, und Oma und Opa sowieso. Laurin dagegen findet es besonders toll, wenn ich die Zunge rausstrecke, dann muss er immer laut lachen und streckt auch die Zunge raus.

Mal hell, mal dunkel und immer hungrig

An viele Dinge muss man sich hier ja wirklich erst gewöhnen. Zum Beispiel ist es manchmal hell und manchmal dunkel. Ich habe das Gefühl, dass Mama mir mit besserer Laune zu essen gibt, wenn es hell ist. Wenn es dunkel ist, wirkt sie manchmal, als ob sie nicht ganz bei der Sache wäre. Auch ist mir aufgefallen, dass sie in den Dunkelzeiten oft schläft. Papa auch. Und Laurin auch. Aber ich kann doch nicht nur schlafen, bloß weil es dunkel ist! Schließlich bekomme ich auch dann wirklich schrecklichen Hunger. Früher kannte ich dieses unangenehme Gefühl nicht, um die Versorgung musste ich mich im

Das erste und zweite Lebensjahr

Bauch bei Mama nie kümmern. Der Hunger überfällt mich immer urplötzlich und dann brauche ich nun mal ganz schnell Mama!
Ganz toll finde ich auch, dass ich jetzt schon ziemlich viel sehen und erkennen kann, sogar in Farbe. Das war nicht immer so. Am Anfang kam mir alles trüb und verschwommen vor. Wenn ich nicht Tag für Tag ein bisschen besser gesehen hätte, könnte ich heute noch nicht nach Dingen greifen. Aber jetzt sehe ich eine bunte Welt und erkenne Sachen, nach denen ich die Hand ausstrecken kann.

Hast du Töne!

Mama und Papa und auch Oma und Opa sind ganz begeistert, wenn ich ihnen meine tolle Lautesammlung vorführe, ich kann ja nicht nur schreien! Seit meinem ersten Auftritt habe ich täglich geübt. Schön finde ich auch die Laute von anderen Leuten. Besonders gut gefällt mir, wenn jemand mit ganz hoher Stimme mit mir spricht oder die Laute richtig fließen. Das heißt »singen«. Mama singt immer, wenn ich müde bin, dann kann ich ganz gut einschlafen. Es ist meistens dasselbe Lied, das kenne ich schon, aber manchmal singt sie auch etwas Neues. Ich kann nun längere Zeit mit meiner Rassel Geräusche machen, die mir gut gefallen. Schöne Töne, und immer in derselben Reihenfolge, gibt auch mein Schäfchen von sich, sobald man an der Schnur an seinem Bauch zieht. Wenn mich Mama oder Papa wickeln, lassen sie das Schäfchen immer singen. Dann weiß ich, dass gleich Luft an meine unteren Regionen kommt, was ich sehr angenehm finde. Am liebsten hätte ich's immer unten ohne!

Mein Fitnessprogramm: mächtig strampeln!

Der Wickeltisch mit dem singenden Schäfchen gefällt mir besonders gut. Dort fliegen auch immer kleine Entchen durch die Luft. Als ich einmal mit dem Fuß dagegen gestoßen bin, wurden sie ganz aufgeregt und haben schrecklich geschaukelt. Seitdem versuche ich, sie beim Strampeln mit dem Fuß zu treffen, denn so aufgeregt gefallen sie mir besonders gut! Am Anfang konnte ich ja nur liegen, selbst meinen Kopf musste man halten, wenn man mich hochhob. Der Zustand hat mir aber gar nicht gepasst. Seitdem habe ich geübt und geübt, habe gestrampelt und immer wieder versucht, den Kopf zu heben oder mich umzudrehen. Und der Erfolg gibt mir Recht: Heute kann ich schon sitzen, wenn ich am Rücken gestützt werde. Auch muss ich nicht mehr platt liegen, sondern kann mich vom Rücken auf den Bauch drehen – und umgekehrt! Und weil ich so viel trainiert habe, kann ich jetzt schon nach meinen Zehen greifen und damit spielen. Als Nächstes möchte ich Kriechen lernen, damit ich endlich selber vom Fleck komme!

Die kognitive Entwicklung im zweiten Lebenshalbjahr

Die kognitive Entwicklung im zweiten Lebenshalbjahr

Im zweiten Lebenshalbjahr beginnt ein Baby seine Selbstwahrnehmung zu vertiefen und damit auch eigenständiger zu werden. Im Einklang mit der motorischen Entwicklung werden die Erforschung und die sprachliche Kommunikation mit seiner Umwelt für das Kind immer interessanter. Reifeprozesse im Gehirn versetzen es verstärkt in die Lage, Dinge, Handlungen und Phänomene wahrzunehmen und sich zu merken.

Forschen und entdecken

Ab dem zweiten Lebenshalbjahr ist ein Baby zunehmend in der Lage, seine Umwelt im freien Sitzen und durch Krabbeln zu erforschen und so im wahrsten Sinne des Wortes eine andere Perspektive auf die Welt zu erproben. Doch bei allem Entdeckungs- und Befreiungsdrang bleiben die Mutter oder andere Bezugspersonen der emotionale Fels in der Brandung, bei dem das Kind bei jeder Verunsicherung Schutz sucht. In die Fülle der neuen Eindrücke bringen feste Handlungsrahmen Ordnung und helfen dem Kind, seine Umwelt zu erfassen. Deshalb spielen Rituale weiterhin eine bedeutende Rolle.

TIPP

Die positive Wirkung von Ritualen

Kleine Rituale strukturieren den Tagesablauf. Darüber hinaus unterstützen sie die Wahrnehmungs- und Erinnerungsfähigkeit des Kindes und leisten somit einen wichtigen Beitrag zur kognitiven Entwicklung.

Das erste und zweite Lebensjahr

Sprechen und kommunizieren

Feste Handlungsabläufe sind in dieser Phase für das Kind eine wirksame Hilfe, um Sprache zu verstehen und Sprechen zu lernen, denn Babys erfassen durch sich wiederholende Tätigkeiten die damit verbundenen Wörter. So verstehen Kinder gegen Ende des zweiten Lebenshalbjahres beim ritualisierten Aufbruch zum Spielplatz, dass sie den Spieleimer tragen sollen, wenn sie dazu aufgefordert werden.

Doch auch auf anderer Ebene nimmt die Entwicklung der Kommunikation in den Monaten bis zum ersten Geburtstag einen breiten Raum ein. Von den Erwachsenen abgeschaute Gesten gewinnen an Bedeutung: Wie die »Großen« es vormachen, klatscht das Baby mit Begeisterung in die Hände, wedelt beim Abschied mit den Händchen zum Winken und betont auch schon ein »Nein« mit nachdrücklichem Kopfschütteln.

»Ich bin wer – und kann was in Bewegung setzen«

Wachsende Selbstbewusstheit und Forscherdrang führen dazu, dass Babys zunehmend auch »naturwissenschaftliche« Bezüge in ihrer Umwelt erfassen. Interessant sind nun zum Beispiel alle Gegenstände, die Geräusche machen: Xylophone, Topfdeckel, Bauklötze, die aneinandergeschlagen werden, Glocken, Spieluhren und natürlich der Telefonhörer, aus dem es so schön tutet oder manchmal auch Stimmen kommen. Das Prinzip von Ursache und Wirkung gewinnt nun schon im Rahmen kleiner Begebenheiten an Bedeutung: Wenn ich an der Schnur ziehe, beginnt die Spieluhr zu klingen oder die Watschelente bewegt sich hinter mir her. Wenn ich den Lichtschalter drücke, geht das Licht an oder aus. Wenn ich am Hahn drehe, läuft das Wasser. Und wenn ich weiter aufdrehe, läuft noch mehr! Diese und andere einfache Zusammenhänge werden jetzt zunehmend erfasst.

Entwicklung des Gedächtnisses

Mit rund neun Monaten verändert sich bei Babys das Gedächtnis. Damit macht das Kind einen entscheidenden Schritt in seinem Weltverständnis. Es versteht nun, dass Personen und Gegenstände weiter existieren, auch wenn es sie nicht sehen kann. In der Fachsprache wird dieser Meilenstein der geistigen Entwicklung die Ausbildung der »Personen-« oder »Objektpermanenz« genannt.

In dieser Phase stoßen Spiele, bei denen etwas verschwindet und wieder erscheint, auf großes Interesse beim Kind. Immer wieder reagiert das Baby mit Entzücken, wenn die Mutter »Guckguck!« ruft, ihr Gesicht mit ihren Händen bedeckt und es mit einem freudigen »Da!« wieder erscheinen lässt oder die Schwester das Kuscheltier vor seinen Augen hinter der Spielzeugkiste versteckt und wieder hervorholt. Und wenn es die Schwester nicht mehr hervorholt, weiß das Baby nun auch, wo sie das Tier versteckt hat und kann es selbst dort suchen. Mit Vergnügen untersucht es nun Hohlräume und Löcher, in die man Dinge stecken und wieder herausholen kann.

Die kognitive Entwicklung im zweiten Lebenshalbjahr

Checkpoint: Die Entwicklung im zweiten Lebenshalbjahr

Die auffälligsten Fortschritte vollziehen sich im zweiten Lebenshalbjahr im motorischen Bereich. Die kognitiven Entwicklungen lassen sich besonders am Forschungsdrang des Kindes nachvollziehen. Im sozialen Bereich klappt die Kommunikation nun immer besser. Dieser Entwicklungsstand wird in den Vorsorgeuntersuchungen U5 und U6 geprüft.

- Mit gut einem halben Jahr kann ein Kind in der Regel den Kopf auch dann halten, wenn es ohne Stütze hochgezogen wird.
- Im Liegen erreicht es inzwischen mit den Händen seine Füße, da es nun seine Beine weit beugen kann.
- Es spielt mit Händen und Füßen, Fingern und Zehen, die es auch höchst interessiert in den Mund steckt.
- Das Baby wird immer selbstständiger. Es kann sich vom Rücken auf den Bauch und umgekehrt drehen, immer länger frei sitzen und gegen Ende des zweiten Lebenshalbjahres gelingt es schon vielen, sich allein aufzusetzen.
- In diesem Alter können sich die allermeisten Babys zudem robbend, kriechend oder krabbelnd fortbewegen und mit Stütze stehen. Nicht selten wagen sie schon erste Gehversuche.
- Das Greifen wird in diesem Alter so perfektioniert, dass die meisten Kinder gegen Ende des zweiten Lebenshalbjahres den Pinzettengriff beherrschen.

Die motorische Entwicklung fördert die kognitive Entwicklung. Sie erleichtert es dem Kind, seine Umwelt zu erforschen und seinen Entdeckerdrang auszuleben. Gegen Ende des ersten Lebenshalbjahres gewinnen Versteckspiele an Bedeutung. Die Nachahmung spielt eine wichtige Rolle, um soziale Gesten und erste Wörter zu erlernen.

Das Baby kommuniziert im zweiten Lebenshalbjahr bereits mit Gesten und ersten sprachlichen Äußerungen. In der sozialen Entwicklung gewinnen zudem die Pole »fremd« und »vertraut« an Bedeutung. Rund um den neunten Lebensmonat entwickeln viele Kinder die sogenannte Acht-Monats-Angst: Sie beginnen zu fremdeln.

Im zweiten Lebenshalbjahr entwickelt sich das Gedächtnis rasch weiter, so dass Objekte und Personen wiedererkannt werden.

Das erste und zweite Lebensjahr

Die Entwicklung sozialer Beziehungen im zweiten Lebenshalbjahr

Im zweiten Lebenshalbjahr beginnt sich das Baby langsam von der Mutter zu lösen. Zugleich versteht es zunehmend besser, mit seiner Umwelt zu kommunizieren. In dieser Phase wird es für die Kinder zudem immer wichtiger, zwischen bekannten und unbekannten, weniger und eng vertrauten Menschen zu unterscheiden. Ihren Höhepunkt erreicht diese Entwicklung in der sogenannten Fremdelphase.

Mama ist jemand anderes

Einer seit langem gültigen wissenschaftlichen Lehrmeinung zufolge beginnen Babys erst gegen Ende des ersten Lebenshalbjahrs, ihren Körper von dem der Mutter zu unterscheiden. Auch wenn manche Experten diesen Prozess schon früher ansetzen, steht es fest, dass ein Baby in dieser Zeit mit begeistertem Interesse Gesicht und Körper der Mutter erkundet. Es stemmt sich von ihr ab, wenn sie es auf dem Schoß hält, grapscht in ihr Haar und zieht an den Strähnen, tastet mit gründlichem Forscherdrang in Nase, Mund und Ohren und mustert mit wachem Blick immer wieder ihr Gesicht. Ganz offensichtlich begreift das Kind zunehmend, dass die Mutter eine andere Person ist, der es beispielsweise etwas in den Mund stecken kann, ohne dass es selbst davon etwas spürt. Es erfährt die Trennung zwischen sich und der Mutter und beginnt seine Selbstwahrnehmung verstärkt zu entwickeln.

Zunehmend bessere Kommunikationsfähigkeit

Die Loslösung von der Mutter verläuft zeitgleich mit einer stetig wachsenden Kommunikationsfähigkeit. So lernen Babys im zweiten Lebenshalbjahr, Gegenstände zum gemeinsamen Spiel zu verwenden, beispielsweise einen Ball hin und her zu rollen oder zusammen mit einer anderen Person ein Bilderbuch anzuschauen. Auch richten sie ihre Aufmerksamkeit zunehmend auf Dinge, die ihnen durch deutliche Gesten gezeigt werden, oder sie schauen einfach in die gleiche Richtung wie der Vater. Zudem entwickelt sich jetzt schon so etwas wie ein Dialog in Form von Frage und Antwort, bei dem das Baby in den absichtlich eingehaltenen Pausen eine Antwort lallt.

Darüber hinaus können Babys in diesem Alter die ganze Gefühlspalette von purer Liebe bis stärkster Wut und Aggression ausdrücken. Zugleich verstehen sie

Krabbelnd die Welt erkunden: Im zweiten Lebenshalbjahr gehen Kleinkinder gern schon einmal allein auf Entdeckungsreise.

Die Entwicklung sozialer Beziehungen im zweiten Lebenshalbjahr

immer besser, den jeweiligen Gesichtsausdruck ihrer Eltern zu »lesen«. Mit rund neun Monaten sind die Mimik, Gestik und der Tonfall der Eltern für die Kinder ein wichtiger Anhaltspunkt, um Situationen und Handlungen zu erfassen. Schaut die Mutter freundlich-unterstützend, wenn ich davonkrabble? Oder blickt sie besorgt oder ruft gar ärgerlich? Solche Reaktionen geben den Kindern eine wichtige Orientierungshilfe.

Das Fremdeln

Mit ungefähr einem halben Jahr können Babys so gut sehen und beobachten, dass sie in der Lage sind, zwischen dem Gesicht der Mutter oder eines anderen eng vertrauten Menschen und den Gesichtern von Fremden zu unterscheiden. Dieses verbesserte Vermögen, zwischen »bekannt« und »fremd« zu differenzieren, sowie die gefestigte Bindung zu den Eltern bilden die Voraussetzung für ein Phänomen, dass bei den meisten Babys fast schlagartig um den achten oder neunten Lebensmonat einsetzt: das Fremdeln oder die Acht-Monats-Angst.

In dieser Phase begegnen Babys fremden Personen, die sich ihnen nähern, mit Scheu. Sie beobachten sie mit größter Vorsicht und Wachsamkeit und klammern sich dabei fest an eine Person des Vertrauens, vorzugsweise die Mutter oder den Vater. Wird eine Situation als besonders bedrohlich erlebt, weil sich das Kind zum Beispiel in einer ungewohnten Umgebung aufhält oder unsicher fühlt, ist die Fremdelreaktion häufig besonders stark und kann sich bis zu einer richtigen Panik steigern. Aber auch äußere Merkmale von unvertrauten Personen können das Fremdeln verstärken. Häufige Angstverstärker sind etwa markante, auf das Kind bedrohlich wirkende Hüte oder ein für das Baby ungewohnter Vollbart. Bis Ende des ersten Lebensjahres kann diese Reaktion auf nicht vertraute Personen sehr ausgeprägt sein, danach nimmt sie langsam ab.

Fremdeln ist unabhängig von der Umgebung

Das Fremdeln ist offensichtlich weder von der kulturellen noch von der familiären Umgebung abhängig. Tatsächlich fremdeln Kinder aus Großfamilien, in denen Besuch häufig ein- und ausgeht, ebenso wie Babys aus ruhigen Kleinfamilien oder mit alleinerziehenden Eltern. Es scheint lediglich die Tendenz vorzuherrschen, dass Kinder aus weniger »besucheroffenen« Lebenssituationen etwas früher fremdeln. Doch wie so oft lassen sich auch hier keine allgemein gültigen Regeln aufstellen.

Die Ursachen des Fremdelns sind bislang nicht befriedigend geklärt. Vor einigen Jahrzehnten ging man davon aus, dass hinter der Acht-Monats-Angst die Furcht des Kindes stehe, von der Mutter verlassen und somit nicht mehr ernährt zu werden. Diese Theorie wird heute nicht mehr als gültig erachtet. Neuere Erkenntnisse lassen vermuten, dass die Babys zwar »wissen«, wie sie auf vertraute Gesichter reagieren und mit bekannten Personen kommunizieren können, für Fremde jedoch kein Verhaltensrepertoire besitzen. Und dieses »Unvermögen« führt zu mehr oder minder ausgeprägten Angstreaktionen.

Das erste und zweite Lebensjahr

»Und dann hörte Nina nicht mehr auf zu schreien …«

Die heute zweijährige Nina war ein ausgesprochen freundliches Baby, das mit seinem Lächeln die gesamte Umwelt entzückte. »Nina ist so pflegeleicht«, pflegte der Vater mit Stolz zu sagen, »man kann sie überall problemlos mithinnehmen!« Bis die kleine Familie eines Tages die Einladung einer Kollegin der Mutter zum Abendessen annahm und sich das nun acht Monate alte »Sonnenscheinchen« auf einmal sehr schüchtern gab. »Sie wollte gar nicht mehr von meinem Schoß«, erinnert sich die Mutter. War Nina bislang auch in fremder Umgebung häufig in ihrer Wippe eingeschlafen, so mussten an diesem Abend die Eltern früh nach Hause gehen. Denn Nina war zwar todmüde, aber keinesfalls gewillt, ihre Eltern aus den Augen zu lassen. Die schoben die Unruhe des Kindes auf einen neuen Zahn, der gerade durchbrach.

Panikattacke aus heiterem Himmel

Wenige Tage später kam ein Installateur, um den Waschmaschinenanschluss zu verlegen. Als sich der kinderliebe Mann zu Nina hinunterbeugte, die sich stumm an die Mutter presste und den Fremden mit aufgerissenen Augen beobachtete, und sie direkt mit seiner tiefen Stimme ansprach, war es um die Beherrschung des Kindes geschehen. Nina verfiel in regelrechte Panik. Ihr ganzer Körper wurde steif, sie klammerte sich noch fester an die Mutter und begann angstvoll zu schreien. Tränen der Verzweiflung rannen über die Bäckchen des Kindes, das sich von der Mutter nicht beruhigen ließ, solange der Handwerker in der Nähe stand. »Nina hörte einfach nicht mehr auf zu schreien!«, erinnert sich die Mutter.

Ausgeprägte Angst vor Fremden

Solche Vorfälle wiederholten sich. Nina entwickelte eine richtige Fremdenangst. Besonders in Situationen außerhalb der gewohnten Umgebung reagierte sie voller Schrecken auf Fremde. Bald fanden die Eltern heraus, dass sich die Angstsituation leichter auflösen ließ, wenn sich unbekannte Personen Nina nicht direkt näherten, sondern den Kontakt zu ihr etwa über ein Spielzeug knüpften, das sie dem Kind reichten und mit dem sie gemeinsam spielten. Mit einem Jahr hatte Nina die Fremdenangst überwunden.

Nicht nur außerhalb des Hauses – etwa bei Freunden, beim Einkaufen oder beim Arzt –, sondern auch in vertrauter Umgebung reagierte Nina mit Panik auf Fremde.

Die motorische Entwicklung im zweiten Lebenshalbjahr

Im zweiten Lebenshalbjahr erlebt das Baby einen motorischen »Durchbruch«, denn es kann sich nun selbst fortbewegen. Kriechen, Robben und Krabbeln heißt ungefähr ab dem neunten Monat die Devise der neugierigen Entdecker, die ihre Umwelt nun in einem weiteren Radius erforschen. Und mit etwa einem Jahr machen einige schon ihre ersten Schritte. In dieser Phase wird auch das freie Sitzen zunehmend sicherer und eine verbesserte Feinmotorik erlaubt ein stetig besseres Greifen. Das Kind wird motorisch immer selbstständiger.

Kriechen und krabbeln

Ab dem zweiten Lebenshalbjahr entwickeln die meisten Kinder einen unbändigen Entdeckungs- und Forschungsdrang. Dieser äußert sich bei vielen auch in dem Ehrgeiz, sich so bald und so schnell wie möglich vom Fleck bewegen zu können. Dabei entwickelt jedes Kind seine eigene Methode. Während sich die einen auf dem Boden seitwärts rollen, bewegen sich die anderen kriechend weiter. Manche Kinder können sich mit rund sieben Monaten sogar schon auf »alle viere« hochstemmen. Als eine erste Vorübung zum späteren Krabbeln beginnen sie dann schon bald, in diesem Vierfüßlerstand vor- und zurückzuwippen, bis am Ende die Kräfte nachlassen. Nach diesen ersten Bewegungsexperimenten ist es für die meisten jedoch nicht mehr weit zum Krabbeln. Das beherrschen sie anfänglich meist nur rückwärts, aber bald auch vorwärts und vor allem in einem unglaublichen Tempo.

Manche Kinder hingegen »überspringen« die Krabbelphase und beginnen schon recht früh mit den ersten Gehversuchen. Und gar nicht so selten sind Babys mit ihrer sprachlichen Entwicklung oder anderen Reifungsprozessen so beschäftigt, dass sie die Fortbewegung gleichsam hintanstellen. Häufig überraschen diese motorischen »Spätzünder« ihre Umgebung, indem sie ihren Rückstand in Windeseile aufholen und ab dem zweiten Lebensjahr mit ihren Altersgenossen um die Wette laufen.

Spätestens ab den ersten Kriech- und Krabbelversuchen Ihres Kindes im zweiten Lebenshalbjahr sollten Sie dafür sorgen, dass Ihre Wohnung kindersicher ist, und sich entsprechende Kindersicherungen für Steckdosen, Fenster, Treppen, Schubladen und Tischecken besorgen.

Das erste und zweite Lebensjahr

Für Eltern ist es ein Erlebnis, wenn die ersten Steh- und Gehversuche des Kindes zum Ende des ersten Lebensjahres einsetzen. Motorische Frühentwickler können in diesem Alter sogar schon ohne Stütze stehen und sich fortbewegen.

Auf beiden Beinen stehen

Mamas oder Papas Hand, Stühle und Tischbeine, aber leider auch Vorhänge oder wacklige Regale dienen Babys etwa ab dem zehnten Monat vor allem einem Zweck: Sie werden zu mehr oder minder sicheren Stützen, an denen sich die Kleinen in den Stand hochziehen. In den folgenden Wochen üben sie auf dem Schoß der Eltern zu stehen und zu »schreiten«, hangeln sich an Möbelstücken seitlich entlang voran, schieben Kinderstühlchen oder andere Gegenstände quer durch den Raum. Ganz wenige Babys können bereits mit zehn Monaten sogar schon frei stehen oder die ersten freien Schritte gehen. In der Regel meistern dies Kinder erst in den Wochen und Monaten nach dem ersten Geburtstag.

Freies Sitzen

Zu Beginn des zweiten Lebenshalbjahres können die meisten Kinder schon eine kurze Zeit frei sitzen, wobei sie noch einige Schwierigkeiten haben, das Gleichgewicht zu halten. In diesem Alter sollten die Babys nur kurz frei sitzen, da ihre Muskulatur noch zu schwach ist, um ihren Rücken wirklich zu halten. Nach ein paar Wochen haben die meisten dann gelernt, sich mit den Armen seitlich abzustützen, und mit etwa neun Monaten ist es für die wenigsten noch ein Problem, aus der Bauchlage zum Sitzen zu gelangen. Rund eine Viertelstunde können sie nun schon frei sitzen oder sich im Sitzen nach Gegenständen strecken, die sie greifen möchten. Die Rückenlage wird jetzt immer uninteressanter und nicht selten protestierend abgelehnt. Im Sitzen hat man einfach den besseren Überblick!

Tasten und Forschen

Die mit den Monaten zunehmend sicherere Sitzhaltung kommt dem Entdeckerdrang des Babys zugute. Es kann nun immer besser seine Umwelt erforschen, den Kopf nach ungewöhnlichen Geräuschen drehen, Gegenständen, die zu Boden fallen, nachblicken und Objekte schnappen, die es interessant findet. Das Baby ist aber nun auch in der Lage, etwa Bananenstückchen in der Hand zu zerquetschen und die verklebten Fingerchen mit Genuss in den Mund zu stecken, die Schnabeltasse schon

Die motorische Entwicklung im zweiten Lebenshalbjahr

so zum Mund zu führen, dass es daraus nach einiger Übung trinken kann, oder mit Begeisterung zu klatschen. Denn die Hände sind ja im Sitzen frei!

Hinzu kommt, dass ein Baby im zweiten Lebenshalbjahr immer besser zu greifen lernt. Alles, was in Reichweite ist, wird mit den Händen untersucht, gedreht, gegeneinandergeschlagen, fallen gelassen und auch ständig wieder in den Mund genommen. Häufig bevorzugen Kinder bereits vor dem ersten Geburtstag eine Hand, was erste Rückschlüsse auf eine mögliche Rechts- oder Linkshändigkeit zulässt.

Verbesserte Greiftechnik

Zu Anfang des zweiten Lebenshalbjahres können Babys immer besser nur mit einer Hand greifen, und bald darauf sind sie schon in der Lage, einen Gegenstand von der einen in die andere Hand zu nehmen. Oft klappt die Koordination beim Greifen noch nicht so ganz. Hält ein Baby zum Beispiel einen Löffel in der einen Hand und möchte mit der anderen Hand nach dem Teller greifen, lässt es nicht selten den Löffel fallen, denn es hat noch Schwierigkeiten, eine Hand geschlossen zu halten, während sich die andere zum Greifen öffnet. Aber auch das Loslassen macht noch bis über den ersten Geburtstag hinaus Schwierigkeiten. Nicht jedes Mal wollen die Muskeln schon perfekt gehorchen.

Bis etwa zum neunten Lebensmonat verwenden Babys den Scherengriff, sie greifen also mit dem ganzen Daumen und dem ganzen Zeigefinger. Einige Wochen später haben sie dann diese Technik zum Pinzettengriff verfeinert. Ab diesem Zeitpunkt ist kein noch so kleiner Krümel mehr vor ihnen sicher: Er wird mit höchster Konzentration mit »spitzen Fingern«, also zwischen den Fingerkuppen von Daumen und Zeigefinger, aus dem Teppich gepult oder von der Spieldecke gepflückt, aus Ritzen gekratzt oder vom Tisch aufgegriffen.

Immer bessere Greiftechniken und eine größere Beweglichkeit ermöglichen es dem Kleinkind, alles genau unter die Lupe zu nehmen.

 TIPP

Wie nützlich sind Lauflernhilfen?

Nützliche Trainingsgeräte, verpulvertes Geld oder gar eine Gefahr? Fachleute fällen über die von Babyausstattern angepriesenen Lauflernhilfen ein vernichtendes Urteil. Die Geräte machen Babys zwar Spaß, weil sie sich mit ihnen fortbewegen können, doch lernen sie mit ihnen nicht schneller, sondern langsamer gehen. Der Grund liegt darin, dass sie nicht üben, ihr Gewicht auf die Fußsohlen zu verteilen und das Gleichgewicht zu halten. Zudem werden die Hüften der Kleinen sehr ungünstig belastet, was zu Schäden führen kann.

Nicht nur deswegen sind Lauflernhilfen unnütz und sogar richtig gefährlich. Die Babys kommen mit ihnen in sagenhafter Geschwindigkeit überall hin. So geraten zum Beispiel heiße Flüssigkeiten auf dem Tisch, Schwellen und Treppen auf einmal in den Aktionsradius der Kleinen und werden damit zu potenziellen Gefahrenquellen. Mehrere tausend Unfälle passieren jährlich mit Lauflernhilfen, mit teils schweren Verletzungen wie Verbrühungen und Schädelbrüchen. In Kanada ist dieser »Babyspaß« deshalb schon seit Jahren verboten.

Das erste und zweite Lebensjahr

»Marie bleibt nicht sitzen«

Maries sechste Voruntersuchung beim Kinderarzt ergab, dass sich das damals zehn Monate alte Baby körperlich völlig unauffällig entwickelte. Marie war in ihrer sprachlichen Entwicklung bereits sehr weit, mit dem freien Sitzen haperte es dagegen noch ein bisschen. Sie konnte zu diesem Zeitpunkt nur sehr kurze Zeit mit geradem Rücken frei sitzen, danach fiel sie zusammen wie der sprichwörtliche nasse Sack. Auch gelang es dem zarten Mädchen nicht, den Oberkörper im Sitzen zu drehen oder sich nach vorne oder zur Seite nach Spielzeug zu strecken. Marie verlor schnell das Gleichgewicht und plumpste um. Offensichtlich waren die Hüft- und Rückenmuskulatur noch zu schwach, um sie im aufrechten Sitz zu halten.

Nur mit vereinter Kraft

Die Mutter berichtete, dass Marie gerne zum Sitzen hochgezogen werde und ihr dies mit entgegengestreckten Armen deutlich mache. Sie sei jedoch noch nicht in der Lage, sich selbst aufzusetzen. Die Kleine protestiere aber empört, wenn sie zu lange auf der Krabbeldecke gelassen würde. Marie war der Schilderung zufolge ein wachsames Baby, das seine Umgebung gerne beobachtete und schon früh von Sprache fasziniert war. Das Mädchen plapperte bisweilen wie ein Wasserfall in seiner Babysprache.

Wenn es mit dem freien Sitzen im zweiten Lebenshalbjahr noch nicht so ganz klappt, sollte mit dem Kinderarzt über eine gezielte Gymnastik gesprochen werden.

Muskeltraining in der Bauchlage

Auf Anraten des Kinderarztes ließ die Mutter Marie in den folgenden Wochen so wenig wie möglich in der Wippe und legte sie immer wieder auf dem Bauch auf die Krabbeldecke. Das Kind musste sich in der von ihr ungeliebten Bauchlage viel mehr abstützen und trainierte so verstärkt die Hals- und Rückenmuskulatur. Wenn sie auf dem Schoß saß, spielten die Eltern mit ihr körperbetonte Spiele: Hochstemmen und -ziehen, Hopsen, Schreiten.

Nach zwei Monaten überzeugte Marie den Kinderarzt bei einem Kontrollbesuch mit ihren Sitzkünsten. Sie konnte sich nun selbstständig aufsetzen, einige Zeit frei sitzen und auch bei Bewegungen im Sitzen das Gleichgewicht halten. Möglicherweise war sie so sehr mit dem Sprechenlernen beschäftigt gewesen, dass die motorische Entwicklung etwas langsamer vonstattengegangen war.

Die sprachliche Entwicklung im zweiten Lebenshalbjahr

Wenn Babys entdeckt haben, wie sie Laute produzieren können, gibt es kein Halten mehr. Nach dem Gurren, Quietschen, Hauchen, Lachen und anderen Lautäußerungen nimmt nach ungefähr einem halben Jahr das Lallen eine besondere Stellung ein. Die mit Begeisterung gebrabbelten Silbenketten ähneln mehr und mehr einfachen, richtigen Wörtern, doch bis ein Kind sein erstes Wort bewusst spricht, vergeht noch einige Zeit. Nur ausgesprochene Frühstarter überraschen ihre Umgebung damit bereits mit etwa zehn Monaten.

Das große Lallen

Kleine Kinder sind unermüdliche Forscher, das gilt auch für die Sprache. Schon in den ersten Lebensmonaten üben Babys unverdrossen, wie sie am besten Geräusche produzieren können. Auf diese Weise trainieren die experimentierfreudigen Entdecker auch die für das Sprechen erforderlichen Bewegungen, die sie zunehmend besser beherrschen.

Etwa im Alter zwischen sechs und neun Monaten entzücken Babys ihre Umgebung mit langen gelallten Monologen. »Dadadada«, »gugugugu« oder »tatata« tönt es vom Bettchen, auf der Wickelkommode oder von der Spieldecke, und stolze Eltern vernehmen schon ein erstes »mama« oder »baba«. Der Stolz auf diese wortähnlichen Äußerungen ist selbstverständlich berechtigt, dennoch üben Babys in dieser sogenannten Lallphase erst einmal nur die Aussprache von Lautkombinationen. Die Bedeutung von »Mama« und »Papa« ist den kleinen Sprachakrobaten frühestens ab dem zehnten Lebensmonat klar.

Sprechen üben mit Silbenkombinationen

Je länger die Lallphase dauert, desto besser haben die kleinen Sprecher ihre Lautäußerungen im Griff. Sie können jetzt beispielsweise auch leise brabbeln oder bewusst zweisilbige Lautkombinationen bilden. Zudem reihen sie nicht mehr nur die gleichen Silben aneinander, sondern kombinieren verschiedene. So schallt einem nun auch schon mal ein beherztes »duda-pupa« entgegen. Immer deutlicher gleichen die produzierten Silben den Lautkombinationen, die die Kinder um sich herum hören. Wie beim Hören sind Babys auch beim Sprechen anfänglich wahre Kosmopoliten und produzieren Lautkombinationen, die in ihrer Muttersprache gar nicht vorkommen.

Im zweiten Lebenshalbjahr beginnt das Baby, seine Umwelt in seiner ganz eigenen Lautsprache »sprechend« zu unterhalten.

Das erste und zweite Lebensjahr

INFO

Förderliches Wechselspiel

Je älter das Baby wird, desto wichtiger werden Situationen, die auf Wechselseitigkeit beruhen. So klopft das Kind zum Beispiel beim gemeinsamen Spiel abwechselnd mit der Mutter auf den Tisch oder imitiert im Wechselspiel mit dem Spielpartner Geräusche. Für die Kommunikationsfähigkeit und den Spracherwerb ist dies von sehr großer Bedeutung. Gewöhnlich zeigen Eltern in solchen interaktiven Situationen intuitiv ein Verhalten, das der Lernfähigkeit eines Babys am besten entspricht. Indem sie dem Kind häufig die Initiative überlassen, erkennen sie seine Interessen und können auf sie eingehen. Sie machen die Kinder auf sich aufmerksam, nehmen Blickkontakt auf und führen mit Mimik, Gestik, über Körperkontakt, Sprechen und Lachen richtige Dialoge. So entspinnen sich etwa am Wickeltisch Unterhaltungen, wenn die Mutter oder der Vater mit dem Baby spricht und dabei auf seine Gesten, Mimiken und Lautäußerungen eingeht. Eltern kommentieren das fröhliche Strampeln des Kindes mit einem »Na, das gefällt dir!«, setzen das Mobile mit der Bemerkung »Soll es schaukeln?« in Bewegung, wenn das Kind es mit seinen Blicken fixiert, oder fassen seine Händchen, wenn es die Arme entgegenstreckt.

Offensichtlich versuchen sie dann ihre Lautäußerungen an die Sprachen ihrer Umgebung durch stetes Üben anzugleichen, wobei selbst die Betonung stimmt. Bevorzugen beispielsweise deutsche Babys ab etwa neun Monaten typisch deutsche Lautketten, die auf der ersten Silbe betont sind (»dáda, dáda«), brabbeln französische Babys vermehrt typisch gallisch mit Betonung auf der zweiten Silbe (»dadá, dadá«). Bis sie zirca ein Jahr alt sind, haben Babys die Betonungsmuster ihrer Muttersprache(n) gelernt und können so anhand der Sprachmelodie immer besser einzelne Wörter aus dem Sprachfluss ihrer Umgebung filtern.

Von den Lauten zum ersten Wort

Rund ein Jahr sind die meisten Babys alt, wenn sie das erste Wort äußern. Zu diesem Zeitpunkt haben sie schon einen langen (Sprach-)Lernprozess hinter sich, müssen Wörter wiedererkennen und individuelle Objekte erfassen können. Denn nur so sind sie in der Lage, bestimmte Wörter mit bestimmten Objekten in Verbindung zu bringen. Eine wichtige Rolle spielt die Objektpermanenz, die sich etwa im Alter von neun Monaten ausbildet. Das Kind begreift, dass ein Auto immer »Auto« heißt, egal, ob man gerade damit spielt oder es unsichtbar in der Spielkiste verstaut ist.

Gewöhnlich sind die ersten Wörter Lautbildungen wie »Mama« oder »Papa«, die aus Silbenverdopplungen entstehen, oder vereinfachte Versionen von Wörtern, die noch zu schwierig auszusprechen sind, so »fasse« für »Flasche« oder »bume« für »Blume«. Zur typischen Babysprache gehören aber auch symbolhafte Wörter aus einfachen Silben. Hierzu zählen Klassiker wie »heia« für Schlafen oder »hapa« für Essen. Kinder verwenden zudem oft eigene Wortschöpfungen mit fest umrissenen Bedeutungen, die von ihrer Umwelt verstanden werden.

INFO

Neue Laute

Auf die ersten Laute m und p folgen im zweiten Lebenshalbjahr in der Regel die Konsonanten t und n. Diese vier Laute gehören zu den im vorderen Bereich des Mundes artikulierten, am leichtesten auszusprechenden Konsonanten. Zudem wird das Lautrepertoire um die Vokale ä, i und u erweitert.

Die sprachliche Entwicklung im zweiten Lebenshalbjahr

Lirum, larum, Löffelstiel – Wie wirksam sind Kinderreime?

Fast jeder kennt sie noch, wenn auch bisweilen bruchstückhaft, aus der eigenen Kindheit und erinnert sich zudem an den Spaß und die Faszination, den gesprochene und gesungene Kinderreime mit sich bringen.

Verse vermitteln Sicherheit

Rhythmische und melodische Verse sind seit alters her ein erprobtes Mittel, um auch schon den Kleinsten über die Sprache Gefühle zu vermitteln. Sie sind darüber hinaus hervorragend geeignet, um soziale Bindungen zu vertiefen. Eine ganz wichtige Rolle spielt dabei die Wiederholung der Verse, die dem Kleinkind ein Gefühl der Sicherheit verleiht. Häufig wirken Spiellieder und Reime, die mit körperlichem Kontakt und Bewegung einhergehen, besonders intensiv. So erwartet jedes Kind beim »Hoppe, hoppe, Reiter« mit Spannung das »Plumps« und den damit verbundenen obligatorischen Beinahe-Fall vom Schoß des »Reittieres«, genießt aber zugleich das Gefühl, doch sicher gehalten zu werden. So ein Spiel vermittelt Vertrauen, Sicherheit und Wohlbehagen, es trainiert die Motorik und ganz nebenbei selbstverständlich auch die Sprachkompetenz.

Kinderreime fördern das Sprachgefühl

Kinderreime und Spiellieder sind durch ihren Rhythmus, ihre Melodik und ihre Vershaftigkeit besonders eingängig. Den Kleinsten helfen sie, den Klang der Muttersprache kennenzulernen und ihr Gehör dafür zu sensibilisieren. Größere Kinder können durch sie die Grundbegriffe des Zählens lernen und üben (»Eins, zwei, drei, vier, fünf, sechs, sieben, eine Hexe hat geschrieben ...«) oder den Wortschatz erweitern (»Das ist der Daumen, der schüttelt die Pflaumen ...«). Erst bei der Einschulung macht sich ein weiterer positiver Effekt von Kinderreimen und Spielliedern bemerkbar: Durch die rhythmisiert gesprochenen oder gesungenen Wörter merken die Kinder, dass Wörter in Laute und Silben zerteilt werden können. Für das Lesen- und Schreibenlernen ist diese Fähigkeit unabdingbar.

Wie gut, wenn man Eltern hat, die die über Generationen weitergegebenen Kinderreime, Fingerspiele und Spiellieder noch gut kennen und gerne immer wieder mit den Kleinen spielen. Für sie sind Freude und Nutzen dabei groß.

Die Sprache der Emotionen

Für einen Säugling ist es überlebenswichtig, seine emotionale Ausdrucksfähigkeit im steten Austausch mit den engsten Bezugspersonen weiterzuentwickeln, bietet sie ihm doch ein Mittel, seine Bedürfnisse mitzuteilen und an seine Umwelt zu appellieren, diese zu befriedigen. Im Gegenzug helfen ihm die emotionalen Signale seines Gegenübers, Situationen zu bewältigen. Durch sie erfährt er Beruhigung in Stresssituationen oder wohlwollende Unterstützung bei seinem Erkundungsverhalten, erkennt aber beispielsweise auch Warnungen vor Gefahren.

Die Entwicklung der emotionalen »Sprache« im ersten Lebensjahr

Ein Neugeborenes verfügt bereits über eine einfache Grundausstattung seines gefühlsmäßigen Ausdrucks, es kann Ekel, Unwohlsein oder Wohlbefinden deutlich mitteilen. Im Laufe des ersten Lebensjahres vergrößert sich die Skala seines emotionalen Erlebens durch die vielfältigen Erfahrungen, die es macht, es bilden sich Emotionen wie Interesse, Freude, Ärger, Angst und Überraschung aus. Im Zuge dieser Entwicklung verfeinert sich auch seine emotionale Kommunikationsfähigkeit. Sie wird nicht nur vielfältiger, sondern auch organisierter. Schon nach wenigen Monaten kann ein Säugling durch sein unterschiedliches Schreien mitteilen, ob er infolge der überwältigenden Eindrücke seiner Umgebung überreizt ist, Wut, Angst oder Schmerz empfindet. Gleichzeitig versteht das Kind die emotionalen Ausdrucksweisen und die Mitteilungen seiner Mitmenschen immer besser. Lächelt die Mutter unterstützend und wohlwollend, wenn ich einen Gegenstand ergreifen will, oder runzelt sie ärgerlich die Stirn? Gegen Ende des ersten Lebensjahres können Kinder solche Zeichen schon interpretieren und richten ihr Handeln danach aus.

Die Erweiterung der emotionalen Ausdrucksfähigkeit des Kleinkindes geht rasant vonstatten und lässt sich fast täglich beobachten.

Gegenseitige Schulung der Ausdrucksmöglichkeiten

Diese Verfeinerung der emotionalen Sprache eines Kindes findet im engen Wechselspiel mit den Reaktionen seiner engsten Bezugspersonen statt. Denn auch sie sind durch die alltägliche intensive Interaktion und durch ihr intuitives Elternverhalten (siehe S. 82) zunehmend in der Lage, mit ihm zu kommunizieren. Sie lernen, seine Äußerungen präziser zu deuten, und verstehen es somit besser, auf sie zu reagieren und auf seine Bedürfnisse einzugehen. Gerade diese feinfühlige, durch liebevolle und

Die sprachliche Entwicklung im zweiten Lebenshalbjahr

Je intensiver und differenzierter Eltern ihre Gefühle zeigen, desto besser lernt das Kind selbst, seine Gefühle auszudrücken.

TIPP

Emotionaler Beistand

Besonders im ersten Lebensjahr sind Babys darauf angewiesen, dass man ihnen hilft, Emotionen zu regulieren, indem man sie vor Reizüberflutung schützt, tröstend beruhigt, sie von ihrem Kummer ablenkt oder ihre Aufmerksamkeit steuert. Wenn Ihr Kind tieftraurig weint, weil Sie ihm ein Spielzeug nehmen mussten, oder es vor Aufregung mit dem Herumzappeln gar nicht mehr aufhören kann, lernt es durch Ihre Zuwendung, dass unangenehme Gefühle nicht ewig andauern, sondern von positiven Emotionen abgelöst werden. Diese Erfahrung bietet eine wichtige Voraussetzung, dass es mit der Zeit seine Gefühle selbsttätig in den Griff bekommt.

interessierte Zuwendung geprägte Abstimmung ist für die gesamte positive Entwicklung eines Kindes bedeutsam, fördert sie doch den Aufbau einer vertrauensvollen, sicheren Bindung und lässt das Kind erleben, dass und wie es auf seine Umwelt einwirken kann. Dieses erste Erfahren einer Selbstwirksamkeit trägt entscheidend zur Entwicklung eines positiven Selbstwertgefühls bei.

Kontrolle über die Gefühle erlangen

Säuglinge müssen aber auch lernen, ihre Emotionen zu regulieren. Diese Fähigkeit erlangen sie in den folgenden Lebensjahren in einem langen Lernprozess. Eine erste Selbstregulation ihrer Erregung gelingt ihnen in Anfängen, wenn sie im Lauf der ersten Lebensmonate ihren Blick von Dingen, die sie in ihren Bann ziehen, gezielt abwenden. Im zweiten Lebenshalbjahr ist es dann ein großer Fortschritt, wenn sie sich in ihnen unbekannten Situationen per Blickkontakt bei ihren Bezugspersonen rückversichern und gegebenenfalls etwa vor angsteinflößenden Gegenständen wegkrabbeln können.

Das erste und zweite Lebensjahr

Angeregt durch das Vorbild der Erwachsenen, probiert das Kind die verschiedensten Einsatzmöglichkeiten der Zahnbürste aus.

Die kognitive Entwicklung im zweiten Lebensjahr

Nach dem ersten Geburtstag erforschen Kinder in einem stetig wachsenden Aktionsradius die Welt und eignen sich dabei ein immer größeres funktionelles Wissen an. In diesem Alter bauen sie langsam innere Vorstellungen (Repräsentationen) von ihrer Umwelt auf. Sie beginnen, Ideen von sich und ihrer Umwelt ständig weiterzuentwickeln. Dabei spielen die nun großen sprachlichen Fortschritte sowie die Ich-Entwicklung eine wichtige Rolle. Größte Motivation zum Lernen liefern die Lust an der Nachahmung und der Drang zur Teilhabe.

Spielend funktionelles Wissen aufbauen

Sehen, hören, riechen, fühlen: Auch im zweiten Lebensjahr spielt die sinnliche Wahrnehmung eine wichtige Rolle. Durch ihre wachsenden motorischen Fertigkeiten sind

Die kognitive Entwicklung im zweiten Lebensjahr

Kinder jetzt zunehmend in der Lage, ihre Umgebung zu »erobern«, die Menschen in ihrer Nähe kennenzulernen, zu ihnen Beziehungen aufzubauen sowie ihre gegenständliche Umwelt immer besser zu begreifen.

Mit großer Lust am Entdecken und Erforschen werden nun alle greifbaren Objekte aus unterschiedlichsten Materialien gründlichst und zielgerichtet innen und außen von allen Seiten auf ihre Beschaffenheit erkundet, gestapelt und umgeworfen, gefüllt und geleert und wenn möglich auch zerlegt. Dabei gilt das Interesse Alltagsgegenständen, sei es einem Schneebesen, einem hölzernen Kochlöffel oder dem hochbeliebten Telefon ebenso wie Spielsachen. Kinder machen da keine Unterschiede. Die Kleinen können nun häufiger eine Zeit lang für sich allein spielen und wollen mit größtem Wissenseifer mehr und mehr selbstständig herausbekommen, was man mit verschiedensten, vertrauten und neu entdeckten, Gegenständen generell anstellen kann, aber auch, wozu sie im »echten Leben« dienen.

Ausloten der Möglichkeiten

Immer wieder experimentieren die Kinder nach dem Prinzip »Versuch und Irrtum« variantenreich mit allen erdenklichen Objekten und ihren unterschiedlichen Einsatzmöglichkeiten. Mit dem Löffel kann man essen und im Joghurt rühren, man kann mit ihm aber auch auf den Tisch trommeln oder ihn über die glatte Tischplatte flitzen lassen. Aus dem Becher kann man trinken, man kann ihn aber außerdem zum Schütten verwenden oder als Musikinstrument, wenn man zum Beispiel Perlen hineingibt und das Ganze schüttelt. Ein Ball lässt sich rollen, werfen oder treten, wozu Hände oder Füße benutzt werden können. Die Palette der Verwendungen für Gegenstände ist breit und wird in zahlreichen variantenreichen Experimenten ausgelotet. Je mehr die Kinder ausprobieren, desto mehr neue Ideen entwickeln sie und desto mehr dehnen sie ihre Handlungsmöglichkeiten aus. Dabei kommt der spielerischen Wiederholung besondere Bedeutung zu. Erfolg macht Spaß und motiviert, und so werden gelungene Aktionen gerne noch einmal gemacht und dadurch besser eingeübt. Wenn es gelingt, aus dem Becher zu trinken, den Ball zu rollen, mit dem Stift zu kritzeln, wird dies mit Freude ständig wieder ausgeführt.

Auf diese Weise eignen sich die Kinder nun einen stetig wachsenden Schatz an funktionellem Wissen an. Sie lernen, dass der Löffel zum Essen, die Tasse zum Trinken, die Bürste zum Haarebürsten, der Stift zum Malen, die Gießkanne zum Blumengießen dient und wie man diese und andere Gegenstände verwendet, aber auch, was man damit sonst noch bewerkstelligen kann.

Das innere Bild von der Welt

Über diese Aneignung von funktionellem Wissen hinaus bauen Kinder im zweiten Lebensjahr weiter reichende innere Vorstellungen von ihrer Umwelt auf, von den Objekten, die sie darin finden und den Vorgängen, die sie darin erleben und beobachten. Gehirnforscher nennen diese inneren Vorstellungen »Repräsentationen«.

INFO

Was passiert im Gehirn?

Wissenschaftler gehen davon aus, dass die Großhirnrinde eine gewisse Reife erlangt haben muss, damit wir innere Repräsentationen ausbilden können. In diesem bewusstseinsfähigen Teil unseres Gehirns werden Denkprozesse, planvolle Handlungen, bewusste Bewegungen und Sprache verarbeitet. Forschungen haben ergeben, dass bestimmte, hierfür wichtige Strukturen und Vernetzungen in der Großhirnrinde rund um den 15. bis 18. Lebensmonat geradezu »explodieren« und so eine physiologische Grundlage für die geistige Entwicklung im zweiten Lebensjahr bilden.

Das erste und zweite Lebensjahr

Zunächst sind diese inneren Repräsentationen konkrete, differenzierte Bilder, wie die innere Vorstellung von einem ganz bestimmten Ball oder das genaue, anschauliche Bild von einem Apfel, einem Becher oder von einem Löffel. Mit der Zeit bilden diese inneren Repräsentationen Objekte und Vorgänge mehr und mehr in vereinfachter Form ab und gewinnen einen zunehmend symbolischen Charakter. Sie werden auf Merkmale reduziert, die für die Erfahrungen typisch oder wesentlich waren, etwa dass Bälle kugelförmig sind und rollen. Dabei werden auch die während der Erlebnisse dominierenden Gefühle eingearbeitet. Es wird also gleichzeitig abgespeichert, wie die Oma reagierte, als der Ball gegen die Bodenvase prallte. Da das Kind im zweiten Lebensjahr kontinuierlich neue Erfahrungen macht, werden bestehende Repräsentationen fortlaufend, den neuen Erlebnissen gemäß, angepasst. So kann die eher negative Bewertung der eben geschilderten Erfahrung mit dem Ball durch schöne Spielerfahrungen beim gemeinsamen Zurollen des Balles verändert werden.

Bilder und sprachliche Begriffe von Objekten und Vorgängen

Diese inneren Vorgänge lassen sich im Verhalten und an den Interessen der Kinder bis zu einem gewissen Grad nachvollziehen. So zeigen beispielsweise viele Kinder im zweiten Lebensjahr ein wachsendes Interesse an Bildern und Bilderbüchern. Anfänglich erfassen und erkennen sie dabei nur einzelne, vertraute Gegenstände, die sie immer wieder genau betrachten, auf die sie deuten und deren Namen sie von der Person erfahren, die das Buch mit ihnen zusammen anschaut. Auf diese Weise erweitern die Kinder zugleich ihren Wortschatz, den sie zuerst passiv verstehend, später dann aktiv selbst anwenden können.

Im Lauf des zweiten Lebensjahres erfassen die Kinder auf den Abbildungen nicht mehr nur einzelne Objekte, sondern auch aufgrund ihres wachsenden Wissens- und Erfahrungsschatzes Zusammenhänge, Situationen und Handlungen. Sie verstehen nun, dass das Häschen in der Abbildung im Buch zwischen den Blumen sitzt, dass es an einer Karotte knabbert oder über eine Wiese läuft. Und um den zweiten Geburtstag herum vollziehen sie dann schon kurze Bildergeschichten nach, zum Beispiel, dass das Häschen von der Mutter weggelaufen ist und in dem Garten einer Familie die Karotten mümmelt. Dies ist möglich, weil Kinder in diesem Alter bereits in der Lage sind, im Gedächtnis abgespeicherte Dinge, Personen und Handlungen in einer inneren Vorstellungswelt aufzurufen.

Diese kognitiven Entwicklungsschritte stehen in enger Beziehung mit den sprachlichen Fortschritten der Kinder. Denn mit dem Erlernen der Sprache werden die inneren bildhaften Vorstellungen langsam mehr und mehr in Begriffe gefasst, sei es für Gegenstände (im Beispiel etwa die Karotte), Personen (das Häschen, seine Mutter oder die Familie), aber auch für Handlungen (das Laufen) und die Zusammenhänge und Beziehungen zwischen Objekten sowie Objekten und Personen (»Das Häschen knabbert an der Karotte«).

Die kognitive Entwicklung im zweiten Lebensjahr

Vom Handeln zum Denken

Der Aufbau der inneren Repräsentationen spiegelt sich aber auch im forschenden Spiel der Kinder wider, bei dem das reine Experimentieren allmählich abnimmt. So nehmen sie nicht mehr alle Gegenstände in den Mund, um ihre Beschaffenheit zu erforschen. Denn sie verfügen nun über eine so große Erfahrung mit Materialien, dass sie sie auch ohne diese sinnliche Erforschung zuordnen können. Darüber hinaus gewinnen nun auch Strategien zur Problemlösung an Bedeutung. Mit rund 18 Monaten sind Kinder in der Regel in der Lage, sich Gegenstände und Handlungen, die sie kennen, vorzustellen und sogar auf verschiedene Situationen zu übertragen. Sie haben nun viele Aha-Erlebnisse, das heißt, sie erkennen plötzlich Zusammenhänge oder stoßen anhand ihrer inneren Vorstellungen auf die mögliche Lösung eines Problems.

Dies lässt sich an kleinen Begebenheiten beobachten. So ziehen sie das Bobbycar, den mit Bauklötzen beladenen Spielzeuglaster oder den Puppenwagen, die in die Zimmerecke geschubst worden sind und nicht mehr weiter vorwärts bewegt werden können, ohne großes Federlesen aus der »Sackgasse« wieder heraus. Hinter dieser scheinbar einfachen Handlung steckt ein großer geistiger Fortschritt: Die Kinder haben nun eine Vorstellung davon, dass Gegenstände gestoßen, aber auch gezogen werden können. Sie wissen, dass sie das festgefahrene Fahrzeug durch Ziehen »ausparken« können, sind sich dem Ziel der Handlung also bewusst und müssen es nicht mehr ausprobieren.

Lernen durch Teilhabe

Im zweiten Lebensjahr agieren Kinder zunehmend frei nach dem olympischen Motto »Dabeisein ist alles«. Sie haben nun immer längere Wachphasen, in denen sie an den Vorgängen ihrer Umgebung, vor allem dem Familienleben, teilnehmen möchten. Sie genießen es, mit der Familie bei gemeinsamen Mahlzeiten am Tisch zu sitzen oder einfach dabei zu sein, wenn die Eltern in der Küche, in der Wohnung oder im Freien ihren Tätigkeiten nachgehen, die Geschwister malen, basteln, spielen oder Hausaufgaben machen. Durch diesen Drang zur Teilhabe sind sie hoch motiviert, zu lernen und Erfahrungen zu sammeln, um so kompetent wie die Großen zu werden. Aus diesem Grund gewinnt das oben beschriebene funktionelle Spielen zunehmend an Bedeutung, durch das sie die »echte«, funktionsgerechte Verwendung von Gegenständen und Spielsachen lernen.

Durch regelmäßige Wiederholung lernt das Kind langsam den Vorgang des Badens und Waschens kennen und beginnt schließlich auch, sich aktiv daran zu beteiligen.

Das erste und zweite Lebensjahr

Jonas will jetzt überall mitmachen

Jonas ist 16 Monate alt und schon gut auf den Beinen unterwegs. Im Gegensatz zu früher braucht der Kleine jetzt weniger Schlaf und will in seinen nun längeren Wachzeiten beschäftigt werden. Das liebevoll gestaltete Kinderzimmer, das er sich mit Leonie teilt, ist jedoch für seinen ungezügelten Forschungsdrang nur zweite Wahl. Es wird vor allem dann interessant, wenn seine Schwester, die bis 14 Uhr eine Kindertagesstätte besucht, nachmittags auch darin spielt. »Jonas ist jetzt in dem Alter, in dem er überall mitmachen will«, berichten seine Eltern. »Da wir das bereits von Leonie kannten, haben wir uns darauf eingestellt.« Selbstverständlich nimmt Jonas jetzt an den gemeinsamen Mahlzeiten teil und sitzt wie seine Schwester in einem Kinderstühlchen am Tisch. Er genießt es, wie die Großen und vor allem wie Leonie einen eigenen Teller und einen Becher zu haben.

Auch wenn die Eltern im Garten arbeiten, werkelt Jonas mit großer Begeisterung mit und gießt Beete und Pflanzen.

Wie die Großen

Wenn Jonas mit der Mutter oder dem Vater alleine ist, beschäftigt er sich in der Spielecke im Wohnzimmer oder spielt in der Küche, wenn gekocht wird. Er liebt es, mit einem Kochlöffel oder einem Schneebesen wie die Großen in einer unverwüstlichen Plastikschüssel zu rühren, aber auch den Schrank mit den Töpfen auszuräumen. Die Eltern haben dies berücksichtigt, so dass in der Reichweite des Kindes nur unzerbrechliche Gegenstände deponiert sind. Auf diese Weise kann sich Jonas beschäftigen, wird aber von der Gefahrenzone des Herdes ferngehalten. Manchmal darf Jonas auch mithelfen, etwa beim Abwaschen des Gemüses oder beim Kuchenbacken. »Selbstverständlich müssen wir bei allem mehr Zeit einplanen, und wenn es eilig ist, fehlt ehrlich gesagt auch manchmal die Geduld«, meinen Jonas' Eltern. »Aber wir haben schon von Leonie gelernt, dass für Kinder Mitmachen oft das schönste und befriedigendste Spiel ist.«

Die kognitive Entwicklung im zweiten Lebensjahr

Nachahmung und Als-ob-Spiele

Der Drang zur Teilhabe ist eng mit der Freude an der Nachahmung verbunden. Diese wichtigsten Motoren der kindlichen Entwicklung stehen in einer Wechselbeziehung, denn durch die Teilhabe am Leben der anderen bekommen Kinder die Anregungen zur Nachahmung, und durch die erfolgreiche Nachahmung vergrößern sie ihre Möglichkeiten zur Teilhabe. Im zweiten Lebensjahr sind Kinder mehr und mehr in der Lage, sich Handlungen, die ihnen im Alltag begegnen, innerlich vorzustellen und nachzuahmen. Sie essen nun beispielsweise zunehmend wie die Großen am Tisch, halten von selbst ihre Händchen unter den Wasserhahn, wenn diese gewaschen werden sollen, oder helfen beim Anziehen der Schuhe, indem sie ihre Füße entgegenstrecken. Je mehr solche Handlungen gelingen und von ihrer Umwelt positiv bestärkt werden, desto größer wird ihre Motivation, Neues zu lernen.

Diese Fähigkeit zur Nachahmung schlägt sich auch im Spielverhalten nieder. In ersten Als-ob-Spielen leben die Kinder Erlebnisse und alltägliche Handlungen nach und üben sie ein. Sie »frisieren« sich im Spiel mit einer Spielzeugbürste die Haare, »trinken« aus einem leeren Becher, füttern mit einem Löffel ihr Kuscheltier, verbinden die »verletzte« Puppe, waschen ihr Gesicht und legen sie zum Schlafen hin oder führen wie die Mutter »Gespräche« am Spielzeugtelefon, und zwar für Beobachter mit bisweilen überraschend perfekt imitierter Haltung und Mimik!

Das Kleinkind fühlt sich nun schon ganz groß und beginnt, die nur unwesentlich kleinere Puppe zu versorgen, ganz wie es das bei sich von der Mutter kennt.

TIPP

Was ist sinnvolles Förderspielzeug?

Bewegung und Freude an der Bewegung kommt bei kleinen Kindern große Bedeutung zu. Die Motorik Ihres Kindes, seine Kraft und Koordinationsfähigkeit fördern Sie durch viel Platz und ausreichend Möglichkeit zum Toben, Sandspielen und Planschen sowie durch Spielzeug-Klassiker wie Bälle und Bauklötze in verschiedenen Farben und Formen. Eine gute Ergänzung bieten stabile Gefährte, in denen die Spielsachen transportiert werden und auf denen das Kind fahren kann, zum Beispiel ein Spieltraktor mit Anhänger. Hervorragende Motoriktrainer sind auch Fahrzeuge wie Bobbycars oder Schaukelpferde. Mit großer Freude spielen Kinder aber ebenso mit Alltagsgegenständen, Schachteln oder Handtaschen, die sie ein- und ausräumen können, und natürlich Telefonen. Bilderbücher fördern die geistige und die Sprachentwicklung und sollten farbenfroh gestaltet, robust, etwa aus Pappe, oder abwaschbar sein. Gut geeignet sind auch Riesenbilderbücher, auf denen sich viel entdecken lässt. Die Kreativität Ihres Kindes unterstützen sie mit altersgerechtem Malwerkzeug, besonders durch Fingerfarben oder dicke Stifte sowie durch Rhythmusinstrumente. Zum Liebhaben und für erste Als-ob-Spiele bieten sich Kuscheltiere und Puppen an (die das Kind sogar baden darf!). Beobachten Sie Ihr Kind und gehen Sie auf seine Vorlieben ein, denn Kinder beschäftigen sich am intensivsten und selbstständigsten mit Gegenständen, die sie interessant finden. Sie legen so den Grundstock für mögliche spätere Interessenfelder. Halten Sie dabei das Angebot an Spielsachen überschaubar, damit Ihr Kind dadurch nicht regelrecht erschlagen wird.

Das erste und zweite Lebensjahr

TIPP

Kreativität anregen

Vorlesen eignet sich hervorragend, um die Kreativität eines Kindes anzuregen. So kann es die Geschichte zusammen mit den Eltern fortspinnen, Bilder dazu malen oder auch die Handlung im Rollenspiel vertiefen.

Beim plastischen Gestalten mit Knete kommt nicht nur das künstlerische Potenzial des Kindes zur Geltung, sondern es werden auch kognitive und feinmotorische Fähigkeiten geschult.

Was ist eigentlich Kreativität?

Ob malen oder werken, ob dichten, Theater spielen oder musizieren – jedem fällt es leicht, die Kreativität in den verschiedenen künstlerischen Ausdrucksformen zu entdecken. Doch fasst man den Begriff der Kreativität zu eng, wenn man ihn nur auf die Kunst bezieht.

Vielfalt der Kreativität

Der Begriff Kreativität stammt von »creare« ab. Das lateinische Wort bedeutet unter anderem »schaffen«, »erzeugen«. Kreativität ist die Fähigkeit, etwas zu erschaffen. Sie ist mehr noch ein schöpferischer Prozess, der selbstverständlich im künstlerischen Schaffen beinhaltet ist, den aber auch jeder in Alltagshandlungen vollzieht. Dies gilt nicht nur für Tätigkeiten in kreativen Berufen wie Werbetexter, Layouter, Designer, Möbelschreiner oder etwa beim Entwickeln von technischen Innovationen. Unser schöpferisches Potenzial bemühen wir auch bei der Lösung von Problemen im Alltag, sei es, dass wir beim Kochen Zutaten neu kombinieren und so ein neues, schmackhaftes Gericht zaubern, sei es, dass wir endlich ein für unsere Zwecke und Ansprüche perfektes Ordnungssystem für unsere CD-Sammlung finden. Kreativität gilt heute nicht umsonst als eine Schlüsselqualifikation, denn unsere moderne, komplexe Alltags- und Berufswelt erfordert von jedem kreative Lösungen.

Prozess der Problemlösung

Kreativität tritt immer dann auf den Plan, wenn wir ein Problem lösen müssen und dafür neue, effektive und ungewöhnliche Mittel und Methoden zu Hilfe nehmen. Ein Problem lässt sich jedoch leichter kreativ lösen, wenn man dazu bereits viel weiß. Ein Schreiner, der über ein breites Fachwissen von Holz und Holzverarbeitung verfügt, wird in der Regel eher zu einer kreativen Lösung im Möbelbau gelangen als ein blutiger Laie. Wer tagtäglich kocht und die spezifischen Eigenschaften und den Geschmack von Zutaten und Gewürzen kennt, wird eher ein überraschend kombiniertes und dabei schmackhaftes Gericht kreieren als ein »Gelegenheitstäter«, der nur ab und an

Die kognitive Entwicklung im zweiten Lebensjahr

den Kochlöffel schwingt. Die Fähigkeit zum kreativen Querdenken geht in der Regel auch mit einem selbstverständlichen, kenntnisreichen Umgang mit der Materie einher.

Zu diesem kreativen Prozess gehört aber ebenso eine Phase des »Brütens«, in der man die Kenntnisse, die man über ein Problem besitzt beziehungsweise sich erst einmal aneignet, auf unbewusster Ebene verarbeitet, bis der ersehnte Geistesblitz kommt und die Lösung des Problems in die Tat umgesetzt werden kann. Am Ende dieses Prozesses steht ein kreatives Produkt, etwas Neues und überraschend Ungewohntes, das seinen Zweck erfüllt.

Kreative Kinder

Jeder Mensch verfügt über ein kreatives Potenzial, das es auszuschöpfen gilt. Dabei kann Kreativität durchaus gefördert werden. »Anregung«, »Herausforderung« und »Ermutigung« heißen die Zauberwörter, wenn es um die Unterstützung der kreativen Begabungen und Fähigkeiten von Kindern geht. Es gilt also, Kindern eine anregende Umgebung zu schaffen, in der sie ihre Kreativität ausleben können. Eine Umgebung, in der sie fantasieren und träumen, frei spielen, aber auch mal Schmutz machen und mit vielfältigen, wenig vorstrukturierten Materialien wie etwa Papier, Farben, Knete oder Holz werkeln und diese auch zweckentfremden dürfen. Wer sagt denn beispielsweise, dass man aus Salzteig nicht auch ganze Landschaften formen kann, in denen sich die Spielzeugtiere wohlfühlen? Unterstützen sie Ihr Kind, indem Sie ihm etwas zutrauen und es ermutigen, die Lösung für ein Problem zu finden, und indem Sie es für seine Leistung loben, und zwar nicht zu wenig, aber auch nicht zu viel.

Großflächig mit Fingerfarben malen ist nicht nur ein kreativer Prozess, sondern auch ein besonderes sinnliches Erlebnis.

Das erste und zweite Lebensjahr

Die Entwicklung sozialer Beziehungen im zweiten Lebensjahr

Dank des wachsenden Selbstbewusstseins eines Kindes werden das Ich und die Beziehung zu anderen Menschen wichtig. Emotional schwanken Kinder zwischen der Lust an der Selbstständigkeit und der Angst vor Trennung. Für die Eltern gilt es nun, ihr Kind einerseits zu ermutigen, ihm jedoch andererseits ein Gefühl der Sicherheit und des Rückhalts zu vermitteln.

Die Entdeckung des Ichs

Die im zweiten Lebensjahr motorisch selbstständig werdenden Kinder weiten ihren unermüdlichen Forschungsdrang nun immer mehr auf ihre Umgebung aus. Beim täglichen Spaziergang wollen sie beispielsweise aus dem Kinderwagen aussteigen, ihn selbst eine kurze Strecke schieben und vielleicht sogar etwas vorauslaufen. In dieser Phase spielen die allmähliche Loslösung und Abgrenzung von der Mutter, die von der Freude an der rasanten motorischen Entwicklung begünstigt werden, eine große Rolle. Gleichzeitig wächst bei den Kindern die Fähigkeit, Selbstwahrnehmungen einzuordnen.

Es ist kein Zufall, dass Kinder vor allem zu Beginn dieser Phase besonders gerne in Frage- und Zeigespielen ihren eigenen und den Körper der anderen entdecken. »Wo ist deine Nase, wo sind Papas Ohren, Mamas Haare?« Kinder in diesem Alter lieben solche Spiele, die ihnen ein Gefühl der Kompetenz und der Bewusstheit ihres eigenen und des Körpers anderer Menschen vermitteln. Mehr und mehr bauen sie nun Wissen und Vorstellungen über sich selbst auf, sie entwickeln Konzepte. Im Laufe des zweiten Lebensjahres lernen sie zudem, sich selbst als »Kind« zu sehen und mit dem eigenen Namen zu benennen. Bis sie jedoch von sich selbst als »ich« sprechen, dauert es gewöhnlich noch ein paar Monate.

Nicht zuletzt die Wahrnehmung eigener Bewegungen im Spiegel spielt eine wichtige Rolle bei der langsamen Entdeckung des Ichs.

Die Entwicklung sozialer Beziehungen im zweiten Lebensjahr

INFO

Wer ist das Kind im Spiegel?

Schon Babys lieben es, in Spiegel zu blicken, und nicht selten beginnen sie mit der Person, die ihnen entgegenblickt, Kontakt aufzunehmen und regelrecht zu »flirten«. Sie lächeln sie an, versuchen sie zu berühren oder ihr gar etwas zu geben. Mit der Zeit lernen kleine Kinder, dass die Personen, die sie im Spiegel sehen, sich »darin« und nicht dahinter befinden. Bis sie jedoch verstehen, dass sie sich selbst im Spiegel erblicken, vergeht einige Zeit. Diesen Meilenstein in der Entwicklung ihres Selbstbewusstseins erreichen sie meist gegen Ende des zweiten Lebensjahres.

Wer seinem knapp zweijährigen Kind die Entdeckung des »Spiegel-Ichs« erleichtern möchte, kann dies ganz einfach mit einem Lippenstift erreichen. Damit darf sich das Kind, das vor dem Spiegel sitzt, mit Ihrer Hilfe einen großen Punkt auf die Stirn malen – der nun auch auf der Stirn des Spiegelbildes erscheint. Für die Kinder ist dies in der Regel ein guter Beweis, dass sie sich wirklich selbst im Spiegel sehen!

Nein! Alleine machen!

Die Entdeckung des Ichs geht einher mit der Entdeckung des eigenen Willens. Mehr und mehr werden ablehnende Gesten wie etwa Kopfschütteln oder das kleine Wort »Nein« gebraucht, um den eigenen Willen kundzutun. Und erste große Wutanfälle künden eine beginnende Entwicklung des Trotzverhaltens an, das vor allem im dritten Lebensjahr eine große Rolle spielen wird. Das wachsende Selbstbewusstsein der Kinder lässt sich aber auch an ihren Handlungen erkennen. Neben dem Drang zur Teilhabe und der Lust an der Nachahmung spielt außerdem immer mehr die Freude am selbstständigen Tun eine große Rolle. Alleine aus der Tasse trinken, selbst das Gesicht waschen und selbst die Löffel zum Tisch bringen – solche und andere Handlungen wollen Kinder nun häufig nachdrücklich selbstständig ausführen. Und sobald sie die ersten Wörter sprechen können, wird dieser Wunsch durch Ausrufe wie »Alleine machen!« deutlich unterstrichen.

»Ich will, was du willst!«

Im zweiten Lebensjahr leben Kinder aber nicht nur ihre Freude am selbstständigen Tun aus, sie beginnen auch, mit ihren erwachsenen Bezugspersonen zu kooperieren. »Compliance« (Komplizenschaft) nennt man diese Bereitschaft eines Kindes, Anweisungen zu befolgen und Aufgaben gemeinsam mit Erwachsenen anzugehen. Sie zeigt sich etwa, wenn ein Kind im Sand gespielt hat und nach Aufforderung der Mutter hilft, die Sandformen zusammenzupacken. Compliance drückt sich auf zwei Arten aus. Einerseits zählt hierzu das aktive, positiv gestimmte Folgen, wenn das Kind hochmotiviert den Auftrag des Erwachsenen erfüllt und bei seiner Handlung mitmacht. Andererseits zählt hierzu auch das weniger begeisterte Sich-Fügen in eine von einem Erwachsenen bestimmte Aufgabe, die eher halbherzig erfüllt wird.

Das erste und zweite Lebensjahr

Abstand und Nähe

Abstand, Trennung und Nähe sind im zweiten Lebensjahr Kategorien, mit denen das Kind umzugehen lernen muss. Kinder sind in diesem Alter mehr und mehr in der Lage, eine gewisse Zeit für sich alleine zu spielen, wenn sie sicher wissen, dass eine Bezugsperson sich in der Nähe, etwa im Nebenzimmer, aufhält. Doch je besser sich Kinder nun vor allem von der Mutter, aber auch von anderen ihnen wichtigen Menschen selbstständig entfernen können, desto mehr genießen sie zwar diese Unabhängigkeit, aber desto größer werden auch ihre Trennungsängste. Viele Kinder üben, mit diesen widersprüchlichen Gefühlen umzugehen, indem sie sich voller Spannung für kurze Zeit hinter einer Ecke verstecken oder unter einer Decke verbergen, um dann umso freudiger schnell wieder gefunden und in die Arme genommen zu werden. Eltern müssen durch Ermutigung die Entwicklung der Selbstständigkeit der Kinder fördern und dennoch genügend Rückhalt bieten, um eine Verunsicherung und Verängstigung zu vermeiden. Vor allem gegen Ende des zweiten Lebensjahres, wenn die Trennungsängste aufgrund der kognitiven und psychischen Entwicklung größer werden, ist es nicht immer einfach, die richtige Balance zwischen diesen beiden wichtigen Verhaltensweisen zu finden.

»Da bleib ich nicht!«

Tagesmutter, Spielgruppe, Krabbelstube, Kinderkrippe: Trennung und Trennungsängste gewinnen im zweiten Lebensjahr insbesondere an Bedeutung, wenn Kinder ab diesem Alter regelmäßig außerhalb der Familie oder von familienfremden Personen betreut werden. Sie lernen nun, mit längeren Trennungen von ihrer Hauptbezugsperson umzugehen. Dies gilt auch für Kinder, die sich zum Beispiel daran gewöhnen müssen, dass anstelle der Mutter oder des Vaters hin und wieder ein Babysitter auf sie aufpasst.

Vielen Kindern bereitet es anfangs große emotionale Probleme, wenn sie für eine gewisse Zeit von ihrer Hauptbezugsperson getrennt sind. Sie protestieren mit lautem Weinen, reagieren ängstlich und zeigen tiefe Trauer. Behutsamkeit und Feinfühligkeit sind hier gefragt, um den Kleinen (und auch den Eltern!) den Übergang in die neue Situation zu erleichtern. So dauert es beispielsweise nicht selten mehrere Wochen, bis der Eingewöhnungsprozess eines Kindes in die Kinderkrippe abgeschlossen ist. Es hat dabei doch eine Vielzahl von Anforderungen zu bestehen und muss sich mit neuen Räumlichkeiten und einer neuen Umgebung vertraut machen, neue Kinder kennenlernen und vor allem Vertrauen zu neuen Bezugspersonen aufbauen. Keine

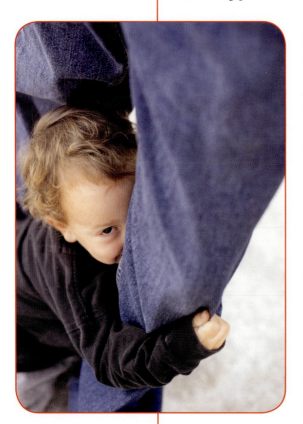

Trennung fällt schwer! Da klammert der Einjährige sich schon mal zunächst an Vaters Hosenbein, wenn er bei den Großeltern bleiben soll.

Die Entwicklung sozialer Beziehungen im zweiten Lebensjahr

leichte Aufgabe, die die Kleinen in diesem Alter jedoch durchaus bestehen können. Trost und ein Gefühl der Sicherheit bieten in solchen Phasen etwa das Lieblingskuscheltier, das die Kinder von zu Hause mitbringen, oder auch ein nach der Mutter oder dem Vater duftendes Tuch, das sie bei sich tragen dürfen. Solche Übergangsobjekte, wie die Fachleute sagen, können ihren Trennungsschmerz lindern und ihnen den Eingewöhnungsprozess erleichtern.

Rituale schaffen Vertrauen

Bei der Verabschiedung in der Spielgruppe am Morgen muss die Mutter Marie kurz erklären, dass sie mittags wiederkommt, und sich dann noch einmal umdrehen und fröhlich winken, bevor sie den Raum verlässt. Wenn sie das Kind mittags wieder abholt, muss sie in die Knie gehen, damit es in die weit geöffneten Arme laufen kann. Beim abendlichen Zu-Bett-Gehen liest Papa eine Geschichte vor, dann müssen beide Eltern einen Gute-Nacht-Kuss geben. Außerdem muss das Nachtlicht brennen und die Türe einen Spalt geöffnet bleiben. Beim gemeinsamen Essen muss das Kinderstühlchen neben der Mutter stehen, der Bruder links und der Vater gegenüber sitzen. Auch im zweiten Lebensjahr sind solche oder andere regelmäßig wiederkehrende Situationen und Ereignisse, Rituale eben, für Kinder außerordentlich wichtig. Und sie bestehen häufig mit großem Nachdruck darauf, dass diese so weit wie möglich eingehalten werden.

Für die Kinder sind solche Rituale keine Tyrannei, die sie gegenüber ihrer Umwelt ausleben, sondern eine wichtige emotionale Stütze. In ihrer Gleichförmigkeit und ihrem regelmäßigen Nacheinander helfen sie den Kleinen, die Struktur des Tagesablaufs zu erkennen. Rituale schenken den Kindern dank ihrer Beständigkeit ein Gefühl von Geborgenheit und Sicherheit. Und sie helfen ihnen als vertrauensbildende Maßnahme darüber hinaus, mit schwierigen Situationen zurechtzukommen. Sie erleichtern so den Abschied von der Mutter, vor dem sie immer noch ein bisschen Angst haben, oder helfen ihnen, die nötige Ruhe zum Einschlafen in der Dunkelheit zu finden, die ihnen immer noch leichte Furcht einflößt.

Regelmäßige Rituale – wie das Abholen vom Kindergarten – verleihen dem Leben Ordnung und bedeuten für das Kind Sicherheit.

Das erste und zweite Lebensjahr

Der Umgang mit Gleichaltrigen

Sei es auf dem Kinderspielplatz, beim wöchentlichen Besuch in der Spielgruppe oder in der Kinderkrippe – im zweiten Lebensjahr werden Kinder selbstständiger und kommen mehr und mehr mit anderen Kindern in Kontakt. Gerade der regelmäßige Gang auf den Spielplatz ist von enormer Bedeutung, wenn Ihr Kind keine Institution besucht, in der es regelmäßig Gleichaltrige treffen und sozialen Austausch „auf gleicher Ebene" pflegen kann. Auf dem Spielplatz bietet sich ihm die Möglichkeit, unter dem sicheren Schutz und der ermutigenden Gegenwart vertrauter Menschen selbstständiger zu werden und seinen Aktionsradius zu erweitern, mit anderen Kindern in Kontakt zu treten und mit ihnen zu kommunizieren, sich ihnen gegenüber aber auch zu behaupten und von ihnen durch Nachahmung zu lernen.

Jetzt verändern Kinder ihr Verhalten gegenüber Gleichaltrigen. Zwar spielen in Situationen, in denen sie Kontakt zu anderen Kindern knüpfen können, immer noch die Bezugspersonen oder auch andere bekannte Erwachsene eine wichtige Rolle, doch werden Gleichaltrige zunehmend interessanter. Kinder sind gerne mit anderen Kindern zusammen.

Allein- und Parallelspiele

Im zweiten Lebensjahr spielen gleichaltrige Kinder noch nicht miteinander, sondern eher allein oder im sogenannten Parallelspiel nebeneinander her. Das lässt sich vor allem in Spielplatzsituationen gut beobachten. So sitzt beispielsweise ein Kind in diesem Alter ganz zufrieden in der Sichtnähe der Mutter, des Vaters oder einer anderen Bezugsperson im Sandkasten und vertieft sich in die Aktivitäten, die es interessieren. Es gräbt ein Loch, füllt sein Eimerchen, schiebt seinen Lastwagen hin und her, lässt den Sand durch die Finger rieseln oder gießt ihn mit seiner Gießkanne. Solange eine Bezugsperson in Sichtweite bleibt, ist das Kind zufrieden.

Nicht selten vertiefen sich Kinder auch parallel in ihr Spiel. Sie sitzen dann beispielsweise friedlich nebeneinander und beschäftigen sich mit ihren Spielsachen, sind sich der Gegenwart des anderen aber durchaus bewusst, reagieren darauf und empfinden sie als Inspiration. Denn jetzt besteht das parallele Spielen zu einem großen Teil aus gegenseitiger Beobachtung und Nachahmung – bevorzugt spielen Kinder nun nebeneinander das Gleiche. Diese Form des parallelen Spielens und die ersten vorsichtigen Kontakte zu kleinen Spielgefährten bilden eine wichtige Grundlage, um das später auftretende soziale Spielen zu erlernen.

Erste Annäherung an andere Kinder

Doch bei alldem ist das Kind durchaus auch an den Aktivitäten der anderen Kinder interessiert. Es schaut etwa den Größeren zu, die herumtoben, miteinander spielen,

---

TIPP

Begegnungen mit anderen Kindern fördern

Kontakte zu anderen Kleinkindern sind für die Entwicklung der Persönlichkeit wichtig. Darum sollten gerade Eltern von Einzelkindern darauf achten, dass ihre Sprösslinge die Möglichkeit haben, andere Kinder zu treffen. Dazu bietet sich der Besuch von Spielplätzen oder Spielgruppen an. Man kann auch mit anderen Kindern und Eltern aus der Nachbarschaft oder dem Freundeskreis regelmäßige Treffen vereinbaren.

Die Entwicklung sozialer Beziehungen im zweiten Lebensjahr

Im zweiten Lebensjahr kommt es bei Kindern bereits zu ersten Annäherungen im Spiel, ohne dass sich daraus schon regelrechtes soziales Spielen entwickeln würde.

klettern oder rutschen. Oder es beobachtet, wie die anderen Kinder im Sand spielen und versucht, sie nachzuahmen, will dann beispielsweise auch einen Sandkuchen backen oder ein Loch graben. Und es reagiert, wenn andere Kinder mit ihm in Kontakt treten. In der Regel erfolgt eine Kontaktaufnahme in diesem Alter über das Spielzeug, auch da die Kinder ja noch nicht oder nur äußerst gering verbal kommunizieren können.

Doch nicht immer gehen diese Kontaktaufnahmen ihren gewünschten Gang, weil die kommunikative »Feinabstimmung« noch nicht so ganz funktioniert. So krabbelt oder läuft vielleicht ein Kind auf das andere zu, beobachtet es und nimmt sich dann die Schaufel. Dies könnte natürlich sein, weil es jetzt unbedingt die hochinteressante Schaufel haben möchte und dabei einfach noch nicht zwischen »mein« und »dein« unterscheiden kann. Es könnte aber auch sein, dass der kleine »Schaufeldieb« nur reichlich ungeschickt versucht hat, auf diese Weise mit dem anderen Kind Kontakt aufzunehmen und auf sich aufmerksam zu machen. Als Ergebnis solcher Aktionen wird in den allermeisten Fällen der Schaufelbesitzer wütend und lautstark gegen das Wegnehmen protestieren und sich von dem Kind abwenden.

Kinder nehmen in diesem Alter jedoch auch schon kompetent Kontakt miteinander auf, indem sie etwa durch Händeklatschen, lautes Rufen oder gar das Anbieten eines Spielzeugs auf sich aufmerksam machen. Oft reicht ihnen dieser soziale Austausch schon, und sie gehen nach der Kontaktaufnahme wieder zufrieden alleine ihren Aktivitäten nach.

Das erste und zweite Lebensjahr

Die motorische Entwicklung im zweiten Lebensjahr

Im zweiten Lebensjahr wird vor allem die Fortbewegung immer sicherer. In diesen Monaten lernen die Kinder frei zu stehen und zu gehen und können dabei ihr Gleichgewicht stetig besser kontrollieren. Gegen Ende des zweiten Lebensjahres beherrschen die allermeisten das Laufen, können auch schon hüpfen und lassen sich kaum vom Treppensteigen abbringen. Das ist einfach zu spannend! Auch mit der Feinmotorik geht es in Riesenschritten voran: Mit dem verbesserten Pinzettengriff sind nun schon erste »Kritzelbilder« möglich.

Im zweiten Lebensjahr machen die Kleinen mit dem Gehenlernen einen entscheidenden Schritt in der motorischen Entwicklung.

Auf sicheren Beinen

Besonders in den Monaten nach dem ersten Geburtstag nimmt das Stehen- und Gehenlernen eine wichtige Stellung in der motorischen Entwicklung ein. Sämtliche Möbel in der Wohnung dienen nun als Stützen, an denen sich die Kleinen entlanghangeln. Häufig lernen sie den freien Stand, wenn sie Zwischenräume überqueren müssen. Zuerst lassen sie die Stütze los, stehen somit eine kurze Zeit frei und lassen sich danach erst auf den sicheren Boden plumpsen. Vom freien Stand ist es dann nicht mehr weit zum ersten freien Schritt. Andere Kinder wiederum können schon mit Schwung die ersten Schritte gehen, bevor sie das freie Stehen beherrschen. Mit rund anderthalb Jahren haben es die meisten Kinder geschafft und ihre Muskeln und Knochen, Bänder und Gelenke sind in der Lage, den Körper zu tragen und aufrecht zu halten. Ihr Nervensystem ist bereit, das Ganze zu koordinieren, und sie können nun frei stehen und gehen. Jetzt beginnt die Zeit der Puppenkinderwagen und anderen zu schiebenden Geräte, an denen man sich zur Not auch noch festhalten kann!

Die motorische Entwicklung im zweiten Lebensjahr

INFO

Fit für die ersten Schritte

Das Gehenlernen im zweiten Lebensjahr ist ein Prozess, der nicht durch »Training« beschleunigt werden kann. Kinder sind hoch motiviert, gehen zu lernen. Ein Kind wird aber erst ab dem Zeitpunkt zu laufen beginnen, ab dem es körperlich dazu in der Lage ist, nicht früher und nicht später. Am besten können Sie Ihr Kind fördern, indem Sie ihm viel Platz und Zeit zum Spielen und Toben bieten, es zu körperlichen Aktivitäten ermuntern und Erfolge mit Freude begrüßen. Das Kind soll seinen Bewegungsdrang ausleben und seine motorischen Fertigkeiten trainieren, sei es auf dem Spielplatz, auf der Wiese im Park oder im Garten, aber auch in der kindersicher gestalteten Wohnung. Dort kann es seine ganze Unternehmungslust ausleben, ohne dass sich Eltern als ängstliche »Hemmschuhe« erweisen müssen und dem kindlichen Forscherdrang einen erheblichen Dämpfer versetzen.

Besonders beliebt sind in diesem Alter auch Spielzeuge, die die Kleinen hinter sich herziehen können.

Die Sicherheit wird auch von den Anfängern vor allem beim schnellen Gehen und Laufen nicht ganz außer Acht gelassen. Viele mehr oder minder schmerzhafte Stürze haben die Kinder gelehrt, den Blick beim Gehen besser auf den Boden zu richten, wo Hindernisse und Stolpersteine Ärger bereiten könnten. Zu den beliebtesten und aufmunterndsten Spielen in diesem Alter zählt »Komm zu Mama!« oder Papa, Oma, Opa. Mit Freude laufen die Kleinen ein paar Schritte in die geöffneten Arme von Erwachsenen, die sie in der Hocke erwarten und in die Arme schließen.

Gehen – eine komplizierte Meisterleistung

In den ersten Gehmonaten können Kinder in der Regel laufen, dabei aber nichts nebenbei machen. Es erfordert noch zu viel Konzentration! So müssen Gehanfänger gewöhnlich stehen bleiben oder sich sogar hinsetzen, um etwas zu betrachten oder jemandem zuzuhören. Und wenn sie es besonders eilig haben, bewegen sie sich lieber krabbelnd vorwärts, das geht zumindest anfangs noch schneller und ist vor allem sicherer. Darüber hinaus erfordert es einige Übung, bis Kinder mit einer Last in der Hand, etwa einem Kuscheltier oder einem anderen Spielzeug, laufen können.

Diese anfänglichen Unsicherheiten verwundern nicht weiter, wenn man sich die komplizierten Abläufe vor Augen führt, die der aufrechte Gang erfordert. Rund sechzig Knochen und sehr viel mehr Muskeln von den Füßen bis zum Hals müssen hierfür koordiniert werden. Es braucht einige Übung, bis dieser komplexe Bewegungsablauf flüssig funktioniert. Auch wenn Kinder ihre Körpermuskulatur und ihren Gleichgewichtssinn schon so gut trainiert haben, dass sie aufrecht laufen können, so müssen sie dazu nicht selten gerade am Anfang die Arme leicht ausbreiten und die Füße noch weit auseinander auf den Boden setzen, um die Balance besser halten zu können. Dieses Gleichgewichtsproblem resultiert auch aus der körperlichen Ge-

TIPP

Das richtige »Schuhwerk«

Barfuß, mit Rutschsocken oder wenn nötig mit Hausschuhen, die eine weiche Sohle haben, lernt ein Kind am besten zu stehen und zu gehen. Denn auf diese Weise wird die Fußmuskulatur optimal trainiert.

Das erste und zweite Lebensjahr

Können Kinder erst einmal gehen, sind sie in ihrem Bewegungsdrang nicht mehr zu bremsen und suchen ständig neue Herausforderungen.

stalt, die für Ein- bis Zweijährige charakteristisch ist: Die relativ kurzen Beine müssen einen verhältnismäßig großen Kopf und einen schweren Oberkörper tragen. So fallen die ersten Gehversuche recht tapsig aus, dabei schwankt der Oberkörper meist noch etwas vor und zurück.

Zu diesem tapsigen Effekt trägt auch bei, dass Kinder in diesem Alter den Fuß beim Gehen noch nicht abrollen, sondern ihn mit der ganzen Sohle aufsetzen. Zudem fehlt es in diesen ersten Monaten auch an der »Feinsteuerung«, Bremsen und Richtungswechsel wollen erst gelernt werden. Gerade in dieser Zeit fallen die Kinder besonders häufig hin, glücklicherweise meist auf den Po. Doch die Unsicherheiten verschwinden nach wenigen Monaten, und schneller, als man denkt, können sich die Kinder geschwind und sicher auf zwei Beinen fortbewegen – und das sogar rückwärts, seitwärts und hüpfend, mit schnellen Richtungswechseln und abrupten Stopps.

Treppensteigen und andere Mutproben

Kaum können Kinder sicher laufen, wollen sie auch schon Treppen überwinden. Dabei gehen sie in der Regel vorsichtig vor; offensichtlich ist ihnen durchaus bewusst, dass sie hier ein nicht ganz ungefährliches Terrain betreten. Die meisten Kinder lernen zuerst, wie man eine Treppe hinaufsteigt. Dabei halten sie sich an der Hand eines Erwachsenen oder am Geländer fest und erklimmen immer nur eine Stufe mit beiden Beinen, bevor sie sich an die nächste wagen. Das klappt schon bald ziemlich gut. Sehr viele Kinder finden zudem schnell heraus, wie das Treppen-Absteigen am besten funktioniert. Sie begeben sich auf alle viere und schieben rückwärts ein Bein zur nächsten Stufe hinunter, bis es sicheren Stand hat. Dann folgt das nächste Bein, und zum Schluss werden die Arme in eine Position gebracht, die es

Die motorische Entwicklung im zweiten Lebensjahr

erlaubt, die nächste Stufe in Angriff zu nehmen. Schon bald können die Kinder diesen schwierigen Bewegungsablauf sehr gut koordinieren.

Dennoch bleibt die »Aktion Treppensteigen« für die Eltern ebenso eine Nervenprobe wie andere Klettereien, die die Kinder jetzt immer stärker faszinieren. Die Kinder sind so von ihrer neuen Fähigkeit und motorischen Unabhängigkeit begeistert, dass sie sich jetzt vor allem körperlich erproben und austoben möchten. Für die Eltern ist diese Zeit der »Geh-Forschung« anstrengend, und sie müssen dabei permanent auf dem Sprung sein und abwägen, ob sie ihr Kind zu einer Handlung ermuntern oder besser helfend eingreifen sollen. Zudem müssen sie immer ein Auge auf mögliche Gefahren haben. An erster Stelle steht hier natürlich der Straßenverkehr, aber sowohl auf dem Land als auch in der Stadt lauern noch viele andere Gefahren.

Verbesserte Feinmotorik erleichtert Festhalten und Loslassen

Ein- bis Zweijährige entwickeln sich nicht nur im grobmotorischen Bereich beeindruckend weiter, sondern optimieren nun auch stetig ihre Feinmotorik. Sehr deutlich zeigt sich das am Loslassen, das Kleinkinder im zweiten Lebensjahr zunehmend beherrschen. In diesem Alter können sie schon recht gut aus einer Tasse trinken,

Die größere Beweglichkeit, die Kinder durch ihre ersten Schritte erfahren, spornt sie zu vielen Entdeckungen an.

 INFO

Mobilität fördert die geistige Entwicklung

Mit rund zwei Jahren haben Kinder dank ihrer vergrößerten Mobilität so viele körperliche und räumliche Erfahrungen gemacht, dass sie bereits über ein gewisses räumliches Bezugssystem und über eine sichere Orientierung im Raum verfügen. Sie können nun die drei Richtungsachsen oben und unten, seitwärts sowie vorne und hinten in Bezug auf ihren eigenen Körper erspüren und einordnen. Sitzen, Kriechen und Krabbeln, aber vor allem das Laufen, Treppensteigen und Klettern haben ihre räumliche Wahrnehmung und ihre räumliche Erfahrung so geschult, dass sie ein inneres Raumbild aufbauen können. Diese motorischen Erfahrungen bilden einen ersten wichtigen Grundstein für das spätere Verständnis von Zahlen und Mathematik, denn bei den mathematischen »Basisdisziplinen« Ordnen und Gliedern spielt das räumliche Vorstellungsvermögen eine bedeutende Rolle.

Räumliche und Bewegungserfahrungen sind zudem wichtige Grundsteine für das Lesen- und Schreibenlernen. Sie versetzen das Kind später in die Lage, die zweidimensionalen Buchstaben immer in der gleichen Richtung zu erfassen, wiederzuerkennen, zu vergleichen und zu produzieren, sie zu lesen und zu schreiben.

Das erste und zweite Lebensjahr

Der verfeinerte Pinzettengriff bietet neue Möglichkeiten, auch kleine Dinge zu erforschen.

INFO

Fingersprache

»Da!« – Bei Ein- bis Zweijährigen trägt der Zeigefinger mit Recht seinen Namen, wird er doch gerade in diesem Alter häufig benutzt, um auf Dinge zu zeigen. Der einzeln abgespreizte Zeigefinger drückt Interesse aus und hilft dem Kind beim Kommunizieren, es spricht »Fingersprache«.

die sie mit beiden Händen selbst halten und dann auch gezielt wieder abstellen, oder sie beginnen Bauklötze aufeinanderzustapeln. Dies gelingt aber erst dann, wenn sie in der Lage sind, diese gezielt abzulegen und auch kontrolliert loszulassen. Eine ziemlich schwierige Aufgabe, die für Kleinkinder eine erhebliche Koordinationsleistung darstellt und im Lauf der nächsten Monate immer besser gemeistert werden wird.

Wachsende Fingerfertigkeit

Mit rund einem Jahr sind Kinder meist in der Lage, kleine, ja winzige Objekte mit den Kuppen des gebogenen Zeigefingers und des Daumens zu ergreifen. Dieser zum Spitz- oder Zangengriff verbesserte Pinzettengriff bildet die notwendige Voraussetzung, das Greifen und die Handgeschicklichkeit weiter zu perfektionieren. Kinder können jetzt zunehmend müheloser die Seiten von Bilderbüchern selbst umblättern und wollen langsam auch Kleidungsstücke selbst ausziehen oder alleine mit dem Löffel essen. Dies gelingt am Anfang zwar nur mit mäßigem Erfolg, doch mit ungefähr zwei Jahren schaffen sie es, ohne zu viel zu kleckern. Und mit rund 18 Monaten kritzeln einige schon leidenschaftlich gerne erste Bilder mit dicken Stiften. Das Malwerkzeug halten sie dabei oft noch in der Faust, weil sie so den Stift besser führen können. Manche Kinder bilden gegen Ende des zweiten Lebensjahres auch schon eine Vorliebe für gewisse Farben aus, die sich jedoch noch häufig ändern kann.

Motorische Koordination

Im zweiten Lebensjahr klappt auch das komplexe motorische Zusammenspiel immer besser. In diesem Alter lieben es Kinder beispielsweise, mit Bällen zu spielen, indem sie sie rollen lassen. Schon Gehanfänger versuchen, Bälle zu kicken, was meist jedoch noch nicht gelingen will. Dabei kicken ein- bis zweijährige Kinder den Ball nicht mit dem Fuß und schon gar nicht aus dem Lauf heraus (dies können sie erst Jahre später), sondern sie laufen mehr oder minder einfach gegen den Ball, so dass er ungezielt davonrollt. Dem Spaß am »Fußballspiel« tut dies jedoch keinen Abbruch! Und auch das Werfen und Festhalten des Balles gelingt nur in allerersten Ansätzen.

Kinder im zweiten Lebensjahr spielen häufig in der Hocke, eine Haltung, aus der sie in der Regel spätestens gegen Ende des zweiten Lebensjahres problemlos ohne Stütze aufstehen können. Es fällt ihnen dazu immer leichter, kleinere Dinge vom Boden aufzuheben.

Die sprachliche Entwicklung im zweiten Lebensjahr

Im zweiten Lebensjahr nimmt der sprachliche Fortschritt einen rasanten Verlauf, die gesprochene Sprache gewinnt an Gewicht. Das Kind kann nun immer besser den Sinn von gesprochener Sprache verstehen und sein aktiver Wortschatz vergrößert sich. In dieser Phase reicht die Entwicklung vom ersten gelallten Wort über aussagekräftige Ein-Wort-Sätze bis hin zu zahllosen fragend gestellten Zwei-Wort-Sätzen, mit denen Kinder gegen Ende des zweiten Lebensjahres ihre Umwelt bombardieren.

Der Wortschatz entwickelt sich

Im Alter von ungefähr einem Jahr beherrschen Kinder üblicherweise die ersten Wörter, die sie nun mehr und mehr aktiv in die durch Gesten und Mimiken getragene Kommunikation mit ihrer Umgebung einbeziehen. In dieser Phase versehen sie noch einige Zeit einzelne Wörter mit vielfältigen Bedeutungen. So wird etwa mit »Wauwau« nicht nur ein Hund bezeichnet, sondern auch Nachbars Katze oder allgemein Tiere. Das Wort »Auto« dient für Gefährte vom Spielzeugauto bis zur Straßenwalze und mit »Tut-tut« kann sowohl der Spielzeugzug als auch das Spiel mit dem Zug gemeint sein, der mit einem freudigen »Tut-tut« über den Boden geschoben wird. Zunehmend verwendet das Kind jedoch die einzelnen Wörter in ihrer »korrekten« Bedeutung und lernt zudem, zwischen Personen und Gegenständen sowie Handlungen zu unterscheiden.

Vom Wort zum Ein-Wort-Satz

Gewöhnlich lernen Kinder in den Monaten nach ihrem ersten Geburtstag, einzelne Wörter als Ein-Wort-Sätze zu verwenden und sich so über die Sprache immer deutlicher auszudrücken. Solche Ein-Wort-Sätze können ganze Handlungen beschreiben, Gefühle und Bedürfnisse ausdrücken oder auch Aufforderungen beinhalten.

TIPP

Warum ist Ansprache so wichtig?

Sprache bezieht sich auf unsere Umwelt, deshalb sind Ansprache und Gespräche mit Bezug auf unsere Wirklichkeit die besten »Sprach-Lehrmeister«. Alltägliche Situationen bieten dazu hervorragende Gelegenheit. Kommentieren Sie zum Beispiel mit einfachen, langsam und deutlich gesprochenen Sätzen Situationen (»Schau, jetzt rühr ich den Brei mit dem Löffel!«), zeigen Sie beim Spazierengehen auf interessante Gegenstände (»Schau, ein großer Baum!«) und unterhalten Sie sich mit Ihrem Kind. Durch Zuhören und Nachsprechen kann es so Sprache leichter lernen.

Das erste und zweite Lebensjahr

Ein triumphierendes »Ball!« mag bedeuten, dass das Kind einen Ball gesichtet oder zum Rollen gebracht hat, ein aufforderndes »Ball!« hingegen, dass die Mutter den Ball reichen soll, und ein empörtes »Ball!«, dass es den Ball, der ihm weggenommen wurde, wiederhaben möchte. Da Kleinkindsprache auch für Eingeweihte nicht in jedem Fall klar verständlich ist, unterstützen die Kleinen ihre Anliegen durch Mimiken und Gesten.

 INFO

Ich und der Rest der Welt

Im Alter von zirca einem Jahr sind Kinder in der Lage, zwischen sich selbst und ihrer Umwelt zu unterscheiden. Damit beginnt eine entscheidende Phase der wachsenden Selbst-Bewusstheit, die in der Fachsprache »Ich-Entwicklung« genannt wird. Die Ich-Entwicklung ist eine wichtige Voraussetzung für den Spracherwerb. Sie versetzt das Kind in die Lage, Bezeichnungen für Personen, Objekte und Phänomene der Außenwelt zu verstehen und einzusetzen. Bis es jedoch die Bezeichnung »Ich« für sich selbst verwenden kann, vergeht noch einige Zeit.

 INFO

Größere Lautvielfalt

Kinder lernen zunächst die einfacheren, dann die schwierigeren Konsonanten, also zunächst die im vorderen, dann die im mittleren und schließlich die im hinteren Mundbereich artikulieren. So tritt im zweiten Lebensjahr neben weiteren im vorderen Bereich artikulierten Lauten wie b, d, w und f auch der im mittleren Bereich artikulierte Konsonant l auf. Außerdem kann das Kleinkind die Vokale o und e aussprechen. Allerdings sei an dieser Stelle darauf hingewiesen, dass sich jedes Kind anders entwickelt und bei manchen Kindern der Lauterwerb von der Durchschnittsnorm stark abweichen kann.

Mit Zwei-Wort-Sätzen ins Fragealter

Mit rund 18 Monaten besitzen viele Kinder einen Wortschatz, der es ihnen ermöglicht, nun schon Zwei-Wort-Sätze zu bilden und sich so im »Telegrammstil« zu äußern. So erweitern sich etwa kindliche Aufforderungen wie »Schoß!« zu »Mama Schoß!«, Kommentare wie »Wau-wau« zu »Wau-wau bellt«. Auch die Satzmelodie gewinnt nun an Bedeutung – die Kinder lernen jetzt, Fragen auch lautlich auszudrücken. Zur Aussage »Wau-wau bellt« kann sich nun ein fragendes »Wau-wau bellt?« gesellen. In dieser Phase sind Kinder außerordentlich stark an ihrer Umwelt interessiert, die sie durch unzählige Fragen verstehen wollen. Sie befinden sich im ersten Fragealter.

Aufforderungen zum Handeln

Im Lauf des zweiten Lebensjahres versteht ein Kind zunehmend, dass Sprache nicht nur mit Personen und Gegenständen, sondern auch mit Handlungen eng verknüpft ist. Vertraute Abläufe erleichtern es ihm, seinen Wortschatz zu erweitern und sein Sprachverständnis zu vertiefen. So ist es beispielsweise gewohnt, dass ihm vor dem täglichen Ausflug zum Spielplatz Schuhe angezogen und die Sandformen eingepackt werden. In solchen gewohnten Zusammenhängen kann ein Kind nun einfache Handlungsbeschreibungen und Aufforderungen erfassen, wenn die entsprechenden Schlüsselwörter genannt werden. Es versteht nun Aussagen wie »Wir gehen auf den Spielplatz; holst du deine Schuhe?« und wird sich je nach Lust und Laune bemühen, die Aufforderung zu befolgen.

Die sprachliche Entwicklung im zweiten Lebensjahr

Wie viele Wörter muss mein Kind sprechen können?

Im zweiten Lebensjahr bauen die meisten Kinder ihren kleinen Wortschatz faszinierend schnell aus. Dabei ist der passive Wortschatz, also die Wörter, die sie nur verstehen, erheblich größer als die Menge der Wörter, die sie schon aktiv äußern können. Üblicherweise sind die ersten Wörter Bezeichnungen für Personen (Mama, Papa), Tiere (»Wauwau«), Gegenstände (Flasche, Auto, Puppe) oder soziale Handlungen (»winke-winke«).

Wie in anderen Bereichen der Entwicklung gilt auch für den Spracherwerb, dass jedes Kind sein individuelles Tempo erlebt und auslebt. Erfahrungsgemäß können die allermeisten Kinder mit 15 Monaten schon rund fünf Wörter sprechen und bei einigen hat sich gegen Ende des zweiten Lebensjahres der aktive Wortschatz auf über 400 Wörter erweitert, bei anderen hingegen beschränkt er sich zu diesem Zeitpunkt auf zehn Begriffe. Innerhalb dieser Bandbreite bewegt sich eine normale Sprachentwicklung. Die »magischen 50 Wörter« markieren einen besonderen Punkt, weil die Kinder ab dieser Stufe neue Wörter noch schneller als zuvor lernen können – Fachleute sprechen in dieser Phase von einer »Benennungsexplosion«

Sprachjäger und Wortsammler

Spracherwerb ist ein komplexer Vorgang, den Kinder unterschiedlich bewältigen. Manche lieben es, zu sprechen und alle sprachlichen Mittel auszuloten. Sie verwenden neue Wörter gern und schnell, auch wenn sie sie noch nicht deutlich oder nur verkürzt aussprechen können (etwa »gawa« für Gabel oder »lade« für Schokolade). Zudem tut es ihrer Begeisterung häufig keinen Abbruch, wenn sie in einer Art Pseudosprache sprechen oder gar große Reden halten, die in Rhythmus, Tonfall und Sprachmelodie der Sprache ihrer Umgebung gleichen, aber keine verständlichen Wörter enthalten.

Andere Kinder scheinen dagegen Wörter regelrecht zu »sammeln«. Sie verstehen schon gut, was mit ihnen gesprochen wird, äußern sich selbst jedoch wenig. Wenn solche »Wortsammler« jedoch zu sprechen beginnen, holen sie meist schnell auf, sprechen die Wörter oft schon weitgehend richtig und gut aus und verwenden auch bald schon erste Sätze.

Durch Zeigen, Vorsprechen und Nachsprechen erweitern Kinder im zweiten Lebensjahr zunehmend ihren Wortschatz.

Das erste und zweite Lebensjahr

Das Tagebuch für mein zweites Lebenshalbjahr und zweites Lebensjahr

Ich esse auf meinem Stühlchen jetzt schon wie die Großen am Tisch. Recht bald hatte ich nämlich herausgefunden, dass ich die spannenden Spielsachen auf meiner Decke auf dem Rücken liegend nicht so gut greifen und anschauen konnte. So habe ich trainiert, bis ich mich ganz schnell auf den Bauch drehen konnte. Ein tolles Kunststück, das Mama allerdings in ziemliche Aufregung versetzte, als ich es ihr zum ersten Mal auf der Wickelkommode vorführte. Ein bisschen ging der große Auftritt ja daneben, weil ich gerade dann den richtigen Schwung fand, als sie meine gebrauchte Windel in den Eimer versenkte. So hat sie mein Bravourstück gar nicht richtig gesehen. Mit einiger Kraftanstrengung habe ich es später dann geschafft, mich auf dem Bauch liegend auf meine Arme zu stützen und vorwärts zu ziehen. Später konnte ich mich auf Hände und Knie hochstemmen, und Laurin hat mir vorgemacht, wie man krabbelt. Irgendwann hatte ich den Bogen raus – zwar erst rückwärts, aber immerhin.

»Vor Marie ist nichts sicher!«

Mama sagt das ja schon lange, aber Papa erst seit dem denkwürdigen Moment, als ich zum ersten Mal versucht habe, mich an der Tischdecke hochzuziehen. Um es kurz zu machen: Das Experiment ging schief. Das Gehen habe ich nach der Geschichte mit der Tischdecke ziemlich schnell mit nur wenigen kleinen Unfällen gelernt. Ich laufe Papa jetzt immer entgegen und er muss mich dann in die Arme nehmen und ganz hoch heben. Ganz, ganz hoch, denn ich bin todesmutig – das meinte jedenfalls meine Oma Uschi, als sie einmal auf mich aufpasste. Uschi hat eine wirklich tolle Treppe in ihrem Haus, die rundherum im Kreis von unten nach oben führt. An dem Tag wollte ich sie unbedingt allein hinunter- und dann wieder heraufsteigen. Oma Uschi hat mich erst erwischt, als ich an der Treppe schon auf allen vieren war und den Po Richtung Abgrund gestreckt habe. Sie macht seitdem immer ganz fest die Wohnzimmertür zu. »Für alle Fälle«, wie sie meint, aber bald kann ich die Klinke erreichen …

Fußball und andere Kunststücke

»Fußball ist wichtig«, sagen Papa und Laurin, und dann muss es auch stimmen. Ich kann schon »kicken«. Da rennt man gegen den Ball und er rollt weiter, und Papa ist ganz begeistert. Das macht Spaß! Aber ich kann noch viel mehr. Ich ziehe mir zum Beispiel allein die Strümpfe aus, helfe beim Tischdecken, esse mit dem Löffel und trinke ohne Hilfe aus der Tasse. Und ich mag es gar nicht, wenn es Mama und Papa morgens eilig haben und sie mir ganz schnell das Gesicht waschen, obwohl ich das doch schon selbst machen will! Außerdem kann ich schon Bücher alleine anschauen und mit einem dicken Stift tolle Bilder malen. »Kritzikratzi« sagt Laurin dazu, aber Mama hängt sie neben seinen Männchenbildern an den Kühlschrank. Laurins Männchen finde ich gut, die haben Beine am Kopf!

»Marie ist ein Plappermaul«

Das behauptet Laurin, aber der redet ja wirklich selber den ganzen Tag! Das Sprechen klappt jetzt schon super, jeden Tag lerne ich neue, interessante Wörter, es gibt ja so viele Dinge, die alle einen Namen haben. Wenn Mama sagt, »Marie, hol bitte deine Jacke, wir gehen auf den Spielplatz!«, dann weiß ich schon lange, was das bedeuten soll. Und ich hole die Jacke auch gerne, denn auf dem Spielplatz habe ich immer viel Spaß. Ich helfe Mama auch, wenn sie sagt, dass wir die Sandförmchen wieder einpacken müssen – aber die Jacke hole ich lieber!

Es hat aber dennoch einige Zeit gedauert, bis ich selbst Sätze bilden konnte, etwa »Marie Ball« oder »Papa Schoß!«. Jetzt ist das natürlich überhaupt kein Problem mehr für mich. Und außerdem habe ich inzwischen auch schon verstanden, wie man Fragen stellt! Eigentlich gibt es ja immer etwas zu fragen, bloß antworten die Großen nicht immer gleich, und manchmal tun sie so, als ob sie die Antwort nicht wüssten. Aber die Großen wissen doch alles, oder nicht?

Ohne Mama und Papa

Ganz aufgeregt war ich auch, als ich zum ersten Mal in der Spielgruppe war. Die ersten Male haben Mama oder Papa mich begleitet, und ich hatte Zeit, alle Kinder kennenzulernen. Eines Tages hat mich Mama dann schon kurz in der Gruppe allein gelassen, zur Verstärkung hatte ich meine Schmusemaus Oskar und ein Tuch dabei, das nach Mama duftet. Heute bleibe ich schon ein paar Stunden in der Gruppe, und das Spielen dort macht mir Spaß. Oskar und das Tuch nehme ich vorsichtshalber aber immer mit. Lukas, Gesa, Leon, Chantal und Kevin – so heißen meine Freunde. Die treffe ich jetzt seit zwei Monaten immer an drei Tagen in der Woche vormittags in der Gruppe und oft auch nachmittags am Spielplatz. Auf uns passen zwei Frauen auf, die heißen Josie und Ellen und sind sehr lieb. Wenn Mama oder Papa gegangen ist, muss ich immer kurz mit Ellen kuscheln, dann geht es mir wieder gut. Und wenn ich mittags abgeholt werde, freue ich mich ganz toll, auch wenn es mir in der Spielgruppe wirklich gut gefällt!

Das dritte Lebensjahr

In diesem Alter sammeln die Jungen und Mädchen einen sich stetig vergrößernden Schatz an Weltwissen an und die sprachlichen und motorischen Fertigkeiten erweitern sich enorm. Die zunehmende Selbstbewusstheit und das Erwachen des eigenen Willens zeigen sich in Phasen ausgeprägten Trotzverhaltens. Die Kleinen beginnen, sich nach außen zu öffnen. Sie können nun Trennungen besser bewältigen und das Spiel mit Gleichaltrigen gewinnt an Bedeutung.

Das dritte Lebensjahr

Nicht zuletzt aufgrund des Zusammenspiels von sprachlicher und kognitiver Entwicklung können auch schon Kinder im dritten Lebensjahr relativ komplexe Themen verstehen.

Die kognitive Entwicklung im dritten Lebensjahr

Nach ihrem zweiten Geburtstag verfügen Kinder bereits über einen reichen Erfahrungsschatz und ihr praktisches Wissen über ihre Erlebniswelt wächst eindrucksvoll an. Die bemerkenswerte kognitive Entwicklung der Kleinen steht in einem engen Wechselspiel mit ihren wachsenden sprachlichen Fähigkeiten. Bei der Verarbeitung und Verfestigung von Erkenntnissen und Erfahrungen übernehmen zunehmend Als-ob-Spiele eine wichtige Rolle.

Der Wissenshorizont weitet sich

Im dritten Lebensjahr verbessern sich die motorischen Fähigkeiten der Kinder und der Aktionsradius erweitert sich ständig. Den Kleinen fällt es nun sehr viel leichter, ihre Umgebung zu erforschen. In der Verarbeitung der Eindrücke gewinnt die Sprache an Bedeutung. Die Kinder sind zunehmend in der Lage, auch rein sprachliche Informationen zu verstehen und zu verarbeiten, solange sie altersgemäß präsentiert werden. »Emma hat am Spielplatz geweint!« Solche und andere Erlebnisse, Hand-

Die kognitive Entwicklung im dritten Lebensjahr

lungen und Begebenheiten können Kinder immer besser erzählen. Und im Gegenzug verstehen sie immer mehr, wenn ihnen etwas erzählt wird. Darüber hinaus wird die Sprache nach und nach zum »Forschungsmittel«. »Warum?«, »Wer?«, »Welche?«. Dieses intensive Fragen wird in den folgenden Jahren seinen Höhepunkt erreichen und dauert meist bis in das sechste Lebensjahr an.

Im Rahmen der verschiedenen Entwicklungen, zu denen etwa die Reifung des Gehirns und die wachsenden sprachlichen Fähigkeiten gehören, können die Kinder nun immer eindeutigere Kategorien bilden, in die sie ihr Wissen einordnen und denen sie neue Informationen hinzufügen. Nun sind Zweijährige zunehmend in der Lage, Zusammenhänge zwischen neuen Erkenntnissen und bereits erlerntem Wissen zu verstehen. Neue Erkenntnisse können so schneller verarbeitet werden.

Zusammenhänge erkennen und Theorien entwickeln

Die Kinder verwenden die verschiedenen Bereiche ihres Sachwissens, um ganz eigene Theorien über Personen, Gegenstände oder Gegebenheiten in ihrer Erfahrungswelt aufzustellen. Timm etwa liebt es, wenn sein Frühstücksbrot dick mit Butter bestrichen ist. Milch mag er hingegen nicht gerne trinken, höchstens in Form von Kakao. Als er mit seinem Opa ein Bilderbuch ansieht, erfährt er, dass die Milch, die die Familie im Supermarkt in Flaschen kauft, von Kühen stammt. Doch damit nicht genug: An einem anderen Tag erzählt ihm die Oma, dass die leckere Butter auf seinem Brot aus Milch hergestellt wird. Für den knapp Dreijährigen ist nachvollziehbar, dass Butter also auch von Kühen stammt. Doch kann er sich nicht vorstellen, wie von der Milch der Rahm abgeschöpft und zu Butter geschlagen wird. Im Zeitalter der homogenisierten Milch hat er noch nie gesehen, wie sich Rahm auf der weißen Flüssigkeit absetzt. Und warum schmeckt Butter gut und Milch nicht so lecker? Timm vermutet, dass die Kühe zwei verschiedene Arten von Milch geben, nämlich Milch und Buttermilch, die seine Mutter häufig trinkt. In diesem Fall ist die Enttäuschung groß, als er zum ersten Mal Buttermilch probieren darf, die nicht nach Butter und seiner Meinung nach scheußlich schmeckt.

Vorstellungen von Farben, Formen, Zeit

Die wachsende Fähigkeit zur Kategorienbildung ermöglicht es Zweijährigen allmählich, Farben und einfache Formen zu erkennen, zu benennen und zuzuordnen. Zudem entwickeln sie anhand ihres Tagesablaufes ein erstes Konzept von Zeit. Aufstehen, frühstücken, zum Spielplatz gehen, Mittagessen und so weiter – im Lauf des dritten Lebensjahres beginnen Kinder erfahrungsabhängig solche Zeitfolgen zu erfassen. Mit Hilfe der Sprache werden Dinge, die schon waren oder sein werden, formulierbar und verständlich. »Mama hat dich zur Oma gebracht und Papa holt dich nach dem Mittagessen ab.« Solche Aussagen können Kinder nun verstehen, doch haben sie noch kein Zeitgefühl. Sie können sich beispielsweise nicht vorstellen, wie lange solche Zeitspannen wirklich dauern.

>
> **TIPP**
>
> **Gemeinsames Anschauen von Bilderbüchern**
>
> Viele Zweijährige genießen es, zusammen mit Erwachsenen Bilder zu betrachten, Geschichten dazu zu hören und auf die ihnen bekannten Tiere, Personen und Gegenstände zu deuten und sie zu benennen. Es ist faszinierend zu beobachten, wie der Wortschatz und das Alltagswissen sich täglich vermehren.

Verschiedene Gegenstände gleicher Form lassen beim Kind zunehmend ein abstraktes Formenverständnis entstehen.

Das dritte Lebensjahr

>
> **TIPP**
>
> **Welterkundung**
>
> Jeder Spaziergang kann dazu beitragen, dass sich Weltwissen erweitert. Zeigen und erklären Sie Ihrem Kind, was in seiner Umwelt geschieht, sprechen Sie gemeinsam darüber und erkunden Sie in einem Spiel von Fragen und Antworten die Umgebung.

»Schau, die Blumen haben Blütenblätter, mit denen sie Bienen anlocken.«

Was ist Weltwissen?

Was sollen Kinder an Bildung erhalten und wie sollen sie sich diese aneignen? Was müssen Kinder in welchem Alter wissen? Lesenlernen mit vier Jahren oder doch erst später? Erste Geigenstunden am besten mit drei Jahren? Einschulung nicht vor dem siebten Lebensjahr – oder doch schon allgemein mit fünf? Solche Fragen werden seit Jahren in der Bildungsdiskussion gestellt. Dabei fällt ein Schlagwort immer wieder: Weltwissen. Doch was bezeichnet dieser Begriff eigentlich genau?

Orientierung in der Welt

Kurz gesagt bedeutet der Begriff »Weltwissen« genau das, was das Wort auch aussagt. Unter dem Weltwissen eines Menschen, egal in welchem Lebensalter, versteht man im weitesten Sinne sein persönliches Wissen über die Gegebenheiten, Sachverhalte, Zusammenhänge, Objekte und Lebewesen, die in der Welt vorhanden sind. Zum Weltwissen zählen enzyklopädische Wissensaspekte eines Menschen ebenso wie sein tiefer gehendes Hintergrundwissen, seine persönlichen Erfahrungen und Erkenntnisse über seine Umwelt und Gesellschaft. Auf der Basis seines Weltwissens ordnet ein Mensch seine ständig hinzukommenden Erfahrungen ein und richtet sein Handeln im Zuge neuer Fakten anders aus.

Der Inhalt variiert von Mensch zu Mensch

Jeder Mensch besitzt Weltwissen; was dieses jedoch umfasst, kann sich erheblich unterscheiden. Die dort vereinten Kenntnisse und Erfahrungen sind stark vom Alter, vom kulturellen und gesellschaftlichen Umfeld eines Menschen abhängig. Ein alter Mensch betrachtet die Welt anders als ein Kind. Seine Erfahrungswelt kann sich auch deutlich von der eines jüngeren Erwachsenen unterscheiden, zum Beispiel, weil in der Dauer seines Berufslebens Computer noch keine Rolle spielten oder in seinen jüngeren Jahren viele Tätigkeiten noch per Hand erledigt werden mussten,

Die kognitive Entwicklung im dritten Lebensjahr

die heute Maschinen für uns übernehmen. Auch weichen die Erfahrungen und Kenntnisse, die im weitesten Sinne zum Leben und Überleben in verschiedenen Gesellschaften und Kulturen notwendig sind, voneinander ab. Kinder, die in einem afrikanischen Dorf aufwachsen, müssen teilweise ganz andere Kenntnisse erwerben, um in ihrer Umwelt erfolgreich zu bestehen, als Jugendliche aus einer europäischen Industriestadt.

Weltwissen eignen sich schon die Kleinsten an

Menschen sammeln Weltwissen schon vom Zeitpunkt ihrer Geburt an. Bis Kinder schließlich in die Schule kommen, haben sie in der Regel bereits eine Vielzahl an motorischen Fertigkeiten, sozialen und lebenspraktischen Fähigkeiten und Erfahrungen sowie ein gewisses Faktenwissen erworben. Manche Kinder haben bei einer Veranstaltung ein richtiges Konzert gehört, Kunst in Form von Musik, Malerei oder bildender Kunst kennengelernt und ausgeübt. Sie haben Freundschaften geschlossen und Konflikte durchlebt, wissen, wie unterschiedliche Obstsorten schmecken und dass Wasser im Winter gefriert. Sie begreifen, dass man in der Eisdiele ein Eis mit ein oder zwei Kugeln in der spitzen Tüte oder im flachen Becher kaufen kann. Sie sind in der Lage, Roller oder Rad zu fahren, kennen die Namen verschiedener Hunderassen und aller Figuren aus ihrer Lieblingsgeschichte oder haben den Großeltern zum Geburtstag schöne Bilder gemalt. Sie haben ihre Welt erforscht, auf dieser Entdeckungsreise bereits grundlegende Lebenserfahrungen gemacht und beim Sammeln von Weltwissen Bildung im besten Sinne genossen.

Kindliches Weltwissen bildet sich auch im praktischen Umgang mit der Umwelt heraus wie beim Werkeln mit Opa.

Das dritte Lebensjahr

Nachahmen und Lernen

Dem Motto »wie die Großen« kommt im dritten Lebensjahr immer noch eine große Bedeutung zu. Es liefert die Motivation dafür, im Alltag Neues zu erlernen und Herausforderungen zu meistern. Die Neugierde der Kinder und ihr Drang zur Teilhabe am Leben der Erwachsenen und älteren Kinder sind ungebrochen, und mit großer Freude und Intensität versuchen die Kinder, deren alltägliche Verrichtungen und Handlungen zu erlernen. Der Königsweg ist dabei weiterhin das spontane Imitieren und zeitverzögerte Nachahmen.

Einen großen Teil ihres wachsenden Sachwissens eigenen sich Kinder an, indem sie ganz einfach am Leben der »Großen« teilnehmen. Sie gehen mit ihnen zum Einkaufen, halten sich bei den Eltern in der Küche auf, wenn diese kochen, kommen mit in den Garten, wenn die Hecken gestutzt oder die Johannisbeeren geerntet werden müssen, fahren mit in die Autowaschanlage und vieles mehr. Zweijährige wollen häufig die Handlungen der Großen spontan imitieren, indem sie »mithelfen«. Auch sie möchten nun die Johannisbeeren pflücken, beim Kochen umrühren, beim Backen den Zucker hinzugeben oder beim Einkaufen etwas aussuchen und in den Wagen stellen.

Die Macht der Fantasie: Als-ob-Spiele

Was im zweiten Lebensjahr beim Spielen schon in einfacher Form begann, nimmt jetzt immer vielfältigere und variantenreichere Ausprägungen an und wird in Als-

INFO

Welche Bedeutung haben Als-ob-Spiele?

Spielen nimmt im kindlichen Verhalten einen bedeutenden Raum ein und erfüllt in der kognitiven, emotionalen und sozialen Entwicklung eine Vielzahl verschiedener Funktionen. Im Zuge des abstrakter werdenden Denkens beginnen Kinder das in früheren Entwicklungsphasen auf reale Bezüge ausgerichtete Spiel durch eigene Fantasien anzureichern. Der Schweizer Entwicklungsforscher Jean Piaget (1886 bis 1980) prägte dafür den Begriff des Als-ob-Spiels. Mit Hilfe seiner Vorstellungskraft kann sich das Kind während eines solchen Spiels bis zu einem gewissen Grad aus seiner konkret-anschaulichen Realität entfernen und sie auf diese Weise in seinem Sinne umdeuten. Spielend werden vielfältige Erfahrungen bewältigt, auch solche, die etwa Ängste auslösen (wie ein Arztbesuch) oder als besonders einschneidend empfunden werden, wie die Geburt eines Geschwisterkindes. Im Als-ob-Spiel erfüllen sich Kinder auch fiktiv Wünsche, die in der Realität unerfüllbar sind, und kompensieren im Alltag erlebte Ohnmachts- und Schwächegefühle, indem sie sich im Fantasiespiel als kraftvoll, dominant und mächtig erfahren. Als-ob-Spiele tun Kindern gut, denn neben der Verarbeitung von Lernerfahrungen dienen sie der emotionalen Selbstregulation, wobei spielerisch Zufriedenheit und Selbstwertgefühl gefestigt werden.

Die kognitive Entwicklung im dritten Lebensjahr

ob- oder Symbolspielen in immer länger dauernden Szenen ausgelebt. Diese fantasiereichen Spiele bieten Kindern die Möglichkeit, ihre Erlebnisse, neu gewonnenen Erfahrungen und erworbenen Kenntnisse individuell zu verarbeiten und zu verinnerlichen.

Im Spiel werden beispielsweise verschiedene Situationen nachgespielt, die die Kinder gut kennen und die immer wiederkehrende Elemente ihres Tagesablaufs darstellen. Da werden der Puppe die Zähne geputzt, später wird sie vielleicht umgezogen und anschließend frisiert, den Kuscheltieren wird aus Bechern »zu trinken« gegeben oder sie werden in ein Bett schlafen gelegt. Die Kinder verwenden in diesen Spielen gerne Alltagsgegenstände in Spielzeugform, wie Kindergeschirr oder ein Puppenbett. Doch ist diese Ausrüstung für das Gelingen des Als-ob-Spiels nicht entscheidend. Denn schon Zweijährige, aber vor allem auch ältere Kinder spielen Als-ob-Spiele häufig ohne die Gegenstände, die im Spiel auftreten. Diese sind dann nur in ihrer Fantasie vorhanden. Das Putzen mit der Zahnbürste etwa wird durch ein kurzes Hin- und Herbewegen des Fingers vor dem Mund der Puppe simuliert, den Becher ersetzt eine hohl geformte Hand, und das Bett, in das das Kuscheltier zum Schlafen gelegt wird, wird durch kurzes Klopfen auf oder Streichen über den Boden angedeutet.

Nicht selten werden auch überaus erfolgreich Gegenstände zum variantenreichen Gebrauch umfunktioniert. Kinder, die im Freien spielen, verwenden Blätter vom nächsten Baum als Teller und Stöckchen als Löffel – oder als Haarbürste, Zug, Auto oder Telefon, wenn es der Spielverlauf gerade erfordert. Auch ist es nicht weiter ungewöhnlich, dass sie im Spiel mit imaginären Personen sprechen, sie etwa loben oder schelten, und auch in ihre Spielhandlungen einbeziehen. So kann es durchaus vorkommen, dass sie den in ihrer Vorstellung existenten Mitspielern zu »trinken geben« oder Gegenstände reichen.

Die Versorgung des »Kindes« und viele andere Handlungsabläufe können durch Als-ob-Spiele trainiert, verinnerlicht und verarbeitet werden.

Das dritte Lebensjahr

Mit dem richtigen Förderspielzeug kann ein Kind seinen Forschungs- und Konstruktionsdrang optimal ausleben.

TIPP

Berühren verboten

Vorsicht muss man bei den Geräten walten lassen, durch die Gefahren für Kinder oder unliebsame Überraschungen für die Eltern entstehen können. So sollten etwa die Knöpfe am Herd schlicht tabu sein. Und wer seine Telefonkosten in Grenzen halten möchte, sollte stets darauf achten, dass das Telefon nicht in erreichbarer Nähe eines Zweijährigen steht. Die Geschichte über eine hohe Telefonrechnung, weil ein Kleinkind nach Japan telefoniert hat, besitzt einen wahren Kern!

Probieren geht über studieren

Trotz aller kognitiven und sprachlichen Entwicklungsfortschritte, der erweiterten Wahrnehmung und der wachsenden Bedeutung der fantasiereichen Als-ob-Spiele kommt auch im dritten Lebensjahr dem spielerischen Erforschen der Welt eine enorm wichtige Rolle zu. So werden beim Malen und Kneten, beim Sandspiel oder bei verschiedenen Konstruktionsspielen Möglichkeiten von Materialien weiter ausgelotet. Auch Größen und Größenverhältnisse, Mengen und Formen spielen eine große Rolle. Passt der große Becher in den kleinen, der eckige Bauklotz durch das runde Loch? Diese und andere Fragestellungen werden mit großer Begeisterung überprüft.

Darüber hinaus werden mit Vorliebe die verschiedensten Gegenstände auf ihre Merkmale und Verwendungsmöglichkeiten untersucht. In jedem Kind steckt ein Forscher, aber offensichtlich auch ein Techniker, denn in diesem Alter üben Werkzeuge im weitesten Sinn – vom Hammer bis zum dicken Buntstift – sowie technische Geräte eine außerordentlich große Faszination auf Jungen wie Mädchen aus. Knöpfe und Schalter an Fernsehgeräten, Stereoanlagen und DVD-Spielern ziehen die Kinder ebenso magisch an wie Lichtschalter, Klingelknöpfe, Türöffner oder andere technische Vorrichtungen.

Die kognitive Entwicklung im dritten Lebensjahr

Welches Spielzeug für mein Kind?

Für Zweijährige gilt wie für Kinder anderer Altersstufen, dass sie am liebsten und am intensivsten mit den Dingen spielen, die sie interessieren, die eine gewisse Faszination auf sie ausüben und mit denen sie sich selbstständig auseinandersetzen können. Am besten fördern Sie Ihr Kind, wenn Sie auf seine Interessen eingehen und diese durch zusätzliche Angebote und Herausforderungen unterstützen.

Tretfahrzeuge, Steckbausysteme, Puzzles, Memory-Spiele

Neben Toben und Spielen fördern jetzt auch Tretfahrzeuge wie Dreiräder oder Traktoren die Kraft, Koordinationsfähigkeit und Grobmotorik Ihres Kindes. Die Feinmotorik trainieren altersgerechte Steckbausysteme, Puppen mit Puppenkleidung zum einfachen An- und Ausziehen, eine Kinderwerkbank mit Werkzeugen, aber auch Spielzeugautos oder ein Holzzug, der auf Schienen fährt. Motorik wie auch das Denkvermögen profitieren von Perlen zum Auffädeln, einfachen Memory-Spielen, Puzzles und Spielen, bei denen unterschiedlich geformte Figuren durch die passenden Löcher in einer Platte gesteckt werden müssen.

Bei der nicht immer einfachen Auswahl des richtigen Kinderspielzeugs sollten Eltern darauf achten, dass sie das Kind in seinen Neigungen fördern, es aber nicht überfordern.

Plastilin, Sand, Buntstifte, Xylophon, Kaufladen

Klassiker zur Förderung kindlicher Ausdrucksfähigkeit sind einfache Knetmaterialien wie Plastilin, Salzteig oder Ton, aber auch Matsch und Sand sowie altersgerechte Malutensilien: Buntstifte, Fingerfarben und Wachsmalkreiden. Mit Takten, Rhythmen und Klängen können Kinder während des Spiels mit verschiedenen Musikinstrumenten, etwa Xylophonen, Rasseln, Regenstäben oder Trommeln, vertraut werden. Bilderbücher dürfen jetzt auch schon Papierseiten haben. Altersgerechte Geschichten, die auch von CDs kommen können, bereiten vielen Kindern große Freude und bieten ihnen Anregungen oder Erklärungen, die das Weiterentwickeln von Vorstellungen oder die Verarbeitung eigener Erlebnisse unterstützen. Auch die bereits vorgestellten Als-ob-Spiele sind in diesen Zusammenhang von Bedeutung und können durch verschiedene Utensilien, beispielsweise einen kleinen Kaufladen, Puppen, Kindergeschirr, ausrangierte Alltagsmaterialien oder Kleidungsstücke zum Verkleiden, bereichert werden.

Das dritte Lebensjahr

Fernsehen und Computerspiele für Kleinkinder?

Fernsehkonsum und Computerspiele sollten bei Kindern und Jugendlichen der physischen und psychischen Gesundheit zuliebe nur wenig Zeit am Tag beanspruchen. Und für Zweijährige, da sind sich Wissenschaftler aus aller Welt und aus den unterschiedlichsten Fachrichtungen einig, ist es am besten, wenn sie gar keinen Umgang mit einem PC oder Fernseher haben. Denn selbst pädagogisch wertvolle Programme können nicht die wichtigen Erfahrungen ersetzen, die Kleinkinder machen sollten, um sich gesund zu entwickeln.

Eingeschränkte Erfahrungswelt

Im Kleinkindalter werden Informationen nicht rein über Bilder und Sprache, über die Fernsinne Augen und Ohren, erfasst. Die Wahrnehmung über alle Sinne spielt eine bedeutende Rolle, da das Gehirn weiterhin erste Verarbeitungs-Kategorien aufbaut beziehungsweise differenziert und diese auf konkreten sinnlichen Erfahrungen beruhen. Die Erfahrung, Blumen auf der Wiese zu pflücken, dabei Gräser und andere Pflanzen auf der Haut zu spüren, die unterschiedlichen Grün- und anderen Farbtöne zu sehen, den Geruch der Pflanzen wahrzunehmen, besitzt beispielsweise eine andere Qualität, als eine Wiese im Fernsehen zu betrachten. Aber auch etwa beim Stapeln und Ordnen von Bauklötzen machen Kinder vielschichtigere Erfahrungen und trainieren ihre Koordination und Motorik viel besser, als wenn sie am PC ein Spiel spielen, das eine solche Tätigkeit simuliert.

Kinder sollten erst ab einem Alter von drei Jahren und dann auch nur eine begrenzte Zeit vor dem Fernseher oder Computerbildschirm verbringen.

Langfristige Folgen

In vielen Industrienationen ist in den letzten Jahren der Konsum von Fernsehen und Computerspielen schon bei Kleinkindern erheblich angestiegen, nicht nur mit erheblichen gesundheitlichen Folgen. Studien aus verschiedenen Ländern haben ergeben, dass Kinder, die bereits im Kleinkindalter regelmäßig zu lange Zeit vor dem Fernseher saßen, in der Grundschule im Vergleich zu Kindern mit zurückhaltendem TV-Konsum häufiger beim Lesen und Schreiben Probleme hatten oder allgemein schwächere Leistungen erbrachten. Weitere Studien lassen zudem vermuten, dass sich besonders ein hoher Fernsehkonsum in den ersten drei Lebensjahren auf die späteren Fähigkeiten in Mathematik und Lesen negativ auswirkt. Auch zeigen die jungen »Vielseher« häufiger Aufmerksamkeitsschwächen. Die Konsequenzen aus diesen Forschungen scheinen klar: Im Sandkasten lernt ein Kind mehr!

Die kognitive Entwicklung im dritten Lebensjahr

Leon will nur noch fernsehen

Die Schwierigkeiten begannen, als Leons Mutter wochenlang im Krankenhaus behandelt werden musste. Die Großeltern und ein Babysitter sprangen bei der Betreuung des Kindes ein. »Als ich aus der Klinik zurückkam, war es um Leon geschehen,« berichtet die Mutter. »Er forderte seitdem täglich geradezu hysterisch, fernsehen zu dürfen. Und wenn der Fernseher lief, blickte er wie hypnotisiert auf die Mattscheibe.«

Warum spielt Leon nicht mehr?

Leons Eltern irritiert besonders, dass der Zweijährige nicht mehr spielen will. »Er wirkt vollkommen lustlos,« schildert der Vater die Situation. Tatsächlich hänge Leon ständig am Rockzipfel der Mutter und lasse sich nur vom Vater ablenken – oder vom Fernseher. »Wenn wir tagsüber alleine sind«, schildert die Mutter, »ist es fast unmöglich, Leon dazu zu bringen, sich selbst zu beschäftigen.«

Kinderpsychologen gehen davon aus, dass mehrere Faktoren zum auffälligen »TV-Verhalten« und zur verminderten Spiellust von Kindern führen können. Zum einen macht Fernsehen Spaß, in Leons Fall spielt sicherlich auch die Trennungssituation von seiner Mutter eine große Rolle, die das Kind noch verarbeiten muss. Außerdem scheint es sich im Nachhinein als Fehler zu erweisen, dass Leon nicht mehr wie vor dem Krankenhausaufenthalt seiner Mutter regelmäßig eine Spielgruppe besucht.

Extremes Interesse eines Kindes am Fernsehen und auffällige Vernachlässigung anderer Aktivitäten beruhen oft auf ernsten psychischen Problemen. In diesem Fall sollten sich Eltern die professionelle Hilfe eines Kindertherapeuten suchen.

Erfolgreiche Strategie

Die Eltern wollen Leons Wunsch nach stundenlangem Fernsehkonsum nicht nachgeben. Ihnen ist klar, wie wichtig es ist, dass die Mutter in dieser Situation viel mit Leon spielt und er wieder seine Spielgruppe besucht. Darüber hinaus beobachten die Eltern Leons Verhalten. Nach einigen Wochen ist Leon ruhiger und zufriedener. Die »Flimmerkiste« ist zwar noch immer interessant, beherrscht sein Verhalten jedoch nicht mehr so dominant.

Das dritte Lebensjahr

Der Kontakt zu den Großeltern bildet meist den ersten Schritt, wenn Kinder über die engsten familiären Bindungen hinaus neue Beziehungen aufbauen.

Die Entwicklung sozialer Beziehungen im dritten Lebensjahr

Zweijährige entwickeln bereits ein gesundes Selbstbewusstsein. In der Wahrnehmung ihrer Umwelt reifen sie nun zu eigenen Persönlichkeiten heran, die einen starken Willen ausbilden, wenn es um die Umsetzung ihrer Vorstellungen geht, weshalb in diesem Alter das Trotzverhalten besonders ausgeprägt sein kann. Die Kinder werden zunehmend selbstständiger und bauen Bindungen an weitere Bezugspersonen aus.

Die eigene Erlebniswelt erfahren

Auch im dritten Lebensjahr spielen Nähe und Abstand, Trennung und Autonomie in der Beziehung zu engen Bezugspersonen eine wichtige Rolle. Die Kinder lernen jedoch immer besser, mit widersprüchlichen Gefühlen und Trennungsängsten umzugehen, die gerade in den Monaten um den zweiten Geburtstag einen Höhepunkt erreichen. Bei der besseren Bewältigung ihrer ambivalenten Gefühlswelt helfen den Kleinen Fortschritte in ihrer geistigen und sozialen Entwicklung. Zunehmend erfassen sie sich selbst und die anderen als eigenständige Personen. Je mehr die Jungen und Mädchen nun ihre eigene Individualität erleben, desto klarer empfinden sie ihre Ereignisse und Handlungen als eigene, von der Erlebniswelt der anderen getrennte Erfahrungen.

Die Entwicklung sozialer Beziehungen im dritten Lebensjahr

> **INFO**
>
> **Die Bedeutung des Vaters**
>
> In der Beziehung Mutter–Kind–Vater spielen Väter von Anfang an eine wichtige Rolle. Bereits Säuglinge können unterschiedliche Beziehungen zu beiden Eltern ausbilden. Dabei wirkt sich für die Entwicklung der Kinder positiv aus, dass Vater und Mutter schon mit den Kleinsten jeweils anders umgehen. Dies zeigt sich zum Beispiel in verschiedenen Spielweisen, die mehr oder weniger körperbetont, wilder oder vorsichtiger ausgelebt werden. Häufig sind Elternteile in derselben Situation auch unterschiedlich stark fordernd. So traut vielleicht Papa oder Mama dem Nachwuchs früher zu, ohne Hilfestellung auf einen Baum zu klettern. Im zweiten und dritten Jahr üben Väter helfenden Einfluss in der bisweilen von Krisen erschütterten Beziehung zwischen Mutter und Kind aus. Sie bieten den Kindern durch ihre Zuwendung die nötige Sicherheit, um den schwierigen Loslösungsprozess von der Mutter besser bewältigen zu können.

Ganzheitliches Bild von der Mutter

Mit der wachsenden Ausbildung der kindlichen Individualität geht im dritten Lebensjahr eine weitere wichtige Entwicklung einher: Die emotionale Beziehung der Kinder zur Mutter, die aufgrund der immer stärker werdenden Ablösung und der damit verbundenen zwiespältigen Gefühlswelt der Jungen und Mädchen im Spannungsfeld Abstand und Nähe gekennzeichnet war, stabilisiert sich ebenso wie die zu anderen engen Bezugspersonen. Es ist ein außerordentlich komplexer emotionaler Lernprozess, den ein Kind in dieser Phase durchlebt. Hat es zuvor die Mutter (oder andere geliebte Personen) gleichsam als zwei Individuen empfunden, die als »gute Mutter« durch ihre Nähe Sicherheit bietet oder Wünsche erfüllt sowie als »böse Mutter« Wünsche versagt oder abwesend ist, so entwickelt es allmählich ein »ganzheitliches« Bild der Mutter, das zwar »böse« Seiten haben kann, aber vorwiegend positiv besetzt ist. Dieses positive Bild bleibt in der Vorstellung und Gefühlswelt des Kindes auch bei »Enttäuschungen«, wie Trennungen, stabil und dominant. Psychologen nennen diesen Meilenstein in der emotionalen Entwicklung »emotionale Objektkonstanz«. Auf dieser Grundlage bewältigen die Kleinen nun Trennungen besser. Ist die Mutter einmal nicht da, ist sie nicht mehr die »ganz Böse«, auf die sich die gesamten Aggressionen des Kindes in seinem Trennungsschmerz entladen, sondern bleibt in seiner Erinnerung die »im Ganzen« positive Mutter, die weniger Wut und Ärger auslöst.

Eine besondere Beziehung: Dass Papa mich auf den Schultern trägt, finde ich toll und aufregend, bei Mama darf ich das nicht.

Aufbau zusätzlicher Bindungen

Die emotionale Objektkonstanz bietet eine wichtige Voraussetzung, damit Kinder vermehrt neue Bezugspersonen in ihr Leben »eintreten« lassen. Sie bildet das stabile emotionale Fundament, auf dem die Jungen und Mädchen aufbauen können und das ihnen die notwendige Offenheit ermöglicht, um neue Beziehungen zu knüpfen. Je

Das dritte Lebensjahr

besser sie in der Lage sind, Trennungen vom engsten Kreis der geliebten Personen zu bewältigen, desto leichter fällt es ihnen, sich weiteren Menschen zuzuwenden. Zu diesen können je nach Lebens- und Erfahrungswelt der Kinder die Großeltern, vertraute Eltern von anderen Kindern, etwa aus der Spielgruppe, oder Erzieher und Erzieherinnen in der Kinderkrippe zählen.

Die Verinnerlichung von Geboten und Verboten

Kinder brauchen klare Regeln: »Mit deinen Sachen kannst du jederzeit spielen, aber wenn du Julias Spielzeug nimmst, musst du sie erst fragen!«

Mit der wachsenden Mobilität und Selbstständigkeit der Kinder verändern sich auch die Gefahren, denen sie im Haus und im Freien begegnen. Um sie zum Beispiel im Straßenverkehr, vor verlockend aussehenden, aber leider giftigen Beeren am Wegesrand, aggressiven Hunden, scharfen Messern, spitzen Scheren oder elektrischen Geräten zu schützen, ist eine verantwortungsvolle Aufsicht unerlässlich. Dabei sollte man auf Überraschungen gefasst sein, etwa wenn ein Kind unvermutet auf die Straße stürmt, um den Nachbarshund auf der anderen Seite zu streicheln.

In diesem Zusammenhang gilt es, ihnen die zum Schutz vor Verletzungen oder Schlimmerem notwendigen Verbote und Gebote in klaren Botschaften zu vermitteln: »Du darfst nur an der Hand über die Straße gehen!«, »Du darfst nur zusammen mit Papa zum Schwimmbecken laufen!«, »Du darfst keine Beeren pflücken und in den Mund stecken!«. Diese Anweisungen können Zweijährige bereits verstehen, der Hintergrund und die Tragweite solcher Befehle sind für sie allerdings oft nicht nachvollziehbar. Es muss ihnen also wiederholt auf altersgerechte Weise erklärt werden, warum sie wichtig und unbedingt einzuhalten sind.

In diesem Alter sollten für die Jungen und Mädchen auch immer stärker die Regeln gelten, an die sich in der Familie oder in der Spielgruppe alle oder zumindest alle Kinder halten: An der Türe zieht man sich die verschmutzten Straßenschuhe aus, im Haus tragen alle Hausschuhe, niemand nimmt sich ohne zu fragen Süßigkeiten. Kinder können solche festen Ordnungen akzeptieren, geben sie ihnen doch Orientierung und vermitteln ihnen ein Gefühl der Verlässlichkeit.

Die Meinung der anderen wird wichtig

Kinder möchten sich gut benehmen, da sie sich so kompetent und sozial anerkannt fühlen. Dieses Bedürfnis trägt dazu bei, dass die Kleinen Gebote annehmen und Verbote beachten. Nicht zuletzt dank dieser Bereitschaft gelingt es ihnen etwa, die

Die Entwicklung sozialer Beziehungen im dritten Lebensjahr

Hausschuhe selbst dann anzuziehen, wenn sie nicht eigens dazu aufgefordert werden, beim Aufräumen zu helfen oder nicht mit dem Telefon zu spielen, auch wenn sie sich unbeobachtet fühlen. Der Wunsch nach Anerkennung hilft ihnen in späteren Jahren, beispielsweise Spielregeln einzuhalten oder gewissenhaft Aufgaben zu erledigen. Doch sind auch Zweijährige vor Versuchungen nicht gefeit. Obwohl sie wissen, dass das Telefon »tabu« ist, juckt es sie zu stark in den Fingern, damit zu spielen, und bei der Dose mit den leckeren Schokoladenkeksen kann man einfach nicht warten, bis man gefragt hat, ob man welche bekommt.

Ihre wachsende Selbstbewusstheit befähigt die Kinder, zu kooperieren, Verbote und Gebote anzunehmen. Sie können langsam auch erfassen, dass sie eine Regel vergessen oder etwas Verbotenes »angestellt« haben. Am Ende des dritten Lebensjahres kommt es vor, dass sich ein Kind schämt und einen schuldbewussten Gesichtsausdruck annimmt, wenn es mit den Fingern in der Keksdose ertappt wird. Oder es wird verlegen, wenn es ermahnt wird, weil es seine schmutzigen Gummistiefel nicht an der Haustüre ausgezogen hat und damit ins Wohnzimmer gestürmt ist. Diese Verhaltensweisen zeugen vom wachsenden Einfühlungsvermögen der Kinder. Sie entwickeln nun langsam ein Interesse daran, wie andere sie sehen und welche Meinung diese über ihr Verhalten haben.

INFO

Ich und die anderen

Das Aufschieben ihrer Bedürfnisse fällt den Kleinen auch deshalb so schwer, weil sie erst lernen müssen, dass nicht nur sie, sondern auch andere Wünsche haben, die sich zudem von den ihrigen unterscheiden können. Wenn sie das verstanden haben, sind sie in der Lage, Kompromisse einzugehen – und ein späteres Eis zu akzeptieren!

Warten fällt schwer

»Das kaufen wir später!«, wird die Anfrage kurz beschieden. Dabei sieht das bunte Eis am Stiel im Supermarkt so gut aus. Sandra reagiert verärgert und enttäuscht, als sie ihren Wunsch nicht sofort erfüllt bekommt, sondern auf später vertröstet wird. Für Erwachsene ist es schwer nachzuvollziehen, wie schwierig es für Kinder ist, wenn ihre spontanen Bedürfnisse erst mit einer gewissen Zeitverzögerung befriedigt werden. Mit solchen Aufschüben können Kinder erst umgehen, wenn sie ein objektiveres Zeitverständnis entwickelt haben. Das Verständnis für die feinen Unterschiede von gleich und später oder der Länge einer Minute im Vergleich zu einer Stunde bildet sich schrittweise im Laufe der ersten zehn Lebensjahre aus. »Später« kann für sie eine schrecklich lange und unakzeptable Zeitspanne darstellen.

»Warum nehmen wir nur das mit, was Mama in den Einkaufskorb packt?«

Das dritte Lebensjahr

Ich bin wütend!

Lina bekommt einen Tobsuchtsanfall, weil sie nicht vom Spielplatz heimgehen möchte. Leon steht verstimmt in der Küche, weil er nicht wie sonst beim Kuchenbacken helfen darf. Außer sich vor Wut wirft er sich auf den Boden, als er hinausgeschickt wird, weil er im Weg steht. Solche und viele andere ähnliche, von Enttäuschung, Ärger, Wut und Aggression geprägte Szenen gehören zum Kinderleben ebenso wie Glücksmomente beim Spielen, Freude an der eigenen Kompetenz, Befriedigung über gelungene Aktionen, Lust am Entdecken und Lernen.

»Ich kann und will jetzt alleine zu meiner Freundin Thea gehen«: Mit Trotz verbindet sich auch eine Menge Energie, die es ins Positive zu wenden gilt.

Negative Gefühle als Gegenpol zum positiven Entdeckerdrang

Wut und Ärger sind Emotionen, die uns unser ganzes Leben begleiten. Mit ihnen reagieren wir im weitesten Sinne auf Wahrnehmungen und Situationen, die wir verändern wollen. Der Ärger und verwandte Gefühle zählen zu unseren Basis-Emotionen, mit denen wir auch unserer Umgebung zeigen, dass uns etwas nicht »passt« oder wir uns bedroht fühlen. Im Gegensatz zur Neugier und dem mit positiven Gefühlen verbundenen Forscherdrang entstehen sie nicht aus einer angeborenen Eigenmotivation, sondern sind spontane Reaktionen. Doch warum zeigen besonders Zwei- und Dreijährige so heftige, mit unglaublichem Eigensinn kombinierte Wutausbrüche, die allgemein als »Trotzverhalten« bezeichnet werden?

Entwicklungsbedingte Ursachen

Tatsächlich können auch jüngere Kinder durchaus Trotzverhalten aufweisen, doch lassen sie sich dank ihrer starken Kooperationsbereitschaft (Compliance, siehe S. 95) leichter be-

Die Entwicklung sozialer Beziehungen im dritten Lebensjahr

ruhigen. Zweijährige haben jedoch schon einen weiteren Meilenstein in ihrer Entwicklung erreicht. Ihr Aktionsradius wächst, sie lösen sich nun langsam von den Eltern, ihre Selbstbewusstheit nimmt zu und der eigene Wille erwacht. Zudem bewirken in dieser Zeit des Umbruchs körperliche Veränderungen, dass die Kinder leichter müde werden, sich schlechter konzentrieren können und ein geringeres Durchhaltevermögen bei Tätigkeiten aufweisen. Damit gehen auch abrupte Stimmungsschwankungen einher.

> Zu lernen, dass man nicht immer alles haben kann, ist schwierig.

Panische Überreaktion

Wenn Zweijährige nun hochmotiviert und auf »eigenen Wegen« in immer weiterem Umfang die Welt ganz für sich erobern möchten, stoßen sie zunehmend auf Grenzen, die ihnen auch die geliebten Eltern setzen. Diese unterbinden etwa interessante Tätigkeiten, schlagen Wünsche ab oder sprechen Verbote aus. Auf diese Grenzen reagieren Kinder frustriert und wütend, hilflos und verzweifelt. Sie leiden mit tiefster Seele darunter, dass sie ihren Willen nicht umsetzen, ihre Wünsche nicht erfüllen können, und fühlen sich gänzlich unzulänglich. Sie geraten in eine regelrechte Paniksituation, in der sie ihrer Gefühle nicht mehr Herr werden, Tobsuchtsanfälle bekommen oder sich unglücklich, wütend und nicht mehr ansprechbar zurückziehen. Sie trotzen.

Zeichen beginnender Selbstständigkeit

Trotzverhalten kennzeichnet also eine Phase beginnender Autonomie. Denn das Wesen dieses Entwicklungsschrittes bestimmen nicht Bockigkeit und Widerstand, sondern ihre ursächlichen Faktoren, nämlich die Ablösung und die wachsende Selbstständigkeit des Kindes.

In dieser Zeit erfahren sich Kinder in Konflikten und erleben Aggressionen, die sich aus der Durchsetzung ihres erwachenden eigenen Willens ergeben. Je nachdem, wie es ihnen gelingt, mit diesen wichtigen Grunderfahrungen umzugehen, werden sich diese in ihrem weiteren Leben ermutigend oder entmutigend auswirken. Im Idealfall lernen Kinder, dass Konflikte lösbar sind, die damit verbundenen inneren und äußeren Spannungen ausgehalten werden können und ihre Eltern sie auch in Konfliktsituationen lieben. Sie erfahren zudem, dass ein eigener Wille, nämlich die Fähigkeit, Entscheidungen zu treffen und die Konsequenzen zu tragen, als positiv zu erachten ist.

> **TIPP**
>
> **Trotzköpfe brauchen Liebe**
>
> Eltern können Kindern in dieser schwierigen Phase helfen, indem sie sich ihnen gegenüber berechenbar verhalten und geduldig, mit innerer Distanz und Humor mit ihnen mitempfinden. Dabei ist es wichtig, dass die Eltern Verständnis für die Gefühle der Kinder zeigen und dennoch an wenigen, klaren, wichtigen Regeln im familiären Miteinander festhalten.

Das dritte Lebensjahr

Arbeiten wie die Erwachsenen

Eifrig und voll konzentriert gießt die knapp dreijährige Leonie aus einer kleinen Gießkanne etwas Wasser in einen Blumentopf. Sie steht auf einem Schemel, damit sie die Pflanzen auf der Fensterbank besser erreichen kann. Die Großmutter hält sich bereit einzugreifen, wenn zu viel Wasser daneben gehen oder Leonie auf dem Schemel schwanken und kippen würde. Doch Leonie beherrscht den Bewegungsablauf schon sehr gut, hat sie ihn doch schon viele Male geübt. Kein Spritzer Wasser landet auf der Fensterbank.

»So, nun braucht das Alpenveilchen noch ein kleines bisschen Wasser, aber bloß nicht zu viel. Dann gibst du der Palme neben dem Sofa noch reichlich zu trinken und wir sind für heute fertig. Du hast mir ja wieder so toll geholfen!« Zum Glück hat Oma viel Zeit und eine Riesenportion Geduld. So stört es sie nicht, dass sie durch Leonies Hilfe etwas mehr Zeit als sonst braucht, um die Blumen in der Wohnung zu gießen. Und für Leonie ist es bei ihren regelmäßigen Besuchen inzwischen schon zum festen Bestandteil geworden, dass sie mit der Oma zusammen die Blumen gießt. Es würde für sie eine richtige Enttäuschung bedeuten, würde sie einmal nicht gemeinsam mit ihr diese wichtige Arbeit verrichten.

Die Lust am Lernen durch Nachahmen und Imitieren, die Freude am Ausprobieren, der Drang und die Freude, am Leben der »Großen« teilzuhaben, die Bereitschaft, sich nach den Vorgaben und Regeln der Erwachsenen zu richten und voller Eifer in ihren Handlungen aufzugehen: Hinter der kleinen Tätigkeit des Blumengießens stecken viele Motivationen und Entwicklungsschritte. Gerade in diesem Alter wollen Kinder leidenschaftlich gerne bei den alltäglichen Verrichtungen der Erwachsenen, wie Kuchenbacken, Putzen, Autoreparieren oder Beerenpflücken, mitmachen, und es ist wichtig, ihnen diese Teilhabe zu gewähren. Zum einen eignen sich die Kinder auf diese Weise viele Kenntnisse an. So lernt Leonie durch ihre Tätigkeit bei der Großmutter verschiedene Pflanzen und ihre Namen kennen. Sie weiß, dass Blumen Wasser brauchen, damit sie nicht verdursten, aber dass nicht alle Pflanzen gleich viel Wasser brauchen; manche dürfen nur wenig gegossen werden. Zum anderen freuen sich Kinder über ihre eigenen Fähigkeiten, die sie beim Helfen intensiv erfahren. Dass sie Handlungen wie Erwachsene ausführen können und ihr Helfen als wichtig und gut angenommen wird, macht sie stolz und steigert ihr Selbstwertgefühl. Sie erfahren Bestätigung. Darüber hinaus fühlen sie sich im vertrauten Miteinander wohl und genießen das gemeinsame Erleben und Handeln, so wie Leonie das Beisammensein mit der geliebten Großmutter, die ihr so viel zutraut und Rückhalt gibt.

Weihnachtsvorbereitungen bieten tolle Möglichkeiten mitzuhelfen.

TIPP

Versteckte Botschaft

Für Erwachsene, die Als-ob-Spiele beobachten, können sich oft richtige Aha-Erlebnisse ergeben, »verraten« die Kinder dabei doch, wie sie ihre Umgebung erfahren, was ihnen gefällt, aber auch, was sie als bedrohlich empfinden, welche Ängste und Schwächegefühle sie erleben.

Die Entwicklung sozialer Beziehungen im dritten Lebensjahr

Die Bedeutung kindlicher Rollenspiele

Im Lauf des dritten Lebensjahres erlauben es die kognitiven und motorischen Fortschritte der Kinder, dass Als-ob-Spiele in ihrem Spielverhalten immer mehr an Bedeutung gewinnen (vgl. S. 116–118). Mit der Zeit treten auch imaginäre Personen in der Vorstellung der Jungen und Mädchen auf, denen sie im Spiel etwa Gegenstände reichen. Die rasante sprachliche Entwicklung, die die Kinder in diesem Alter durchleben, macht sich auch im fantasievollen Als-ob-Spiel bemerkbar. Während des Spiels »kommentieren« sie nun ihre Handlungen oder sprechen mit den beteiligten imaginären Personen. Ihr Bewusstsein für das »Ich« und die »Anderen« befähigt sie nun auch, bei diesen Spielen in ihrer Vorstellung in andere Rollen zu schlüpfen. Sie werden zur Mutter oder zum Vater, wenn sie ihr »Kind« zu Bett bringen, zur Ärztin, die einen Verband anlegt, oder zum Großvater, der im Garten arbeitet oder mit dem Auto fährt. Auch können sie vor allem gegen Ende des dritten Lebensjahres Personen spielen, die sie zum Beispiel aus Geschichten kennen und die besonderen Eindruck auf sie machen, sei es die Prinzessin aus dem Märchen, der clevere Maulwurf oder der starke Hund aus dem Bilderbuch.

Wird die Puppe gescholten, weil sie nicht ins Bett gehen will? Ist der Hund rücksichtslos, weil er stärker als die anderen ist? Der »Rollentausch« verleiht den Kindern ein Gefühl von Kompetenz und Stärke, meistern sie so doch in ihrer Fantasie Handlungen, die in ihrer erlebten Realität nur von den Älteren, Erwachsenen oder gar fiktiven Helden ausgeführt werden können. Sie bieten ihnen zudem die Möglichkeit, Ängste und Schwächegefühle zu bewältigen, indem sie im Spiel die Rolle des Starken übernehmen und somit Dominanz ausleben.

Rollenspiele zeugen bereits von einem reichen Erfahrungsschatz und der Fähigkeit, diesen kreativ in spielerischen Handlungen umzusetzen.

Das dritte Lebensjahr

Kontakte mit Gleichaltrigen

Für Kinder sind andere Kinder ungemein interessant und die Vorliebe für »Ihresgleichen« zeigen sie schon im jüngsten Alter. So versuchen bereits Babys durch Lächeln und Berührungen mit Gleichaltrigen Kontakt aufzunehmen und Einjährige können sich schon im Parallel- oder im kurzen Zusammenspiel wunderbar miteinander beschäftigen (und auch erbost über Spielzeug streiten). Was bereits im zweiten Lebensjahr eine Rolle spielte, wird im dritten Lebensjahr immer wichtiger: Der Kontakt zu »Peers«, wie Gleichaltrige in der Fachsprache genannt werden.

Das Miteinander klappt immer besser

Wie wichtig der Kontakt zu Gleichaltrigen wird, kann man immer dort gut beobachten, wo Zweijährige mit anderen Kindern ihrer Altersgruppe zusammentreffen. Die Erwachsenen treten am Spielplatz oder in der Spielgruppe, bei der Tagesmutter oder in der Kinderkrippe als Interaktionspartner nun in den Hintergrund. Das Spielen und die Auseinandersetzung mit den sogenannten Peers gewinnt hingegen für die Erlebniswelt der Kinder zunehmend an Bedeutung.

Im dritten Lebensjahr sind Kinder vor allem aufgrund ihrer geistigen, sprachlichen und sozialen Entwicklung besser in der Lage, das Miteinander mit Gleichaltrigen im Spiel und in der Auseinandersetzung zu bewältigen. Sind Einjährige zum Beispiel noch vor allem auf Mimik und Gestik, Aktionen wie Anstupsen oder aufforderndes Weglaufen angewiesen, wenn sie die Aufmerksamkeit anderer Kinder erregen und mit ihnen Kontakt aufnehmen möchten, können Zweijährige solche Situationen schon besser meistern.

 TIPP

Was macht eine gute Spielgruppe aus?

Spielgruppen geben Kleinkindern die Möglichkeit, regelmäßig in Kontakt mit Gleichaltrigen zu kommen. Bei der Auswahl solcher Einrichtungen sollte man allerdings einiges beachten.

In privat organisierten Spielgruppen übernehmen häufig die Eltern abwechselnd die Betreuung. Bei aller Verschiedenheit der Erziehungsstile sollten grundsätzliche Regeln bestehen, die von allen erarbeitet werden und mit denen alle leben können. Für private wie auch für professionelle Kindergruppen mit eigenen Erziehern gilt, dass den Kindern ausreichend Zeit gegeben werden muss, sich an die neue Umgebung zu gewöhnen und eine stabile Beziehung zu den neuen Betreuungspersonen aufzubauen. Nur so können sie sich in der Gruppe wohlfühlen und sich beruhigt dem Spiel widmen. Darüber hinaus sollte eine Kindergruppe etwa sechs Kinder umfassen und in ihrer Zusammensetzung einigermaßen stabil sein. Je vertrauter sich die Kinder sind, desto besser können sie miteinander spielen. Bei Institutionen, die keine Möglichkeiten zum Mittagsschlaf oder zum Essen bieten, gilt die Faustregel, dass die gemeinsamen Spielzeiten nicht länger als zwei Stunden dauern sollten, um die Kinder nicht zu überfordern.

Die Entwicklung sozialer Beziehungen im dritten Lebensjahr

Im dritten Lebensjahr entdecken Kinder zunehmend, wie viel Spaß es macht, mit Gleichaltrigen zu spielen, denn gemeinsam kann man viel mehr machen.

In diesem Alter nehmen wie im zweiten Lebensjahr das Parallelspiel und das gegenseitige Imitieren weiterhin den größten Raum ein und ein Zusammenspiel ergibt sich auch bei Zweijährigen vor allem über das Spielmaterial. Jetzt können Kinder jedoch schon viel besser teilen und gemeinsam mit Gegenständen spielen, wie zusammen ein Puzzle fertigstellen, Sandkuchen backen oder einen Turm aus Klötzchen bauen. Sie sind besser in der Lage, den Spielfluss selbst aufrechtzuerhalten, auch wenn Konflikte und Auseinandersetzungen um Spielzeug ganz weit oben auf der Tagesordnung stehen. Gegen Ende des dritten Lebensjahres beginnen Kinder zudem, Als-ob-Spiele, die sie anfänglich nur allein oder mit geringer Beteiligung eines Erwachsenen gespielt haben, mit Gleichaltrigen oder wenig älteren Kindern gemeinsam auszuführen. Kleine gemeinsame Rollenspiele finden nun ihren Anfang, nehmen aber in der Regel erst rund um den dritten Geburtstag längere Formen an. Bei diesen Fantasiespielen kommt den sprachlichen Fähigkeiten eine wichtige Rolle zu. Gleiches gilt für Versteck- oder Fangspiele, die nun ebenfalls hoch im Kurs stehen.

Das dritte Lebensjahr

Ist die Zeit reif für den Kindergarten?

Für viele Familien ist spätestens gegen Ende des dritten Lebensjahres der Besuch eines Kindergartens Thema. Für die Kinder beginnt nun ein neuer Lebensabschnitt, in dem sie regelmäßig außer Haus und ohne die Anwesenheit der Eltern oder anderer vertrauter Familienmitglieder betreut werden. Für einige ist dies eine völlig neue Erfahrung, die es zu bewältigen gilt. Und im Gegenzug fällt es auch den Eltern nicht immer leicht, ihre Kinder »wegzugeben«.

Doch woran kann man erkennen, dass ein Kind für den Besuch einer Kindertagesstätte die nötige Reife besitzt? Kinder entwickeln sich unterschiedlich, und der dritte Geburtstag ist kein »Stichtag«, ab dem sie nun auf jeden Fall bereit für den Kindergarten sind. Folgende Kriterien bieten gute Anhaltspunkte herauszufinden, ob ein Kind die nötige Eignung erlangt hat und somit von seinem Aufenthalt im Kindergarten profitiert. Doch auch, wenn die aufgeführten Anzeichen zum größten Teil oder ganz auf ein Kind zutreffen: Es kann trotzdem sein, dass es sich im Kindergarten noch so überfordert und unwohl fühlt, dass man ihm noch ein bisschen Zeit lassen muss. Dies stellt sich jedoch erst heraus, wenn es schon etwas Zeit dort verbracht hat.

Der erste Tag im Kindergarten: Lisa ist skeptisch und auch ein bisschen ängstlich ...

Trennung bewältigen

Ein wichtiges Kriterium ist, ob ein Kind eine rund zweistündige Trennung von seinen Eltern problemlos hinnimmt, wenn es in dieser Zeit von einer vertrauten Person betreut wird. Kinder, die schon vor dem dritten Geburtstag Institutionen wie Kinderkrippen besuchten oder von Tagesmüttern oder Großeltern regelmäßig betreut wurden, haben bereits gelernt, mit Trennungen umzugehen. Für alle anderen lohnt es sich, dies schon einige Zeit vor dem geplanten Eintritt in den Kindergarten in kleinen Schritten zu üben, indem sie etwa schon einmal allein bei den Nachbarskindern oder bei der Lieblingstante bleiben dürfen.

Umgang mit Gleichaltrigen

Der Gegensatz zwischen der gewohnten überschaubaren Welt zu Hause mit den wenigen vertrauten Personen und dem Kindergarten mit einer großen Zahl von meist fremden Jungen und Mädchen überwältigt ein Kind unter Umständen. Damit es von der neuen Situation nicht gänzlich überfordert ist, ist es wichtig, dass es bereits Interesse an Gleichaltrigen zeigt, von sich aus auf sie zugeht und längere Zeit altersgemäß mit ihnen spielt.

Die Entwicklung sozialer Beziehungen im dritten Lebensjahr

INFO

Auf gleicher Augenhöhe

Warum ist der Kontakt zu und das Spielen mit Gleichaltrigen für Kinder so wichtig? Spiele mit »Peers« unterscheiden sich vom Spiel mit älteren Kindern oder Erwachsenen vor allem dadurch, dass sie auf »gleicher Augenhöhe« stattfinden. Zwischen relativ gleichaltrigen Spielpartnern besteht eine symmetrische Beziehung, da sich ihr Wissen, ihre Fertigkeiten und ihr Erfahrungsschatz im Großen und Ganzen auf einem sehr ähnlichen Niveau bewegen. Im Miteinander als Gleicher unter Gleichen müssen Kinder andere soziale Kompetenzen einbringen und erwerben als im Spiel mit Erwachsenen, die ihnen an Wissen voraus sind und letztendlich auch eine autoritäre Instanz bilden. Darin liegt der Reiz, aber auch der Wert im Umgang mit Gleichaltrigen, den Kinder im dritten Lebensjahr nun immer mehr suchen. Die Erfahrungen, die Kinder vor Eintritt in den Kindergarten im Kontakt mit anderen Kindern machen, helfen ihnen in der Regel, sich dort leichter in die Gruppe einzufinden.

... aber die Erzieherin scheint eigentlich ganz nett zu sein. »Vielleicht sollte ich doch hierbleiben, wenn Mama gleich wieder geht.«

Konzentrationsfähigkeit und Sprachkompetenz

Kindergartenanwärter sollten sich intensiv auf eine Beschäftigung konzentrieren können, beispielsweise beim Puzzeln, Malen oder Spiel mit den Matchboxautos. Es ist gut, wenn sie in der Lage sind, sich verständlich auszudrücken, etwa schon in Drei-Wort-Sätzen sprechen, Fragen stellen sowie Antworten geben. Darüber hinaus sollten sie altersgemäße Aufforderungen verstehen und ihnen nachkommen können. Hierzu zählen etwa Hausschuhe anziehen, Hände waschen, Bauklötze aufräumen oder Jacke aufhängen.

Motorische Fertigkeiten

Bei Kindern ohne körperliche Beeinträchtigungen ist eine altersgemäß sichere Beherrschung von grobmotorischen Fertigkeiten wie Laufen, Hüpfen, Schaukeln und Klettern erforderlich. Sie sollten mit Stiften oder Pinseln malen und womöglich schon mit Scheren schneiden können. Eine weitere wichtige Voraussetzung ist das selbstständige Anziehen, wobei bei Problemen mit Schnürsenkeln oder Reißverschlüssen auch im Kindergarten selbstverständlich gerne Hilfestellung gegeben wird. Manchmal ist es von Vorteil, wenn ein Kind schon »trocken« ist, in den meisten Kindertagesstätten ist dies jedoch kein Kriterium für die Aufnahme.

Das dritte Lebensjahr

Welchen Kindergarten wählen?

Städtische Kindertagesstätte oder kirchliche Institution, Montessori- oder Waldkindergarten? Meist kommen nicht nur die Institutionen mit dem pädagogischen Wunschkonzept in die engere Auswahl, denn das Kriterium der Praktikabilität spielt eine wichtige Rolle. Zudem bietet der nächstgelegene Kindergarten den Vorteil, dass ihn die Kinder aus der Nachbarschaft besuchen. Wen die kommunalen oder kirchlichen Institutionen nicht überzeugen, dem stehen unter anderen folgende Einrichtungen zur Verfügung:

Montessori-Kindergarten

Das erzieherische Konzept basiert auf den Ideen der italienischen Reformpädagogin Maria Montessori (siehe S. 221). Im Mittelpunkt stehen die Individualität und die Entfaltung der Persönlichkeit der Jungen und Mädchen, die nach ihrem eigenen Rhythmus lernen und so die Freude und Motivation am Lernen erhalten sollen. Besonderes Augenmerk kommt der Erziehung zur Selbstständigkeit zu.

Waldkindergarten

Bei diesem Kindergarten werden die Kinder in der freien Natur betreut. Für extreme Witterungsbedingungen steht jedoch eine beheizbare Unterkunft zur Verfügung. In der Regel spielen und werkeln die Kinder mit den Materialien der Umgebung, etwa Stöcken, Steinen, Sand. Großen Wert besitzt hier die Förderung der Motorik, der Wahrnehmung mit allen Sinnen sowie des Naturverständnisses.

Waldorfkindergarten

Die pädagogischen Inhalte fußen auf der anthroposophischen Lehre Rudolf Steiners. Ein zentrales Element stellt hier das Lernen durch Nachahmung dar, das Vorbild geben die Tätigkeiten der Erzieher und Erzieherinnen. Die häufig ungegenständlichen Waldorf-Spielmaterialien bestehen aus Naturmaterialien wie Stoffen oder Holz. Eine wichtige Rolle spielen hier unter anderem die Kreativität und Bewegung. Meist wird eine engagierte Mitarbeit der Eltern in den privat getragenen Einrichtungen erwartet.

Wo fühlt sich unser Kind am wohlsten? Bei der Auswahl des Kindergartens sollten auch die Bedürfnisse des Kindes berücksichtigt werden.

Die motorische Entwicklung im dritten Lebensjahr

Die motorische Entwicklung im dritten Lebensjahr

Die Fähigkeit, sich kontrolliert zu bewegen, wächst zwischen dem zweiten und dritten Geburtstag erheblich, die Mädchen und Jungen dehnen nun ihre Erlebnisräume mehr und mehr aus. Grundbewegungen wie Laufen und Springen lernen sie sicher zu beherrschen und auch das Treppensteigen bereitet immer weniger Mühe. Die Feinmotorik reift stetig aus, so dass etwa das selbstständige Ankleiden besser klappt. Am Ende des dritten Lebensjahres können viele Kinder ihre Blase und ihren Darm so weit kontrollieren, dass sie während des Tages keine Windel mehr benötigen.

Durch neue Aktivitäten wie Ausflüge und Spiele im Wald differenzieren Kinder ihre Wahrnehmung und lernen die verschiedenen Eigenarten ihrer Umwelt immer besser kennen.

Der Raum wird größer

Im Haus oder beim Einkaufen im Warenhaus, auf dem Kinderspielplatz, in einer Spielgruppe, im Garten oder beim Familienspaziergang im Wald: Dank ihrer verbesserten motorischen Fertigkeiten werden Kinder im dritten Lebensjahr zunehmend mobiler und ihre Bewegungsräume erweitern sich ständig. Sie brauchen nun reich-

Das dritte Lebensjahr

> **INFO**
>
> **Sicher zu Fuß und mit dem Rutschauto**
>
> Im dritten Lebensjahr werden Kinder »doppelt« mobil, denn auch Rutschautos bewegen sie nun sicher und schnell vorwärts, und sie stoppen gekonnt ab. Hindernisse rammen die Kleinen jetzt nicht mehr, sondern umfahren diese, da das Lenken immer besser funktioniert.

Im dritten Lebensjahr klappt auch das Dreiradfahren schon gut.

lich Platz und Gelegenheit, um ihren Bewegungsdrang auszuleben und ihre Bewegungssicherheit zu trainieren.

Geschickte Läufer

Während des dritten Lebensjahres verbessern Kinder stetig ihre Sicherheit in der freien Bewegung, die Abläufe werden insgesamt geschmeidiger und ausbalancierter. Sie verlieren seltener das Gleichgewicht, das Balancieren auf einem Bein gelingt oft schon recht gut, ebenso wie das Fangen eines großen Balls. Fortschritte zeigen sich auch in der Fähigkeit, sich zur Musik zu drehen oder auf Zehenspitzen zu gehen. In diesem Alter werden Kinder zudem immer »geländegängiger«, denn Gehen und Laufen auf ebenen und unebenen Untergründen bereiten selten Probleme. Auch können sie mit der Zeit im Lauf besser abstoppen. Sie schaffen es aber meist noch nicht, aus dem vollen Lauf abrupt stehen zu bleiben, weshalb bergab oder im Straßenverkehr Vorsicht geboten ist.

Richtungswechsel werden von den Kindern problemlos gemeistert. Sie können nun schon Hindernisse umlaufen, ohne dabei aus dem Gleichgewicht zu geraten, und beim Fangenspielen sind sie nicht nur imstande, Kurven zu laufen, sondern schlagen sogar erste kleine Haken. Dies alles gelingt ihnen auch, wenn sie »beladen« sind, zum Beispiel ein Kuscheltier, ein Spielzeugauto oder einen Ball in den Händen halten. Zudem sind sie mit der Zeit in der Lage, zerbrechliche Gegenstände wie Gläser zu tragen. Sind diese jedoch gefüllt, schwappt der Inhalt meist noch über.

Treppensteigen und Springen

Treppen meistern die Kinder nun flüssig, indem sie Stufe für Stufe im Wechselschritt erklimmen. Das Geländer wird dazu als willkommene Stütze in Anspruch genommen. Beim Hinuntersteigen fällt der Wechselschritt jedoch noch schwer, und so ist verständlich, dass die Jungen und Mädchen meist die alte Methode des Nachstellschrittes bevorzugen, sich also erst an die nächste Stufe wagen, wenn sie mit beiden Beinen sicher stehen. Dabei können die wenigsten Kinder in diesem Alter der Versuchung widerstehen, von der letzten Stufe einer Treppe (aber auch von Stühlen, Mäuerchen und kleinen Erdhügeln) hinunterzuspringen. Am Anfang wirkt das noch etwas steif und bemüht, doch mit der Zeit werden die Kinder immer geschickter, beugen beim Aufkommen die Kniegelenke und federn nach. Auch können sie nun schon mit beiden Beinen vom Boden abspringen. Das Springen über niedrige Hindernisse, etwa das Hüpfen über ein flach gespanntes Seil, überfordert die Kleinen in der Regel allerdings noch.

Die motorische Entwicklung im dritten Lebensjahr

Feinmotorische Fortschritte

Ein großes Stück entwickeln sich Zweijährige zudem in der Feinmotorik weiter. In der Regel lernen Kinder in diesem Alter, mit Löffel und Gabel zu essen und aus einem (nicht bis zum Rand gefüllten) Glas oder Becher zu trinken, ohne etwas zu verschütten. Auch das Gießen mit der Gießkanne oder das Umschütten von Flüssigkeiten von einem Behälter in einen anderen gelingt jetzt schon gut.

Die wachsende Geschicklichkeit zeigt sich auch in Konstruktionsspielen mit Bauklötzen oder Stecksteinen. Die Türme aus Bauklötzchen werden jetzt höher. Die Kinder setzen die Teile jedoch noch unregelmäßig aufeinander und weiterhin macht ihnen das Umfallen des Turmes genauso viel Spaß wie der Aufbau. Außerdem bauen sie inzwischen mitunter einfache Formen wie eine Brücke nach.

In diesem Alter wird darüber hinaus der Umgang mit Stiften, Pinseln und Fingerfarben für viele Kinder immer interessanter. Altersgerechte Puzzles werden jetzt ebenso gemeistert wie das Auffädeln von Perlen oder das vorsichtige Umblättern von Buch- und Heftseiten. Hosen, Strümpfe, Jacken, Gummistiefel – Kleidungsstücke ohne schwer zu bewältigende Knöpfe (Jeans!), Reißverschlüsse oder Schnürsenkel – können die Kinder nun zunehmend selbstständig an- und ausziehen.

Wenn es im dritten Lebensjahr auch schon recht sicher treppauf geht, sollten Eltern ihr Kind bei derartigen Aktionen im Blick behalten.

 INFO

Wechselspiel zwischen Körper und Geist

Der Körper und unser Gefühlsleben befinden sich in einem ständigen Wechselspiel. So werden Emotionen bewusst oder unbewusst oft in Bewegungen umgesetzt, etwa wenn man jubelnd die Arme hochreißt oder traurig den Kopf senkt. Andererseits können körperliche Aktivitäten die Stimmung beeinflussen, so entstehen beim Tanzen Glücksgefühle, andere Bewegungen bereiten Freude und sorgen für Ausgeglichenheit. Diese wechselseitige Beziehung zeigt sich bei Kindern in der engen Verflechtung der motorischen Entwicklung mit der emotionalen und geistigen Entwicklung. Solche Lernvorgänge basieren auf Wahrnehmung und Erfahrung, einer bestimmten körperlichen Reife und vielfältigen motorischen Fertigkeiten sowie der Fähigkeit, Emotionen regulieren zu können. Bis ein Kind von einer Treppenstufe herunterspringen kann, erfordert es aus diesem Grund neben einem Bündel an Einzelfähigkeiten die emotionale Stärke, die Angst vor dem Sprung in die Tiefe zu überwinden. Ein geglückter Sprung ist wiederum so befriedigend, dass er gerne wiederholt, perfektioniert und sogar gesteigert wird. Die Motivation, den Sprung von der nächsthöheren Treppenstufe zu wagen, steigt langsam an …

Das dritte Lebensjahr

Vom Urknäuel zum einzelnen Kreis – die »Kritzelphase«

Eine entscheidende Voraussetzung für die künstlerischen Aktivitäten der Kleinen sind hinreichende feinmotorische Fähigkeiten.

In jedem Kind steckt ein Künstler, der sich im zweiten und dritten Lebensjahr zunehmend bemerkbar macht. Aufgrund der für dieses Alter charakteristischen und mindestens bis in das vierte Lebensjahr hinein praktizierten Malweisen sprechen Entwicklungspsychologen und Kunstpädagogen von der »Kritzelphase«.

Spuren schmieren und kritzeln

Eine Vorform des Kritzelns ist das »Spurenschmieren«. Schon die Kleinsten lieben zum Beispiel das Hantieren im Schnee und besonders das Schmieren im Matsch oder mit anderen flüssig-breiigen Materialien. Diese für die Kinder außerordentlich lustvollen Tätigkeiten sind für die Differenzierung der Wahrnehmungen von großer Bedeutung. Gleichzeitig sind es erste Formen von schöpferischen Tätigkeiten, da die Kinder bewusst Veränderungen des Materials herbeiführen. Es bereitet ihnen große Freude, auf diese Weise Spuren zu hinterlassen. Diese Lust am Schmieren behalten die Kinder noch lange bei.

Auch Kritzelbewegungen begeistern schon sehr junge Kinder. Wenn sie mit rund zwölf Monaten Stifte in der Faust halten können, produzieren die Jungen und Mädchen kurze Striche. Die Bewegung entsteht dabei im Schultergelenk, bei diesen Hiebkritzeleien ist also der ganze Arm involviert, der den Stift auf das Blatt niedersausen lässt. In diesem Alter steht vor allem die Lust an der Bewegung im Vordergrund, die Kritzeleien selbst sind für das Kind noch nicht wichtig.

Die motorische Entwicklung im dritten Lebensjahr

Vom Arm bis zu den Fingern

Sobald sie mit etwa anderthalb Jahren Stifte besser halten können, sind Kinder vom Kritzeln selbst fasziniert. Sie produzieren stolz und spontan ihre Werke, staunen und freuen sich über die bleibenden bunten Spuren auf dem Papier. Diese Kritzeleien entstehen rein aus der zufälligen rhythmischen Schwungbewegung des Armes und der Hand. Den Verlauf der Linien, die aus den Bewegungen entstehen, können Kinder in diesem Stadium nicht kontrollieren. Bis sie dazu in der Lage sind, muss ihre motorische Entwicklung noch einige Etappen durchlaufen. In dieser Phase lassen die Kinder die Kritzelbewegungen aus dem Ellenbogengelenk entstehen. Für das Zeichnen ihrer schwungvollen Striche, die kreuz und quer über das Blatt verlaufen, benutzen sie den Unterarm. In den folgenden Monaten (zumeist kurz vor dem zweiten Geburtstag) entstehen die Bewegungen mehr und mehr aus dem Handgelenk. Diese Bewegungsabläufe können die Kinder besser kontrollieren. Auf den Bildern zeigen sich nun auch schon dicht gezeichnete, unterschiedlich große kreis- und spiralartige Formen. »Urknäuel« nennen Kunstpädagogen diese kompakten Gebilde.

Beim großflächigen Malen machen vor allem die Hand-, Fuß- und Körperabdrücke Spaß.

Stolze Künstler

Zweijährige gehen mit Stiften geschickt um und können die Zeichenbewegung bewusst unterbrechen, Linien oder kreisförmige Gebilde zu Papier bringen oder etwa ein Kreuz nachmalen. Gegen Mitte des dritten Lebensjahres beginnen die stolzen Künstler, ihre Werke zu kommentieren. Anfänglich beschreiben sie eine Zeichnung erst, wenn sie sie fertiggestellt haben und wenn Betrachter danach fragen. Im Lauf der Zeit geben sie ihre Kommentare jedoch schon während des Zeichnens ab oder erzählen vorab, was sie malen möchten. Dabei kann sich die Bedeutung, die die Kinder einem Bild geben, durchaus ändern. Mit rund drei Jahren produzieren viele Kinder erste schematische Darstellungen. Nun beginnt langsam die Phase, in der die gezeichneten Objekte an Kopffüßler, Kasten- und Leiterformen erinnern und auch so genannt werden. Neben der Freude an Malbewegungen, an Farben und bestimmten Malmaterialien rückt langsam die Darstellung in den Vordergrund.

TIPP

So macht Malen Spaß!

Langsam beginnen sich Kinder auch für Farben zu interessieren. Für bunte Kritzeleien eignen sich dank leichter Handhabbarkeit und kräftiger Farben Wachsmalkreiden besonders. Zudem malen Kinder auch schon flächig und vielgestaltig mit Finger-, Kleister- und Flüssigfarben, mit besonderer Begeisterung auf einem großen, festen, auf dem Boden liegenden Papier.

Das dritte Lebensjahr

Ein Kind sollte den Abschied vom Schnuller als wichtigen Entwicklungsschritt und Erfolg begreifen. Das erleichtert die Umstellung und fördert das Selbstbewusstsein.

Wie lange am Schnuller nuckeln?

Nuckeln am Schnuller wirkt beruhigend, entspannend und schlaffördernd. Verantwortlich hierfür sind die Saugbewegungen. Diese tragen auch dazu bei, dass der Körper verdauungsfördernde Hormone bildet. Es ist also kaum etwas dagegen einzuwenden, Babys schnullern zu lassen. Problematischer ist auf lange Sicht das Daumenlutschen, da ein Daumen immer verfügbar bleibt, so dass sich das Nuckeln daran schwer abgewöhnen lässt.

Im dritten Lebensjahr sollte der Schnuller jedoch langsam verabschiedet werden, denn ungefähr ab dem dritten Geburtstag können sich durch das Schnullern verursachte Fehlstellungen im Zahn- und Kieferbereich nicht mehr einfach auswachsen. Eine solche typische Deformierung ist der »lutschoffene Biss«, eine Lücke zwischen den oberen und unteren Schneidezähnen. Weitere mögliche Folgen von übermäßigem Nuckeln und Lutschen sind außerdem Beschwerden im Kiefergelenk, eine gestörte Mund-Nasen-Atmung und Artikulationsstörungen wie Lispeln.

Schnuller ade – aber wie?

Am besten erfolgt die Entwöhnung vom Schnuller schrittweise. Dabei wird der Schnuller dem Kind zunehmend seltener und für immer kürzere Zeit angeboten, kaputte werden nicht mehr ersetzt. Auch erweist es sich oft als wirksam, das Kind zu bitten, grundsätzlich ohne Schnuller zu sprechen. Der Schnuller wird dann sogar passionierten Nucklern bald lästig. Motivierend wirkt zudem immer Lob. In vielen Ländern erhalten die Kinder zum Ende der Entwicklung ein kleines Geschenk, so von der Schnullerfee, die den letzten, unter dem Kopfkissen platzierten Schnuller nachts abholt. Doch der Abschied vom Schnuller kann nur von Erfolg gekrönt sein, wenn das Kind mitspielt. Es sollte also bereit sein, den Schnuller abzugeben und vielleicht in einer richtigen Zeremonie in den Müll zu werfen.

Der Schnullerabschied wird einem Kind unverhältnismäßig schwerer fallen, wenn es in dieser Zeit zusätzlich belastet ist, es beispielsweise gerade in der Kinderkrippe oder bei der Tagesmutter eingewöhnt wird, die Familie umzieht, es krank ist oder ein Geschwisterchen bekommt.

Wie lange macht ein Kind in die Windel?

Ein großes Thema stellt besonders im späten dritten Lebensjahr die Sauberkeitserziehung dar. Diese nimmt einige Zeit in Anspruch, und es ist nicht ungewöhnlich, dass der Abschied von der Windel bei manchen Kindern bis in das sechste Lebens-

Die motorische Entwicklung im dritten Lebensjahr

jahr andauert. Um den Darm und die Blase kontrollieren zu können, müssen einige körperliche Entwicklungsschritte durchlaufen werden. Und hier gilt ebenfalls, dass jedes Kind, auch anatomisch bedingt, ein unterschiedliches Tempo vorlegt. Bis zum vierten Geburtstag haben viele Kinder eine Kontrolle des Darmes erreicht, doch ist es sehr viel schwerer, die Blase in den Griff zu bekommen. Ein voller Darm ist leichter zu spüren als eine volle Blase. Frühestens mit 18 Monaten, manchmal aber auch erst mit zweieinhalb Jahren sind Nerven und Gehirn eines Kindes so weit ausgereift, dass es die Dehnung der Blase erfasst und sie durch diese Information als »voll« deuten kann. Vor diesem Zeitpunkt ist ein Toilettentraining so sinnlos wie ein Lauftraining mit sechs Monate alten Babys. Und es dauert noch etwas, bis die Kinder ihre Blase nicht erst bemerken, wenn sie zum Platzen, sondern nur halb gefüllt ist. Eine zu früh ansetzende Sauberkeitserziehung führt also höchstens zu einer gehörigen Portion Frustration auf Seiten der Eltern sowie der Kinder. Wer früher auf den Topf gesetzt wird, wird nicht zwangsläufig auch früher trocken.

Gewöhnlich mehren sich im dritten Lebensjahr die Zeichen, dass ein Kind nun von seiner Entwicklung her fähig und bereit ist, die Windeln langsam ad acta zu legen. Die unabdingbare Grundvoraussetzung ist hierfür, dass die Kinder ihre körpereigenen Signale bemerken und deuten, nämlich das unangenehm volle Gefühl im Bauch, den Druck im Darm oder in der Blase mit Stuhlgang und Wasserlassen in Verbindung bringen können. Als Außenstehender bemerkt man diesen Entwicklungsschritt in der Regel, wenn die Kinder beginnen, wissentlich in die Windel zu machen. Zu diesem Zeitpunkt können sie aber noch nicht die Blasen- und Darmentleerung beeinflussen. Wenn sich ein Kind im dritten Lebensjahr immer häufiger in die Ecke verdrückt und dann noch verkündet, dass die Windel voll ist, hat es Sinn, es mit der Toiletten- beziehungsweise Töpfchennutzung vertraut zu machen, wenn auch einige weitere Bedingungen erfüllt sind.

Weg mit der Windel!

Zu einer erfolgreichen Sauberkeitserziehung gehören notwendige körperliche Voraussetzungen. Hierzu zählen, dass der Stuhlgang einigermaßen regelmäßig erfolgt und das Kind nur noch im Abstand von etwa drei bis vier Stunden Wasser lässt, seine Blasenmuskulatur also bereits so entwickelt ist, dass der Urin in der Blase gehalten und gesammelt wird. Diese Anzeichen zeigen, dass ein Kind nun lernen kann, die Schließmuskeln von Darm und Blase zu kontrollieren. Noch einmal sei darauf hingewiesen, dass es ab diesem Zeitpunkt noch geraume Zeit dauert, bis ein Kind nicht nur den unmittelbaren Drang zum Wasserlassen, sondern

Im dritten Lebensjahr empfindet ein Kind die Windel zunehmend als lästig: eine wichtige Voraussetzung, um trocken zu werden.

Das dritte Lebensjahr

auch eine halb oder gut gefüllte Blase wahrnimmt und außerdem versteht, dass diese in nächster Zeit entleert werden muss. Zudem kann es noch dauern, bis »tagestrockene« Kinder auch die Nächte trocken überstehen, häufig schlafen sie zu tief, um den noch als schwach wahrgenommenen Harndrang zu verspüren. Hier ist es in der Regel erst sinnvoll, die Windel wegzulassen, wenn ein Kind etwa zwei Wochen lang täglich morgens mit trockener Windel aufwacht.

Die wichtigste Voraussetzung ist, dass ein Kind seine lästigen Windeln loswerden will. Darüber hinaus muss es bereit sein, sein »Geschäft«, das es nicht als Abfall, sondern als wertvolles Produkt empfindet, schnöde in der Toilette verschwinden zu lassen. Die Freude an der wachsenden Selbstständigkeit bringt in diesem Alter wichtige Motivation. Um den selbstständigen Toilettengang in den Griff zu bekommen, muss ein Kind auch ein Gefühl für die Rechtzeitigkeit entwickeln. Dies setzt voraus, dass es bereits ein gewisses Zeitverständnis besitzt. Es sollte sich außerdem schon so weit mitteilen können, dass seine Umgebung seine »Nöte« versteht und ihm gegebenenfalls etwa beim An- und Ausziehen hilft.

Es bewährt sich im Allgemeinen, ein Kind, wenn es will, auf die Toilette mitzunehmen. Auf diese Weise lernt es den Toilettengang kennen und beginnt sich dafür zu interessieren, wobei das Interesse an Töpfchen und Toiletten bei Zweijährigen meist von selber kommt. In der Regel setzen sie sich irgendwann »zum Probieren« gerne von selbst auf den Topf oder ihren Toilettensitz. Häufig hocken sie auch eine Puppe oder ein Kuscheltier darauf – das Prinzip Nachahmung und »Als-ob« greift hier ebenso.

Die beste Unterstützung beim Sauberwerden sind liebevolle Geduld, Ermutigung und viel Lob. Vor allem sollte man stets Rückschläge und Malheure einkalkulieren, die zum Beispiel durch Krankheit oder Stresssituationen wie etwa Eingewöhnung bei der Tagesmutter ausgelöst werden können. Setzen Sie Ihr Kind bei solchen Gelegenheiten nicht unter Druck, sondern nehmen Sie einfach immer Ersatzkleidung mit!

Es dauert, bis ein Kind kontrolliert Wasser lässt. Und meist brauchen Kinder noch einmal mehr Zeit, bis sie eine mäßig gefüllte Blase vorbeugend entleeren können.

Die sprachliche Entwicklung im dritten Lebensjahr

Die sprachliche Entwicklung im dritten Lebensjahr

Kinder verfügen in diesem Alter meist schon über einen großen Wortschatz, dem täglich neue Wörter hinzugefügt werden, darunter auch das kleine, aber so wichtige Wörtchen »ich«. Doch nicht nur der Wortschatz wächst, auch die Sätze werden nun langsam immer länger. Dabei kommt ebenso der grammatikalischen Struktur der Sprache große Bedeutung zu. Auch wenn die individuelle Entwicklung bei Kindern sehr unterschiedlich verläuft, gegen Ende des dritten Lebensjahres können sie in der Regel schon gut sprechen.

Spielen mit Erwachsenen und dabei kommunizieren bietet dem Kind eine wunderbare Möglichkeit, den Wortschatz mit Spaß zu erweitern.

Der Wortschatz wächst

Mit Beginn des dritten Lebensjahres haben die meisten Kinder die Marke der »magischen 50 Wörter« schon überschritten und in der Folge erweitern sie ihren aktiven Wortschatz in einem für Erwachsene schier unglaublich anmutenden Tempo (siehe S. 107). Was im zweiten Lebensjahr begann, beschleunigt sich im dritten Lebensjahr noch einmal erheblich. Nicht selten können Kinder gegen Ende dieser Phase bereits mehrere hundert Wörter sprechen und zu komplexen Ausdrücken

Das dritte Lebensjahr

Die neu erworbenen Wörter lassen sich nun immer wieder anwenden, das ist ein großes Erfolgserlebnis!

verbinden. Dieses reiche Vokabular haben sie mehr oder minder »nebenbei« im alltäglichen Zusammensein, im täglichen Gespräch mit Erwachsenen, größeren Kindern und auch im Umgang mit Medien gelernt, etwa durch das Hören von Geschichten- oder Liedersammlungen. Das enorme Pensum des Spracherwerbs können Kinder auch deshalb bewältigen, weil sie nun dank ihrer kognitiven Entwicklung immer besser in der Lage sind, eine innere Vorstellung von der Welt aufzubauen, Handlungen gedanklich auszuführen und sie mit Wörtern zu verbinden. Diese verwenden sie also nicht mehr nur situationsgebunden, sondern in der Bedeutung, in der sie allgemein gebraucht werden.

Immer leichterer Worterwerb

Anhand der Erfahrungen, die mit den bereits erlernten Wörtern gemacht wurden, gelingt es Zweijährigen immer besser, neue Begriffe zuzuordnen. Hilfestellung bieten hierbei verschiedene Prinzipien, die sich an einer typischen Situation nachvollziehen lassen. Zeigt man Kindern beispielsweise nacheinander Bilder von Vögeln, deren Namen sie schon kennen (etwa Papagei, Huhn, Ente), und dann eine Amsel, deren Namen sie noch nicht kennen, bringen sie das neue Wort »Amsel« mit dem Vogel in Verbindung und nicht mit dem Wurm, den der Vogel auf dem Bild gerade im Schnabel hält. Neben dem Gleichheits- kommt zudem das Ganzheitsprinzip zum Tragen. Man zeigt Kindern in diesem Alter nacheinander Bilder von Tieren, die sie kennen, wie Ente, Hase und Hund, und von einem Tier, das sie nicht kennen, zum Beispiel einem Krokodil. Benennt das Kind nun diese Tiere nacheinander, geht es in der Regel davon aus, dass sich auch das neue Wort »Krokodil« auf das ganze Tier bezieht und nicht auf die grüne Farbe des Reptils.

Kategorien und Hierarchien

Eine wichtige Rolle in der Sprachentwicklung spielt die stetig wachsende Fähigkeit der Kinder, immer einsichtigere Kategorien wie »Tiere«, »Pflanzen« oder »Autos« zu bilden. Da diese auf dem aktuellen Wissensstand des Kindes basieren, greifen sie anfänglich noch nach der Logik von Erwachsenen zu kurz (wenn Papageien, Tauben und Hühner, nicht aber Enten als »Vögel« eingeordnet werden) oder sind zu großzügig angelegt (wenn beispielsweise alle Lebewesen kurzerhand als »Hund« bezeichnet werden). Für die Kinder sind die Einordnungen schlüssig. Erwachsene sollten hier einfühlsam mitdenken und die kindliche Theoriebildung bestärken, das Kind für Richtiges loben, es nicht auf »falsche« Zuordnungen hinweisen. Zu starkes Korrigieren kann für manches Kind die eigenen Denkweisen so weit infrage stellen, dass die Begriffsbildung deutlich nachlässt und es sich »seine Welt« nicht mehr erschließen mag. Im Zuge der weiteren Erfahrungen werden sich die Zuordnungen den Grup-

---

INFO

Der Kampf mit der Aussprache

Im Lauf des dritten Lebensjahres lernen Kinder, alle Laute ihrer Sprache zu unterscheiden. Allerdings dauert es noch etwa ein Jahr, bis sie diese auch selbst sprechen können. Die Aussprache einiger Laute bereitet ihnen besondere Probleme. Zu ihnen zählen jene, die im hinteren Mundraum gebildet werden (darunter r, ch und k) und die sie ab einem Alter von rund zweieinhalb Jahren beherrschen.

pierungsweisen von Erwachsenen von selbst annähern.

Mit dem Ordnen von Begriffen wird ein großer Schritt in der Sprachentwicklung vollzogen. Bezogen die Kinder anfangs Wörter nur auf bestimmte Objekte, beispielsweise »Auto« nur auf das Familienfahrzeug, nicht aber auf andere Autos, so ist ihnen jetzt klar, dass die gleichen Dinge und Lebewesen mit unterschiedlichen Wörtern bezeichnet werden und sich im Gegenzug gleiche Wörter auch auf unterschiedliche Dinge und Lebewesen beziehen können. Struppi ist ein Dackel, ein Hund und ein Lebewesen, ein Gänseblümchen ist eine Blume und eine Pflanze. Aber Lebewesen sind auch Enten oder Krokodile, Hunde können auch Pudel sein und Oskar heißen, zu den Pflanzen gehören auch Bäume, zu den Blumen auch Rosen. Die hierarchische Organisation von Kategorien (Pflanze, Blume, Gänseblümchen oder Lebewesen, Hund, Dackel) wird den Kindern nun immer bewusster. Zeigt man ihnen nun etwa einen Hammer, den sie schon kennen und als »Hammer« benennen können, und sagt dabei »Stiel« oder »Werkzeug«, dann schlussfolgern sie, dass diese Wörter Teile des Hammers bezeichnen oder einen Oberbegriff darstellen können.

Einer ist dem anderen voraus: Auch im Umgang untereinander verbessern Kinder ihre sprachlichen Fähigkeiten.

Neue Wörter – teilweise verstanden

Darüber hinaus müssen Kinder nicht immer sofort die ganze Bedeutung von neuen Wörtern erfassen, sondern geben sich durchaus auch mit einem vorläufigen Verständnis zufrieden. Dieser Prozess lässt sich bei den Kleinen nach Überschreiten der »magischen 50 Wörter« besonders für die Bezeichnungen von Objekten und Eigenschaften nachvollziehen. So lernt ein Kind beispielsweise den Namen einer Farbe schneller, wenn es bereits andere Farben kennt, denn es hat schon verstanden, dass unterschiedliche Farben jeweils einen anderen Namen besitzen. Wenn es nun das neue Wort »grau« als Bezeichnung für eine Farbe lernt, weiß es, dass »grau« wie »rot« oder »grün« eine Farbe bezeichnet. Möglicherweise kann es sich aber nicht merken, wie die Farbe aussieht, die »grau« genannt wird. Dennoch ist das Wort »grau« in den Wortschatz des Kindes eingegangen, und irgendwann wird es sich auch gemerkt haben, welche Farbe nun mit »grau« bezeichnet wird.

Das dritte Lebensjahr

Kinder begreifen grundlegende grammatikalische Strukturen intuitiv. Manche Sprachwissenschaftler gehen davon aus, dass uns ein grundlegendes grammatisches Verständnis bereits angeboren ist.

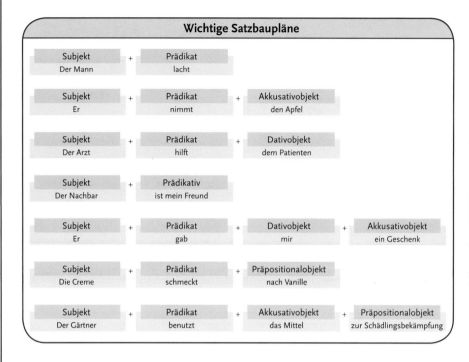

INFO

Der Kampf mit langen Wörtern

Gerade zu Beginn des Sprechenlernens ist es für Kinder schwierig, lange Wörter mit schwierigen Lautkombinationen richtig auszusprechen. Sie geben diese häufig nur verkürzt wieder (»Lade« statt »Schokolade«, »Marrn« statt »Kaiserschmarrn«).

Die Sätze werden länger

Viele Kinder können gegen Ende des zweiten Lebensjahres Zwei-Wort-Sätze bilden und somit zunehmend besser kommunizieren. Sie haben schon gelernt, diese kurzen Sätze mit Hilfe verschiedener Betonungen beispielsweise als Aussagen, Aufforderungen, Bitten oder auch als Fragen einzusetzen. Wenn sich nun im dritten Lebensjahr der aktive Wortschatz der Kinder rapide vergrößert, gelingt es ihnen immer besser, die ihnen geläufigen Wörter zu Sätzen zu kombinieren und Fragewörter wie »warum?« oder »was?« zu verwenden. Bereits im Alter von rund zweieinhalb Jahren können viele Kinder Sätze mit drei, vier oder gar fünf Wörtern bilden.

Längere Sätze erfordern jedoch ein Gefühl für die Wortstellungen, die in einer Sprache möglich sind. Die dafür gültigen komplexen Regeln haben die Kinder in dieser Phase des Spracherwerbs verstanden, und sie machen nur selten Fehler in der Ordnung von Substantiven und Verben. So sind Sätze wie »Hanna auch Kuchen essen« aus Kindermund durchaus üblich, seltener hört man jedoch Wortfolgen wie »essen Hanna Kuchen auch«. Mit der Zeit verstehen sie es auch, Verben zu beugen (»Hanna isst«) und die Reihenfolge der Wörter in längeren Sätzen so zu variieren, dass sie auf diese Weise Fragen oder Aufforderungen formulieren können.

Das Gefühl für die richtige Wortfolge schlägt sich zudem in der Erweiterung des aktiven Wortschatzes nieder. Darin tauchen ungefähr ab der zweiten Hälfte des dritten Lebensjahres immer mehr Verben auf sowie Wörter, die nicht Objekte und Eigenschaften bezeichnen und die im passiven Wortschatz der Kinder schon lange

Die sprachliche Entwicklung im dritten Lebensjahr

einen festen Platz einnehmen, wie »und«, »weil«, »oder«, »aber«. Das Erlernen dieser Wörter steht wahrscheinlich in engem Zusammenhang mit dem Erkennen von Satzstrukturen. So können Kinder offensichtlich anhand der Satzmuster erkennen, dass beispielsweise eine Tätigkeit benannt wird: Hans trinkt Milch, Lise wäscht die Puppe, Michael streicht die Wand. Auch wenn das Kind die Bedeutung des Wortes »streicht« noch nicht versteht, kann es anhand des Satzbaus folgern, dass es sich um eine Tätigkeit handelt, und somit das Wort schneller lernen.

Stolpersteine beim Spracherwerb

Um eine Sprache richtig sprechen zu können, müssen viele Regeln verstanden und richtig angewandt werden. Die korrekte Anwendung von grammatischen Strukturen kann so jungen Kindern nicht erklärt werden. »Versuch und Irrtum« ist auch hier die Strategie, mit der die komplexen grammatikalischen Regeln der Sprache im dritten und in den kommenden Lebensjahren selbstständig individuell erschlossen werden. Dies geschieht im Zuge des alltäglichen Sprechens, hier werden die grundlegenden Prinzipien zunehmend verinnerlicht und angewandt. Nicht zuletzt aufgrund der engen Abhängigkeiten zum Entwicklungsstand anderer Bereiche (wie der Ausprägung der motorischen Entwicklung, der Ausprägung der kognitiven Entwicklung) wie auch zu äußeren Bedingungen (zum Beispiel dem Gesprächsklima im Umfeld, den das Sprechen anregenden Bedingungen) dauert dieser Lernprozess von Kind zu Kind unterschiedlich lange.

Grundsätzlich gehen Kinder sehr logisch vor. Haben sie einmal eine Regel erkannt, dann versuchen sie, diese allgemein anzuwenden. Doch Sprachen sind keine streng logischen Gebilde und bergen gerade deshalb viele Stolpersteine. So merkt man paradoxerweise sehr deutlich an den Grammatikfehlern eines Kindes, dass es beginnt, Sprachregeln zu verinnerlichen. Beispielsweise kann es durch reines Zuhören schon gelernt haben, dass die Vergangenheit von »Ich sehe« »Ich habe gesehen« heißt, eines Tages aber seine Umgebung mit dem Ausspruch »Ich habe geseht« überraschen. Das Kind hat in diesem Fall versucht, das Verb so zu beugen wie etwa »baden – gebadet« oder »wickeln – gewickelt«. Der Fehler ist also kein Rückschritt, sondern ein Fortschritt, zeigt er doch, dass sich das Kind langsam die grammatikalischen Regeln aneignet.

Solche »Grammatikfallen« verbergen sich aber auch in der Bildung von Wörtern und deren Plural sowie in bestimmten Konstruktionen. Warum heißt das Gegenteil von Reichtum »Armut« und nicht »Armtum«? Oder das Gegenteil von Dunkelheit »Helligkeit« und nicht »Hellheit«? Auch ist es nicht einzusehen, warum viele Köche (und nicht »Köcher«) den Brei verderben, in den sie den Käse voller Löcher (und nicht »Löche«) rühren, und zwar in Häusern (und nicht »Häusen«), in denen es viele Mäuse (und nicht »Mäuser«) gibt. Und warum spielt man allein, ohne die Schwester, aber mit niemandem (und nicht »ohne niemanden«)? Diese und viele andere grammatikalische Regeln, »Fallen« und Ausnahmen müssen Kinder verinnerlichen, bis sie ihre Sprache aktiv beherrschen.

INFO

Was ist Grammatik?

Als Grammatik einer Sprache bezeichnet man das System von Regeln, die dieser Sprache zugrunde liegen. Hierzu zählen die Lehre von der Wortbildung und der Wortflexion (Morphologie) und von der Verwendung der Wörter im Satz (Syntax) sowie die Lautlehre (Phonetik und Phonologie). Diesem Regelsystem verdanken wir, dass sich in kommunikativen Situationen Sprecher und Zuhörer, bei geschriebener Sprache Autor und Leser, verstehen. Kinder erwerben das Wissen über die Regeln ihrer Muttersprache(n) schon in den ersten Jahren ihrer Sprachentwicklung. Während Menschen die grammatikalischen Regeln der Muttersprache unbewusst beherrschen, müssen sie sie für Fremdsprachen jeweils neu erlernen.

Das dritte Lebensjahr

»Langsam-Entwickler« – ein Fallbericht von einer Logopädin

»Schau, ich habe einen schönen roten Stift. Möchtest du damit ein Bild malen?« Auge in Auge sitzen sich die Logopädin und ein bald drei Jahre altes Mädchen an einem Tisch mit Malutensilien gegenüber. Immer wieder sucht die Therapeutin den Blickkontakt zum Mädchen, das nach der Aufforderung die Hand nach dem Stift ausstreckt.

Verzögerung durch Krankheit?

Die kleine Unterhaltung zeigt einen ersten Erfolg früher Sprachförderung bei einer »Langsam-Entwicklerin«. Denn die kleine Thea, die hier nach dem Stift greift, sprach mit 26 Monaten nur sieben verständliche Wörter. Eine Schwerhörigkeit konnte als Ursache für diese Sprachentwicklungsverzögerung ausgeschlossen werden. Zwar hatte das Kind seit Ende des ersten Lebensjahres drei schwere, langwierige Mittelohrentzündungen durchlitten, die eine Behandlung mit starken Medikamenten erforderten, Nachuntersuchungen durch den HNO-Arzt ergaben jedoch, dass die Infektionen keine bleibenden Hörschäden hinterlassen hatten. Auch sonst wurden vorab keine Auffälligkeiten in der körperlichen, geistigen und motorischen Entwicklung des Kindes festgestellt, die in Zusammenhang mit dem geringen aktiven Sprachschatz Theas stehen konnten. Möglicherweise hatte jedoch die lange Zeit der Krankheit, in der das Gehör einige Zeit eingeschränkt war, die Sprachentwicklung des Kindes verzögert.

> **TIPP**
>
> **Förderung durch Sprachspiele**
>
> Bei einer sprachlichen Langsam-Entwicklung lässt sich die Sprachkompetenz eines Kindes auch durch kreativen, humorvollen und spielerischen Umgang mit Sprache fördern. So können in einer gelösten Atmosphäre Sprachspiele wie Reimergänzung oder Stille Post dazu beitragen, innere Blockaden des Kindes aufzulösen. Allerdings bedarf es dabei der Geduld, übt man Druck auf das Kind aus, erweist sich das in der Regel als kontraproduktiv.

Eine sprachliche Spätentwicklung, die sich nicht auf gravierende körperliche oder geistige Defekte zurückführen lässt, ist kein Grund zur Besorgnis. Allerdings sollten Eltern darauf achten, dass sich das Kind nicht zum Einzelgänger entwickelt.

Die sprachliche Entwicklung im dritten Lebensjahr

Die Aufmerksamkeit lenken

Die Logopädin stellte in verschiedenen Spielsituationen mit dem Kind fest, dass Thea über ein altersgemäßes Sprachverständnis verfügte. Die Therapeutin bemerkte jedoch, dass Thea auch im kommunikativen Spiel nur sehr selten den Blickkontakt mit ihr suchte und zudem fast nie versuchte, Wörter nachzusprechen. Ihre Behandlung zielte deshalb darauf ab, die Aufmerksamkeit des Kindes immer wieder mit intensivem Blickkontakt auf sich zu ziehen und es ihm so zu erleichtern, die von ihr gesprochenen Wörter nachzuahmen.

Die Rolle der Eltern

Da eine solche Behandlungsmethode wenig Erfolg zeigt, wenn sie nicht täglich ausgeübt wird, wurden die Eltern in die Therapie einbezogen. Theas Eltern ließen sich im Umgang mit ihrem Kind filmen. Wie die Videoaufnahmen zeigten, richtete Thea selten Blicke auf Mutter oder Vater. Außerdem sprachen beide in einer für das Alter des Kindes zu komplexen Form mit Thea. In einem Training lernten die Eltern, auch in Alltagssituationen durch Blickkontakt die Aufmerksamkeit des Kindes zu erregen und zu lenken. Zudem bemühten sie sich in der Kommunikation mit Thea um eine einfache Sprache und eine deutliche, langsame Aussprache. Thea gelang es so in der Folge immer besser, Wörter nachzuahmen und nun auch schneller zu lernen; die lange erwartete Wortschatzexplosion trat schon nach kurzer Behandlungszeit ein und auch die ersten Zwei-Wort-Sätze ließen nicht mehr lange auf sich warten.

Nach einigen Monaten war der Rückstand mit Hilfe der kindgerechteren Umgangsformen der Eltern und der logopädischen Unterstützung aufgeholt. Thea drückte sich nun deutlich in ihrem Alter gemäßen Mehrwortsätzen aus.

Sprachliche Spätentwickler sind nicht selten hochintelligente Kinder, deren Sprachverständnis im Verborgenen heranreift, um dann später umso eindrucksvoller hervorzutreten.

Betonung, Mimik und Gestik

Zur gesprochenen Sprache gehören nicht nur Laute, Wörter und eine solide Grammatik, die die grundlegenden Regeln bestimmt, den Inhalt der Aussagen beeinflussen auch nicht-sprachliche Elemente. Hierzu zählen die Mimik, Gestik und Körperhaltung des Sprechenden, aber auch die Betonungen, die er setzt, und die Lautstärke, in der er spricht, seine Verwendung verschiedener Tonhöhen, der spezifische Sprechrhythmus und nicht zuletzt die Pausen, die den Sprachfluss unterbrechen. Diese nicht-sprachlichen Elemente »würzen« und verdeutlichen gleichsam die gesprochene Sprache, verleihen ihr vielfältige Nuancen, die sich durch die gesprochenen Worte allein nicht erzielen lassen und die vom Zuhörer gut verstanden werden. Durch sie lassen sich zum Beispiel Fragen oder Warnungen deutlich ausdrücken, kann man etwa Aussagen den nötigen Nachdruck oder die angemessene Vorsicht verleihen, Ärger kundtun oder feine Ironie walten lassen.

Bis Kinder diese sprachlichen Feinheiten beherrschen, brauchen sie einige Zeit. Andererseits kann es passieren, dass sie ihre Umgebung mit mehr oder minder geschliffenen Aussagen überraschen, die sie flüssig und mit den feinen Betonungsnuancen versierter Sprecher über die Lippen bringen. Erstaunte Zuhörer vernehmen dann beispielsweise, wie ihre zweijährigen Sprösslinge beim Puppenspiel Sätze wie »Nein, das ist mir aber nun wirklich nicht recht!« oder »Wie sieht's denn hier schon wieder aus?« von sich geben – und zwar nicht selten in Momenten, wo sie eigentlich gar nicht richtig passen.

Ich, Marie

Zwischen den Aussagen »Marie will auch Eis essen« und »Ich will auch Eis essen« liegt eine kleine (Erkenntnis-)Welt, die die meisten Kinder im dritten Lebensjahr für sich erobern. In diesem Alter bilden sie bereits eine konkrete Vorstellung über sich selbst aus, werden sich ihrer selbst bewusst und entwickeln eine sogenannte Selbstrepräsentation. Dieses wachsende Selbstbewusstsein der Kinder erkennt man an ihrem Verhalten. So können sie in diesem Alter schon zuordnen, ob sie wie die Mama ein Mädchen oder wie der Papa ein Junge sind, und üben auch gerne die gleichen Tätigkeiten wie der Elternteil desselben Geschlechts aus. Darüber hinaus können Kinder in diesem Alter bereits begreifen, dass ihr Verhalten eine Wirkung auf andere Menschen hat. Sie versuchen etwa aktiv durch ihr Verhalten ein Lob zu erhalten. Im Gegenzug können sie schon ein bisschen verlegen werden, wenn sie beispielsweise bei einer »Untat« ertappt werden.

Die Selbstrepräsentation zeigt sich auch deutlich in der sprachlichen Entwicklung. Die Kinder sind nun zunehmend in der Lage, von Aktivitäten, Fähigkeiten oder Eigenschaften zu erzählen, die Elemente ihres Selbstbilds ausmachen. »Marie hat blonde Haare«, »Julian kann Roller fahren«, »Sibel ist ein Mädchen«, solche und andere Äußerungen zeugen von dem Bild, das die Kinder von sich selbst haben und immer weiter entwickeln. Dennoch dauert es ab den ersten sprachlichen Anfängen

---

INFO

Ein promptes Echo

Dialektfärbung, Nuscheln oder der empört-bekräftigende Atemzug am Ende einer genervten Frage entgehen Kindern nicht. Wenn ein Kind eine Person aus der nahen Umgebung präzise in allen Sprachdetails und Eigenheiten nachahmt, dann trainiert es so vor allem seine Aussprache und seine sprachliche Ausdruckskraft. Die genaue Bedeutung der Aussage dieser »Echo-Sätze« verstehen die Kinder in der Regel aber nicht.

Die sprachliche Entwicklung im dritten Lebensjahr

noch einige Zeit, bis Kinder von sich selbst nicht mehr in der dritten Person und mit dem eigenen Namen, sondern als »ich« sprechen.

Da Erwachsene das »ich« und »du« selbstverständlich ohne nachzudenken über die Lippen kommt, ist es für sie manchmal schwer nachvollziehbar, welche geistige Leistung hinter der Verwendung dieses so wichtigen Wortes »ich« steckt. Denn die

»Selbst-Bewusstsein« entsteht in einem langen und komplexen Prozess, der durch Sinneswahrnehmung, geistige Entwicklung und nicht zuletzt Sprache bestimmt wird. Einen Meilenstein bildet die Verwendung des Wörtchens »ich«.

Kinder lernen an dieser Stelle, sich selbst mit einem Wort zu bezeichnen, das sie tagtäglich von verschiedenen Personen in den unterschiedlichsten Zusammenhängen, aber niemals auf sie selbst bezogen hören. »Ich gehe einkaufen!«, ruft etwa der Vater am Morgen, »Ich spiele Auto«, sagt der Bruder am Nachmittag oder »Ich gehe zum Sport« die Mutter am Abend. Jedes Mal bezeichnet das »ich« eine andere Person, die doch eigentlich Papa, Mama oder Laurin heißt. Um die Bedeutung des Wortes »ich« zu verstehen, müssen Kinder also nicht nur ein Bewusstsein ihrer selbst aufgebaut haben, sondern darüber hinaus schon verstehen, dass sich auch andere selbst mit »ich« als Person bezeichnen. Einige Kinder können diese schwierigen Zusammenhänge bereits Mitte des dritten Lebensjahres begreifen, andere lassen sich hingegen noch einige Monate Zeit, bis sie dieses schwierige Wörtchen in ihren aktiven Wortschatz einreihen.

Das dritte Lebensjahr

Sprechfehler: Verbessern, ohne dass es das Kind merkt

Auch wenn das Kind sich nicht korrekt ausdrückt, sollte man gut zuhören, um die Aussage des Kindes zu verstehen.

Auch wenn sie bereits über eine erstaunliche Sprachkompetenz verfügen, essen Kleinkinder gerne ihr »Boot« und spielen mit ihrem »Siff«. Mit behutsamer Unterstützung der Eltern lassen sich allerdings derartige kleinere Sprechfehler rasch beheben.

Der Feinschliff

Erwachsene denken häufig mit Schrecken an die Paukerei zurück, die mit dem Erlernen englischer Vokabeln oder lateinischer Grammatik verbunden war. Angesichts dieser Erinnerungen nötigt ihnen die Geschwindigkeit, in der kleine Kinder ihre Muttersprache(n) lernen, gehörigen Respekt ab. Wer die Regeln einer Sprache erst zu meistern beginnt, kann aber noch kein Gefühl für die Feinheiten und Ausnahmen entwickelt haben und wird etwa die Vergangenheitsform mancher Verben (Tätigkeitswörter) nicht richtig bilden. Und wer aufgrund seiner körperlichen Entwicklung bestimmte Lautverbindungen wie »schn« oder »kr« noch nicht erzeugen kann, wird manche Wörter unweigerlich falsch aussprechen. Die Sprachentwicklung von Kindern lässt sich aber durch eine sprachfreundliche Umgebung fördern.

Ignorieren und korrigieren

»Papa is snell in Teller gegeht!«, »Oma tut feletonieren«, »Marie mit Laschlappen selber wascht!« Selbstverständlich verstehen Erwachsene diese typischen Aussprü-

Die sprachliche Entwicklung im dritten Lebensjahr

che von Kindern, doch wie geht man mit den Sprechfehlern der Kleinen am besten um? Bewährt hat sich auch hier die Strategie des »Ignorierens und Korrigierens«. Dies bedeutet, dass man die fehlerhafte Aussprache eines Kindes nicht kommentiert. Sie wird zwar registriert, dem Kind aber nicht vorgehalten. Denn Kinder haben Freude am Kommunizieren und bemühen sich, das Sprechen schnell und gut zu lernen. Mit direkt an ein Kind gerichteten Appellen wie »Sprich deutlich« oder »Nicht so schnell«, mit als streng empfundenen Korrekturen (»Das heißt ›schnell‹!«) oder Aufforderungen, korrigierte Wörter oder Phrasen nachzusprechen (»Sag doch mal: ›Papa ist in den Keller gegangen‹«), bremst man den kindlichen Spracheifer aus und verdirbt den Kleinen den Spaß an der Sprache. Denn wer für Fehler kritisiert oder gar getadelt wird, traut sich irgendwann nicht mehr, sich zu äußern, aus Angst, etwas falsch zu machen.

Dennoch kann man kindliche Sprechfehler behutsam korrigieren, indem man im Gespräch mit dem Kind beiläufig das fehlerhaft gesprochene oder unkorrekt gebildete Wort in der richtigen Form langsam und deutlich wiederholt. Das Kind bemerkt auf diese Weise durch reines Zuhören seine Fehler und wird unbewusst versuchen, sie zu verbessern, ohne dass man es darauf aufmerksam machen muss.

> **TIPP**
>
> **Spielerische Problembewältigung**
>
> Reime, Zungenbrecher oder Geschichten mit »Problemwörtern« können einem Kind auf spielerische Weise helfen, kleinere Probleme der Aussprache und Grammatik langsam zu meistern.

Lernen im Dialog

Zwischen Kindern und Eltern, die beim Sprechen eine solche stützende Strategie verfolgen, könnte sich also ein Dialog wie folgender entwickeln:
»Papa is snell in den Teller gegeht!«
»Ach, der Papa ist schnell in den Keller gegangen? Was holt er denn da?«
»Weiß nich!«
»Du weißt es nicht? Vielleicht holt er die Bohrmaschine, was meinst du? Wir fragen ihn, wenn er wieder aus dem Keller kommt.«

Durch solch langsam und deutlich gesprochene dialogische Wiederholungen kann das Kind nicht nur die richtige Aussprache der Wörter erkennen, die es gerade selbst gesprochen hat, es schnappt gleichsam nebenbei auch noch Grammatikregeln und logische Konstruktionen auf. Es erhält den an seine Fähigkeiten und Bedürfnisse perfekt angepassten Unterricht.

Viel mit Kindern sprechen und nicht zuletzt vorlesen sind die besten Korrektive für fehlerhaftes Sprechen.

Das dritte Lebensjahr

Auch wenn es den Vorgang und Aussagen darüber versteht, dauert es, bis ein Kind eine Aktivität wie Wäscheaufhängen adäquat benennen kann.

Verstehen ist einfacher als sich mitteilen

Kinder machen im dritten Lebensjahr ganz erstaunliche Fortschritte in ihrer Sprachentwicklung. Dazu gehört auch, dass sie nun die gesprochene Sprache ihrer Umgebung immer besser verstehen. Wörter und Äußerungen erfassen sie nicht mehr nur situationsgebunden, sondern mit Hilfe sogenannter geistiger Repräsentationen. Diese inneren Vorstellungen befähigen sie, etwa Handlungen gedanklich nachzuvollziehen, ohne dass diese tatsächlich direkt ausgeführt werden müssten. Gleichzeitig wächst ihr aktives Vokabular, mit dem sie sich immer besser ausdrücken können. Dennoch gilt auch in diesem Alter, dass der schon beachtliche Umfang des passiven Wortschatzes den des aktiven Vokabulars ganz erheblich übertrifft. Gerade jetzt ist die Kluft zwischen dem, was die Kinder schon gut verstehen und wissen, und den noch begrenzten sprachlichen Mitteln, die ihnen zur Verfügung stehen, um ihre Kenntnisse und Erkenntnisse, Wünsche, Befindlichkeiten, Gefühle und Bedürfnisse auszudrücken, besonders groß. Ein Erwachsener kann das gut nachvollziehen, wenn er sich vor Augen hält, wie schwierig es für ihn ist, sich in einer Fremdsprache angemessen auszudrücken.

Sich behelfen mit Wortneuschöpfungen

Der bemerkenswerte Unterschied zwischen produktivem und passivem Sprachgebrauch zeigt sich in diesem Alter unter anderem im typischen »Kindermund« mit seinen kreativen Wortschöpfungen, die sich für Erwachsenenohren häufig niedlich und nicht selten kurios anhören. So kann es durchaus vorkommen, dass sich ein

Kind am Spielplatz erst »absanden« (den Sand von seiner Kleidung abklopfen) muss, bevor es nach Hause gehen kann. Darüber hinaus umfasst der passive Wortschatz auch Wortarten, die die Kinder erst langsam zu verwenden lernen. Hierzu zählen vor allem Verben, aber auch Adjektive, Adverbien und Konjunktionen wie »aber«, »denn« oder »weil«.

Verständnis komplexer Aussagen

Die sich nur langsam verringernde Diskrepanz zwischen aktivem Wortschatz einerseits und dem deutlich größeren Sprachverständnis andererseits zeigt sich auch darin, dass Kinder nun längere Sätze verstehen oder komplexere Anweisungen befolgen, die sie selbst jedoch noch nicht formulieren könnten. So versteht beispielsweise ein Zweieinhalbjähriger problemlos die Aufforderung seines Vaters: »Bitte, park den Spielzeugtraktor in der Garage. Wir wollen nämlich jetzt alle gemeinsam essen.« Er kann sich die von ihm geforderte Handlung gedanklich vorstellen und sie deshalb nur aufgrund einer rein sprachlich ausgedrückten Anweisung ausführen – oder auch nicht. Denn möglicherweise will er ja in diesem Moment nicht essen, sondern lieber mit seinem Traktor weiterspielen und ihn nicht parken. Diese bewusste Verweigerung ist nun möglich, weil er sich vorstellen kann, was von ihm verlangt wird. Vielleicht lässt sich der kleine Traktorfahrer aber dennoch umstimmen, wenn ihm der Vater verspricht, dass er nach dem Essen wieder mit seinem Lieblingsfahrzeug spielen darf.

Kinder können bereits in diesem Alter solche einfachen und ihnen bekannten zeitlichen Abfolgen nachvollziehen. Mit abstrakten Zeitbegriffen wie »gestern«, »morgen« oder gar »nächste Woche« lernen sie jedoch erst in den nächsten Jahren umzugehen.

TIPP

Kinder wollen sich mitteilen

Beim Sprechenlernen ist es wichtig, dass Kinder durch ihr Umfeld unterstützt werden. Kommunizieren Sie mit Ihrem Kind, interessieren Sie sich für seine Erzählungen und nehmen Sie es ernst. »Übersetzen« Sie seine Äußerungen und fragen Sie behutsam nach, wenn es über einen aufregenden Vorfall chaotisch und für andere nicht nachvollziehbar berichtet. Sie fördern auf diese Weise die Freude des Kindes am Sprechen und somit seine Sprachentwicklung.

Sich richtig und verständlich ausdrücken ist schwierig

Einerseits nimmt der aktive Wortschatz jetzt in rasanter Geschwindigkeit zu und befähigt die Kinder, zunehmend längere Sätze zu formulieren. Gleichzeitig stellen diese komplexeren sprachlichen Gebilde für die Kleinen eine große geistige Herausforderung dar. Sie müssen die einzelnen Laute und Wörter richtig und verständlich aussprechen, auf die Grammatik und die Sprachmelodie, auf Betonungen und Tonhöhen achten, sich so deutlich wie möglich verständlich machen. Es ist daher nicht weiter verwunderlich, wenn Kindern Sätze und Äußerungen nicht immer leicht und flüssig über die Lippen kommen und ihre Sprache oft recht holprig wirkt. Hierzu trägt bei, dass sie häufig etwas umformulieren oder überdenken müssen, sich selbst beim Sprechen verbessern, Sätze abbrechen oder Wörter beziehungsweise ganze Satzelemente wiederholen. Auch sind die Gedanken der Kinder oft so geschwind, dass sie es gar nicht schaffen, diese auch schnell genug in Worte zu fassen und zu äußern. Es fällt ihnen aus diesem Grund schwer, Vorfälle und Begebenheiten geordnet zu erzählen.

Das dritte Lebensjahr

Das Tagebuch für mein drittes Lebensjahr

Ich hab jetzt eine Puppe, die heißt Mia. Die hat mir die Schnullerfee gebracht, weil ich meinen Schnulli unter das Kopfkissen gelegt habe. Aus diesem Babykram bin ich ja nun wirklich herausgewachsen. Um Mia muss ich mich ganz viel kümmern. Wenn es draußen kalt ist, ziehe ich ihr viele warme Sachen an. Oder ich koche Essen für sie und danach bringe ich sie ins Bett. Vorher muss sie natürlich Zähne putzen, damit sie keine Löcher bekommt, die ganz schrecklich wehtun. Wenn Mia im Bett liegt, stopfe ich immer die Bettdecke ganz fest, damit sie ja nicht friert, so wie Mama und Papa das auch bei mir machen. Aber manchmal ist sie so ungezogen und will ihre Spielsachen nicht wegräumen. Dann muss ich mit ihr schimpfen, weil es wieder unmöglich aussieht. Wenn Laurin mitspielen will, greift er mich und Mia mit seinem Dinosaurier an, den er zum Geburtstag bekommen hat. Aber Mia macht das gar nichts aus, sie haut dem Dino einfach auf die Nase, setzt sich auf ihn drauf und reitet durch den Wald!

Opa Hugos Garten

Neulich waren wir bei Oma Helga und Opa Hugo. Da war es so schön! Mama hat mit Oma Helga geklönt, wie sie sagt, und Laurin hat mit Papa im Garten ununterbrochen Toreschießen geübt. Aber ich war Opas „großer Schatz", weil ich ihm beim Kirschenpflücken geholfen habe. Ich bin sogar mit ihm zusammen die Leiter hinaufgestiegen, bis ganz hoch in den Gipfel! War nicht schwer, ich bin ja jetzt schon groß. Am Spielplatz klettere ich auch immer alleine auf die Rutsche. Mit den Kirschen hat Oma am Nachmittag Kuchen gebacken, auf den habe ich ganz viel Puderzucker gestreut, viel mehr, als ich bei Papa darf. Und Opa hat gesagt, dass wir alle öfter kommen müssen, damit ihm endlich mal jemand bei der anstrengenden Gartenarbeit hilft.

Der Zauberer in der Kirche

Als meine Cousine Franziska Erstkommunion gehabt hat, wurde ein großes Familienfest veranstaltet und ich habe das Kleid mit der Schleife angezogen. Wir sind auch in die Kirche gegangen. Die war viel größer als die Kirche, in der ich immer mit Oma Uschi eine Kerze anzünde, damit es uns allen gutgeht und keiner krank wird. Die Kommunionkinder hatten alle große Kerzen und die Musik war so laut. Vorne stand ein Mann in einem langen Umhang. Der sah aus wie der Zauberer aus meinem Bilderbuch. „Da ist der Zauberer!", habe ich ganz aufgeregt gerufen. Mama hat gegluckst und Papa hat gehustet. Auch die anderen Leute haben ein bisschen gegrinst. Laurin hat mir zugeflüstert: „Mann, Marie, das ist der Pfarrer und kein Zauberer." Alter Besserwisser!

So eine Gemeinheit!

Wenn Mama mir morgens erzählt, dass sie mich mittags in der Spielgruppe abholt und dann zu Oma Uschi bringt, weil sie Laurin nachmittags zum Kinderturnen fährt, freue ich mich schon mächtig. Dann weiß ich, dass Oma ganz viel und toll mit mir allein spielen wird. Doch letztes Mal wurde ich soooo wütend. Denn ich darf immer zu Omas Haustür laufen und klingeln – und nicht Mama! Oma muss doch wissen, dass wir jetzt kommen, und deshalb drücke ich immer ganz fest auf den Klingelknopf. Mama hat das nicht richtig gemacht und einfach selbst geklingelt. Die ganze Begrüßung war verdorben, ich war wütend und habe ganz laut geweint. Ich wollte gar nicht von Mama und Oma umarmt werden, hab sie einfach weggeschubst. Mir ging es erst wieder gut, als Oma uns noch einmal vor die Türe geschickt und diese wieder zugemacht hat. Ich hab dann lange auf den Knopf gedrückt, so wie es sein muss. Danach konnte ich Mama wieder liebhaben und ihr einen Kuss zum Abschied geben.

Elena und das Moussaka

In der Kindergruppe kenne ich ein Mädchen, mit dem mag ich gerne spielen. Wir besuchen uns manchmal. Wenn ich nach der Kindergruppe mit zu Elena gehe, kann Mama noch »Dinge erledigen«. Einmal hat das so lange gedauert, dass schon Abendessenszeit war. Da gab es etwas furchtbar Leckeres zu essen, das hieß Moussaka. Papa hat zu Mama gesagt, dass er das jetzt auch einmal kochen wird, weil er das auch so gerne mag. Onkel Peter, der zu Besuch war, hat gesagt, dass sich seine griechischen Kochkünste nur auf das Kaltstellen von Ouzo beschränken würden. Da hat Mama furchtbar gelacht. Ich verstehe das nicht, was ist denn Ouzo?

Wie wird's wohl im Kindergarten?

Elena wohnt ganz in der Nähe, in derselben Straße, aber auf der anderen Seite. Wir treffen uns auch oft auf dem Spielplatz. Da fahre ich immer mit meinem roten Dreirad hin. Elena geht wie ich bald in den Kindergarten, denn in der Spielgruppe sind wir ja jetzt bei den ganz Großen. Den Kindergarten kenne ich schon, weil Laurin ihn besucht. Aber Elena und ich kommen nicht in seine Gruppe, das fanden alle besser. Papa hat gesagt, erst fahren wir noch einmal in Urlaub ans Meer, und dann ist es so weit. Aber eine tolle Tasche haben wir schon gekauft. Ich durfte sie selbst aussuchen: Sie ist blau und ein bisschen rot und vorne ist ein lustiger Hase drauf. Zum Glück gehen Elena und ich gemeinsam in den Kindergarten, denn ein bisschen aufgeregt bin ich ja schon!

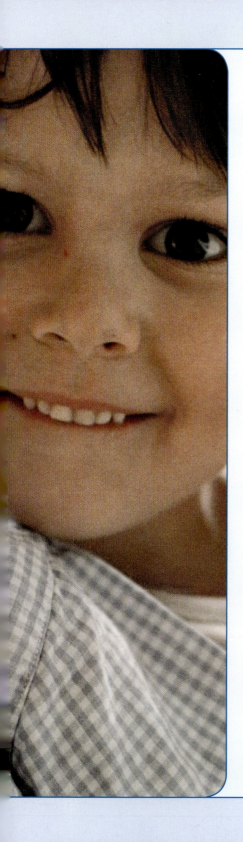

Das vierte Lebensjahr

Dreijährige verfügen über einen ungeheuren Bewegungsdrang und ihre Wissbegier ist unermesslich. Von früh bis spät löchern sie ihre Mitmenschen mit Fragen und erforschen ihre Umgebung zunehmend über die sprachliche Ebene. Auf der Basis ihrer Kenntnisse schaffen sie sich nun eine Vorstellung von der Welt, in der fantastische Gestalten einen festen Platz besitzen. Dank ihrer gesamtpersönlichen Entwicklung sind Kinder jetzt üblicherweise bereit, einen Kindergarten zu besuchen.

Das vierte Lebensjahr

»Wieso ist der Turm umgefallen? Wer macht die Bausteine?« Der kindliche Wissensdurst macht vor fast keinem Thema halt.

Die kognitive Entwicklung im vierten Lebensjahr

Die steigende Selbstbewusstheit zeigt sich nun unter anderem in bestimmten Interessen, für die die Kinder schon bis zu einem gewissen Grad »Expertenkenntnisse« ansammeln. Dank ihrer verbesserten Sprachfertigkeiten erwerben sie Wissen zunehmend auch im Gespräch. Im vierten Lebensjahr beginnt das zweite Fragealter. Neue Kenntnisse werden erfragt und bereits erworbene hinterfragt. Auf der Basis ihres noch lückenhaften Wissens entwerfen die Kinder jetzt ein eigenes Weltbild, in dem magische Elemente eine wichtige Rolle spielen.

Zusammenspiel von Lernen und Gedächtnis

Im vierten Lebensjahr spiegelt sich die Persönlichkeit von Kindern bereits bis zu einem gewissen Grad in den Themen wider, auf die sie ihre geballte Aufmerksamkeit richten. Manche entwickeln sich bis zum fünften Geburtstag zu richtigen kleinen Fachmännern oder Fachfrauen in bestimmten Bereichen und erstaunen mit ihren breiten Kenntnissen zum Beispiel über Autos oder Tiere.

Für diese bemerkenswerten Leistungen ist das zunehmende Zusammenspiel von Lernen und Gedächtnis verantwortlich, das sich in den folgenden Jahren noch vertiefen wird. Da die Jungen und Mädchen im vierten Lebensjahr schon über einen gewissen Kenntnis- und Erfahrungsschatz verfügen, können sie sich mit der Zeit auch an immer mehr Dinge erinnern. Die verbesserte Gedächtnisleistung erleichtert im Gegenzug wiederum den Wissenserwerb. Kinder können nun allmählich neue Informationen mit bereits bekannten Fakten in Verbindung setzen und sie sich deshalb besser merken. Aus diesem Grund sind sie auch in der Lage, Detailkenntnisse in Gebieten zu erwerben, für die sie eine Vorliebe hegen.

Gut gefragt ist halb gelernt

Die Aneignung von Wissen erfolgt jetzt in zunehmendem Maß mit Hilfe ungezählter Fragen, die die Kleinen zu jeder Zeit und Unzeit den Personen in ihrer Umgebung stellen. Dank ihrer wachsenden Sprachkompetenz und ihrer steigenden Gedächtnisleistung gelingt es Dreijährigen, die Informationen, die sie durch die Antworten erhalten, laufend schneller zu verarbeiten.

Die Liste der Sachverhalte, die junge Forscher interessieren, ist unendlich, und nicht selten haben Erwachsene Schwierigkeiten, kindgerecht oder überhaupt zu antworten. Denn wer weiß schon ohne lange überlegen zu müssen die passende Entgegnung auf die klassische Frage, warum der Himmel blau ist? Darüber hinaus erfragen Kinder häufig nicht nur neue Erkenntnisse, sondern auch Altbekanntes. Durch dieses mehrmalige Thematisieren gleicher Inhalte sollte man sich nicht irritieren lassen: Die Wiederholungen helfen den Jungen und Mädchen, Informationen im Gedächtnis zu verankern. Zudem überprüfen sie auf diese Weise, ob ihre Vorstellungen auch wirklich richtig sind.

Man sollte die Kinder in ihrer Wissbegier unbedingt ernst nehmen, ihnen zuhören und versuchen, ihre Fragen nach bestem Wissen und Gewissen zu beantworten. Denn diese Auskünfte bieten ihnen eine wichtige Orientierungshilfe, um sich in ihrer Welt zurechtzufinden.

Wirklichkeitsnahe Vorstellung von Raum und Größe

Einen großen Schritt nach vorn machen Kinder in diesem Alter auch in ihrem Raum- und Größenverständnis. Auf der Basis ihrer Alltagserfahrung beginnen manche schon zu verstehen, dass weiter entfernte Dinge kleiner aussehen, als sie in Wirklichkeit sind. Diese geistige Leistung ist äußerst komplex und kann nicht hoch genug geschätzt werden, verlangt sie doch von den Kleinen, nicht auf den blanken Augenschein, sondern auf Erfahrungswerte zu vertrauen.

Doch nicht nur das Verständnis für Größen wächst, auch Größenverhältnisse von Gegenständen und Lebewesen bereiten Dreijährigen meist nur wenige oder keine Probleme, wenn sie direkt vergleichen können. Es fällt ihnen überdies nicht mehr schwer, diese sprachlich auszudrücken. Beim Spaziergang im Wald können sie zum Beispiel schon benennen, welcher Baum größer, welcher Stein dicker oder welcher Stock länger als der andere ist.

INFO

Die Größe hat Bedeutung

Dreijährige erfassen zwar schon langsam Größenverhältnisse, in ihrem kreativen Ausdruck spielen sie jedoch noch keine Rolle. So malen Kinder bestimmte Dinge, die ihnen wichtig sind, groß, auch wenn diese in Wirklichkeit klein sind.

Das vierte Lebensjahr

Eis ist kalt und fest. Suppe ist heiß und flüssig. Bestimmte Unterschiede sind kinderleicht zu begreifen.

Andererseits haben Kinder in dieser Phase noch keine richtige Vorstellung von ihrer eigenen Körpergröße im Verhältnis zu ihrer Umwelt. So ist es möglich, dass ein Dreijähriger glaubt, in einem kleinen Loch verschwinden zu können, obwohl er offensichtlich nicht hineinpasst.

Farben und Eigenschaften zuweisen

Dreijährige sind mit der Zeit jedoch nicht nur in der Lage, die Größen, Dicken und Längen von Gegenständen zu unterscheiden, sondern auch andere Eigenschaften von Dingen logisch zuzuordnen. So kennen Kinder im vierten Lebensjahr in der Regel die Grundfarben und können sie zudem benennen. Es gelingt ihnen außerdem schon, Gegenstände nach ihren Farben zu sortieren, und zum Teil überdies, Farbstifte aus dem gleichen Farbbereich von hell nach dunkel aufzureihen.

Gegensätze erkennen und bezeichnen

Darüber hinaus erfassen Dreijährige übereinstimmende Eigenschaften von Dingen in ihren Nuancen, auch gegensätzliche Charakteristika werden zum Begriff. Der Boden ist hart, das Bett ist weich, Eis ist kalt und Suppe ist heiß, am Tag ist es hell und in der Nacht ist es dunkel. Solche und andere Gegensätze setzen Kinder im Laufe des vierten Lebensjahres schon logisch in Bezug und sind auch in der Lage, sie zu benennen.

Aller guten Dinge sind drei

Ein Stift, zwei Bonbons, drei Steine am Weg: Im Lauf des vierten Lebensjahres lernen Kinder bis zu drei Gegenstände auf einen Blick zu erfassen.

INFO

Das war so! Der Aufbau des Langzeitgedächtnisses

Auch wenn es ihnen aufgrund ihres Vorwissens zusehends immer besser gelingt, sich Fakten zu merken und diese mit verschiedenen Wissensgebieten zu verknüpfen, so funktioniert das Langzeitgedächtnis bei Dreijährigen im Großen und Ganzen nach wie vor über ihr Handlungsgedächtnis. In diesem Gedächtnis werden automatisierte Bewegungsfolgen wie zum Beispiel das Erklettern einer Leiter gespeichert, aber auch das Wissen über wiederkehrende, wichtige Handlungen, die nach einem bestimmten »Drehbuch« ablaufen und demzufolge auch »Skripts« genannt werden. Dazu zählen Alltagshandlungen wie etwa die täglichen Mahlzeiten, das Aufstehen und Zubettgehen oder die Begrüßung der Erzieher und Erzieherinnen im Kindergarten, aber auch besondere Ereignisse, die nach einem festen Schema verlaufen, beispielsweise Geburtstagsfeiern oder Arztbesuche. Da sich ihr Langzeitgedächtnis noch sehr über dieses Handlungswissen organisiert, fällt es Dreijährigen sehr viel leichter, sich den Verlauf einer Geschichte über eine Geburtstagsfeier zu merken, als eine Erzählung über Kinder, die zu Hause spielen, deren Handlungen jedoch nicht einem allgemeinen Schema unterliegen. Der Aufbau des Langzeitgedächtnisses kann erheblich gefördert werden, wenn man mit Kindern häufig über ihnen wichtige Ereignisse spricht, sie danach fragt (»Weißt du noch?«) und ihnen dann hilft, sich an Abläufe und verschiedene Einzelheiten zu erinnern.

Die kognitive Entwicklung im vierten Lebensjahr

Verbessertes Zeitverständnis

Auch das Gegensatzpaar alt und jung wird jetzt begriffen. Denn im vierten Lebensjahr erweitert sich das Verständnis für Zeitabläufe. Kinder verstehen nun, dass Menschen älter werden oder dass sie selbst einmal ein Baby waren.

Zudem erfassen sie, dass es im Zeitverlauf größere Perioden gibt, die regelmäßig wiederkehren. Im Frühjahr kommt der Osterhase, im Sommer fährt die ganze Familie in den Badeurlaub, im Herbst findet die Geburtstagsparty statt und im Winter kommt der Nikolaus und wird Weihnachten gefeiert! Den Jahresverlauf können Kinder besonders gut anhand der Feste und für sie wichtigen Ereignisse nachvollziehen, die in den verschiedenen Jahreszeiten gefeiert werden beziehungsweise stattfinden. Meist dauert es aber noch Jahre, bis sie die Namen oder gar die Reihenfolge der Monate lernen.

Auch dass eine Woche aus mehreren Wochentagen besteht, die sich wie die Jahreszeiten in einem regelmäßigen Turnus wiederholen, begreifen Dreijährige jetzt. Sie können schon die Namen der Wochentage lernen, doch üblicherweise gelingt es ihnen noch nicht, diese in der richtigen Reihenfolge aufzuzählen. Dafür setzen sie immer häufiger Begriffe wie »gestern«, »heute« oder »morgen« richtig ein.

Was in einen Obstsalat hineindarf und was nicht, wissen dreijährige Köche schon zu unterscheiden.

Logisches Einteilen in Kategorien

Eine weitere wichtige Fähigkeit, die die Kleinen in dieser Phase erwerben, ist, Gegenstände und Lebewesen Kategorien zuzuordnen und die jeweils dazugehörigen Oberbegriffe zu verwenden. Äpfel und Bananen sind Früchte, Löwen und Tiger sind Raubtiere, Käfer und Fliegen sind Insekten. Möglich wird dies durch ihre zunehmenden sprachlichen Fähigkeiten und es zeigt zudem deutlich die Fortschritte in ihrer geistigen Entwicklung. Denn Dreijährige sind in der Lage, sich eine wachsende Zahl von Objekten, Tieren und Pflanzen in inneren Bildern vorzustellen. Sie kennen also die Schlüsselmerkmale von Dingen und Lebewesen und können diese anhand ihrer besonderen Charakteristika unterscheiden sowie bestimmten Klassen zuordnen. So wissen Dreijährige meist bereits, dass Papageien einen Schnabel, Federn und Flügel haben und deshalb zu den Vögeln gehören, Bienen hingegen zwar auch Flügel haben, aber im Gegensatz zu Vögeln keine Federn und Schnäbel sowie mehr als zwei Beine. Sie sind deshalb Insekten und keine Vögel. Diese sich verbessernde Fähigkeit zur Unterscheidung und Zuordnung ist entscheidend dafür verantwortlich, dass sich Kinder im vierten Lebensjahr auch immer besser Formen merken und benennen sowie Dinge anhand ihrer Form voneinander trennen und richtig zuweisen können.

 TIPP

Wie die Zeit vergeht!
Zeitabläufe lassen sich besonders gut an Familienfotos nachvollziehen, auf denen das Kind als Baby, die Eltern als Kinder oder die Großeltern als junges Paar sowie Feste im Jahresverlauf dokumentiert sind.

Das vierte Lebensjahr

Lebensnotwendige Gefühle

Angst und Furcht sind Emotionen, mit deren Hilfe wir Ereignisse, die wir als bedrohlich empfinden, durch erhöhte Aufmerksamkeit, gesteigerte Erregung und starke Anspannung zu bewältigen versuchen. Dank dieser für unser Überleben unverzichtbaren Schutz- und Warnreaktionen ergreifen wir vor Gefahren eiligst die Flucht oder vermeiden bestimmte Situationen, die uns Schmerzen oder sogar den Tod bringen könnten.

Angst und Furcht

In der Wissenschaft wird zwischen Angst und Furcht unterschieden. Während Letztere durch konkrete Bedrohungen ausgelöst wird, entspricht Erstgenannte einer tiefgehenden, diffusen Emotion. Wir verspüren also Furcht, wenn wir einem zähnefletschenden Hund gegenüberstehen, hegen aber ein allgemeines Gefühl der Angst vor dem Tod. Die Grenzen zwischen den verwandten Begriffen sind jedoch nicht immer klar zu ziehen und im allgemeinen Sprachgebrauch werden die beiden oft synonym verwendet.

Liebevolle Ansprache und In-den-Arm-Nehmen machen schreckliche Albträume schnell wieder vergessen.

Notwendige Gegenpole

Durch ihre angeborene Neugier sind Kinder hoch motiviert, ihre Welt zu entdecken und Neues zu erlernen. Doch müssen sie in ihrem ungestümen Forscherdrang bisweilen gebremst werden. Sei es, dass die Kleinen auf die Straße laufen oder in die Steckdose langen möchten: Bei solchen Gelegenheiten müssen Erwachsene zum Schutz des Kindes eingreifen. Doch verfügen die Jungen und Mädchen auch über einen inneren »Hemmschuh«, nämlich ihre Vorsicht gegenüber oder ihre Angst vor unbekannten Menschen, Dingen und Situationen. Die entgegengesetzten Verhaltensmotive Neugier und Angst bestimmen also, ob und wie sie sich neuen Gegebenheiten annähern und diese erforschen.

Angst als Motivation oder Hemmnis

Doch Angst ist nicht nur ein notwendiges Regulativ des Neugierverhaltens. Je nachdem, wie tief sie sitzt, und abhängig von der Situation kann sie Leistungen beflügeln

> **TIPP**
>
> **Körperkontakt hilft**
>
> Zur Überwindung kindlicher Ängste spielt der Körperkontakt zu geliebten Mitmenschen eine entscheidende Rolle. Ein verängstigtes Kind können Sie beruhigen, indem Sie ihm einen Kuss geben, es in den Arm nehmen, streicheln oder nachts mit zu sich ins Bett lassen.

Die kognitive Entwicklung im vierten Lebensjahr

oder hemmen. Wenn uns leichte Angst bei Prüfungen in »Hochspannung« versetzt, verursacht sie leistungsfördernden Stress. Bei komplexen Lernvorgängen bewirkt Angst (beispielsweise vor Strafe) allerdings das Gegenteil. Sie behindert die Motivation und das Leistungsvermögen. Denn Kinder lernen engagierter und mit besseren Ergebnissen, wenn ihre Fortschritte lobend unterstützt werden und sie Lernen mit positiven Gefühlen verbinden.

Kinder haben viele Ängste

Wenn Kinder heranwachsen, ist ihre Entwicklung stets auch von verschiedenen Ängsten begleitet. Diese werden hervorgerufen durch unbekannte Situationen und Dunkelheit sowie in der Fremdelphase durch unbekannte Personen. Starke Trennungsängste treten im zweiten und dritten Lebensjahr auf, wenn sich die Kleinen langsam von den Eltern zu lösen beginnen. In diesem Alter verursachen zudem körperliche Vorgänge und Naturphänomene, die sie nicht verstehen können, große Vernichtungsängste. Wird mein ganzes Blut aus der Wunde am Knie ausströmen? Verliere ich ein Stück meines Körpers, wenn ich auf das Töpfchen gehe? Kann das Gewitter unser Haus zerstören? Solche bangen Fragen werden nun häufiger und, intensiviert durch die magische Phase in der kognitiven Entwicklung, im vierten und fünften Lebensjahr durch Todesängste ergänzt.

Zu diesen entwicklungsbedingten Emotionen gesellen sich zudem Angstgefühle, die durch die Grundstimmung in der nahen Umgebung der Kinder ausgelöst werden, wenn zum Beispiel finanzielle Probleme, Krankheiten oder Todesfälle Sorgen bereiten. Darüber hinaus kann ein Erziehungsstil, der vorwiegend mit Strafe als Druckmittel arbeitet, starke Ängste hervorrufen. Und nicht zuletzt erleben die Jungen und Mädchen immer wieder Situationen, in denen sie sich gefürchtet haben und denen sie deshalb mit Schrecken entgegensehen.

Ereignisse, die ihren Erfahrungshorizont übersteigen, erfüllen Kinder oft mit Angst.

Der Emotionen Herr werden

Es ist wichtig, dass Kinder lernen, mit ihren Ängsten umzugehen und sie zu kontrollieren. In diesem Lernprozess sind sie auf den Beistand der engsten Bezugspersonen angewiesen. Dabei ist es entscheidend, dass sie sich sicher gebunden und geborgen fühlen, in angstvollen Situationen auch durch Körperkontakt Trost und Verständnis erfahren und dass ihre Ängste weder überbetont noch abgewiegelt, sondern ernst genommen werden. Solchermaßen unterstützt, kann es ihnen gelingen, ihre Ängste zu überwinden und das für ihre Entwicklung wichtige Selbstvertrauen aufzubauen.

Das vierte Lebensjahr

Checkpoint: Die kognitive Entwicklung im vierten Lebensjahr

In diesem Zeitraum steigern sich die Fähigkeiten des Langzeitgedächtnisses beträchtlich, so dass sich die Kinder nun Einzelheiten und Abläufe immer besser merken können. An dem enormen Wissenszuwachs ist auch die rasante Sprachentwicklung beteiligt. Trotz dieser allgemeinen großen Fortschritte verläuft die kognitive Entwicklung bei jedem Jungen oder Mädchen in diesem Alter nach einem individuellen Fahrplan.

Die folgenden Stichpunkte ermöglichen es Ihnen, sich einen Überblick darüber zu verschaffen, ob die Fortschritte ihres Kindes im kognitiven Bereich im Rahmen des Üblichen liegen. Dies ist mit hoher Wahrscheinlichkeit der Fall, wenn Sie die Mehrzahl der folgenden Fragen positiv beantworten können.

- Stellt Ihr Kind viele Fragen und ist wissbegierig?
- Kann es sich beim Spielen einfache Spielregeln merken?
- Ist es in der Lage, die Pronomen (Fürwörter) »ich« und »du« sicher zu verwenden?
- Setzt es die Zeitbezeichnungen »gestern«, »heute« und »morgen« schon häufig richtig ein?

TIPP

Spielerisch Fähigkeiten schulen

Die Bestimmung des Größenverhältnisses von Dingen zählt zu den kognitiven Leistungen, die Dreijährige durchaus schon vollbringen. Sie können diese Fähigkeit Ihres Kindes auf spielerische Weise überprüfen und fördern, indem Sie es beispielsweise auf einem Spaziergang nach den Größenverhältnissen verschiedener Objekte der Umgebung fragen und es zudem ermuntern, immer kleinere oder immer größere Gegenstände ausfindig zu machen. Auch ein kleiner Wettbewerb, bei dem es darum geht, wer schneller eine bestimmte Anzahl von Gegenständen einer bestimmten Größe findet, wird dem Kind viel Spaß bereiten.

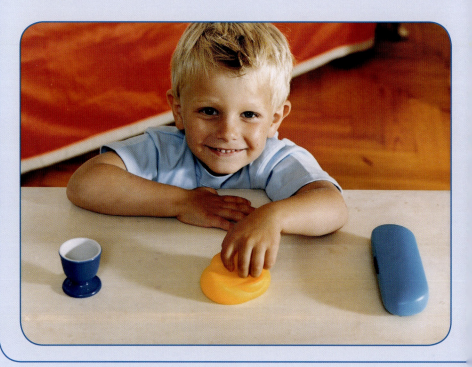

Die unterschiedlichen Größen von Gegenständen können die kleinen Entdecker nun meist mühelos erfassen.

Die kognitive Entwicklung im vierten Lebensjahr

- Freut sich Ihr Kind bereits auf Dinge in der nahen Zukunft, etwa die Geburtstagsfeier in der nächsten Woche?
- Ist es imstande, bis drei zu zählen?
- Kennt Ihr Kind die Grundfarben und weiß es auch schon, sie zu benennen?
- Gelingt es ihm, Gegenstände nach Farben und vielleicht sogar innerhalb der Farben von hell nach dunkel zu sortieren?
- Bildet es schon einige einfache Gegensatzpaare wie »lang–kurz«, »groß–klein« oder »hart–weich«?
- Umfasst sein Wortschatz bereits einige Oberbegriffe wie »Tiere«, »Vögel«, »Obst« oder »Pflanzen«, und ist es in der Lage, ihnen auch ein paar Begriffe zuzuordnen?
- Beginnt Ihr Kind Bilder mit einfachen Darstellungen von Menschen, Häusern, Tieren und Pflanzen zu malen?
- Weiß es schon, ob es ein Junge oder ein Mädchen ist?
- Entwickelt es Ängste und kann darüber schon in einem gewissen Maß sprechen?
- Denkt sich Ihr Kind schon eigene Theorien über Naturphänomene aus?

Warnhinweise auf frühe Lernstörungen

Bereits gegen Ende des vierten Lebensjahres können gewisse Anzeichen in verschiedenen Entwicklungsbereichen auf Lernstörungen hindeuten. Diese Defekte sind kein Gradmesser für die Intelligenz eines Kindes, sondern werden durch Wahrnehmungsstörungen verursacht. Wenn diese übersehen und nicht durch gezielte Fördermaßnahmen behandelt werden, können sie allerdings dazu führen, dass ein Kind in späteren Jahren möglicherweise eine Lese-, Rechtschreib- oder eine Rechenschwäche ausbildet. Hinweise auf eine mögliche frühe Lernstörung sind unter anderem:

- Eine deutlich verzögerte motorische Entwicklung und eine hohe Ungeschicklichkeit im grob- und feinmotorischen Bereich sowie ausgeprägte Schwierigkeiten bei Bewegungen, die ein gutes Gleichgewichtsgefühl sowie Raumempfinden erfordern.
- Eine weit hinterherhinkende Sprachentwicklung mit einem auffällig geringen Sprachverständnis.
- Starke Konzentrationsschwächen.
- Eine am Alter des Kindes gemessen wenig ausgebildete Merkfähigkeit.
- Ein ungewöhnlich aggressives oder schüchtern-zurückgezogenes Verhalten, das aus einer Überforderung resultieren kann.

Dreijährige besitzen in der Regel schon die Fähigkeit, Dinge nach Farben zu trennen.

Das vierte Lebensjahr

Die magische Phase

Im vierten Lebensjahr ist das Denken der Kinder von einer reichen Vorstellungskraft geprägt. Ihre weitreichenden Fantasien, aber auch ihre damit verbundenen Ängste sind Ausdruck der »magischen Phase«, die noch im fünften Lebensjahr von Bedeutung sein wird. Drei- und Vierjährige sind nur in einem geringen Maß in der Lage, zwischen Fiktion, Fantasie, Traum und Wirklichkeit zu unterscheiden. So besitzen Dinge für sie selbstverständlich ein Eigenleben, und die reale Welt ist von fantastischen Gestalten bevölkert, deren Kräfte auch ihr Leben auf mitunter furchteinflößende Weise beeinflussen können. Für Kinder in der magischen Phase sind der Weihnachtsmann und der Osterhase, die böse Hexe aus dem Märchen oder das Gespenst aus dem Bilderbuch genauso wirklich wie die Freunde aus dem Kindergarten oder andere echte Personen aus ihrer Umwelt.

Andererseits sind Kinder in diesem Alter von einem starken Glauben an ihre Allmacht beseelt. Typischerweise besitzen sie deshalb nur geringe Vorstellungen von ihrer eigenen Leistungskraft und können deshalb aus tiefstem Herzen davon überzeugt sein, dass sie in der Lage sind, viel schneller als alle anderen den höchsten Berg der Welt zu erklimmen oder in den Himmel zu fliegen. Zudem sind sie sich noch nicht darüber im Klaren, welche Ursachen wirklich Ereignisse auslösen können. »Heute scheint die Sonne, weil ich es mir gewünscht habe.« Solche Überlegungen sind für Dreijährige, die von ihrer Allmacht überzeugt sind und Geschehnisse in ihrer Umwelt nur von ihrem Standpunkt aus deuten können, nicht ungewöhnlich.

INFO

Irreale Ängste

In der magischen Phase erfahren drei- und vierjährige Jungen und Mädchen starke Ängste. Denn in diesem Alter sind zum Beispiel Albträume reale Erlebnisse oder das Monster unter dem Bett ist keine Fantasie, sondern erlebte Wirklichkeit. Auch wenn man diese Ängste nicht immer nachvollziehen kann, sollte man sie dennoch unbedingt ernst nehmen.

Im Kosmos von Dreijährigen verfügen fantastische Gestalten über einen festen Platz.

Die kognitive Entwicklung im vierten Lebensjahr

Erste naturwissenschaftliche Kenntnisse

Für Dreijährige ist die Welt ein im wahrsten Sinne des Wortes fantastischer Ort, in dem sie jedoch schon einige handfeste naturwissenschaftliche Erfahrungen gesammelt haben. Aus diesen leiten sie bereits rudimentäre physikalische Kenntnisse ab und erlernen einfache Zusammenhänge von Ursache und Wirkung. Sie wissen etwa, dass runde Gegenstände rollen, wenn man sie anstößt oder eine schiefe Ebene hinunterkugeln lässt, dass Gegenstände unterschiedlich schwer sind oder dass Gläser, die auf den Boden fallen, zerspringen, Gummibälle jedoch nicht. Sich die Erde als Kugel vorzustellen, die durch das Weltall fliegt, sprengt allerdings die kindliche Vorstellungskraft. Für Dreijährige, aber auch noch für ältere Kinder ist unser Planet schlicht und einfach ein flaches Gebilde, denn so nehmen sie ihn wahr. Und die Idee, dass die Sonne von einem Wagen über den Himmel gezogen wird, leuchtet ihnen verständlicherweise mehr ein, als die Vorstellung, dass sich die Erde um die Sonne bewegt. Darüber hinaus wird es noch einige Jahre dauern, bis sie beispielsweise verstehen, dass Luft nicht ein »Nichts« ist, sondern eine Masse, die ein Gewicht hat.

Dreijährige beginnen zudem langsam den Unterschied zwischen Lebewesen und unbelebten Objekten zu begreifen, wenn sie mit diesen vertraut sind und sie aus eigener Anschauung kennen. Das wichtigste Kriterium ist für sie dabei, ob sich etwas bewegt. Deshalb ist ihnen in der Regel auch nicht klar, dass Pflanzen Lebewesen, Wolken hingegen unbelebt sind.

INFO

Warum brauchen Kinder Märchen?

Blutrünstige, überkommene Schauergeschichten oder magische Mutmacher? Tendierte man noch vor wenigen Jahrzehnten dazu, Märchen wegen ihrer Grausamkeit als schädlich für die kindliche Seele anzusehen, raten Psychologen heute wieder verstärkt dazu, Kindern Märchen vorzulesen. Denn die uralten überlieferten Geschichten regen nicht nur die Fantasie an, sie bieten auf ihre Weise auch eine Lebenshilfe. Diese Erzählungen behandeln Themen, die Kinder auch in ihrer Alltagswelt beschäftigen, spiegeln sie doch uralte, allgemeine Wünsche und Ängste wider. Liebe, Vertrauen und Glück werden darin ebenso angesprochen wie Tod und Verlust, Eifersucht, Hass und Neid. Auf sehr bildliche Weise bieten sie Kindern die Gelegenheit, sich mit diesen Themen auseinanderzusetzen. Sie zeigen ihnen Wege aus emotionalen Konflikten oder mögliche Lösungen von Alltagsproblemen.

Die einfach strukturierten Geschichten verlaufen nach einem stets ähnlichen Grundschema, in dem am Ende immer das Gute siegt, der Schwache den Mächtigen aus eigener Kraft oder mit der Hilfe von Freunden überwindet. Für kleine Kinder stellen Märchenhelden, die sich aus höchster Not retten oder gerettet werden und scheinbar unüberwindbare Probleme meistern, ideale Identifikationsfiguren dar. Sie geben ihnen Mut und verleihen ihnen Zuversicht, dass auch sie ihre Schwierigkeiten bewältigen können. Denn das Beste an Märchen ist, dass sie stets glücklich enden.

Das vierte Lebensjahr

Einen Ausflug in die virtuelle Welt sollten Kleinkinder keinesfalls ohne Begleitung unternehmen.

Kindliche Theorien

Der Wissens- und Erfahrungsschatz von Dreijährigen reicht bei weitem noch nicht, um sich alltägliche Phänomene naturgesetzlich erklären zu können. Im vierten Lebensjahr beginnen Kinder deshalb, eigene Theorien über Erscheinungen zu entwickeln, die ganz ihrem subjektiven Denken und Weltverständnis entsprechen und erst im Laufe der folgenden Jahre mehr und mehr eine Anpassung an die objektivere »wissenschaftliche Wahrheit« erfahren werden.

Dreijährige, aber auch ältere Jungen und Mädchen leiten ihre Erklärungen für viele Naturerscheinungen von ihrem bereits vorhandenen Wissen und eigenen Erfahrungen ab. Da Menschen, Tiere und Pflanzen größer werden, weil sie wachsen, kann das der kindlichen Vorstellung entsprechend ebenso für Steine oder Berge gelten. Nicht selten werden Phänomene überdies durch ihren Zweck ergründet. So wie Löffel zum Essen oder Autos zum Fahren dienen, gibt es Blumen, um schöne Sträuße pflücken zu können. Darüber hinaus spielt der Aspekt der »Produktion« eine wichtige Rolle. Wie Gegenstände gefertigt werden, so werden ihrer Vorstellung nach auch Naturphänomene gefertigt. Es leuchtet ihnen ein, dass der Wind bläst, weil ein Riese pustet, oder Regen fällt, weil Gott duscht. Darum lautet eine große Frage in diesem Alter auch, wer die Babys macht.

 INFO

Sind Fernsehen und Computer schon für Dreijährige geeignet?

Die Medienindustrie bietet bereits Computerspiele für Dreijährige an, doch bleibt für die Eltern die Frage, ob sie ihrem Kind in diesem Alter schon erlauben können, sich an den PC zu setzen. Medienpädagogen zufolge sollte dies, wenn überhaupt, nur geschehen, wenn dabei einige Regeln beachtet werden. Dreijährige sollten nur mit guten, von Pädagogen empfohlenen Computerspielen in Kontakt kommen. Wichtig ist, dass der Monitor augenschonend mit einer hohen Hertzzahl arbeitet. Darüber hinaus gilt für den PC wie für den Fernseher: 15 bis 30 Minuten pro Tag vor dem Bildschirm sind mehr als genug! Denn das freie Spielen, die sinnliche Wahrnehmung und das Zusammensein mit den Spielkameraden sollten in dieser wie in anderen Altersgruppen deutlich Vorrang haben. Auch wird dringend empfohlen, dass Dreijährige nie allein, sondern stets mit einer älteren Bezugsperson am Computer oder vor dem TV-Apparat sitzen. Achten Sie zudem beim Fernsehen darauf, dass Kinder nur wirklich altersgemäße Sendungen sehen. Möglicherweise empfinden Dreijährige die Hexe aus dem Märchen oder das Krokodil aus dem Tierfilm als reale Bedrohung und selbst harmlose Streitszenen oder laute Geräusche können bei ihnen Ängste auslösen.

Die Entwicklung sozialer Beziehungen im vierten Lebensjahr

Die Entwicklung sozialer Beziehungen im vierten Lebensjahr

Im vierten Lebensjahr zeigt sich die wachsende Unabhängigkeit der Kinder unter anderem in ihren persönlichen Vorlieben, die mehr und mehr ein Ausdruck ihrer selbst werden. Doch nicht nur die bewusste Selbstwahrnehmung rückt nun weiter in den Mittelpunkt des Interesses, auch die Auseinandersetzung mit anderen Jungen und Mädchen sowie erste Freundschaften gewinnen an Bedeutung.

Im vierten Lebensjahr wird die Kindertagesstätte zu einem neuen, wichtigen Bezugspunkt im Leben eines Kindes.

Persönliche Neigungen entstehen

Dreijährige bilden Vorlieben aus, die sie teilweise mit großem Nachdruck vertreten. Es macht ihnen Freude, ihre wachsende Selbstständigkeit zu erfahren und eigene Entscheidungen zu treffen. Dieser wichtige Schritt in der Persönlichkeitsentwicklung zeigt sich bei vielen Kindern etwa in der »Kleiderfrage«, bei der der eigene Geschmack zunehmend eine Rolle spielt. Auch wenn manches Faible nicht nachvollziehbar ist und zum Beispiel gewagte Kombinationen das Stilempfinden der Eltern auf eine harte Probe stellen, sollte man für den Drang nach Selbstständigkeit Verständnis aufbringen, solange die Entscheidungen der Kinder nicht den Toleranzrahmen ihrer Umwelt sprengen und keine Gefahr darstellen (etwa Sommerkleider im Winter). Die Kleinen fühlen sich so als Persönlichkeit bestätigt und ernst genommen.

 INFO

Ich gehöre zur Bärchengruppe!

Dreijährige identifizieren sich nicht nur mit ihrer Familie, sondern können sich bereits sehr stark als Teil einer Gruppe wahrnehmen, zu der sie einen engen Bezug haben. Bemerkenswerterweise gelingt dies Mädchen in diesem Alter häufig schon besser als Jungen.

Das vierte Lebensjahr

Der soziale Radius erweitert sich

Dreijährige verstehen es immer besser, sich in eine Gruppe zu integrieren und Regeln einzuhalten. Durch ihre Fortschritte im sprachlichen und kognitiven Bereich können sie vermehrt Zusammenhänge verstehen, lernen langsam Kompromisse einzugehen und sich auf die Wünsche ihrer Bezugspersonen einzustellen. Dabei kommt ihnen zugute, dass sie in gewissem Umfang imstande sind, ihre Emotionen zu regulieren. So gelingt es ihnen in diesem Alter schon gut, Vorfreude zu entwickeln, sei es auf den Ausflug in den Zoo oder den Besuch bei den Großeltern in der nächsten Woche. Darüber hinaus macht es den Kleinen Freude, ihren sozialen Bezugskreis zu erweitern. Das Spiel und die Auseinandersetzung mit anderen Kindern gewinnt im starken Maß an Bedeutung. In dieser Phase starten besonders viele Jungen und Mädchen den Besuch des Kindergartens. Wie bei allen Veränderungen gilt es jetzt für das Kind, aber genauso für die Eltern, sich auf die Aspekte der neuen Situation Stück für Stück einzustellen.

Nicht alle Kinder werden zu Freunden, aber wir lernen, dass wir in der Kindertagesstätte alle miteinander auskommen.

Die Eingewöhnung in den Kindergarten

Neben der Trennung von den Eltern macht manchen Kindern auch die ungewohnte Umgebung zu schaffen, wenn sie im Lauf des vierten Lebensjahres in den Kindergarten kommen. Neue Bezugspersonen, andere Regeln, feste Zeitstrukturen können vor allem Jungen und Mädchen, die in keiner Krippe oder Spielgruppe waren, den Übergang vom behüteten häuslichen Umfeld in eine von vielen, auch älteren, Kindern besuchte Einrichtung erschweren. In der Eingewöhnungszeit ist es vor allem wichtig, dass die Neuankömmlinge Sicherheit in der noch unbekannten Umgebung erlangen. Deshalb wird das Kind in der Regel erst einmal von einem Elternteil begleitet werden. Auch wenn Vater oder Mutter sich unauffällig am Rand aufhalten und nicht am Spielgeschehen teilnehmen, so vermittelt ihre Anwesenheit den Kleinen doch ein gewisses Sicherheitsgefühl, das es ihnen erleichtert, sich auf die neue Situation einzulassen. Wenn sich das Kind am Gruppengeschehen beteiligt, ohne sich ständig durch Körper- oder Blickkontakt bei den Eltern rückzuversichern, ist das ein Zeichen, dass es sich in der neuen Situation auch ohne Papa oder Mama allmählich wohlfühlt.

> **TIPP**
>
> **Ich freu mich auf den Kindergarten! So gelingt der Übergang**
>
> Die Eingewöhnung in den Kindergarten ist nicht nur für die Kinder, sondern auch für die Eltern in der Regel aufregend. Doch kann man für alle Beteiligten den Start in die »große Unabhängigkeit« bereits im Vorfeld etwas erleichtern.
>
> - Besuchen Sie den Kindergarten zusammen mit Ihrem Kind zu Gelegenheiten wie der Anmeldung, öffentlichen Festen, Tag der offenen Tür oder »Schnupperstunden«, damit es vorab die Räumlichkeiten und die Erzieher und Erzieherinnen kennenlernen kann. Vielleicht geht ja ein Ihnen bekanntes Kind aus der Nachbarschaft bereits in den Kindergarten? Dann holen Sie es doch einmal zusammen mit Ihrem Kind ab, damit es eine bessere Vorstellung gewinnt.
> - Zeigen Sie Ihrem Kind, wie stolz Sie sind, dass es nun zu den »Großen« gehört.
> - Sprechen Sie mit Ihrem Kind über die anstehenden Veränderungen. Erklären Sie ihm zum Beispiel, was sie über die Einrichtung wissen.
> - Gewöhnen Sie es schon an ein paar kleine Regeln, wie zum Beispiel an regelmäßige Aufsteh- und Bettzeiten oder Mithilfe im Haushalt, dann fällt es ihm auch im Kindergarten leichter, solche Regeln zu verstehen und einzuhalten.
> - Lassen Sie Ihr Kind die Frühstückstasche, die Frühstücksbox und die Hausschuhe aussuchen, um seine Selbstständigkeit zu stärken. Achten Sie darauf, dass es sowohl Tasche als auch Box gut selbst öffnen kann.
> - Ganz wichtig: Benutzen Sie niemals den Kindergarten als Druckmittel in Drohungen wie »Du wirst schon sehen, im Kindergarten kannst du nicht so frech sein!«. Auf diese Weise bauen Sie in dem Kind Ängste auf, und es wird ihm schwerer fallen, sich vertrauensvoll in die neue Situation zu begeben.

Die Trennung üben

Wenn ein Kind Vertrauen in der neuen Umgebung und zu den neuen Bezugspersonen erlangt hat, können die Eltern es in Absprache mit den Erziehern erst für eine kurze Zeit, dann nach und nach für einige Stunden allein in der Einrichtung lassen. Der Abschied sollte stets kurz, aber selbstverständlich liebevoll erfolgen, die Trennung wird dem Kind sonst unnötig erschwert. Zudem ist es wichtig, dass die verabredeten Abholzeiten pünktlich eingehalten werden. Dies verleiht dem Kind ebenso Sicherheit wie gewisse Rituale sowohl bei der Verabschiedung als auch bei der Begrüßung.

Ruhe vermitteln

Der Kindergarten ist anstrengend. Es gilt, Neues zu lernen, Regeln einzuhalten, sich mit den Erziehern und Erzieherinnen sowie den anderen Kindern auseinanderzusetzen. Deshalb sind die Kleinen auch noch in späteren Jahren einige Zeit nach dem Abholen meist erschöpft und unleidlich. Besonders in der Anfangszeit ist es günstiger, ihnen viel Zeit und Zuwendung zu geben und die Nachmittage nicht mit weiteren Terminen zu belegen, so dass sie die nötige Ruhe haben, sich zu erholen und die neue Situation in ihr vertrautes Leben zu integrieren. Mit der Zeit wird es ihnen immer besser gelingen, die Tagesroutine zu bewältigen.

Das vierte Lebensjahr

Philipp wurde immer ausgeschlossen

Dreijährige suchen verstärkt die Gesellschaft anderer Kinder. Dieses Interesse am Miteinander und der Auseinandersetzung mit Gleichaltrigen ist neben der wachsenden Gruppenfähigkeit eine wichtige Voraussetzung dafür, dass sie sich im Kindergarten wohlfühlen und in die Gemeinschaft aufgenommen werden. Doch nicht allen Jungen und Mädchen mag dies von Anfang an leicht gelingen.

Ein ungünstiger Zeitpunkt

»Wir haben damals einen Fehler gemacht«, geben Philipps Eltern offen und mit großem Bedauern zu. »Seine Eingewöhnung in den Kindergarten fiel genau in die Zeit, als unsere Tochter Melanie geboren wurde. Wir hatten unterschätzt, wie schwierig diese Situation für ihn war. Er musste sich zu Hause auf ein Schwesterchen einstellen und sich in die neue Situation im Kindergarten einleben. Das war einfach zu viel für den kleinen Kerl!«

Von der Gruppe überfordert

»Philipp hatte von Anfang an große Probleme, sich in den Kindergarten einzugewöhnen«, erinnert sich die Mutter des heute Fünfjährigen. »Offensichtlich war er von der neuen Situation vollkommen überwältigt. Bis zu diesem Zeitpunkt war er nur dreimal wöchentlich zwei Stunden in eine Spielgruppe gegangen, in der er zum Schluss zu den »Großen«

Die Vereinzelung eines Kindes kann psychische Gründe haben. Bisweilen liegt aber auch ein physischer Grund wie eine Schwerhörigkeit vor.

gehörte und sich sicher bewegte, obwohl er ein schüchternes Kind ist. Nun war er in eine neue Rolle gedrängt, mit der er nicht zurechtkam. Zu Hause war Philipp der große Bruder, im Kindergarten jedoch der Jüngste in seiner Gruppe und zudem der körperlich Kleinste. Die anderen Kinder flößten ihm einen ungeheuren Respekt ein. Er fand einfach keinen Draht zu ihnen, konnte nicht auf sie zugehen und zog sich zurück. Gänzlich überfordert, fing er bei den geringsten Problemen an zu weinen und wurde schließlich aggressiv. Die Jungen und Mädchen ließen sich dies natürlich nicht gefallen, so dass er bald isoliert und als Heulsuse abgestempelt war.«

Der Druck wird zu groß

»Zu seiner Erzieherin baute er zwar langsam ein vertrauensvolles Verhältnis auf, doch besserte sich die Situation in der Kindergruppe auch nach einigen Wochen

Die Entwicklung sozialer Beziehungen im vierten Lebensjahr

nicht. Philipp spielte nicht mit den anderen Kindern und weigerte sich konsequent, an Gruppenaktivitäten teilzunehmen. Beim Stuhlkreis lief er beispielsweise auf die Toilette und versteckte sich. Und zu Hause wurde er immer aggressiver, besonders gegenüber seiner kleinen Schwester. Die Situation begann zu eskalieren. Unser Kind war unglücklich und wir litten mit ihm.«

Erfolgreicher zweiter Versuch

»Nach längeren Gesprächen mit den Erziehern und der Kindergartenleitung kamen wir zu dem Schluss, dass Philipp mehr Zeit braucht, um sich an die veränderte Familiensituation zu gewöhnen. Offensichtlich fühlte er sich von uns abgeschoben und war deshalb in seiner Trauer nicht in der Lage, sich in der Gruppe wohlzufühlen. In Absprache mit dem Kindergarten gaben wir ihm deshalb mehr Zeit, um den Übergang in seine neue Rolle als großer Bruder besser bewältigen zu können. Philipp blieb einige Wochen ganz zu Hause, bis er sich gefestigt hatte. Danach starteten wir einen zweiten Versuch, der glückte. Er konnte sich jetzt in die Gruppe einfügen und wurde von den anderen Kindern besser akzeptiert. Dabei kam ihm zugute, dass ein anderer Junge zeitgleich seine Kindergartenkarriere begann. Die beiden verstanden sich bald gut und daraus entwickelte sich eine richtige Freundschaft. Heute gehen beide in die Kita und freuen sich darauf, in einigen Monaten Schulkinder zu sein.«

> **TIPP**
>
> **Das schaff ich gut alleine!**
>
> Die Eingewöhnung in den Kindergarten ist nicht einfach, deshalb sollte man ein Kind nicht noch zusätzlich unnötig belasten. Achten Sie darauf, dass Sie Ihrem Kind besonders am Anfang nur Kleidung anziehen, mit der es ohne Hilfe gut zurechtkommt. In der ersten Zeit der Unsicherheit können der Kampf mit Jeansknopf und Co. zusätzlichen Stress bereiten.

»Warum lassen die mich nicht mitmachen? Zu Hause ist es viel schöner, da kann ich nach Lust und Laune mit meinen Sachen spielen und muss niemanden fragen.«

Das vierte Lebensjahr

Erstes »psychologisches« Verständnis

Im Laufe des vierten Lebensjahres beginnen Kinder, sich über die »Innenwelt« anderer Menschen Gedanken zu machen. Je mehr sie sich ihrer selbst, ihrer eigenen Absichten, Wünsche, Gedanken und Emotionen bewusst werden, desto größer wird ihr Verständnis dafür, dass auch andere Menschen Gefühle und Motive für ihre Handlungen besitzen und Absichten verfolgen, die nicht immer mit ihren eigenen übereinstimmen müssen. Sie entwickeln die ersten Ansätze einer ganz pragmatischen Alltagspsychologie, die in der Wissenschaft »Theory of Mind« (Theorie des Geistes) genannt wird. Diese Fähigkeit, die Perspektive zu wechseln, bildet die Basis für die wachsenden sozialen Fähigkeiten, die Kinder in diesem Alter ausbilden. Denn im alltäglichen Miteinander können sie nun zunehmend die Handlungen anderer verstehen, indem sie die möglichen Gedanken und Gefühle ihrer Mitmenschen bei der Beurteilung in bestimmten Situationen mit in Betracht ziehen. Das beginnende Verständnis für die Perspektiven der anderen trägt dazu bei, dass es Dreijährigen mit der Zeit nun leichter fällt, sich in andere einzufühlen, Kompromisse einzugehen oder Regeln einzuhalten.

Richtige und falsche Überzeugungen unterscheiden

Um den vierten Geburtstag herum begreifen Kinder langsam, dass das Vorwissen dazu beiträgt, wie sich andere in gewissen Situationen verhalten. Kindern wird nun bewusst, dass sich Menschen bei ihren Handlungen auch von ihren Überzeugungen

INFO

Das war nicht richtig!

Bei Dreijährigen bilden sich im Stirnhirn weiter Bereiche aus, die für die Bewertung von Emotionen und Verhalten zuständig sind. Kinder können deshalb ab diesem Alter ihr Verhalten besser im Sinne einer Moral regulieren und etwa Schuldbewusstsein ausbilden. Diese neue Ebene der Reflexion ist für die weitere soziale Entwicklung von großer Bedeutung.

INFO

Freundschaften und Konflikte

Im vierten Lebensjahr nimmt das Zusammensein mit anderen Kindern immer breiteren Raum ein. Dank ihrer wachsenden Selbstbewusstheit und der erweiterten sozialen Fähigkeiten gelingt es Drei- bis Vierjährigen schon, sich in einer Gruppe zu behaupten, Konflikte auszutragen, aber auch Freundschaften zu schließen. Dabei ist für Dreijährige ein wichtiges Kriterium, ob sie mit ihrem Freund oder ihrer Freundin gut spielen können. Nicht selten sind Freundschaften in diesem Alter von kurzer Dauer und hauptsächlich durch einzelne Sequenzen gemeinsamer Spielaktivitäten geprägt. Sie können sich spontan entwickeln und sich durch Konflikte wie den Streit um ein Spielzeug schnell wieder auflösen. Erst mit der Zeit lernen die Kinder, ihre Rivalität durch Versöhnung so zu beenden, dass eine Freundschaft weiterbesteht. Diese Erfahrung stellt einen wichtigen Lernprozess in der sozialen Entwicklung dar, der erst in den folgenden Jahren auch durch die Hilfe von Erwachsenen bewältigt werden wird.

Durch ihre Freundschaften lernen die Kinder in der Auseinandersetzung mit gleichrangigen Partnern, sich in Beziehungen zu behaupten, auf andere einzugehen, zu helfen und sich helfen zu lassen und mit den eigenen sowie den Gefühlen und Vorstellungen anderer umzugehen. Freundschaften stellen auch schon für Dreijährige eine wichtige »Schule des Lebens« dar.

Die Entwicklung sozialer Beziehungen im vierten Lebensjahr

leiten lassen. Sie können zum Beispiel schon verstehen, dass eine Person Eis aus dem Kühlschrank holen möchte, weil sie weiß, dass es sich darin befindet. Und sie verstehen überdies, dass diese Person das Eis dort auch suchen wird, wenn es ohne ihr Wissen aus dem Kühlschrank genommen wurde. Diese Fähigkeit, zwischen richtigen und falschen Überzeugungen als Motiv für Handlungen bei anderen zu unterscheiden, stellt einen wichtigen Meilenstein in der sozialen Entwicklung dar.

Rollen und Regeln im Spiel erfassen

Auch im Spielverhalten zeigen sich die erweiterten sozialen Fähigkeiten. Rollenspiele gewinnen eine große Bedeutung. Sie helfen den Kindern, sich mit der Umwelt und mit Erfahrungen auseinanderzusetzen und bieten ihnen eine wichtige Möglichkeit, soziales Handeln in einem spielerischen Rahmen zu üben. Im Rollenspiel nehmen sie als »andere« Personen verschiedene soziale Perspektiven ein und erfassen und erleben unterschiedliche Standpunkte und Gefühle in bestimmten Situationen.

Die Handlungen dieser Spiele werden in diesem Alter stetig komplexer und länger und die Anzahl der Teilnehmer vergrößert sich. Dabei werden bevorzugt Rollen aus dem persönlichen Umfeld wie »Vater«, »Mutter« und »Kind« in die Spielhandlung integriert. Um die Spielhandlung zu besprechen, im Spiel weiterzuentwickeln und die einzelnen Rollen zu verteilen und aufeinander abzustimmen, sind die Kinder sprachlich und kognitiv gefordert. Für das Gelingen des Spiels müssen sie sich nun auch an die selbst erstellten Regeln halten können.

Niederlagen verkraften lernen

Diese wachsenden sozialen Fertigkeiten bilden zudem die Voraussetzung, dass Dreijährige langsam an einfachen klassischen Regelspielen wie Memory-Spielen, Brettspielen mit Farbwürfeln oder Kreis- und Singspielen gemeinsam mit älteren Kindern oder Erwachsenen teilnehmen können. Diese Spiele haben für Kinder einen besonderen Reiz, weil sie hier ihre verschiedenen Fertigkeiten einbringen können. Solchermaßen gefordert, fühlen sie sich in gelungenen Spielsituationen kompetent und ihr Selbstwertgefühl steigt.

Da Regelspiele aber häufig einen mehr oder minder ausgeprägten Wettkampfcharakter besitzen, wird von den Kindern nicht nur verlangt, sich an die für alle verbindlichen Regeln zu halten, sondern auch Niederlagen zu verkraften. Sie müssen ihre Emotionen zwischen Freude, Zorn und Frustration »gruppenfähig« bewältigen.

Im vierten Lebensjahr werden die sozialen Beziehungen zunehmend komplexer, wobei auch Konflikte nicht ausbleiben. Kinder müssen nun lernen, mit solchen Situationen umzugehen.

Das vierte Lebensjahr

Lea und Hanni wohnen in derselben Straße und gehen gemeinsam in den Kindergarten. Seither sind sie beste Freundinnen und lernen schon eine ganze Menge über gegenseitiges Geben und Empfangen in einer Beziehung.

 TIPP

Regeln spielend lernen

Spielen Sie häufig mit Ihrem Kind, so lernt es soziale Regeln ohne Druck zu akzeptieren. Stellen Sie dabei aber immer den Spaß am Teilnehmen und die Freude an der eigenen Kompetenz in den Vordergrund. Lassen Sie es also gewinnen und nur ganz selten verlieren. Auf diese Weise lernt es leichter, mit Niederlagen umzugehen.

Meist ist hier noch das Einfühlungsvermögen der Erwachsenen erforderlich, um den Kindern zu helfen, doch mit der Zeit entwickeln schon Dreijährige die nötige emotionale Stärke.

Neue soziale Spielregeln

In jedem Kindergarten gelten Regeln, um das alltägliche Miteinander zu strukturieren und zu erleichtern. So ist vormittags Stuhlkreis, wird im Essraum nicht getobt, nehmen sich beim Ausflug jeweils zwei Kinder an der Hand. Wenn Dreijährige in den Kindergarten kommen, sind sie schon mit Regeln des Familienlebens und meist einer Spielgruppe oder Kinderkrippe vertraut. Ab dem vierten Lebensjahr fällt es ihnen leichter, sich an solche äußeren sozialen Regeln zu halten. Sie verstehen langsam den Sinn von Regeln und sind zunehmend in der Lage, ihren Anforderungen gerecht zu werden. So gelingt es Dreijährigen mit der Zeit immer besser, die Erfüllung ihrer eigenen Bedürfnisse etwas hintanzustellen. Sie nehmen ganz selbstverständlich am Stuhlkreis teil, obwohl sie eigentlich lieber weiter draußen herumgetollt hätten. Auch das Teilen fällt immer leichter. Sie entwickeln langsam ein soziales Bewusstsein, in dem auch die Wünsche und Bedürfnisse anderer in Betracht gezogen und allgemeine Wertvorstellungen übernommen werden. Dies befähigt sie nicht nur, sich in eine Gruppe zu integrieren, sondern auch Freundschaften einzugehen.

Die Entwicklung sozialer Beziehungen im vierten Lebensjahr

Geschwister – eine ganz besondere Beziehung

Nur wenige Menschen lernen wir im Lauf unseres Lebens so gut kennen wie unsere Brüder und Schwestern; in der Regel werden wir durch unsere Geschwisterbeziehung tief geprägt. Geschwisterliebe stellt sich jedoch nicht von selbst ein, sondern muss im täglichen Zusammensein wachsen. Rund drei Jahre dauert es meist, bis sich eine starke Bindung entwickelt hat. Dreijährige können also schon sehr viel mit ihren Brüdern und Schwestern anfangen.

Die Position innerhalb der Familie beeinflusst die Persönlichkeit

In der Beziehung zu unseren Geschwistern ist auch der Platz, den wir innerhalb dieser Konstellation einnehmen, von großer Bedeutung. Denn je nachdem, ob wir als erstes, mittleres oder jüngstes Kind in einer Geschwisterreihe geboren werden, fällt uns eine andere Rolle innerhalb der Familie zu. So lernen Erstgeborene häufig schon früh, Verantwortung zu übernehmen, sind aber im Gegenzug nicht selten aufgrund ihres Altersvorsprungs die dominanten Wortführer. Mittelkinder müssen sich hingegen sowohl gegenüber den älteren behaupten, aber auch Rücksicht auf die Bedürfnisse ihrer jüngeren Geschwister nehmen. Diese mitunter schwere Aufgabe verlangt in der Regel ein ausgeprägtes diplomatisches Geschick, gepaart mit einer gehörigen Portion Durchsetzungsvermögen. Und von den Jüngsten erfordert die Rolle als Nesthäkchen, gegenüber den Älteren zu bestehen. Sie müssen zudem häufig darum kämpfen, eine gewisse Selbstständigkeit zu erwerben und ernst genommen zu werden.

Max ist der Kleinste der Familie, aber Papa sorgt dafür, dass er auf dem Familienfoto nicht zu übersehen ist!

Das vierte Lebensjahr

Wenn Einzelkinder Geschwister bekommen

Die Geburt eines Geschwisterchens ist für zahlreiche Kinder eine nicht zu unterschätzende Belastung. Gerade für Erstgeborene sind die sozialen Veränderungen innerhalb der Familie enorm, wenn sie nun nicht mehr allein die Aufmerksamkeit der Eltern genießen. »Entthronungsschock« nennen Psychologen diese Krise, die die Kleinen nun durchleben. In dieser Phase entwickeln sie meist ein starkes Anlehnungsbedürfnis, auch können sie in ihrem Verhalten starke Auffälligkeiten aufweisen. Häufig benehmen sie sich selbst wieder wie ein Baby, möchten aus der Flasche trinken oder werden vielleicht für einige Zeit erneut zu Bettnässern. Es ist auch nicht ungewöhnlich, wenn sie gegenüber dem Familienzuwachs starke Aggressionen aufbauen und offensichtlich enttäuscht sind, dass dieser vorerst nicht als Spielkamerad taugt.

INFO

Der Abstand macht's

Drei Jahre Altersunterschied zwischen Geschwistern gilt vielen Psychologen als optimal. Hier ergeben sich erfahrungsgemäß weniger Rivalitäten als bei Kindern, die sich altersmäßig näher stehen. Dennoch ist der Abstand so klein, dass die Geschwister gut miteinander spielen und voneinander profitieren können.

TIPP

Wie kann ich meinem Kind helfen, wenn es Geschwister bekommt?

Grundsätzlich brauchen Kinder viel Liebe, Zuwendung und Verständnis für ihre Nöte, wenn sich die Familie um ein Geschwisterchen erweitert. Deshalb sollte sich ein Familienmitglied, beispielsweise der Vater, in dieser krisenhaften Zeit den Älteren besonders widmen, wenn das neue Baby die Aufmerksamkeit der Mutter in großem Maß beansprucht. Gleichzeitig ist es außerordentlich wichtig, dass gerade die Mutter immer wieder Zeit alleine mit den »Großen« verbringt.

Darüber hinaus können im Vorfeld der Geburt einige Verhaltensweisen dazu beitragen, dass ältere Geschwister den »Babyschock« besser bewältigen. In der Regel nehmen es Kinder sehr positiv auf, wenn sie die Schwangerschaft miterleben dürfen. Lassen Sie sie am Bauch horchen oder die Bewegungen des Kindes fühlen. Meist interessiert es sie in dieser Phase sehr, wie das Ungeborene heranwächst. Altersgemäße und sensible Erklärungen, unter Umständen mit Hilfe eines entsprechenden Buches, können auch schon kleine Kinder verstehen.

Zeigen Sie den älteren Kindern stets, dass Sie sich auch auf sie gefreut und vorbereitet haben. Erzählen Sie von der Zeit damals und von der Schwangerschaft, und zeigen Sie ihnen zum Beispiel Fotos, als sie mit ihnen schwanger waren, Ultraschallaufnahmen oder Bilder aus ihrer Säuglingszeit. Viele Kinder sind auch stolz, wenn man sie bei Vorbereitungen helfen lässt, etwa beim Aufbau des Stubenwagens oder beim Aussuchen von erstem Spielzeug. Dabei sollte man jedoch stets darauf achten, dass sie nicht das Gefühl beschleicht, zu kurz zu kommen. Ist das neue Familienmitglied erst einmal auf der Welt, kann sich auch hier das Einbeziehen der älteren Geschwister sehr positiv auswirken. Lassen Sie sie beim Wickeln oder Baden helfen. Ist ein Kind hierzu noch zu klein, schenken Sie ihm vielleicht eine Puppe mit Wickelausstattung, so dass es mit allem Drum und Dran Mutter beziehungsweise Vater spielen kann. Zeigen Sie zudem älteren Geschwistern, dass man schon mit Babys Kontakt aufnehmen kann, indem man ihnen vorsingt, mit ihnen spricht oder Grimassen schneidet. Meist gefällt es Kindern gut, dass die Babys gerade auf sie aufmerksam reagieren. Auf diese Weise kann ein erstes geschwisterliches Band geknüpft werden.

Die motorische Entwicklung im vierten Lebensjahr

Die motorische Entwicklung im vierten Lebensjahr

Im vierten Lebensjahr lässt sich eine deutliche Verbesserung der grob- und feinmotorischen Fähigkeiten der Kinder beobachten. Sie werden nun immer geschickter, dabei auch zunehmend kräftiger. Dem Tempo und dem Ausmaß der motorischen Entwicklung entspricht ein ungeheurer Bewegungsdrang, den Dreijährige mit unbändiger Lust und Freude an den eigenen Kompetenzen ausleben.

Nicht mehr tapsig und unbeholfen wie noch im vorherigen Lebensjahr, sondern mit immer größerer Körperbeherrschung bewegen sich die heranwachsenden Kinder.

Der Körper verändert sich

Im Laufe des vierten Lebensjahres beginnt sich die körperliche Gestalt der Kinder langsam zu verändern. Zwar ist der Kopf im Verhältnis zum Körper noch vergleichsweise groß, doch die typischen »Babyproportionen« verlieren sich nun stetig. Insgesamt werden die Kinder jetzt zunehmend physisch leistungsfähiger. Tatsächlich scheinen Drei- bis Vierjährige über unerschöpfliche körperliche Reserven zu verfügen, die sich in einem ausgeprägten Bewegungsdrang niederschlagen. In diesem Alter gewinnen Bewegungsspiele an Bedeutung, in denen Kinder ihre motorischen Fertigkeiten erproben, einsetzen und auch schon bei Wettrennen und anderen Gelegenheiten vergleichen.

 TIPP

Schaukelnd im Gleichgewicht

Schaukeln ist eine exzellente Förderung für den Gleichgewichtssinn. Lassen Sie deshalb Ihr Kind so oft wie möglich schaukeln. Wenn möglich, installieren Sie eine Schaukel oder Hängematte in Wohnung oder Garten.

Das vierte Lebensjahr

Dreirad- und Rollerfahren macht viel Spaß und kommt der motorischen Entwicklung zugute.

Bewegung als Entwicklungsmotor

Für die motorische Entwicklung der Kinder ist es jetzt besonders wichtig, dass sie ihren Bewegungsdrang nach Herzenslust ausleben können. »Ab nach draußen« heißt nun die Devise, sei es in den Garten, den nächstgelegenen Park oder auf den Spielplatz.

Für die körperliche Entwicklung und Gesundheit ist es jetzt (und selbstverständlich auch in den nächsten Jahren) unerlässlich, dass Kinder täglich Gelegenheit zum Toben, das heißt zum körperbetonten Spiel, im Freien finden. Der Körper befindet sich immer noch in einer starken Wachstumsphase. Wird er zu wenig bewegt, wirkt sich dies auf die ganze körperliche Entwicklung aus. So können sich beispielsweise bei Bewegungsmangel Muskeln und Sehnen, Knochen und Gelenke nicht optimal entwickeln und sich in der Folge unter anderem Haltungsschäden ergeben. Außerdem sind Kinder, die sich viel bewegen und ein gutes Körpergefühl besitzen, weniger verletzungsgefährdet. Und nicht zuletzt stärkt die Bewegung an der frischen Luft bei jedem Wetter das Immunsystem.

Darüber hinaus wird durch die Bewegung nicht nur der allgemeine körperliche Zustand gestärkt, sondern es werden auch die Koordinationsfähigkeit, das Körpergefühl, die sinnliche Wahrnehmung und die Raumerfahrung geschult. Aber das Austoben ist nicht nur für die körperliche, sondern auch die emotionale Stabilität unerlässlich. Sie gibt den Kindern Gelegenheit, gehörig »Dampf abzulassen«, sich selbst und ihre wachsenden Kompetenzen zu erfahren und dadurch Selbstvertrauen zu gewinnen.

INFO

Mobil auf zwei und drei Rädern

Das Fahren mit Dreirad und Roller meistern Dreijährige in der Regel bravourös und auch mit dem Laufrad sind sie nun schon gut unterwegs. Es stellt für sie jetzt kein Problem mehr dar, die Gefährte zu steuern und Hindernisse sicher zu umfahren. Kinder genießen es, mit solchen und anderen Kinderfahrzeugen mobil zu sein und schnell voranzukommen. Beim Fahren trainieren sie ihre Körperbeherrschung und schulen spielerisch ihre Wahrnehmung und ihren Gleichgewichtssinn. Sie bekommen ein Gefühl für Geschwindigkeit und Abstände und verbessern durch das Anpeilen und Einhalten von Richtungen ihre Raumerfahrung. Besonders das Fahren mit dem Laufrad ist eine gute Vorübung für das Fahrradfahren.

Die motorische Entwicklung im vierten Lebensjahr

TIPP

Auch in der Stadt für Bewegung sorgen

Viele Stadtkinder leiden unter dem Mangel an verkehrsfreien Räumen, in denen sie ihren Bewegungsdrang sicher und ungestört ausleben können. Hier müssen Eltern oft besondere Anstrengungen unternehmen, damit ihre Kinder ausreichend Gelegenheit zum Toben und Spielen bekommen. Mit etwas Organisation lässt sich aber auch hier der drohenden Bewegungsarmut vorbeugen, denn auch im Alltag finden sich reichlich Gelegenheiten zum Bewegen. So hilft es schon, so oft wie möglich mit den Kindern zu Fuß zu gehen anstatt sie mit dem Auto zu transportieren. Zum Bewegungsangebot trägt bei, Fahrstühle zu vermeiden und Treppen zu steigen. Viele Eltern überlassen ihren Kindern auch nicht das kleinste Zimmer in der Wohnung, sondern ein größeres und richten die Wohnung so ein, dass es ausreichende Bewegungsfreiheit gibt und sich möglicherweise sogar Platz zum Hüpfen auf einer weichen Unterlage, Klettern an einer Sprossenwand, Schaukeln oder Purzelbaumschlagen finden lässt.

Toben mit anderen Kindern oder den Eltern fördert die Motorik und gleichzeitig die Entwicklung der sozialen Bindungen.

Treppensteigen, Balancieren und Klettern

Die neuen grobmotorischen Fähigkeiten der Dreijährigen zeigen sich unter anderem im Treppensteigen. Sie meistern die Stufen im Lauf des vierten Lebensjahres nicht mehr nur beim Hinaufsteigen, sondern auch beim Hinuntersteigen im Wechselschritt, vorausgesetzt die Stufen sind nicht zu hoch für ihre Beinchen. Wenn sie zum Beispiel die letzte(n) Stufe(n) einer Treppe hinunterspringen, wirken die Bewegungen insgesamt schon sehr viel runder. In der Regel können die Kinder nun schon geschickt in den Gelenken nachfedern, um den Aufsprung abzudämpfen.

Dreijährige beherrschen es auch immer besser, längere Hopser zu bewerkstelligen. Rund 80 Zentimeter weit können viele mit Anlauf springen. Wenn sie sich aus dem Stand mit beiden Beinen abstoßen, gelingen ihnen jetzt schon etwa 20 Zentimeter lange Sprünge. Ihr Gleichgewichtssinn hat sich zudem so verfeinert, dass sie kurze Zeit mehrere Meter auf einem Bein hüpfend überwinden können.

Im vierten Lebensjahr nimmt die Koordination der Körperbewegungen ständig zu und der Gleichgewichtssinn verbessert sich stetig. Beim Toben und Laufen stellen Kurven und abrupte Richtungsänderungen kein Problem mehr dar. Im Lauf des vierten Lebensjahres lernen Kinder zudem in der Regel, für einige Sekunden auf einem Bein zu stehen. Dies verlangt jedoch meist noch ihre ganze Konzentration, so dass sie etwa nicht zur gleichen Zeit etwas in der Hand halten können. Auch das Balancieren auf einem niedrigen Mäuerchen, einem Brett oder einem Baumstamm gelingt jetzt schon immer besser. Dabei gehen die Kinder noch sehr vorsichtig vor, indem sie einen Fuß etwas vorschieben und den anderen nachziehen. In diesem Alter trauen sich Kinder auch laufend mehr zu, auf einfache Klettergerüste oder kleine Bäume zu klettern, und die Leiter auf die Rutschbahn wird nun schon geübt gemeistert. Diese Kletterspiele sind zudem eine gute Schulung für die Raumwahrnehmung.

TIPP

Gemeinsam Toben macht Spaß

Nutzen Sie so oft wie möglich die Gelegenheit, mit Ihrem Kind körperbetont zu spielen. Fordern Sie es zu einem kleinen Wettlauf im Park auf, lassen Sie es auf Ihren Rücken klettern, an Ihrem Arm turnen oder springen Sie gemeinsam über Pfützen. Die gemeinsame Bewegung macht den Kindern Spaß und verstärkt ihre Beziehung zu Ihnen.

Das vierte Lebensjahr

Bei Dreijährigen sind die Grundmotoriken schon so verwurzelt, dass sie auch in Schräglage bestens funktionieren. Und beim gemeinsamen Kinderturnen macht Bewegung dann besonders viel Spaß!

Koordination von Auge und Bewegung

Im vierten Lebensjahr lernen Kinder langsam, die Bewegungen von Objekten, wie die Flugbahn eines Balles, einzuschätzen, und auch die Koordination von Hand und Auge gelingt ständig besser. Dennoch stellt es noch immer eine Herausforderung für sie dar, einen mittelgroßen Ball mehr oder minder sicher zu fangen. Dies gelingt meist nur, wenn er ihnen direkt in die Arme geworfen wird, die sie erwartungsvoll

INFO

Gemeinsam in Bewegung – Kinderturnen

Als wertvolle Ergänzung zur alltäglichen spielerischen Bewegung, jedoch keinesfalls als Ersatz, bietet sich das Kinderturnen als erste Sportart an. Ein für die motorischen Fähigkeiten und Bedürfnisse von Drei- bis Fünfjährigen maßgeschneidertes Programm bieten viele Sportvereine, aber auch andere Institutionen in fast allen Kommunen an. Beim Kinderturnen geht es nicht um ein leistungsorientiertes Training. Es soll vielmehr Kindern die Möglichkeit bieten, verschiedenste Bewegungserfahrungen zu sammeln, die die Koordinationsfähigkeit fördern und die Bewegungssicherheit steigern. Die meisten Kinder nehmen dieses Angebot gerne an, weil ihnen das gemeinsame spielerische Turnen mit Gleichaltrigen großen Spaß bereitet. Ganz nebenbei kann sich das Kinderturnen in der Gruppe auch positiv auf die soziale Entwicklung von Kindern auswirken. Durch das sportliche Spiel lernen sie beispielsweise, besser mit den eigenen Erfolgen und Misserfolgen sowie denen der anderen Kinder umzugehen und sich in einer Gemeinschaft zu erleben.

Die motorische Entwicklung im vierten Lebensjahr

entgegenstrecken. Auch die Wurfbewegungen sind in der Regel ungeschickt und bedürfen noch einiger Übung. Erst Gegen Ende des vierten Lebensjahres sind die meisten Kinder in der Lage, Wurfbewegungen nicht nur mit dem Arm auszuführen, sondern auch den Oberkörper schon etwas in den Schwung einzubeziehen.

Automatisierte Bewegungsabläufe

Im Laufe der ersten drei Lebensjahre haben Kinder in der Regel die Grundformen der Bewegung so gut erlernt, dass sie sie spätestens im vierten Lebensjahr souverän meistern. Grundmotoriken wie Kriechen, Schieben, Gehen, Laufen oder Steigen, aber auch das Greifen, funktionieren wie von selbst, weil sie durch ständiges Üben als ein zusammengehöriger Bewegungsablauf im motorischen Langzeitgedächtnis gespeichert sind. Sie laufen jetzt automatisiert ab. Das heißt, dass die für diese Vorgänge erforderlichen einzelnen Bewegungen inzwischen sicher in der richtigen Reihenfolge miteinander verbunden und ausgeführt werden, ohne dass sich die Kinder darauf konzentrieren müssen.

Ab dem vierten Lebensjahr werden diese automatisierten Geschicklichkeiten stetig verbessert und ausdifferenziert. Die Kinder sind nun immer besser in der Lage, einzelne Bewegungsabläufe zu kombinieren. Deshalb gelingen komplexere Bewegungshandlungen jetzt schon gut, etwa beim Dreiradfahren, bei dem für Lenken und Treten gleichzeitig die Arme und Beine zielgerichtet bewegt werden müssen. Gleiches gilt für feinmotorische Handlungen. So können Dreijährige mit viel Spaß an der Bewegung und den von ihnen erzeugten Klängen gezielt und in der von ihnen gewünschten Reihenfolge auf die Stäbe eines Xylophons schlagen, wofür eine ausgeprägte Feinmotorik und ein gutes räumliches Vorstellungsvermögen erforderlich sind.

Neue Bewegungsmuster

Das sichere Bewegungsrepertoire und die gesteigerte Koordinationsfähigkeit der Kinder macht es ihnen nun leicht, neue komplexe Bewegungsmuster zu erlernen, indem sie ihre automatisierten Bewegungsabläufe variieren und den jeweiligen Gegebenheiten und Umweltbedingungen anpassen. Als souveräne Läufer können sie etwa schon auf gefrorenen Pfützen begeistert schlittern und dabei gut das Gleichgewicht halten. Manche Kinder unternehmen schon die ersten Versuche mit Schlittschuhen auf dem Eis, wobei die stützende Hand eines Erwachsenen besonders am Anfang noch unerlässlich ist. Gegen Ende des vierten Lebensjahres entwickeln sich Kinder nicht nur zu Rodlern, die begeistert die ersten kleinen Hügel hinuntersausen, sie sind dank ihrer motorischen Entwicklung auch schon fähig, das Skifahren zu erlernen. Das nasse Element lockt Dreijährige jedoch nicht nur im gefrorenen Zustand. Begeisterte Wasserratten unternehmen in diesem Alter, mit Schwimmflügeln ausgestattet, die ersten Schwimmversuche und kommen mit der Zeit und mit entsprechender Übung ganz gut im Wasser voran.

TIPP

Rhythm is it!

Der gleichnamige Film der Berliner Philharmoniker zeigt es: Bewegung zur Musik setzt Emotionen frei, fördert die motorische Entwicklung und das musikalische Empfinden. Tanzen Sie mit Ihrem Kind so oft wie möglich und lassen Sie dabei seiner Bewegungsfreude freien Lauf, aber zeigen Sie ihm auch schon einfache Bewegungsmuster. Im vierten Lebensjahr kann ein Kind sichere Drehungen und einfache Grundschritte nach dem Rhythmus der Musik ausführen.

Es klappt nun immer besser, gezielt auf die Trommel zu schlagen und Klänge zu erzeugen.

Das vierte Lebensjahr

Motorische Intelligenz

Intelligenz wird im allgemeinen Sprachgebrauch immer mit unserer kognitiven Intelligenz gleichgesetzt, also der Fähigkeit, etwa Sachverhalte zu begreifen, logisch zu denken oder mathematische Probleme zu lösen. Doch verfügen Menschen auch über eine motorische Intelligenz. Diese ermöglicht uns einer gängigen kurzen Definition zufolge, dass wir komplexe und differenzierte motorische Handlungen richtig, schnell und vor allem effizient ausführen.

Motorische Rationalität und Lernfähigkeit

Bei der Ausführung unserer vielfältigen und komplizierten Bewegungsabläufe spielt die Rationalität eine ganz wichtige Rolle. Die Bewegungen verlaufen so ökonomisch, so sparsam, dass unser Gehirn und vor allem auch unser Körper hierfür nur im geringstmöglichen Maß beansprucht werden. Kurz gesagt: Wir müssen uns darüber überhaupt keine Gedanken machen und uns auch in körperlicher Hinsicht nicht mehr als nötig anstrengen.

Die außergewöhnliche Fähigkeit, motorisches Können und Wissen dauerhaft im Gehirn zu speichern und diese Muster ständig an neue Bedingungen, mit denen wir konfrontiert werden, anzupassen, beruht darauf, dass Bewegungsabläufe Schritt für Schritt durch konkretes Tun ausprobiert, intensiv geübt und dann im Gehirn archiviert werden. Im Zuge dieser Lernprozesse fällt es schließlich immer leichter, komplexe Bewegungsabläufe durchzuführen, beispielsweise zielgenau zu werfen oder einen Stift so zu lenken, dass eine Zeichnung entsteht. Die erfolgreiche Bewältigung anspruchsvoller sportlicher Aktivitäten wie Rollschuhlaufen oder Karate-Aktionen werden möglich.

Motorische Lernfähigkeit bildet aber auch eine entscheidende Voraus-

Das Erlernen eines Musikinstrumentes fördert die motorische und die kognitive Entwicklung gleichermaßen.

Die motorische Entwicklung im vierten Lebensjahr

Dank unserer motorischen Intelligenz können wir auch komplexe Bewegungsabläufe sicher und praktisch automatisiert bewältigen.

setzung dafür, dass wir unsere Artikulationsmuskulatur so perfekt zu beherrschen lernen, dass wir sprechen können. Für solche schwierigen Bewegungsaufgaben ist langes Üben erforderlich.

Motorische Intelligenz ist typisch menschlich

Unsere einzigartige manuelle Geschicklichkeit, die auf einer fantastischen Feinmotorik beruht, und unser Sprechvermögen sind also das Ergebnis einer motorischen Intelligenz, die uns von anderen Lebewesen unterscheidet. Diese Intelligenz bildet eine Grundvoraussetzung für die Entstehung menschlicher Kultur. »Schuld« daran ist unser Gehirn, das sowohl den für das Sprechen als auch für die Arm-, Hand- und Fingerbewegungen zuständigen Bewegungen große Bereiche zur Verfügung stellt.

Darüber hinaus ist auch nur das menschliche Gehirn in der Lage, einzelne Bewegungen zu beliebig langen und zeitlich genau aufeinander abgestimmten Ketten in verschiedensten Variationen so zusammenzufügen und zu steuern, dass wir differenzierte Handlungen präzise ausführen können. Deshalb ist nur der Mensch in der Lage, etwa ein Musikinstrument virtuos zu spielen, als Handwerker feinste Goldschmiedearbeiten anzufertigen, zu schreiben, gegenständlich zu zeichnen und zu malen oder eben Laute zu Wörtern zu verbinden, zu sprechen.

TIPP

Welche Instrumente spielen Kinder gern?

Das Erlernen eines Musikinstrumentes fördert nicht zuletzt die feinmotorischen Fähigkeiten eines Kindes. Beginnen kann man mit Rhythmusinstrumenten wie Rasseln oder Trommeln, speziell für Kinder im Vorschul- und Schulalter geeignet ist das Orff-Instrumentarium mit seinen Stabspielen und dem kleinen Schlagwerk. Bei begabten Kindern kann man auch schon mit dem Erlernen eines »richtigen« Instrumentes wie Blockflöte, Klavier oder Geige beginnen. Allerdings sollten Eltern unbedingt darauf achten, dass die Musizierfreude im Vordergrund steht und das Kind nicht zu etwas gezwungen wird, was es eigentlich ablehnt.

Das vierte Lebensjahr

TIPP
Künstler fördern
Nichts ist für ein Kind so motivierend wie die Würdigung seiner Arbeit. Sie können seine künstlerischen Arbeiten etwa in einer Mappe sammeln. Werden besondere Werke vielleicht sogar im Wohnbereich an attraktiver Stelle aufgehängt, dann erfüllt dies Kinder mit großem Stolz über das eigene Können. Durch eine Rahmung gewinnen Bilder noch einmal an Ausdruck und sind gleichzeitig gut geschützt.

Essen, anziehen, Körperpflege: alltägliche Verrichtungen

Dank ihrer wachsenden feinmotorischen Geschicklichkeit stellt es für Dreijährige kein Problem mehr dar, mit Gabel und Löffel zu essen. Manche Kinder lernen bereits im vierten Lebensjahr, nicht zu harte Speisen mit einem Messer zu zerschneiden. Meist schaffen es Dreijährige auch schon, zerbrechliche Gegenstände vorsichtig in den Händen zu transportieren, und es gelingt ihnen immer besser, (nicht ganz gefüllte) Becher so zu tragen, dass die Flüssigkeit nicht überschwappt.

Das An- und Auskleiden geht nun gut vonstatten, doch wenn die Zeit drängt oder bei schwierig anzuziehenden Kleidungsstücken wie Strumpfhosen oder Anoraks mit kniffligen Reißverschlüssen ist Hilfe gefragt. Auch Schnürsenkel wollen sich in diesem Alter meist noch nicht zur Schleife binden lassen.

Gesicht und Hände können sich die Kinder jetzt gut alleine waschen und auch das Zähneputzen meistern sie bereits alleine. Doch um der Zahngesundheit willen sollte man stets gründlich nachbürsten.

Manche Dreijährige gehen während des Tages schon selbstständig zur Toilette, beim Aus- und Ankleiden und auch beim Abputzen muss jedoch in der Regel geholfen werden. Es ist aber nicht ungewöhnlich, wenn Kinder in diesem Alter nicht oder nur tagsüber trocken sind. Dieser Lernprozess dauert bei vielen noch einige Zeit und ist nicht zuletzt vom körperlichen Entwicklungsstand abhängig.

Erstes Basteln

Eine Kinderschere können Dreijährige nun immer besser handhaben, im Lauf des vierten Lebensjahres gelingt es mitunter auch, Papier entlang einer geraden, vorgezeichneten Linie auszuschneiden. Bis Kinder allerdings Formen wie etwa einen Kreis oder kleine Vorlagen sicher ausschneiden können, vergeht noch eine Weile intensiven Übens. Im vierten Lebensjahr macht es Kindern oft Spaß, alte Zeitschriften oder Buntpapier in kleine Stücke zu zerreißen und daraus Collagen zu kleben.

Beim Spielen mit Knete, Ton oder Salzteig entstehen jetzt erste Formen, manche Kinder beherrschen es in diesem Alter beispielsweise schon gut, das Material zu Würsten zu rollen und diese weiter zu formen. Bei dieser Tätigkeit müssen die Bewegungen der rechten und linken Hand gut aufeinander abgestimmt werden. Dabei wird auch das gute Zusammenspiel von rechter und linker Gehirnhälfte ausgebaut. Hirnforscher sprechen von der Integration beider Hemisphären. In einer mangelnden Integration dieser beiden Bereiche liegt der Grund für viele Lernschwierigkeiten.

Feinmotorische Spiele

Spiele, die für die Feinmotorik eine gewisse Herausforderung darstellen, werden für Dreijährige immer interessanter. Mit Begeisterung kleben manche jetzt bunte Sticker in Stickerhefte oder legen altersgemäße Puzzles. An einer Spielwerkbank können sie bereits in diesem Alter langsam lernen, Schrauben zu drehen oder mit dem Hammer

Die motorische Entwicklung im vierten Lebensjahr

richtig zu treffen. Bei Konstruktionsspielen mit Bauklötzen oder Strecksteinen gelingen im Lauf des vierten Lebensjahres immer höhere Türme und größere Bauten. Viele Kinder fädeln nun gekonnt bunte Ketten aus nicht zu kleinen Perlen auf.

Abmalen oder Ausmalen

Im vierten Lebensjahr gelingt es Kindern nicht nur laufend besser, kleine Gegenstände mit Daumen, Zeige- und Mittelfinger aufzuheben, sie beginnen auch, Stifte, Kreiden oder Pinsel beim Malen und Zeichnen in diesen drei Fingern zu halten und zu führen. In der Regel malen Kinder in diesem Alter gerne, wobei sie eher intuitiv vorgehen und sich weniger dafür interessieren, bestimmte Formen wie etwa ein Viereck abzumalen. Malbücher werden jetzt zunehmend beliebter, dabei soll die Malfreude des Kindes im Vordergrund stehen. Kinder füllen in dieser Entwicklungsphase die leeren Flächen gerne farbig aus. Sie gehen aber oft anders vor, als sich das Erwachsene vielleicht vorstellen, und legen eher selten Wert darauf, die Begrenzungen der Linien einzuhalten oder beim Malen stimmige Farb-Arrangements zu kreieren.

Es ist eine beachtliche feinmotorische Leistung, mit der Schnur in die Öffnung zu finden.

INFO

Kleine Malkünstler

Wie in der Kritzelphase (siehe S. 138 f.) spielt die Lust an der Bewegung auch im vierten Lebensjahr beim Malen eine zentrale Rolle. Ihren Mal-Bewegungsdrang leben Kinder in diesem Alter, aber auch noch in späteren Jahren, besonders gerne am Boden auf großflächigen Unterlagen aus. Dort verspüren sie die wenigsten Beschränkungen. Kreisförmige Formen gewinnen jetzt an Bedeutung, mit denen sich auch schon manchmal die ersten Menschen malen lassen. Meist stellen die Kinder Personen dar, die ihnen besonders wichtig sind, so vor allem die Eltern und andere Familienmitglieder. Gegen Ende des vierten Lebensjahres verwenden sie diese von Kunstpädagogen »Allrund« genannten Kringel auch zum Malen von Tieren. Durch die Kombination von Kringeln und Linien können die Kinder auch schon langsam Objekte wie Häuser oder Bäume malen. Im vierten Lebensjahr gewinnt die gezielte Darstellung an Gewicht. Die Kinder verkünden jetzt immer öfter, bevor sie zu malen beginnen und während des Malvorgangs, was ihr Bild darstellen soll.

Das vierte Lebensjahr

Checkpoint: Die motorische Entwicklung im vierten Lebensjahr

Gegen Ende des vierten Lebensjahres überprüft der Kinderarzt bei der Vorsorgeuntersuchung U8 im 43. bis 48. Lebensmonat neben dem allgemeinen körperlichen Zustand und der Sprachentwicklung des Kindes auch die grob- und feinmotorische Entwicklung. Dabei wird vom Arzt unter anderem gefragt, ob sich ein Kind regelmäßig während des Tages einnässt und einkotet. Dies kann ein ernstzunehmender Hinweis auf eine verzögerte körperliche Entwicklung, eine Erkrankung oder ein seelisches Problem sein.

Die Antworten auf folgende Fragen liefern Anhaltspunkte, ob ein Kind eine unauffällige grobmotorische Entwicklung durchläuft.
- Kann Ihr Kind mit geschlossenen Augen sicher stehen?
- Kann es etwa drei bis vier Sekunden sowohl auf dem rechten als auch auf dem linken Bein stehen?

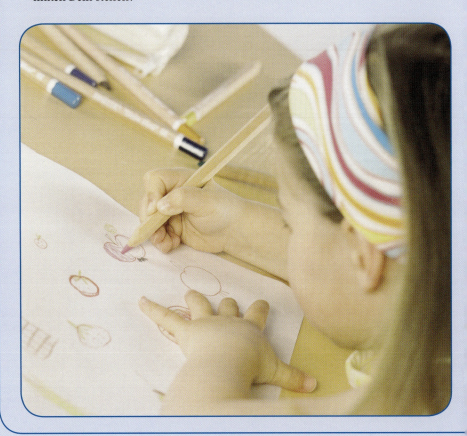

> **TIPP**
>
> **Bewegung im Freien fördern**
>
> Für die grobmotorische, aber auch für die allgemeine kindliche Entwicklung spielt Bewegung im Freien eine entscheidende Rolle. Die beste Voraussetzung dafür bietet natürlich eine Wohnsituation im Grünen, aber auch wenn man nicht in ländlicher Umgebung wohnt und über keinen Garten verfügt, sollte man dafür sorgen, dass ein Kind – nicht zuletzt mit anderen Kindern – viel Zeit draußen verbringt. Gehen Sie mit Ihrem Kind regelmäßig auf den Spielplatz und unternehmen Sie Spaziergänge und Ausflüge ins Freie. Achten Sie bei der Auswahl der Kindertagesstätte darauf, dass diese über eine genügend große Außenspielfläche verfügt. Auch ein kindgerechter Hund kann sich sehr positiv auswirken. Er sorgt für den regelmäßigen Spaziergang und mit ihm kann ein Kind draußen herrlich herumtollen.

Am Ende des vierten Lebensjahres sollte die Feinmotorik so weit entwickelt sein, dass das Kind beispielsweise Linien und Kreise nach- und ausmalen kann.

Die motorische Entwicklung im vierten Lebensjahr

- Kann das Kind, wenn es die Beine geschlossen hält, einen Sprung von mindestens zwanzig Zentimeter Länge absolvieren?
- Kann das Kind mit beiden Beinen über ein Seil springen, das rund fünfzehn Zentimeter hoch über dem Boden gespannt ist?
- Kann es mindestens fünfmal sowohl auf dem linken als auch auf dem rechten Bein hüpfen, ohne sich festhalten zu müssen?
- Kann Ihr Kind eine Treppe im Wechselschritt hinauf- und hinuntersteigen, ohne sich zu seiner Sicherheit festhalten zu müssen?
- Kann es eine kurze Strecke freihändig auf den Zehenballen laufen?
- Kann das Kind die nötigen grobmotorischen Bewegungsmuster so gut koordinieren, dass es sicher mit dem Dreirad fahren kann?
- Kann es einen großen Ball aus etwa zwei Meter Entfernung fangen?

Anhaltspunkte für die feinmotorische Entwicklung liefern folgende Fragen:

- Kann Ihr Kind einen Turm aus mindestens acht Klötzchen bauen?
- Kann es eine Brücke aus Bauklötzchen nachbauen?
- Kann Ihr Kind mit einer Hand mit der Schere Papier ausschneiden?
- Kann es einen Stift zwischen den ersten drei Fingern halten und führen?
- Kann das Kind einen Kreis nach Vorlage nach- und ausmalen?
- Kann es waagrechte und senkrechte Linien sowie ein Kreuz nachmalen?
- Kann Ihr Kind einige große Perlen auf einer Schnur auffädeln?
- Kann es ein altersgemäßes Puzzle, das aus ungefähr fünf Teilen besteht, zusammenlegen?

Weist ein Kind am Ende des vierten Lebensjahres nur wenige dieser Geschicklichkeiten auf, wirkt es also tollpatschig oder ist es außergewöhnlich fahrig und unkonzentriert in seinen Bewegungen, sollte man es einem Kinderarzt vorstellen. Dieser kann beurteilen, ob das Kind möglicherweise eine ergotherapeutische Unterstützung braucht.

Zu den grobmotorischen Fähigkeiten des fast Vierjährigen gehören verschiedene Sprungtechniken.

Das vierte Lebensjahr

Rechts oder links? Die Händigkeit des Kindes

Bis heute konnte die Wissenschaft nicht klären, warum Menschen Rechts- oder Linkshänder sind. Die Dominanz einer Hand ist jedoch angeboren und kann nicht verändert werden. So bleibt ein umgelernter Linkshänder immer ein Linkshänder, auch wenn er mit der rechten Hand schreibt.

In der Regel zeigt sich schon in den ersten Lebensjahren, welche Hand die dominante Rolle ausübt und welche als »Haltehand« genutzt wird. Die Händigkeit lässt sich etwa daran erkennen, mit welcher Hand ein Kind bevorzugt greift oder die Suppe löffelt. Bei manchen Kindern ist jedoch die Händigkeit auch im späten Vorschulalter noch nicht eindeutig zu bestimmen. In diesem Fall können Fachberater mit Hilfe eines Tests feststellen, welche Hand dominiert. Dieser Test sollte spätestens kurz vor der Einschulung absolviert werden, damit das Kind gleich mit der geeigneten Hand schreiben lernen kann.

Links- oder Rechtshändigkeit ist angeboren und lässt sich nicht ändern.

Umschulen erfolgt oft unbewusst

Szenen, wie sie noch in den 1960er Jahren üblich waren, als man Kindern beim Schreibenlernen die Hand auf den Rücken band, gehören heute glücklicherweise der Vergangenheit an. Rechtshändige Eltern, Erzieher und Lehrer schulen Linkshänder jedoch oft unabsichtlich um, weil es ihnen schwerfällt, komplexe Bewegungsabläufe wie zum Beispiel beim Schreiben, Sport, Handarbeiten oder Basteln linkshändergerecht vorzuführen oder zu korrigieren. In der Folge ahmen die Kinder die rechtshändig dominierte Bewegung nach oder führen sie mit der linken Hand verkehrt aus. Dies lässt sich häufig vermeiden, indem man sich dem Kind gegenübersetzt und ihm den entsprechenden Vorgang spiegelbildlich vorführt.

Unterstützung bei Linkshändigkeit

Linkshänder führen einen beständigen Kampf in einer Umwelt, die für Rechtshänder ausgerichtet ist. Manche frustrierende Ungeschicklichkeit lässt sich allerdings durch geeignetes »Werkzeug« vermeiden. Im Vorschulalter sind dies vor allem Linkshänderscheren, im Schulalter zudem Füller und andere Schreibutensilien, die extra für Linkshänder konzipiert sind. Doch auch die emotionale Unterstützung ist für Linkshänder wichtig. Experten raten, dass Eltern und Erzieher die Linkshändigkeit eines Kindes einfach akzeptieren und es zum Benutzen der linken Hand anhalten. Denn die Zeiten der »richtigen« rechten Hand sind endgültig passé.

Die sprachliche Entwicklung im vierten Lebensjahr

Die sprachliche Entwicklung im vierten Lebensjahr

Das rasante Wachstum des Wortschatzes setzt sich nach dem dritten Geburtstag zügig fort. Durch das erweiterte Vokabular nimmt die Ausdrucksfähigkeit der Kinder stetig zu. Hinzu kommt, dass die gesprochenen Sätze nun länger und komplexer werden und häufiger auch einfache Nebensätze enthalten. Immer weniger Probleme bereitet die Aussprache und schwierige Lautbildungen werden mit etwas Übung gemeistert. Darüber hinaus spielen bei Dreijährigen »W-Wörter« wie »warum« und »wer« eine wichtige Rolle: Das zweite Fragealter beginnt.

Vielfältiges Vokabular und fast perfekte Aussprache

Abhängig vom individuellen Tempo der Sprachentwicklung umfasst der aktive Wortschatz der Kinder bereits einige Hundert Wörter, einzelne Jungen und Mädchen kennen schon rund tausend Wörter. Und bis zum vierten Geburtstag wird sich dieser Pool bei allen Kindern mehr oder minder verdoppelt haben. Das Vokabular von Dreijährigen spiegelt ihre eindrucksvolle Entwicklung wieder, die sie in allen Bereichen durchleben. Es wird zunehmend differenzierter, beinhaltet mitunter einzelne Zeit- und Mengenbegriffe sowie Bezeichnungen von Gefühlen, die die Kinder mehr und mehr zu benennen lernen. Gerade in dieser Phase bilden manche Kinder zeitweise »physiologische Sprechunflüssigkeiten« aus, die auch noch im sechsten Le-

Der Mann, die Kuh, ein Kind – die Spielsachen bekommen nun zunehmend ein grammatisches Geschlecht.

 INFO

Vorreiter Ungarn: Der Ton macht's

In der ungarischen Pädagogik spielt die musikalische Erziehung eine besonders wichtige Rolle. Hier wird nach wie vor die Tradition, im Kindergarten täglich Volks- und Kinderlieder gemeinsam zu singen, gepflegt. Wegweisende Konzepte hierzu schuf der Komponist und Musikpädagoge Zoltán Kodály (1882–1967).

Das vierte Lebensjahr

bensjahr vorkommen. Diese Auffälligkeiten gleichen etwa einem Stottern oder Stammeln und treten beispielsweise auf, wenn die Gedanken die Sprechfähigkeit überholen oder die Kinder nicht gleich die richtigen Worte für ihre spontanen Erzählungen finden.

Weniger Schwierigkeiten bereitet in diesem Alter die Artikulation. Zwar ist es nicht ungewöhnlich, wenn die Laute r, sch und s noch nicht immer fehlerfrei ausgesprochen werden, doch außer einigen besonders schwierigen Konsonantenverbindungen wie zum Beispiel »tr«, »bl« oder »kn« meistern die Kinder bis Ende des vierten Lebensjahres in der Regel die Lautepalette ihrer Muttersprache.

Das Genus der Substantive ist kein Stolperstein

Parallel zu Wortschatz und Artikulation entwickeln sich auch die grammtikalischen Fähigkeiten der Kinder weiter. Im Gegensatz zu Sprachschülern, die sich die deutsche Sprache im Erwachsenenalter aneignen, stellt das Genus (das grammatische Geschlecht) der Substantive (Hauptwörter) Kinder mit Deutsch als Erst- oder eine ihrer Muttersprachen erstaunlicherweise kaum vor Probleme. Sie erlernen es relativ schnell und mit wenigen Fehlern, obwohl das Genus beileibe nicht

Schon unsere Vorfahren wussten um die große Bedeutung von Liedern für die kindliche Entwicklung, und so hält die Tradition einen großen Schatz verschiedenster Kinderlieder bereit, von denen auch heute noch viele Jung und Alt begeistern.

 TIPP

Singend sprechen lernen

Lustvoller Gesang mit Erwachsenen und anderen Mädchen und Jungen ist für Kinder ein äußerst effektives Mittel zur Sprachförderung. Und gar nicht so schwer, denn jeder kennt aus seiner Kindheit Lieder, die sich aufgrund ihres Rhythmus, ihrer auf Kinderstimmen zugeschnittenen Melodie und ihres einfachen Textes ins Gedächtnis eingegraben haben: »Backe, backe Kuchen«, »Häschen in der Grube« oder »Große Uhren gehen ticktack«. Hilfestellung liefert eine ganze Reihe von Liedersammlungen für Kinder. Die Lieder und die häufig damit verbundenen Bewegungsspiele machen Kindern Spaß und setzen positive Emotionen frei. Diese Form des Musizierens fördert die Fähigkeit, sich zu konzentrieren und sich Gesungenes zu merken, es regt die Vorstellungskraft und die Fantasie an. Daneben bieten die für Kinderlieder typischen Lautmalereien und Reime den Kleinen die Möglichkeit, ihre Stimmfunktionen auf angenehm-spielerische Weise zu erproben und dabei ein eigenes Sprachgefühl zu entwickeln. Durch den Gesang trainieren sie die Aussprache und erweitern den vorhandenen Wortschatz. Gelegenheit fürs Singen bietet sich oft, zum Beispiel beim Autofahren oder auf dem Weg zum Spielplatz. Schnell wird man von der Sangesfreude der kleinen Künstler angesteckt. Nur Mut, keiner erwartet Meisterleistungen, es geht um den Spaß an der Sache.

Die sprachliche Entwicklung im vierten Lebensjahr

immer logisch nachvollziehbar ist. Es heißt der Arm, aber die Hand und das Bein; die Frau, aber das Mädchen. Der häufigste Fehler bei Zwei- bis Vierjährigen ist, dass der bestimmte Artikel »die« beziehungsweise der unbestimmte Artikel »eine« gelegentlich auch bei Wörtern mit einem anderen Genus gesetzt wird (»die Mann« oder »eine Haus«). Diese »Übergeneralisierung« verschwindet im Lauf der weiteren Sprachentwicklung jedoch sehr bald.

Die Tücken der Pluralbildung

Während das Genus von den Kleinen intuitiv richtig verwendet wird, bereitet das Erlernen der korrekten Pluralformen der Hauptwörter größere Mühe. Ein Grund hierfür ist wohl, dass die Bildung des Plurals (der Mehrzahl) im Deutschen sehr kompliziert ist. Aus einer Katze werden viele Katzen, aus einem Kater jedoch viele Kater und aus einem Hund wiederum viele Hunde, ganz zu schweigen von den zahlreichen Bäumen, Häusern, Omas und anderen Pluralformen, die den deutschen Wortschatz bereichern. Mit rund zwei Jahren beginnen Kinder, erste richtige Pluralformen zu verwenden. Bis sie jedoch die Bildung der Mehrzahl gut beherrschen, dauert es meist noch mindestens zwei Jahre. Es können also im vierten Lebensjahr durchaus noch Fehler passieren.

Korrekter Gebrauch der Pronomen

Ein weiterer Markstein in der sprachlichen Entwicklung ist die richtige Verwendung der Pronomen (Fürwörter). Bei den meisten Kindern tauchen »ich« und »du«, »mein« und »dein« gelegentlich schon im dritten Lebensjahr im aktiven Wortschatz auf, bei anderen erst im vierten. Üblicherweise begreifen Kinder im Lauf des vierten Lebensjahres, dass die Personalpronomen immer in Bezug auf den Sprecher verstanden werden müssen und zum Beispiel »ich« sich auf die Person bezieht, die von sich selbst spricht. Auch bereiten nun die anderen Pronomina wie »er«, »wir« oder »sie« zunehmend weniger Schwierigkeiten.

Gleiches gilt für die Possessivpronomen (besitzanzeigende Fürwörter) »mein« und »dein« und die dahinterstehenden Besitzkonzepte, die im täglichen Zusammensein häufig eine wichtige Rolle spielen. »Meine Schaufel, nicht deine!«, heißt es nun am Spielplatz, oder die Nachbarin erfährt aus berufenem Kindermund: »Wir fahren jetzt mit unserem Auto weg.« Noch weit über das vierte Lebensjahr hinaus bilden Kinder zudem Sätze wie »Das ist dem Peter sein Zimmer«, in denen sowohl der Name des Besitzers als auch das Possessivpronomen zur Anwendung kommen. Diese Konstruktionen werden nur sehr langsam von Aussagen wie »Das ist das Zimmer

Du bist du, wenn du aber mich ansprichst, dann bin auch ich »du« – das ist gar nicht so leicht zu verstehen, aber ich bin jetzt schon so alt, dass ich die Pronomen richtig verwenden kann.

Das vierte Lebensjahr

vom Peter« und erst viel später von »Das ist Peters Zimmer« abgelöst, da Kinder den hierfür nötigen zweiten Fall erst später anwenden können.

Das Verhältnis von Raum und Sprache

Präpositionen des Ortes (ortsbezeichnende Verhältniswörter) wie »auf«, »unter«, »hinter« oder »neben« werden von den Kindern zwar schon früher verstanden, erscheinen jedoch in der Regel in ihrem aktiven Wortschatz erst im vierten Jahr. Präpositionen drücken Beziehungen von Personen oder Dingen zu Personen und Dingen aus. Eine Person steht vor einem Haus, ein Spielzeug liegt unter dem Stuhl, das Kind steht zwischen den Eltern. Diese räumlichen Beziehungen müssen Kinder erst ausreichend sprichwörtlich am eigenen Körper erlebt haben, bevor sie in der Lage sind, Präpositionen zu verstehen oder gar aktiv einzusetzen.

Im Deutschen sind Präpositionen überdies schwierig zu erlernen, da ihre Bedeutungen nicht immer eindeutig bestimmbar sind, wie sich beispielhaft an »auf« zeigen lässt: »Lena sitzt auf dem Stuhl.« »Auf« ist in diesem Zusammenhang eine Präposition mit eindeutiger, leicht verständlicher Bedeutung. Doch hören Kinder auch Konstruktionen wie »Lena geht auf Entdeckungsreise«, »Die Meiers gehen auf ein Fest«, »Papa antwortet auf eine Frage«, »Iss nicht alles auf einmal«, »Ich bin ja so stolz auf dich!« und »Jetzt singen wir auf Englisch«. »Auf« taucht also in einer für das Kind verwirrenden Vielzahl von Zusammenhängen auf. Doch damit nicht genug. Verschiedene Präpositionen können zudem das Gleiche ausdrücken. So ist es im Deutschen beispielsweise durchaus möglich, dass man auf die oder in die Schule geht.

»Papa sitzt auf dem (statt im) Sessel«, »Ich geh bei (statt an) der Hand«. Angesichts der variationsreichen Verwendungsmöglichkeiten der Präpositionen im Deutschen ist es nicht weiter verwunderlich, dass Kinder sie im vierten Lebensjahr häufig verwechseln. Es wird noch einige Jahre dauern, bis sie die gesamte Bedeutungsbreite der Wörter erfahren haben und sie in unterschiedlichen Zusammenhängen korrekt einsetzen.

Matthias ist in der Kiste, Juliane ebenso. Zugleich befindet sich Matthias neben seiner Schwester. Mit derartig anschaulichen Spielen macht der Spracherwerb viel Spaß und ist so auch besonders effizient.

Die sprachliche Entwicklung im vierten Lebensjahr

Zeitangaben gewinnen an Bedeutung

Im vierten Lebensjahr beginnen Kinder erste Zeitvorstellungen zu entwickeln, die schon ein Verständnis für eine weiter zurückliegende und nähere Vergangenheit sowie eine nähere und eine fernere Zukunft beinhalten. Sie besitzen aber keinerlei Vorstellung über die Zeitdauer, können nicht einschätzen, welchen Zeitraum etwa zehn Minuten oder zwei Stunden umfassen. Dennoch finden Zeitadverbien wie »gestern« oder »morgen« und Präpositionen der Zeit wie »vor« oder »nach« bei Kindern in diesem Alter langsam Eingang in den aktiven Wortschatz. Bis sie diese Zeitangaben jedoch ihrer Bedeutung entsprechend korrekt anwenden, vergehen meist noch rund zwei Jahre. Es entspricht also seiner individuellen Logik, wenn ein Dreijähriger nachmittags erzählt, dass er »gestern« im Kindergarten gewesen sei, jedoch meint, dass er am Vormittag desselben Tages die Kindertagesstätte besucht hat.

INFO

Verankert in Raum und Zeit

Wo geschieht etwas und wann? Sobald Kinder sprachlich erste Raum- und Zeitbezüge ausdrücken können, verändert sich ihre sprachliche Kompetenz grundlegend. Nun beginnen sie auch, Kausalitäten zu begreifen und auszudrücken.

Das Sprachverständnis wächst

»Nimm doch bitte den roten Teller und stelle ihn auf den Tisch in der Küche!« Solche komplizierten, aus mehreren Aufgaben bestehenden Anweisungen können Kinder gegen Ende des vierten Lebensjahres schon gut verstehen, auch wenn sie selbst noch nicht in der Lage sind, Sätze so flüssig und korrekt zu formulieren. Beeindruckende mehrere tausend Wörter kann der passive Wortschatz von Dreijährigen Experten zufolge bereits umfassen, er bietet so eine stabile Grundlage für ein immer besseres Sprachverständnis. Das umfangreiche Vokabular spiegelt den wachsenden Erfahrungs- und Wissensschatz wider, den die Kinder sich bereits angeeignet haben. Eine wichtige Rolle spielt in diesem Zusammenhang unter anderem das zweite Fragealter, in dem sich die Kinder nun befinden und in dem sie vor allem auf sprachlicher Ebene ihr Wissen über Sachverhalte in ihrem Lebensbereich erweitern.

Da die Kinder jetzt bereits die wichtigsten grammatischen Prinzipien ihrer Umgebungssprache beherrschen, können sie also die durch die grammatischen Strukturen übermittelten Inhalte verstehen. So erkennen sie etwa durch die Form des Verbs, ob Vergangenheit oder Zukunft ausgedrückt wird, oder durch die Wortstellung, ob eine Frage, Aussage oder Aufforderung gemeint ist.

Sprache wird in Bilder umgesetzt

Dank ihrer fortgeschrittenen kognitiven Entwicklung sind die Kinder nun in der Lage, zu gehörten Wörtern und Sätzen klare Vorstellungen, innere Bilder, die auf einer Vielzahl konkreter Erfahrungen beruhen, abzurufen. Deshalb verstehen Dreijährige zunehmend vorgelesene Bücher, Geschichten und Gedichte sowie Hörspiele (in altersgemäßer Form), auch wenn sie dazu nur wenige oder keine Illustrationen sehen. Diese rein sprachlichen Medien sind bei den Kindern meist äußerst beliebt und zeugen von ihren rasanten Fortschritten in ihrer sprachlichen und geistigen Entwicklung.

Das vierte Lebensjahr

Moritz stottert

Die Sprachentwicklung des heute knapp vierjährigen Moritz verlief unauffällig, bis sich die Aussprache des Jungen vor einigen Monaten verschlechterte. Immer häufiger verhaspelte er sich, wiederholte Silben und Wörter, so dass sein Sprachfluss mitunter erheblich gestört war. Besorgt stellten die Eltern fest, dass Moritz immer weniger redete. Die Mutter vereinbarte daraufhin einen Termin bei einem Logopäden.

Korrekturen erzeugen Druck

Beim ersten Gespräch mit dem Logopäden betonte die Mutter, dass die Familie Moritz aus Rücksicht kaum auf sein Stottern hinweise. Auffällig sei, dass Moritz im versunkenen Spiel mit seinen Autos oder beim Singen im Kindergartenchor keine Schwierigkeiten habe. In der folgenden Familien-Sitzung aber beobachtete der Logopäde, dass beide Eltern das Kind ständig verbesserten und es so vollkommen verunsicherten. Besonders der Vater, zu dem Moritz ein sehr inniges Verhältnis hat, thematisierte die Sprachauffälligkeit häufig, indem er Moritz zum langsamen Sprechen aufforderte. Anhand von Videoaufnahmen sahen die Eltern ihr Verhalten erstmals aus einer anderen Perspektive und waren erschrocken. Ihnen war nicht bewusst gewesen, wie sehr sie die Sprachauffälligkeit betont und Moritz dadurch bedrängt hatten.

Intensive, liebevolle Kommunikation ist das beste Mittel, um dem Stottern eines Kindes entgegenzuwirken, während ständiges Korrigieren die Situation in den meisten Fällen nur verschlimmert.

Nichtbeachtung führt zum Erfolg

Die Eltern (und die Erzieherin) ignorierten nun das Stottern des Kindes vollständig, vermieden Sprachkorrekturen und blickten Moritz nicht direkt an, wenn er sprach. Zusammen mit einer kurzen logopädischen Behandlung führte dies dazu, dass Moritz seine Sprachauffälligkeit ablegte. Offensichtlich handelte es sich um ein entwicklungsbedingtes physiologisches Stottern, das viele Kinder im Kindergartenalter für einige Zeit aufweisen. Moritz fühlte sich durch das korrigierende Verhalten seiner Umwelt so unter Druck gesetzt, dass es sich bei ihm gleichsam verselbstständigte.

Die sprachliche Entwicklung im vierten Lebensjahr

Kindergarten und Schule als Quelle der Schimpfwörterflut

So wie Lindas Eltern geht es vielen, wenn das erste Kind in den Kindergarten oder später in die Schule kommt: Seitdem die knapp Vierjährige die Kindertagesstätte besucht, schockiert sie ihre Eltern immer wieder mit ziemlich derben Schimpfwörtern. Ihren rund ein Jahr jüngeren Bruder Florian pöbelt sie damit in Auseinandersetzungen nach allen Regeln der Kunst an. Dieser wiederum schnappt die neuen Ausdrücke mit Begeisterung auf und verwendet sie auch gern im Streit mit der großen Schwester. Vom »Blödmann« über den »dummen Hund« und den »doofen Affen« bis hin zum richtig scheußlichen »A...loch!« umfasst Lindas Wortschatz inzwischen ein ganzes Arsenal von Beleidigungen und der Ton zwischen den Geschwistern wird deutlich härter. Warum ist die sonst eher zurückhaltende Linda so fasziniert von diesen neu entdeckten verbalen Möglichkeiten?

Kraftausdrücke erzeugen Aufmerksamkeit

Wenn Kinder in der Kindertagesstätte erstmals regelmäßig mit Kraftausdrücken in Berührung kommen, sind sie oft weniger von den »verbotenen« Wörtern selbst, die sie zuvor häufig gar nicht kannten, fasziniert, sondern von der Wirkung, die Schimpfwörter, aber auch Kraftausdrücke wie etwa »Scheiße« ausüben. Denn mit solchen Ausdrücken gelingt es ihnen, das Interesse anderer Kinder oder auch der Erzieher und Erzieherinnen auf sich zu ziehen. Gerade für Kinder, die es noch nicht gewohnt sind, sich die Aufmerksamkeit von Bezugspersonen mit vielen anderen Kindern zu teilen, ist dieser Aspekt höchst interessant. Aber auch zu Hause sind Kinder nicht selten darüber begeistert, welche Aufregung sie mit den neu gelernten Ausdrücken auslösen können.

Manchmal macht es Kindern richtig Spaß, mit derben Kraftausdrücken gezielt zu provozieren, und man sollte ihnen in solchen Situationen schon ihre Grenzen deutlich aufzeigen.

»Verbotene« Wörter sorgen für soziale Anerkennung

Neben einem Aufmerksamkeitsschub sorgen Kraftausdrücke und Beschimpfungen häufig für eine gesteigerte Akzeptanz innerhalb der Gruppe. Bei Kraftmeiereien

Das vierte Lebensjahr

unter Gleichaltrigen kann man mit schlimmen Ausdrücken Eindruck schinden und den anderen Kindern manchmal besonders stark imponieren. Dass weder die Beschimpfenden noch die Beschimpften verstehen, was manche Kraftausdrücke wirklich bedeuten, tut dem keinen Abbruch. So wissen die Kleinen zwar, dass bestimmte Wörter etwas sehr Schlimmes aussagen, das ganze Ausmaß der Verletzung, die solche Beschimpfungen bewirken können, ist ihnen aber überhaupt nicht klar. Es ist deshalb nicht ungewöhnlich, dass Kinder, die sich die wüstesten Beleidigungen an den Kopf geworfen haben, manchmal schon wenige Minuten später wieder miteinander spielen.

Verletzende Ausdrücke als Mittel der Aggressionsableitung

Schimpfwörter bieten Kindern darüber hinaus eine gute Möglichkeit, negativen Gefühlen wie Wut, Ärger, Verletztheit oder Traurigkeit Ausdruck zu verleihen. In der Hitze des Gefechts sind Dreijährige, aber auch ältere Kinder nicht in der Lage, mit kühlem Kopf sachlich zu argumentieren. Dies müssen sie erst noch lernen, und zwar vor allem am Vorbild der Eltern und Erzieher. Durch Schimpfwörter können Kinder

INFO

Verbaler Protest

Schimpfwörter und Kraftausdrücke bleiben bis ins Teenageralter interessant und ein Ausdruck der Rebellion. Am besten bleibt man als Eltern konsequent, aber gelassen.

TIPP

Wie man der Schimpfwortsucht Herr wird

Es lässt sich nicht verhindern, dass Kinder derbe Ausdrücke aufschnappen und verwenden, doch kann man ihren Gebrauch erheblich einschränken. Dazu ist es in erster Linie notwendig, mit den Kleinen über die Schimpfwörter zu sprechen. Gerade kleine Kinder kennen häufig nicht die Bedeutung der von ihnen verwendeten Kraftausdrücke. Die muss man ihnen auch gar nicht weiter erläutern. Es genügt, dass Eltern oder andere Bezugspersonen erschrocken reagieren, wenn ihnen ein Kind ein Schimpfwort an den Kopf wirft. Auf diese Weise wird dem Kind klar, dass es mit der Beschimpfung eine Grenze überschritten hat. Dazu sollte man ihm erklären, dass manche Ausdrücke sehr verletzend sind und deshalb nicht benutzt werden dürfen. Fragen Sie es zudem in der gegebenen Situation, warum es sich so geärgert hat, dass es seiner Wut durch Schimpfwörter freien Lauf lassen musste.
Oft helfen Rollenspiele, um Kindern klarzumachen, wie verletzend ihre Beschimpfungen sind. »Ich sage jetzt auch mal ›blöde Kuh‹ zu dir. Das findest du doch auch nicht schön, oder?« Manchmal kann sich schon ein solch einfacher Perspektivenwechsel als sehr wirksam erweisen. Bieten Sie Ihrem Kind Alternativen an, wie es ohne andere zu verletzen seinen Ärger, seine Wut oder seine Traurigkeit ausdrücken kann. Darüber hinaus ist es selbstverständlich wie in allen anderen Lebensbereichen bei den Schimpfwörtern nötig, dass Eltern und andere Bezugspersonen mit gutem Beispiel vorangehen. Denn Kinder lernen die derben Ausdrücke nicht nur von anderen Kindern, sondern auch von Erwachsenen. Vermeiden Sie also bei Auseinandersetzungen mit anderen, Schimpfwörter zu gebrauchen, und verwenden Sie sie vor allem nicht im Streit mit Ihren Kindern. Passen Sie zudem besonders in Situationen auf, in denen gerne Kraftausdrücke zum Einsatz kommen und auch disziplinierten Menschen wüste Beschimpfungen entfahren, beispielsweise beim Autofahren.

Die sprachliche Entwicklung im vierten Lebensjahr

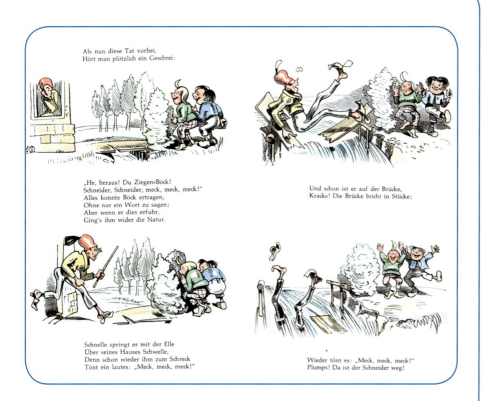

Auf unnachahmliche Weise zeigt Wilhelm Busch in seinem »Schneider Böck«, welch fatale Wirkung Beschimpfungen aus Kindermund haben können.

beispielsweise ihre Aggression gegenüber Spielkameraden, die sie geärgert haben, spontan zeigen oder ihrer Wut gegen eine als ungerecht empfundene Maßnahme der Eltern freien Lauf lassen. Außerdem können Schimpfwörter ein Mittel sein, um gegen die Eltern mit Hilfe der verbotenen Ausdrücke zu rebellieren oder ganz allgemein im Verhältnis zu Bezugspersonen Grenzen auszuloten.

Warum »anrüchige« Wörter so faszinierend sind

Dreijährige kommen nicht nur mit mehr oder minder derben Schimpfwörtern und Kraftausdrücken in Berührung. In diesem Alter stehen auch Wörter, die im weitesten Sinne mit Körperausscheidungen zu tun haben, häufig in hohem Kurs. Diese Ausdrücke werden gerne mit anderen Wörtern kombiniert, wie »Piss-Hose« oder »Kacka-Klo«; aber auch die Lust am Experimentieren mit der Sprache spielt hierbei eine Rolle. Die meisten Kinder finden es witzig, wenn man anstelle des gewohnten »Gul-asch« auch einmal ein »Gul-popo« serviert. Im Vordergrund steht in diesem Zusammenhang einerseits das Interesse an der eigenen Körperlichkeit, andererseits auch das Vergnügen am hier wirklich harmlosen Tabubruch. Denn in der Regel lernen Kinder für den Sachverhalt »gesellschaftsfähigere« Bezeichnungen, müssen etwa »groß« oder »klein«, »auf die Toilette« oder vornehm »verschwinden« und wissen genau, dass die »anrüchigen« Wörter eigentlich »verboten« sind.

Das vierte Lebensjahr

Die Bedeutung des Vorlesens

Neben dem situationsgebundenen Miteinandersprechen zählt auch das regelmäßige Vorlesen zu den Säulen der aktiven Sprachförderung. Ob nun altersgemäße unterhaltsame Geschichten oder Gedichte, die vorgelesenen Texte bieten dem »Sprachhunger« der Kinder optimales »Futter«, und zwar von frühester Kindheit an.

Das Erzählte liefert neues Vokabular

Ein wichtiger Aspekt des Vorlesens ist, dass die Kinder mit Wörtern und Ausdrücken konfrontiert werden, die ihnen in alltäglichen Situationen nicht begegnen. So lernen sie beispielsweise Tiere, Pflanzen und andere Naturobjekte, aber auch magische Gestalten kennen. Stadtkinder nehmen etwa »Traktor« und andere Bezeichnungen für Dinge des Lebens auf dem Lande, Landkinder »Straßenbahnen« und ähnliche städtische Besonderheiten in ihren Wortschatz auf. Außerdem fördert Literatur die Lust an der Sprache und zeigt ihre breiten Möglichkeiten, zum Beispiel durch witzige Reime oder lustige Wortspiele, die im alltäglichen Sprachgebrauch nicht vorkommen.

Wenn der Vorlesende mit Freude und Engagement bei der Sache ist und die Lektüre durch sprachliche Nuancierung sowie Mimik und Gestik bestimmt ist, wird ein Kind mit Begeisterung zuhören.

Gemeinsame Lektüre bedeutet intensive Kommunikation

Zudem macht es für Kinder einen gewaltigen Unterschied, ob ihnen etwas vorgelesen wird oder ob sie vorgetragene Texte oder Hörspiele von einer CD beziehungsweise Kassette anhören. Denn beim Vorlesen entsteht eine besondere kommunikative Situation zwischen dem Vorleser und dem Zuhörer. Das Kind kann nachfragen und mit seinem Gegenüber über das Gehörte sprechen. Es bekommt auf diese Weise einen persönlicheren Anstoß und eine individuellere Unterstützung, um den gehörten Text zu verstehen und zu verarbeiten. Lesen ist Beziehungsarbeit im besten Sinne, denn im gemeinsamen Erleben von spannenden, schönen, aufregenden, traurigen oder informativen Geschichten werden Verbindungen zwischen Vorlesenden und Zuhörern vertieft. Die Kinder genießen dabei die Zuwendung, die ihnen die Erwachsenen entgegenbringen. In solchen als angenehm empfundenen und mit positiven

Die sprachliche Entwicklung im vierten Lebensjahr

Es empfiehlt sich sehr, Vorlesen als regelmäßiges Ritual, zum Beispiel als allabendliche Gutenachtgeschichte, zu etablieren und so die kognitiven und sprachlichen Fähigkeiten des Kindes kontinuierlich zu fördern.

Gefühlen in Verbindung gebrachten Situationen wird das Gehörte besonders wohlwollend aufgenommen und nachhaltig gemerkt. Diese Faktoren bilden zusammen eine optimale Voraussetzung, um Kinder zu motivieren, Neues zu lernen und bereits Erlerntes weiterzuentwickeln.

Ruhiges Zuhören fördert die Konzentration und trainiert das Gedächtnis

Nutzen ziehen die Kinder außerdem aus der Tatsache, dass sie beim Vorlesen ihre Gedanken länger und noch intensiver sammeln müssen als im alltäglichen Gespräch. Denn wer eine Geschichte verstehen will, muss von Anfang bis Ende genau zuhören, sonst verpasst er die wichtigsten Passagen und verliert den Faden der Handlung. Vorlesen unterstützt also die Konzentrationsfähigkeit und die Fähigkeit, bei einer Sache, einem Thema zu verweilen. Es schult zudem das Gedächtnis, denn wer in der Mitte der Geschichte schon wieder deren Anfang vergessen hat, wird wenig Spaß am Erzählten haben. Da der Inhalt des Vorgelesenen vor allem über die Sprache vermittelt wird, fördert es zudem die Fähigkeit der Kinder, Vorstellungen über das Gehörte aufzubauen und über diese inneren Bilder den Text zu verstehen. Konzentration, Durchhaltevermögen, Gedächtnis, innere Vorstellungen, Textverständnis: Positive Vorlese-Erfahrungen fördern Fähigkeiten und Fertigkeiten, die auch für einen späteren erfolgreichen Schulbesuch wichtig, für das Lesen-, Schreiben- und Rechnenlernen unerlässlich sind.

TIPP

Wie finden wir das passende Buch?

Damit das Vorlesen auch ein echtes Vergnügen wird, bedarf es des richtigen Buches. Die einfachste und beste Möglichkeit, den passenden Titel zu finden, bieten gut sortierte Buchhandlungen. In Großstädten gibt es häufig sogar auf Kinder- und Jugendliteratur spezialisierte Läden. In den Buchhandlungen kann man sich von dem reichen Angebot inspirieren und natürlich auch beraten lassen. Gleiches gilt von den Stadtbüchereien. Eine weitere gute Informationsmöglichkeit bieten die Empfehlungen der Stiftung Lesen, immer empfehlenswert sind natürlich auch die mit dem Deutschen Jugendliteraturpreis ausgezeichneten Kinderbücher.

Das vierte Lebensjahr

Neckereien und Spielereien mit lustigen Worten sind ein großer Spaß.

 INFO

Vom Laut zum Buchstaben

Sprach-, Laut- und Reimspiele fördern die »phonologische Bewusstheit«, also die Fähigkeit, Wörter in Silben und Laute zu zerlegen beziehungsweise Laute und Silben zu Wörtern zusammenzufügen. Die phonologische Bewusstheit ist eine Voraussetzung, um Lesen und Schreiben zu lernen.

Sprachexperimente als bewusste Beschäftigung mit der Sprache

Wer erinnert sich nicht an »Ene mene subtrahene / diwe dawe domino / etabrocka, kasinocka / diwe dawe domino«. Der eigentlich vollkommen sinnlose Abzählreim hat schon einige Generationen überdauert und steht heute noch hoch im Kurs. Die spielerische Lautlichkeit solcher und anderer Sprachformen übt auf die Kinder von Anfang an eine große Faszination aus, so dass sie diese gerne in ihr Sprachrepertoire übernehmen. Gerade wenn sie ab dem vierten Lebensjahr die gesprochene Sprache immer besser beherrschen, loten Kinder auch schon eifrig alle Möglichkeiten des vielseitigen Mediums aus. Die Lust an den Lauten und Klängen, dem Spiel mit der Sprache und all ihren Variationsmöglichkeiten packt auch schon Dreijährige, die so mit großem Vergnügen ihre sprachlichen Fertigkeiten zeigen und trainieren.

Die Wortspielereien verbessern Sprachfertigkeit und Sprachgefühl

Bereits im vierten Lebensjahr gehen Kinder mit Sprache oft äußerst kreativ um und schulen damit nicht nur ihre Fähigkeit, sich auszudrücken und das Gehörte zu verstehen, sondern auch ihr grammatikalisches und Wortschatz-Repertoire etwa an Abzählreimen oder Nonsensgedichten, durch Verballhornungen von Namen oder Bezeichnungen, durch Lautmalereien oder überraschende Reimfolgen. So nennt Gesa den Familienhund Emmi mit Vorliebe »Emmelbemmel« und übernimmt zudem mit Freuden den Zusatzreim »alte Semmel«, den ihre ältere Schwester Franziska dazudichtet. Aus »Mama« wird ein gut gelauntes »Mammili« und der Freund aus dem Kindergarten wird von der Dreijährigen zeitweilig nur noch als »Ali-Bali« angesprochen, der seinerseits die Verballhornung seines Namens mit einem »Gesa-Tesa« kontert.

Die Faszination von Rhythmus und Reim

Besonders beliebt sind bei Kindern Lieder und Reime wie »Hopp, hopp, hopp, Pferdchen lauf Galopp«, »Ri-ra-rutsch, wir fahren mit der Kutsch«, aber auch »Schni-Schna-Schnappi« oder »Widewidewenne heißt meine Puthenne«, denn sie vereinen lautliche Spielereien mit eingängigen Rhythmen und Reimen. Kinder haben aber auch großen Spaß daran, wenn bekannte Reimfolgen kurzerhand abgeändert werden: »Der Mond ist rund, der Mond ist rund, er hat zwei Augen, Nas' und – Zähne!« Solche überraschenden Wendungen werden mit großem Spaß übernommen.

Die sprachliche Entwicklung im vierten Lebensjahr

Das zweite Fragealter

»Wer, wie, was? Wieso, weshalb, warum?«, lautet eine Zeile aus dem Titellied der bekannten Kindersendung »Sesamstraße«, um anschließend programmatisch fortzufahren: »Wer nicht fragt, bleibt dumm!« Die fröhlich von Kindern geschmetterten Liedzeilen könnten als Motto sowohl für die kognitive als auch die sprachliche Entwicklung im vierten Lebensjahr dienen. Alles erscheint interessant, erregt Aufmerksamkeit und will verstanden werden. Dabei verlagert sich die Erkundung der Welt nun vom sensomotorischen Entdecken und Erforschen, das durch sinnliche Wahrnehmung und tatsächliches Be-greifen geprägt ist, mit Hilfe der Sprache mehr auf ein geistiges Ergründen. Dank ihrer kognitiven und sprachlichen Fähigkeiten sind die Kinder nun zunehmend in der Lage, über Dinge zu sprechen und Sachverhalte zu verstehen, die über ihren direkten Lebensbereich hinausgehen. Sie können jetzt auch durch Fragen den Dingen auf den Grund gehen. Diese neue Fertigkeit wird von diesem Alter an mit großer Begeisterung eingesetzt – das zweite Fragealter beginnt und wird in der Regel mindestens bis zum Schuleintritt andauern.

Verwendung von kompletten Sätzen und Fragewörtern

Können Kinder im ersten Fragealter (siehe S. 106) ihre Fragen nur auf sehr einfache Weise stellen, indem sie etwa die Tonhöhe verändern (»Das is?«), so sind Dreijährige jetzt zunehmend in der Lage, Fragen aus mehreren Wörtern zu formulieren und dabei die jeweils passenden Fragewörter (fragende Fürwörter) zu verwenden. »Warum ist unser Auto rot?«, »Wieso macht der Hund Pipi im Park und nicht zu Hause?«, »Wer schaltet die Straßenlaternen an?«, »Wo schläft die Sonne?«, »Wann regnet es?«. Die »W-Wörter« gewinnen nun an Bedeutung und werden verstärkt eingesetzt. Dabei gebrauchen Kinder meist zuerst die Fragewörter »warum«, »wo« und »was« und lernen erst etwas später auch nach dem »Wer«, »Wie« und »Wie viel« zu fragen.

Fragen fördert die Sprachentwicklung

Wenn Kinder durch intensives Fragen die Welt erforschen, wächst auch ganz nebenbei durch die Antworten, die sie erhalten, ihr gesamtes Sprachverständnis, vor allem ihr passiver und aktiver Wortschatz. Sie lernen die Bezeichnungen für ihnen unbekannte Objekte, Lebewesen und Phänomene und die Bedeutungen, die hinter Begriffen stehen.

»Mama, was machst du da?« Gerade in Alltagssituationen ergeben sich viele Fragen, die man dem Kind auch gleich wunderbar »am Objekt« beantworten kann.

Das vierte Lebensjahr

Im vierten Lebensjahr erwerben Kinder nicht nur zunehmend die Fähigkeit zu intensiver Kommunikation, sondern zeigen auch bereits durchaus großes Interesse an ausführlichen und vertieften Gesprächen.

INFO

Gesellschaftstauglich

Die Fähigkeit, mit der Umwelt umgehen und kommunizieren zu können, stellt eine wichtige Entwicklungsaufgabe dar. Die dafür notwendigen Kompetenzen erwerben Kinder von Anfang an im Zusammensein mit anderen Menschen.

Unterhaltungen mit Kindern

Eltern reden von Anfang an mit ihren Kindern. Doch zwischen den ersten Unterhaltungen mit einem wenige Monate alten Säugling und den Gesprächen, die nicht nur sie, sondern auch andere Erwachsene mit Dreijährigen führen können, liegen Welten! In diesem Alter sprechen Kinder viel und erzählen gerne, berichten etwa über ihre Erlebnisse in der Kindertagesstätte oder am Spielplatz. Und selbstverständlich nehmen Fragen einen großen Raum im Gespräch mit Erwachsenen ein. Dass die Sprache nun mehr und mehr als Kommunikationsmittel im Umgang mit anderen dient, merkt man auch daran, dass die Kinder ihr Einzelspiel oder andere Aktivitäten immer seltener mit Worten in Selbstgesprächen begleiten. Dieses gleichsam laute Denken verliert nun zunehmend an Bedeutung.

Unterschiedliche Rollenverteilung zwischen Groß und Klein

Bei Gesprächen zwischen Erwachsenen und Kindern befinden sich die Gesprächspartner in einer ungleichen Beziehung, die sich zwangsläufig aus dem Alters-, Wissens- und Rollenunterschied ergibt. In der Fachsprache wird dies als eine »asymmetrische Interaktion« bezeichnet. In solchen Unterhaltungen stellen vor allem die Kinder Wissens- und Begründungsfragen und geben hauptsächlich Erwachsene Anweisungen, fordern beispielsweise die Kinder auf, sich die Hände zu waschen, die Nase zu putzen oder den Mantel anzuziehen.

Die sprachliche Entwicklung im vierten Lebensjahr

Gleichwertige Gesprächspartner – Dialoge unter Kindern

Gespräche unter Kindern laufen im Gegensatz zu ihren Unterhaltungen mit Erwachsenen gleichsam auf »gleicher Augenhöhe« als symmetrische Interaktionen ab. Die Teilnehmer nehmen hier mehr oder minder ebenbürtige Rollen ein und tragen in etwa Gleichwertiges zur Unterhaltung bei. Diese rein von Kindern gestalteten kommunikativen Situationen werden im vierten Lebensjahr immer wichtiger, da in diesem Alter das gemeinsame Spiel mit anderen Kindern zunehmend Raum einnimmt. Dabei gewinnen auch die Dialoge unter den Kindern an sozialer Qualität. Nun gilt es, zum Beispiel im ausgedehnten Rollenspiel, Spielhandlungen zu planen und »Regieanweisungen« zu geben sowie die Regeln des Zusammenspiels auf sprachlicher Ebene auszuhandeln beziehungsweise »auszustreiten« (»Erst darf die Lena Seilspringen und dann der Mirko!«). Gemeinsames Spielen erfordert aber auch, sich verbal anzufeuern und zu trösten, Konflikte auszutragen und sich zu versöhnen.

Erstaunlicherweise sind bereits Dreijährige in der Lage, sich im Dialog ihrem Gegenüber anzupassen. So sprechen sie mit jüngeren Kindern anders als mit Erwachsenen. Sie verwenden in diesen Gesprächssituationen eine andere Tonlage und eine einfachere Sprache mit kürzeren Sätzen, um von den Jüngeren besser verstanden zu werden. Sie verfügen also schon über weitreichende Kompetenzen im Umgang und im Gespräch mit anderen Menschen, die sie in den nächsten Jahren im täglichen Miteinander noch erweitern werden.

TIPP

Wie pflegt man eine angemessene Fragekultur?

Bei der intellektuellen Erforschung der Welt sollte man Kindern jederzeit Rede und Antwort stehen, ihnen dabei aber auch behutsam unter die Arme greifen. Wichtig ist es, die Kinder bei der Beantwortung ihrer Fragen nicht mit Faktenwissen zu überhäufen und zu überfordern, denn die Erläuterung der Welt aus der Sicht und mit dem Wissen eines Erwachsenen bremst die kindliche Neugierde und den Forscherdrang. Die Kleinen hören allmählich auf, selber Erklärungen zu suchen und werden passiv. Auch läuft man Gefahr, den kleinen Entdeckern den Eindruck von Allwissenheit zu vermitteln, wodurch bei manchen Kindern ein Gefühl der Unfähigkeit oder Minderwertigkeit entstehen kann.

Vielmehr sollte man eine Frage als Anlass zum gemeinsamen Überlegen nehmen, also die Antwort zusammen suchen. Eine weitere Möglichkeit, sein neugieriges Gegenüber mit einzubeziehen, ist, die Frage einfach zu spiegeln, also zurückzugeben: »Wo denkst du, macht der Hund im Park Pipi?«, »Was meinst du, wo schläft die Sonne?«. Ansporn zu eigenen Überlegungen geben auch offene Antworten wie »Ich könnte mir vorstellen, dass die Sonne überall schlafen kann. Sicherlich hat sie es gerne kuschelig und weich« oder Quatsch-Antworten wie »Der Hund pinkelt nicht zu Hause, weil er sich in den Baum verliebt hat!«.

Mit dieser einfühlsamen Antwort-Strategie zollen sie den mentalen Anstrengungen der Kinder den nötigen Respekt, denn Fragen finden ist eine große Leistung. Es zeigt, dass sich die Kinder für die Welt interessieren und sich eigene Gedanken über sie machen.

Das vierte Lebensjahr

Das Tagebuch für mein viertes Lebensjahr

Am ersten Tag im Kindergarten war ich sehr aufgeregt. Zum Glück war ich vorher schon oft dort gewesen, wenn Mama Laurin hingebracht oder abgeholt hat. Aber ich war trotzdem froh, dass Mama und Papa die ersten Tage abwechselnd bei mir geblieben sind, denn am Anfang habe ich mich kaum zurechtgefunden. Ich hab nicht gewusst, was man spielen darf, und die anderen Jungen und Mädchen waren so laut!
Im Kindergarten hat jedes Kind einen eigenen Garderobenhaken, an dem ein Bild klebt. So weiß man immer, wo man seine Sachen hinhängen soll. Das ist eine Regel und daran muss man sich halten. Ich habe einen Clown mit einer dicken roten Nase. Der hat mir überhaupt nicht gefallen, ich wollte viel lieber so eine schöne Fee wie Elena! Ich hab mich über den scheußlichen Kasper am ersten Tag so aufgeregt, dass ich weinen musste, obwohl ich eigentlich tapfer sein wollte. Zum Glück war Mama dabei, die mich tröstete. Sogar Laurin war nett, obwohl er mich sonst immer »Heulsuse« nennt, wenn ich weine. Als ob er nie flennen würde!

Ich bin ein Bärchen

Jeden Tag gehe ich jetzt bis nach dem Mittagsschlaf in den Kindergarten, das ist ganz normal für mich. Ist ja auch nichts dabei, und man kann dort ganz toll mit den anderen Kindern spielen, zum Beispiel im Garten oder in der Sandkiste. Nur das Essen mag ich gar nicht. Aber unsere Erzieher Sabine und Stefan, die mag ich schon. Die spielen mit uns und basteln und singen Lieder. Meistens bringt mich Mama in den Kindergarten, weil Papa oft schon früher zur Arbeit muss. Morgens treffe ich mich immer mit Elena, weil wir den gleichen Weg haben. Dann laufen wir ein bisschen voraus und unsere Eltern reden beim Gehen miteinander. In letzter Zeit wird Elena viel öfter von ihrem Papa gebracht, weil ihre Mama in der Frühe manchmal so müde ist. Irgendwie ist das komisch. Elena und ich, wir sind zusammen in der Bärchengruppe. Die heißt so, weil an der Tür zu unserem Zimmer ein großer Teddy aufgemalt ist. Die Bärchengruppe ist die beste Gruppe, ist doch klar!

Ziegen sind gefräßig

Einmal haben wir Bärchen den Tierpark besucht. Da mussten wir mit der U-Bahn fahren und immer zu zweit an der Hand gehen, damit wir niemanden verlieren. Jedes Kind hat außerdem ein rotes Käppi aufsetzen müssen, damit wir alle leicht zu sehen waren. Am besten hat mir der Streichelzoo gefallen, da kann man kleine Ziegen kraulen und ihnen Futter geben. Die haben Hörner und ihr Fell ist ganz glatt und ein bisschen hart. Stefan hat die Zicklein nicht so gemocht, weil eine Ziege an seinem Pullover herumgekaut hat, ohne dass er es gemerkt hat. Dann sind wir alle zu den Affen gegangen, die wie verrückt herumgeturnt sind.

Immer im Kreis herum

Ich mache jetzt Sport, und zwar jeden Mittwoch Kinderturnen im Sportverein. Das ist vielleicht ein Spaß. Da läuft man ganz schnell mit vielen anderen Jungen und Mädchen in einer riesengroßen Halle im Kreis. Oder wir klettern an der Sprossenwand oder balancieren auf den Bänken. Manchmal machen wir Spiele und müssen uns gegenseitig fangen oder wir stehen im Kreis und singen »Laurenzia, liebe Laurenzia mein«. Da muss man dann in die Knie gehen. Beim Kinderturnen hat ein Mädchen einen ganz schönen rosa Turnanzug, den möchte ich auch haben. Mama hat gesagt, dass ich ihn mir ja zum Geburtstag wünschen kann, einfach so kauft sie ihn mir nicht. Ob ich ihn wohl zum Geburtstag bekomme?

Italien ist ein Popo-Stiefel

Im Sommer sind wir mit dem Auto in den Urlaub gefahren, nach Italien. Italien ist ein Stiefel, hat Mama gesagt, aber ich weiß nicht genau, was sie damit meint. Dorthin muss man furchtbar lange fahren und auf der Fahrt viel trinken und ganz oft an der Raststätte anhalten, wenn es einem schlecht wird. Da gibt es viele Spielsachen, aber Mama und Papa haben uns nichts gekauft, das fanden Laurin und ich gemein.
Wenn man dann in Italien ist, kommt man über einen Fluss, der heißt Po. PO! »Popo, Popo, Popo!«, haben Laurin und ich gesungen. Papa hat gelacht und gesagt, wir sollten unsere Puste sparen, bis wir am Meer angekommen sind. Unser Ferienort heißt nämlich Bibione! Laurin hat »Wahnsinn« geschrien und »Pipione!«. Ich hab das nicht sofort verstanden, aber bald. Den ganzen Urlaub haben wir dann gesungen, dass wir in »ohne Pippi« wohnen. Geil! (Aber das darf ich eigentlich nicht sagen.)

Ich werde Skihase

Papa hat verkündet, dass wir im Winter alle zum Skifahren wollen, weil ich jetzt schon groß genug bin, um ein Skihase zu werden. Skihasen sind gar keine richtigen Hasen, das sagt man nur so zu Mädchen im Schnee. Laurin ist ein Junge, der ist kein Skihase, sondern ein Pistenrambo. Beim Skifahren fährt man den Berg mit dem Lift hinauf und dann schnell wie der Blitz auf Brettern hinunter. Und dann geht man in die Hütte und darf Kaiserschmarrn essen, den mag ich besonders gern. Ich freu mich schon riesig darauf!

Das fünfte Lebensjahr

Aufgrund ihrer Kenntnisse, die sich unter anderem durch unablässige Erkundigungen weiter vermehren, wird die von fantastischen Elementen bestimmte Sicht der Welt mehr und mehr durch Tatsachen ergänzt. Vierjährige verstehen jedoch nicht nur die Realität, sondern auch ihre Mitmenschen immer besser. Deshalb gelingt es ihnen schon gut, sich im Spiel und im alltäglichen Miteinander an Regeln zu halten sowie einen Sinn für Höflichkeit und erste Moralvorstellungen auszubilden.

Das fünfte Lebensjahr

Falsch oder echt? Diese Frage treibt Kinder im fünften Lebensjahr um.

Die kognitive Entwicklung im fünften Lebensjahr

Im fünften Lebensjahr stecken Kinder noch immer im Fragealter, doch beginnt sich das magische Weltbild zu verschieben. Kausales Denken und die Suche nach der »echten Ursache« einer Erscheinung gewinnen an Bedeutung. Vierjährige sind äußerst wissbegierig und von einem enormen Forschungsdrang beseelt. Durch Beobachten, Experimentieren und Konstruieren, Sammeln und Ordnen sowie mit Kreativität wird die Welt in diesem Alter anhand von konkreten Erfahrungen erkundet und entdeckt.

»Warum?« und andere W-Wörter

Vierjährige können bereits auf einen beachtlichen Wissens- und Erfahrungsschatz zurückgreifen, dennoch ist die Welt für sie vor allem ein weitgehend unbekanntes Universum, das zur Erforschung herausfordert. Im fünften Lebensjahr befinden sich Kinder noch immer auf dem Höhepunkt des Fragealters, schließlich gilt es, einen schier unglaublichen Wissensdurst zu stillen. Personen, Tiere, Gegenstände, Phänomene, Erlebnisse, Alltagshandlungen und »große Taten«, alles wird mit Aufmerksamkeit beobachtet, kommentiert, erfragt und hinterfragt.

Kindern in diesem Alter fällt es noch immer ziemlich schwer, für sie wichtige Fragen nicht sofort zu stellen, wenn sie ihnen einfallen, egal ob sie dabei die Mutter

 TIPP

Sind Erwachsene allwissend?

Kinderfragen können auch Erwachsene nicht immer beantworten, und es tut Kindern gut, wenn die manchmal so viel klüger erscheinenden Erwachsenen dies ihren Kindern sagen. Für Kinder wie Erwachsene ist es dann überaus bereichernd, gemeinsam zu überlegen oder die Antwort in einem Lexikon zu suchen.

Die kognitive Entwicklung im fünften Lebensjahr

oder den Vater bei einem wichtigen Telefonat stören oder mitten in ein Gespräch plappern. Und auch eine Antwort wird bitte gleich erbeten! Das Fragealter ist für die Umwelt des Kindes anstrengend und bewahrt nicht immer vor Peinlichkeiten (»Warum hat Herr Schneider heute keine Zähne an?«), es ist aber von enormer Bedeutung. Denn die Antworten auf die schier unerschöpflichen Fragen bieten dem Kind eine Hilfe, sich ein Bild von seiner Welt zu schaffen, sein Wissen zu erweitern und sein kausales Denken zu schulen.

INFO

Ein falscher Nikolaus?

Der Nikolaus ist »echt«, obwohl er die Armbanduhr von Julians Papa trägt! Vierjährige, die sich langsam von ihrem magischen Weltbild verabschieden, können gut mit solchen Widersprüchen leben.

Auf der Suche nach der Wahrheit

In diesem Alter begeben sich Kinder auch zunehmend auf die spannende Suche nach der »echten« Wahrheit. Aufgrund ihrer Erfahrungen und einer immer breiteren Wissensbasis setzt ganz langsam ein Abschied von dem magischen Weltbild ein, das ihr Denken in den letzten Jahren bestimmt hat. Sie wissen nun beispielsweise, dass sie viel zu groß sind, um wirklich vom bösen Krokodil im Kasperltheater gefressen werden zu können, lassen sich aber doch mit grausiger Faszination davon erschrecken. Zudem wird ihnen der kausale Zusammenhang zwischen Ursachen und Wirkungen immer bewusster.

Bei dieser Entwicklung werden die Logiken der magischen und realen Welt miteinander verwoben oder es leben schlicht »zwei Seelen« in der Brust von Vierjährigen. Einige Kinder wissen zum Beispiel schon, dass es den Osterhasen »eigentlich« nicht gibt (hier erweisen sich oft ältere Geschwister als besonders eifrige Aufklärer). Doch versetzen sie das versteckte Osternest, der Schokohase, den der »Osterhase« bei den Großeltern vorbeigebracht hat, oder die süßen Eier, die der »Osterhase« gerade auf der Wiese versteckt hat, über die der Spaziergang am Ostersonntag führt, so in Spannung und Staunen, dass seine Existenz dennoch als »bewiesen« gilt.

TIPP

Spielerisches Konzentrationstraining: »Alle Vögel fliegen hoch!«

Ein ebenso effektives wie unterhaltsames Training für die Konzentration, die schnelle Verarbeitung von gehörten Informationen sowie die Impulskontrolle ist das beliebte Kinderspiel »Alle Vögel fliegen hoch!«. Dieses Spiel können Sie mit Ihrem Kind allein oder in einer großen Gruppe spielen. Dabei sitzen die Teilnehmer an einem Tisch und trommeln mit den Fingern an der Tischkante. Das Spiel beginnt, wenn der teilnehmende Erwachsene (oder ein älteres Kind) »Alle Vögel fliegen hoch!« ruft und dabei die Arme nach oben streckt. Auch die Kinder heben jetzt schnell die Arme. Der Spielleiter ruft nun in der Folge verschiedene Lebewesen und Gegenstände auf, die fliegen können. Dabei müssen die Kinder jedes Mal die Arme heben. Sobald er jedoch flugunfähige Tiere und Objekte (etwa »Alle Elefanten fliegen hoch!«) aufruft, dürfen die Arme nicht hochgehen! Im Laufe des fünften Lebensjahres schaffen es Kinder nicht nur aufgrund ihres wachsenden Wortschatzes immer besser, dieses Spiel zu spielen, sondern auch dank ihrer zunehmenden Impulskontrolle.

Das fünfte Lebensjahr

»Damit ich die Figur später an die Decke hängen kann, braucht sie erst mal eine Schnur!« Solche Zusammenhänge erschließen sich dem Kind im fünften Lebensjahr zunehmend.

Die Beobachtungsfähigkeit steigt

Zu den kognitiven Fortschritten im fünften Lebensjahr trägt auch bei, dass Vierjährige zunehmend gut beobachten. Zwar schaffen es Kinder schon früh, sich mit altersgemäßer Ausdauer auf ein Objekt ihres Interesses zu konzentrieren, doch wird diese Fähigkeit nun langsam um eine erhebliche Qualität erweitert. Jetzt sind Kinder mehr und mehr in der Lage, spontane Impulse zu unterdrücken. Sie müssen den Gegenstand ihres Interesses nicht mehr sofort berühren. Ein Käfer, der über ein Blatt krabbelt, eine Schnecke, die langsam über den Weg kriecht, solche Vorgänge können die Kleinen nun gespannt beobachten, ohne die Handlung der Akteure unabsichtlich zu beeinflussen, indem sie diese sofort anfassen.

Ursache und Wirkung

Darüber hinaus gewinnt im fünften Lebensjahr das kausale Denken an Bedeutung und wird auch in den folgenden Jahren immer besser angewandt werden. Ein gewisses Verständnis für die einfachsten Prinzipien von Ursache und Wirkung weisen ja schon die Kleinsten auf, wenn sie etwa beim Strampeln absichtlich das Mobile heftiger zum Schwingen bringen. Bei Vier- bis Fünfjährigen ist dieses Wissen dank vieler Erfahrungen bereits erheblich erweitert worden.

Vierjährigen fällt es in der Regel schon viel leichter, die Vorstellung bestimmer Handlungsabläufe in ihre Überlegungen einzubeziehen. Sie können ihre Tätigkeiten nun innerhalb eines gewissen Rahmens bereits in einer logischen, zweckgerichteten Reihenfolge ausführen. Um eine feste Sandburg bauen zu können, brauche ich Wasser. Um das Wasser transportieren und gezielt verteilen zu können, nehme ich am besten eine Gießkanne her. Deshalb muss ich erst die Gießkanne suchen und sie mit Wasser füllen, bevor ich so, wie ich es mir vorgestellt habe, weiterbauen kann. Solche Handlungsabfolgen beginnen Kinder in diesem Alter mehr und mehr zu bewältigen.

Wirkung mit Ursachen

Kinder dieser Altersstufe können aber auch schon umgekehrt von Wirkungen auf ihre Ursachen rückschließen. Entdeckt man zum Beispiel beim Winterspaziergang Spuren im Schnee, verstehen die Kleinen, dass zuvor ein Tier durch den Schnee gelaufen ist und Abdrücke hinterlassen hat. Auch ist es ihnen geläufig, dass eine Wirkung verschiedene Ursachen haben kann. Wenn der kleine Bruder weint, hat er sich vielleicht wehgetan, sein Kuscheltier verloren oder möchte sofort ein Eis haben.

Die kognitive Entwicklung im fünften Lebensjahr

INFO

Nicht nur ein Spiel – Verborgene Lernprozesse

Kinder lernen in Selbstbildungsprozessen, doch für Eltern ist es manchmal keine leichte Aufgabe, das Lernen im Spiel zu entdecken und die spielerischen Handlungen als Lernvorgänge zu »übersetzen«. In diesem Zusammenhang spielt das »Scheitern« eine ebenso große Rolle wie der Erfolg. Die Erfahrung, dass Murmeln, die von einem Erdhügel hinunterrollen, durch Unebenheiten in eine andere Richtung gelenkt oder gar aufgehalten werden, ist wichtig. Ebenso wie die Erkenntnis, dass sie leichter in das Loch am Fuß des Hügels gesteuert werden können, wenn man ihnen eine richtige Bahn festklopft oder gar eine kleine Rinne gräbt. Und vielleicht wird es im Lauf des Spiels ja sogar interessanter, den kunterbunten Lauf der Kugeln zu beobachten, als sie gezielt in das Loch zu bugsieren, oder gar einen Hindernisparcours mit Stöckchen und Steinchen zu bauen? Für Erwachsene, die an ein zielgerichtetes Lernen gewöhnt sind, mögen Umwege Irrwege sein, für die Kinder sind sie eine wichtige Erfahrung in einem spielerischen Lernprozess, der ihnen Freude und Befriedigung bringt.

In welche Richtung rollen die Murmeln? Mit einfachen Mitteln entdecken Kinder spielerisch die Welt.

Der komplexe Zusammenhang von Zeit und Entfernung

Vierjährige Kinder beziehen den Faktor »Zeit« nicht nur in ihre Handlungsplanung ein, sie beginnen zudem bereits langsam die komplexen Zusammenhänge von Zeit, Entfernung und Geschwindigkeit zu verstehen. Auf dem Weg zum Schwimmbad ist etwa die Aussage: »Wenn wir uns beeilen, kommen wir schneller an und haben länger Zeit zum Schwimmen!«, für viele knapp Fünfjährige durchaus nachvollziehbar. Sie wissen bereits aus der alltäglichen Erfahrung, dass man für dieselbe Strecke desto weniger Zeit braucht, je schneller man sie zurücklegt, können dieses Wissen jedoch noch nicht in Worte fassen. Und inwieweit sie einer Aufforderung wie »Beeil dich, bitte!« dann wirklich nachkommen, hängt auch von der Attraktivität des Zieles ab. Sicherlich stehen die Chancen für zügiges Gehen auf dem Weg zum Schwimmbad deutlich höher als beispielsweise beim Gang zum regelmäßigen Pflichtbesuch bei der langweiligen Patentante.

Welterkenntnis durch Experimentieren

In der Erforschung ihrer Umwelt nimmt Experimentieren und Ausprobieren bei Vierjährigen eine wichtige Rolle ein. Dabei dehnen die Kinder im fünften Lebensjahr durch ihre verbesserte Beobachtungsfähigkeit ihre Möglichkeiten, Phänomene ihrer Umwelt wahrzunehmen und kennenzulernen, erheblich aus. Im Spiel gehen sie dabei mit einer Neugierde vor, die in ihrer Intensität den Vergleich mit der forschenden Wissbegierde erwachsener Wissenschaftler nicht zu scheuen braucht. Kracht es lauter, wenn ich einen kleinen Ast oder wenn ich einen dicken Stein auf die metallene Abdeckplatte werfe? Und was ist schwerer und erfordert beim Werfen mehr Kraft?

INFO

Menge und Wert

In diesem Alter freuen sich Kinder schon über die ersten Geldstücke, die sie in einer Sparbüchse sammeln können. Sie spielen auch gerne mit den Münzen, die sich durch ihre gleichen Formen und Größen gut eignen, um ein erstes Zahlenverständnis aufzubauen. Vierjährigen fällt es dabei immer noch schwer zu begreifen, dass Münzen einen unterschiedlichen Wert besitzen und dass man mit vielen kleinen Münzen weniger kaufen kann als mit wenigen großen.

Das fünfte Lebensjahr

Wird das Glas überlaufen, wenn man noch mehr Steine hineinwirft? Beim Experimentieren erfahren Kinder viel über die Funktionsweise der Welt.

In solchen und vielen anderen, von ihren Interessen geleiteten Handlungen, die sie täglich erfahren und durchleben, eignen sich die Kinder ihr Bild von der Welt an. Dabei stoßen sie durch die Wiederholung von Handlungen und Spielen intuitiv auf Gesetzmäßigkeiten. Ein dicker Stein ist immer schwerer als ein kleiner Zweig, erfordert immer mehr Kraft beim Werfen und macht auch immer mehr Lärm, wenn er auf der Metallplatte aufschlägt, was wiederum die Kinder mehr beeindruckt und mit entsprechenden lauten Kommentaren begleitet werden muss. Denn ein solches Experiment ist spannend und wird von intensiven Gefühlen begleitet.

Sammeln, ordnen und sortieren

Die Suche nach Gesetzmäßigkeiten und Strukturen spielt auch beim Sammeln und Ordnen unterschwellig eine wichtige Rolle. Mit der ausgedehnten Fähigkeit zur Beobachtung geht im fünften Lebensjahr eine regelrechte »Sammelwut« einher. Steine und Stöckchen, Muscheln am Strand und Schneckenhäuser im Wald, Perlen und Murmeln, aber auch lebendige »Anschauungsobjekte« wie Insekten und Würmer werden mit Begeisterung gesammelt und gehortet.

Die Sammelbegeisterung öffnet den Kindern einen ganzheitlichen Zugang zu den Objekten ihrer Umwelt. Fühlen, sehen, riechen, hören – mit allen Sinnen werden die gesammelten Gegenstände erfasst. Wie fühlen sich verschiedene Steine an? Ist ihre Oberfläche rau oder glatt? Welche Farben und Größen haben Schneckenhäuser? Wie duften frische Blumen? Und getrocknetes Gras? Wie fühlen sich die Blätter von Bäumen an, wie unterscheiden sie sich in Größe, Farbe und Form?

 INFO

Lernen, ohne es zu merken

Vierjährige lernen durch Fragen und Probieren, Experimentieren und Untersuchen, Nachahmen, Spielen, Gestalten, Erfinden und Entdecken. Auf diese Art und Weise eignen sie sich Wissen und Fertigkeiten noch immer durch unabsichtliches, »implizites« Lernen an. Sie lernen spielerisch, unbewusst und beiläufig durch ihre Handlungen und nehmen dabei gar nicht wahr, dass sie lernen. Ihre Kenntnisse und Fertigkeiten gründen sich auf implizites Wissen, das wiederum auf individuellen Erfahrungen basiert und weder systematisch verarbeitet noch bewusst zugänglich ist. Dieses Wissen ist eine Voraussetzung für weitere Lernprozesse.

Die kognitive Entwicklung im fünften Lebensjahr

Die bunten Sammlungen bieten den Kindern die Möglichkeit, eine Vielzahl von Informationen zu erfassen und zuzuordnen. Durch Vergleichen entwickeln sie einen Sinn für Ähnlichkeiten, aber auch für die feinen Unterschiede in Farben, Formen, Gewicht und Oberflächen. Kinder lieben es in diesem Alter, eigene Ordnungen aufzustellen und Dinge nach den von ihnen aufgestellten und laufend variierten Regeln zu sortieren. Dabei richten sich Vierjährige meist noch nach einem Merkmal, sortieren zum Beispiel die Knöpfe aus der Knopfkiste entweder nach Farben oder nach Formen oder nach der Größe. Der Fantasie sind hier keine Grenzen gesetzt. Auf diese Weise gehen die Kinder immer souveräner mit den Materialien ihrer Umwelt um und vertiefen so ihr Verständnis von Mengen und Dimensionen.

Physikalische Gesetzmäßigkeiten erfahren beim Bauen und Konstruieren

Gewicht, Mengen, Formen, Raum und Dimensionen erfassen Kinder mit vier Jahren auch zunehmend durch Konstruktionsspiele, die sie dank ihrer verbesserten Feinmotorik nun immer besser beherrschen. Aus den bislang einfach gestapelten Türmen aus Bauklötzen werden im fünften Lebensjahr schon dreidimensionale Bauwerke, seien es Brücken aus zwei Türmen, die durch einen länglichen Holzbaustein verbunden werden, oder Häuser aus Lego, auf die ein Dach gesetzt wird. Häufig ist das Bauen kein Selbstzweck, vielmehr werden die Konstruktionen in verschiedenste Spielhandlungen integriert. So dient das Legohaus als Parkhaus für die Spielzeugautos und die Holzbrücke ist etwa Teil eines Zoos, über die die Tiere zurück in den Urwald marschieren. Bauen fasziniert Kinder aber auch in großen Dimensionen, besonders beliebt sind Höhlen, die aus Stühlen, Tischen und Decken gestaltet werden und zu fantasievollen Spiel- und Rückzugsorten werden.

Konstruktionsspiele bieten eine wichtige Gelegenheit, physikalische Gesetzmäßigkeiten zu erfahren. Die Kinder lernen, mit den Besonderheiten ihres Baumaterials und ihres Bauortes umzugehen. Denn es ist ein Unterschied, ob man gleichförmige Holzbausteine oder unregelmäßig geformte Kieselsteine stapelt, ob man auf geradem, festem Holzboden, im weichen Sand oder auf einer nachgiebigen Schaumstoffmatte baut, auf der eine unbedachte Bewegung das schöne Bauwerk leicht zum Einstürzen bringt. Kategorien wie oben und unten, vorne und hinten, weit und eng, innen und außen gewinnen bei diesen Spielen an Bedeutung. Die räumliche Dimension wird mit allen Sinnen erfahren.

TIPP

Das eigene Museum

Richten Sie doch Ihrem Kind ein kleines Museum ein. Räumen Sie beispielsweise ein Regalbrett frei, auf dem das Kind seine gesammelten Schätze aufbewahren und hübsch anordnen kann. Es wird sich so in seinem Forscherdrang bestätigt fühlen.

Lernen durch Experimentieren: Irgendwann kracht es, dann war der Turm zu hoch.

Das fünfte Lebensjahr

»Svenja spielt Mathe« – wie man mit Knöpfen lernt, die Welt zu strukturieren

Tief in ihr konzentriertes Spiel versunken, sitzt Svenja am Tisch. Sie hat die »Knopfkiste« des Kindergartens vor sich ausgeleert. Das seit Jahren bewährte Utensil enthält Knöpfe von ausrangierten Kleidungsstücken, die von den Eltern der Kinder gesammelt werden, aber auch die Erzieherinnen des Kindergartens kaufen größere Mengen preiswert hinzu. Die zahlreichen Farben und Formen, Materialien und Oberflächen der Knöpfe üben eine große Faszination auf die Kinder aus.

Eine Blumenwiese entsteht durch Bauen, Sammeln und Ordnen

Viele hundert Knöpfe liegen in wildem Durcheinander vor der Vierjährigen auf der Tischplatte im Kindergarten verstreut, doch langsam, nach und nach, beginnt sich das Chaos zu lichten. Unter der bunten Vielzahl der Knöpfe aus allen möglichen Materialien und in allerlei verschiedenen Formen, wie Kreisen, Dreiecken und Halbkugeln, befindet sich eine große Zahl identischer, sehr flacher weißer Knöpfe.

Nun macht sich Svenja ans Werk. Mit Geduld sortiert sie diese gleich großen, runden Knöpfe aus der unübersichtlichen Masse aus und legt sie beiseite. Als nächstes stapelt sie sie zu kleinen Türmchen aus je drei Knöpfen. Das ist eine etwas wackelige Angelegenheit, die von der kleinen Baumeisterin jedoch mit Bravour erledigt wird.

Jetzt folgt der zweite große Schritt. Um die Türmchen aus weißen Knöpfen herum legt sie jeweils in einem Kreis gelbe, rote, blaue und weiße Knöpfe, die sie wie gleichfarbige Blütenblätter um die »Griffel« aus den weißen, gestapelten Knöpfen arrangiert. Türmchen um Türmchen baut das Kind, Blüte um Blüte entsteht, bis beinahe die halbe Tischplatte damit bedeckt ist.

Das Sortieren von Dingen nach Art, Farbe, Form und Größe schult das strukturierte Denken und fördert die kognitive Entwicklung.

Die kognitive Entwicklung im fünften Lebensjahr

Svenja erklärt ihren Bauplan, ein Spiel mit System

Als die kunstvollen Knopfblüten fertig sind, zeigt Svenja der Kindergärtnerin stolz ihr Werk. Es entspinnt sich ein Dialog zwischen den beiden. Die Erzieherin bewundert die hübschen Figuren, sie fragt, ob die weißen Knopftürmchen denn alle gleich hoch seien (ja!), warum Svenja die Türmchen gleich hoch gestapelt habe (damit sie gleich aussehen), warum sie welche Knöpfe für die Blütenblätter verwendet hat (immer etwa gleich große in der gleichen Farbe, damit sich ein schöner Kreis bildet), und ob sie den Blüten denn noch Stängel hinzufügen wolle (nein!).

Unbewusste Annäherung an die Mathematik

Wie die Erläuterungen der kleinen Baumeisterin zeigen, macht das Knopfspiel nicht nur Spaß, sondern fördert auch das kindliche Verständnis für Farben und Formen und trainiert die Feinmotorik. Und ganz nebenbei betreibt Svenja in diesem fantasievollen Spiel mit Feuereifer Mathematik, was ihr gar nicht bewusst ist. Denn Mathematik ist im Grunde genommen eine Methode, die Welt zu strukturieren. Svenja ordnet und sortiert, sammelt und teilt bei ihrem Gestaltungsspiel eine große Menge ähnlicher Dinge. Sie kreiert farbsymmetrische Muster und versucht, möglichst gleichmäßige Kreise zu legen, deren Mittelpunkt die weißen Knopftürmchen bilden.

Ob Knöpfe, Blätter oder Schraubenschlüssel, das Erkennen gemeinsamer Merkmale verschiedener Dinge ist ein großer Entwicklungsschritt.

Erfassen von Strukturen, Formen, Mengen und Zahlen

Während des Spiels erfährt Svenja, dass die Umsetzung ihrer Idee mit verschieden großen Knöpfen gar nicht so einfach ist und umso besser gelingt, je mehr sich die Knöpfe in Form und Größe gleichen. Sie vergleicht und schätzt, aber sie perfektioniert auch. Denn sie begreift im wahrsten Sinne des Wortes, dass gleich hohe Türmchen immer aus der gleichen Anzahl gleicher Knöpfe bestehen. Um die gleiche Höhe zu erreichen, fügt sie Knöpfe hinzu oder entfernt gegebenenfalls welche. Im Dialog mit der Erzieherin kann sie diese Erfahrungen erfassen und verdeutlichen.

Durch das Knöpfespiel knüpft das Kindergartenkind für sich eine Verbindung zwischen Mengen, (An-)Zahlen und Formen, zwischen Geometrie und Arithmetik. Svenja »spielt« Mathematik.

Das fünfte Lebensjahr

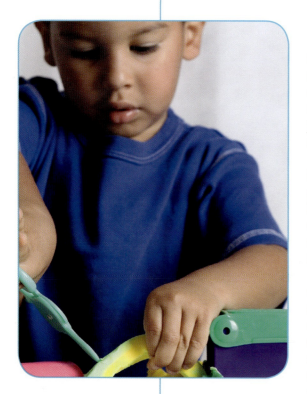

Kreativität wird auch beim freien Basteln gefördert.

TIPP

Freie Zeit zulassen!

Kinder, deren Zeit bis zur letzten Minute verplant ist, können keine Kreativität entfalten. Vielmehr brauchen sie dazu unverplante Zeit, in der sie sich auch einmal gehörig langweilen können. Doch gerade in diesen Phasen des Leerlaufs lernen sie, sich selbst die Zeit zu gestalten und aus eigenem Antrieb Ideen zu entwickeln.

Kreative Prozesse im fünften Lebensjahr

Sei es beim Singen, Tanzen oder ersten Musizieren, beim sprachlichen Spiel und Erproben mit Lauten, Wörtern oder ersten Reimen, bei bildnerisch-gestalterischen Tätigkeiten oder im intensiven Rollenspiel mit anderen Kindern: Vierjährige entfalten ihre Kreativität mit viel Freude und Fantasie in den verschiedensten Gebieten.

Für dieses Anwachsen der kreativen Ausdrucksmöglichkeiten im fünften Lebensjahr sind unter anderem fein- und grobmotorische Fortschritte verantwortlich. Die Kinder haben nun schon zahlreiche Bewegungsabläufe automatisiert und können diese je nach den entsprechenden Erfordernissen variabel einsetzen wie beim Kleben, Malen, Schreiten, Springen, Artikulieren und vielem mehr.

Aber auch die Fortschritte im kognitiven, sprachlichen und sozialen Bereich spielen bei der kreativen Entfaltung eine wichtige Rolle. Denn Kinder in diesem Alter können sich nun langsam etwa die Handlungsabläufe beim Basteln oder bestimmte Ton- und Bewegungsfolgen beim Musizieren merken. Zudem sind sie immer besser in der Lage, sich das, was sie darstellen oder anfertigen wollen, in inneren Bildern vorzustellen. Sie sind darüber hinaus auch zunehmend fähig, über ihre Vorstellungen zu sprechen, sich mit anderen darüber auszutauschen sowie die Ideen ihrer Spielkameraden zu verstehen. Deshalb können Vierjährige beispielsweise immer besser ihre Kreativität gemeinsam mit anderen im fantasievollen Rollenspiel ausleben.

Kreativität unterstützen

Eltern können die Kreativität ihrer Kinder unterstützen, indem sie ihnen vielfältige Anregungen und Raum zum freien Spielen und Ausprobieren bieten. Die Musikalität regen Sie etwa durch gemeinsames Singen und Musizieren an, und sei es nur, dass Sie mit Ihrem Kind im Takt zur Musik klatschen oder zusammen mit ihm tanzen. Die Angebote zur musikalischen Früherziehung vieler städtischer Musikschulen oder Volkshochschulen sind in diesem Zusammenhang sehr sinnvoll.

Um der Fantasie beim Gestalten freien Lauf zu lassen, eignen sich am besten wenig oder gar nicht bearbeitete Materialien, zum Beispiel Gegenstände aus der Natur wie Gräser, Blätter oder Steine, aber auch Holz, Papier und Stoff sowie weicher, ummantelter Draht und Kunststoff. Die Grundvoraussetzungen der Kreativität, Vorstellungskraft und Fantasie, unterstützen aber auch Steckspiele und Konstruktionsbaukästen sowie ausrangierte Kleidungsstücke, mit denen sich die Kinder verkleiden können.

Die kognitive Entwicklung im fünften Lebensjahr

»Mutter der Kreativität«: Maria Montessori

Ihre pädagogischen Leistungen sind auch heute noch unbestritten, doch wie kam Maria Montessori zu ihren wegweisenden Theorien? Die 1870 geborene Tochter gutbürgerlicher Eltern erregte bereits in jungen Jahren große Aufmerksamkeit, denn sie schloss ihr Medizinstudium mit der Promotion ab. Das hatte zuvor noch keine Italienerin geschafft. Italiens erste Ärztin arbeitete anfänglich in Rom in psychiatrischen Einrichtungen, wo ihr Interesse an der Pädagogik durch die Begegnung mit geistig behinderten Kindern wuchs. Inspiriert durch die Schriften des französischen Arztes Jean Itard sowie des Psychiaters Édouard Séguin begann sie mit großem Erfolg, geistig behinderte Kinder durch sinnliche Anregungen zu fördern.

»Hilf mir, es selbst zu tun!«

1907 eröffnete Maria Montessori im römischen Arbeiterviertel San Lorenzo die »Casa dei Bambini«, eine Einrichtung zur Betreuung von Vorschulkindern aus ärmsten Verhältnissen. Sie erzielten dank der von Maria Montessori entwickelten didaktischen Materialien und Methoden bemerkenswerte Lernerfolge, die ihnen zuvor niemand zugetraut hätte.

Ein Schlüsselerlebnis für die Entwicklung ihrer pädagogischen Theorien erhielt Maria Montessori durch ein kleines Mädchen in der »Casa dei Bambini«. Es war so in sein Spiel mit kleinen Holzzylindern vertieft, dass es nicht einmal durch massive Ablenkungen davon abzubringen war. »Polarisation der Aufmerksamkeit« nannte Montessori diese tiefe Versunkenheit in eine spielerische und zugleich lernende Tätigkeit. Sie erkannte sie als Ausdruck der angeborenen Lernbereitschaft der Kinder, die keinen Lehrenden im klassischen Sinne brauchen, sondern einen Begleiter, der ihnen hilft, Interessen zu entwickeln, sich Aufgaben zu stellen und diese zu lösen. »Hilf mir, es selbst zu tun!«, lautet ein Kernsatz der Montessori-Pädagogik.

Vom »Kinderhaus« in die ganze Welt

1909 erschien das erste Buch der Pädagogin, »Il metodo della pedagogica scientifica«, das 1913 unter dem Titel »Selbsttätige Erziehung im frühen Kindesalter« auch in Deutschland veröffentlicht wurde. Die Resonanz war phänomenal. In den folgenden Jahrzehnten bis heute fand die Montessori-Pädagogik Anhänger in der ganzen Welt, rund um den Globus wurden Montessori-Schulen gegründet. Maria Montessori wurde sogar für den Friedensnobelpreis vorgeschlagen. 1952 starb sie im Alter von 81 Jahren in Noordwijk aan Zee in den Niederlanden.

Maria Montessoris Ideen zur Kindererziehung trugen entscheidend zu einem ganz neuen Verständnis vom kindlichen Lernen bei.

Das fünfte Lebensjahr

Checkpoint: Die kognitive Entwicklung im fünften Lebensjahr

Im fünften Lebensjahr entwickelt das Kind unter anderem auch ein größeres Verständnis für räumliche Verhältnisse.

Wie in allen anderen Bereichen verläuft auch die kognitive Entwicklung von Kind zu Kind verschieden. Jedes Kind meistert seinen Weg auf diesem Entwicklungspfad in unterschiedlicher Geschwindigkeit, manchmal in erstaunlich großen Sprüngen, aber manchmal auch in kleinen Schritten. Das jeweilige Tempo der Entwicklung ist von vielen äußeren und inneren Faktoren abhängig. Es steht nicht in direktem Zusammenhang mit der kognitiven Intelligenz.

Die folgenden Fragen geben erste Anhaltspunkte über den Stand der kognitiven Entwicklung eines Kindes gegen Ende des fünften Lebensjahres. Wenn Sie die Mehrzahl der folgenden Fragen für Ihr Kind positiv beantworten können, durchläuft es mit großer Wahrscheinlichkeit eine unauffällige Entwicklung.

- Stellt Ihr Kind viele Fragen und ist wissbegierig?
- Sammelt es gerne verschiedene Dinge und beschäftigt sich damit?
- Sortiert Ihr Kind gerne Gegenstände, indem es verschiedene Kriterien anwendet?
- Kann es bereits eine gewisse Zeit ein Phänomen konzentriert beobachten, zum Beispiel eine Fliege, die am Fenster krabbelt?
- Experimentiert Ihr Kind gerne spielerisch mit verschiedenen Gegenständen?
- Baut Ihr Kind gerne Dinge auseinander, zum Beispiel alte Uhren oder Telefone?
- Versteht es in einfachen Zusammenhängen, die ihm vertraut sind, bereits in Anfängen das Prinzip von Ursache und Wirkung?
- Versieht es beim Malen die abgebildeten Gegenstände oder Personen erkennbar mit den wichtigen Charakteristika (etwa ein Haus mit Dach, eine Blume mit Blüten, einen Menschen mit Gliedmaßen).
- Kann sich Ihr Kind beim Tanzen, Musizieren, Basteln oder einem anderen kreativen Vorgang bereits eine Abfolge von einigen wenigen Handlungsschritten merken, beispielsweise eine kurze Folge von Tanzbewegungen oder beim Basteln die Reihenfolge Bemalen–Ausschneiden–Zusammenkleben?

Die kognitive Entwicklung im fünften Lebensjahr

Zwei kleine Gärtner erledigen eine wichtige Aufgabe. Wer ist wohl der Chef? Mit Rollenspielen gehen Kinder einen weiteren Schritt beim Begreifen der Welt.

TIPP

Spielerisch fördern

Spiel, Kreativität und Fantasie spielen für die kognitive Entwicklung eine wichtige Rolle. Animieren Sie Ihr Kind zu einer spielerischen Erforschung der Umwelt, indem Sie es beispielsweise anregen, sich beim Sortieren von Gegenständen Geschichten auszudenken: So können Kastanien die Tiere eines Bauernhofs symbolisieren, die Blätter sind das Futter, Steine die Traktoren und Holzstücke die Gebäude. Anschließend kann aus diesen Elementen ein ganzer Bauernhof entstehen.

- Kann es dreidimensionale Konstruktionen bauen, unter Umständen sogar schon nach einer Vorlage?
- Spielt es gern allein oder mit anderen Kindern intensive Rollenspiele mit einer längeren Handlungsabfolge, die es sich allein oder gemeinsam mit den Mitspielern ausdenkt?
- Kann Ihr Kind ein vertrautes Märchen oder eine ihm gut bekannte Geschichte mehr oder minder entsprechend dem Handlungsverlauf nacherzählen?
- Versteht es Aussagen wie »Wenn wir uns auf dem Heimweg beeilen, kommen wir schneller zu Hause an?«
- Kann Ihr Kind bereits innerhalb des ihm möglichen sprachlichen Rahmens »Alle Vögel fliegen hoch?« oder ähnliche Spiele spielen, die eine gewisse Impulskontrolle erfordern?

Das fünfte Lebensjahr

Fluch oder Segen? – Medien im fünften Lebensjahr

Ob Bilderbuch oder Hörspielkassette, Fernsehen oder Computerspiel, in unserer modernen Informationsgesellschaft kommen auch schon junge Kinder täglich in Kontakt mit verschiedenen Medien. Dies stellt Eltern und Erzieher vor die Aufgabe, schon mit Vorschulkindern den Umgang mit Medien zu üben, ihnen kindgerechte Medienangebote bereitzustellen und die Dauer des Medienkonsums auf einem altersgemäßen Maß zu halten. Wird auf diese Kriterien geachtet, können Medieninhalte die geistige und soziale Entwicklung eines Kindes fördern. Ein unkontrollierter und dauerhafter Umgang vor allem mit Computer, Fernsehen und Co. kann sich dagegen entwicklungshemmend auswirken.

Was zeichnet gute Kindermedien aus?

Unabhängig davon, über welches Medium die Inhalte transportiert werden, ganz allgemein beschäftigen sich die Inhalte von gut gemachten Kindermedien mit Themen, die Kinder in der Altersstufe, für die sie produziert wurden, interessieren und die für sie von Bedeutung sind. Sie stellen die Emotionen und Gedanken von Kindern nicht holzschnittartig, sondern in ihrer nuancenreichen Bandbreite, gerne auch mit viel Humor und spannend dar. Sie bieten den jungen Zuschauern Gelegenheit, Alltagsprobleme in einem neuen Licht zu sehen, und liefern dazu auch Lösungsvorschläge. Und nicht zuletzt zeichnen sich gute Kindermedien durch die Sorgfalt in der Produktion sowie den Spaß aus, den die Kinder daran haben.

Ohne gute Computerkenntnisse kann heute kaum noch jemand im Beruf bestehen. Der Umgang von Kleinkindern mit modernen Medien muss jedoch intensiv gesteuert und kontrolliert werden.

Audiomedien

Bei Kindergarten- und Grundschulkindern sind Hörspiele und Hörbücher besonders beliebt. Viele Kinder haben eine Kassetten- oder CD-Sammlung. Und es gefällt auch schon Vierjährigen besonders, mit einem eigenen Abspielgerät das Hörangebot selbstständig zu bestimmen. Gute Audiomedien fördern die Fantasie und Sprachentwicklung. Aber auch hier gilt, dass der Medienkonsum nur Ergänzung, aber nicht Ersatz für Spiel, Bewegung und eigene Erfahrungen sein darf.

Fernsehen

Im fünften Lebensjahr können Kinder schon von bestimmten Fernsehsendungen profitieren, wenn diese altersgerecht gestaltet sind. Solche empfehlenswerten Programme fördern den Sprachschatz genauso wie Bücher und Hörspiele, informieren kindgerecht, machen den Kindern Spaß und regen zum Mitdenken an. Es ist also

Die kognitive Entwicklung im fünften Lebensjahr

nichts dagegen einzuwenden, wenn Vierjährige mit Bedacht ausgesuchte Sendungen sehen, die sie weder geistig überfordern noch emotional verunsichern. Wichtig ist jedoch, dass Kinder in diesem Alter noch sehr wenig fernsehen und keinesfalls so viel oder gar mehr Zeit vor dem Fernseher verbringen als im aktiven Spiel.

Computer

Gegenüber dem Fernsehen haben Computerspiele den Vorteil, dass sie interaktiv sind, das Kind also mitspielt und bis zu einem gewissen Grad das Geschehen steuert. Mittlerweile gibt es eine ganze Reihe von guten Computerspielen, die auch schon für dieses Alter geeignet sind, die Fantasie anregen, die Feinmotorik trainieren und ganz nebenbei spielerisch Lerninhalte vermitteln. Aber auch bei dieser »Flimmerkiste« sollten Sie auf Qualität achten. Verwenden Sie nur gute Kindersoftware. Spielen Sie gemeinsam mit dem Kind und »parken« Sie es nicht vor dem Monitor. Eine halbe Stunde am Tag mit dem Computer zu spielen, ist auch noch für Grundschüler genug!

Nutzen Sie alle Medien möglichst zusammen mit Ihren Kindern und sprechen Sie danach auch gemeinsam über das Erlebte.

> ### TIPP
>
> **Fernsehregeln von Anfang an**
>
> Damit die »Glotze« im Leben der Kinder nicht überhandnimmt, gilt es von Anfang an, ihren Fernsehkonsum zu lenken und ihnen einen sinnvollen Umgang mit dem Medium beizubringen. Doch das ist oft leichter gesagt als getan! Folgende Regeln können in der schwierigen Fernseherziehung von Nutzen sein.
> - Denken Sie an Ihre Vorbildfunktion und achten Sie auf Ihren eigenen Fernsehkonsum. Läuft der »Flimmerkasten« stundenlang oder wird er nur zu bestimmten, ausgesuchten Sendungen angeschaltet?
> - Achten Sie darauf, dass der Fernseher nicht das Sozialleben bestimmt. Schalten Sie das Gerät also etwa konsequent während der gemeinsamen Mahlzeiten aus.
> - Schauen Sie mit Ihren Kindern gemeinsam ihre Lieblingssendungen an und lassen Sie sich erklären, was ihnen daran gefällt. So können Sie entscheiden, ob eine Sendung kindgerecht ist oder besser untersagt wird.
> - Sprechen Sie mit Ihren Kindern über das, was sie gesehen haben.
> - Stellen Sie gemeinsam mit den Kindern feste Regeln auf, an die sich alle halten müssen. Vereinbaren Sie, wie oft, wie lange und welche Sendungen sie sehen dürfen. Als Faustregel gilt für Vorschulkinder, dass sie am Tag höchstens dreißig Minuten fernsehen sollten.
> - Im Kinderzimmer haben Fernsehgeräte nichts zu suchen!

Das fünfte Lebensjahr

Die Entwicklung von Leistungsmotivation

Jedes Mal, wenn sie bei den Großeltern zu Besuch ist, läuft Lina zu einem hohen Baum im Garten, den sie seit Wochen allein zu erklimmen versucht. Bislang waren ihre Versuche vergeblich, doch die knapp Fünfjährige gibt nicht auf, bis sie es eines Tages endlich schafft. Der Stolz des Mädchens ist groß. Dennoch bleibt die Frage, wie eigentlich die Leistungsmotivation bei Kindern entsteht.

Eine Aufgabe selbstständig erledigen, das ist für Kinder im fünften Lebensjahr Herausforderung und Ziel.

Ich will es lernen!

Tatsächlich sind Kinder von Anfang an bereit, zu lernen und Kompetenzen zu entwickeln. Hierzu sind sie von Natur aus durch ihre angeborene Neugierde und ihren Forschungsdrang motiviert. Es bereitet ihnen Lust und Freude, Neues zu entdecken und zu verstehen, sich mit unbekannten Objekten und Situationen auseinanderzusetzen, die sie überraschen und erstaunen. Die Lust an der eigenen Leistung wird bestätigt, sobald sie erfahren, dass auch sie selbst Effekte bewirken und diese gezielt wiederholen können. Solche motivierenden Erfahrungen der eigenen Kompetenz erleben sie schon in den ersten Lebensmonaten etwa durch die stetig verbesserte Kommunikation mit den Eltern. Sie ergeben sich aber auch durch motorische Erfolge, wenn es beispielsweise einem Säugling gelingt, ein Mobile absichtlich mit einem Fußstoß zum Tanzen zu bringen oder gezielt nach einem Gegenstand zu greifen. Durch solche Erfolgserlebnisse fühlen sich Kinder positiv bestärkt und im zweiten Lebensjahr suchen sie immer mehr solche Belohnungen durch selbstständige Handlungen. Beim

TIPP

Immer positiv denken!

Die Anerkennung von Erfolgen spielt eine zentrale Rolle für die kindliche Leistungsmotivation. Darüber hinaus ist es aber auch außerordentlich wichtig, mit einem Kind über seine Misserfolge zu sprechen und diese aufzuarbeiten. Dabei geht es nicht darum zu kritisieren, sondern vor allem darum, die positiven Aspekte zu betonen, die – wenn auch letztlich nicht erfolgreiche – Anstrengung zu würdigen und den Versuch positiv zu bewerten. Misserfolge sind ja nicht nutzlos, beim nächsten Mal wird es sicher besser klappen!

Die kognitive Entwicklung im fünften Lebensjahr

Lernen durch Teilhabe und Nachahmung trägt in dieser Phase das »Selber-Machen« erheblich zu ihrem Selbstwertgefühl bei. Denn in diesem Alter bauen Kinder langsam eine eigene Vorstellung von sich selbst und damit auch ein motivierendes Bewusstsein der eigenen Selbstwirksamkeit auf. Sie wissen nun, dass sie auf ihre Umwelt einwirken können und dass ihr Handeln von anderen bewertet wird.

Ich bin stolz! Leistungsmotiviertes Handeln im fünften Lebensjahr

Erst ab Ende des vierten Lebensjahres sind Kinder aufgrund ihrer gesamtpersönlichen Entwicklung in der Lage, ihre eigene »Tüchtigkeit« selbst bewerten zu können. Dabei orientieren sie sich an den Bewertungen, die sie von anderen erfahren und mit der Zeit verinnerlicht haben. Sie lernen nun, ihre Leistungen selbst als Erfolg oder Misserfolg einzuordnen und darüber aufgrund ihrer Selbstbewertung Freude und Stolz beziehungsweise Enttäuschung und Scham zu empfinden. Diese Fähigkeit wird als der Beginn leistungsmotivierten Handelns gesehen, das im Schulalter einen wichtigen Stellenwert einnehmen wird. Das Bestreben, die eigene Leistung so gut wie möglich zu erbringen oder gar zu steigern, kann durch verschiedene Faktoren gefördert oder gehemmt werden.

Endlich den lang geübten Klimmzug am Reck geschafft! Für diese Leistung erwarten Kinder Lob und Anerkennung, besonders von engen Bezugspersonen.

Motivieren oder demotivieren

Ein bedeutendes Leistungsmotiv ist die Zuneigung zu einer Person, die Leistung bewertet. Wenn die geliebten Eltern oder geschätzten Erzieher und Erzieherinnen ein Kind loben, fördert diese Anerkennung Selbstwertgefühl und Leistungsbereitschaft. Demotivierend wirkt sich hingegen das umgekehrte Verhalten aus, wenn also nur die Misserfolge betont und die Erfolge als selbstverständlich angesehen werden.

Darüber hinaus spielen die Anforderungen der Umwelt beim Aufbau von Leistungsmotivation eine bedeutende Rolle. Werden Kinder ständig unter- oder überfordert, wird ihre Leistungsmotivation auf die Dauer stark gedämpft. Sie bauen jedoch im Gegenzug motivierendes Selbstvertrauen und Erfolgszuversicht auf, wenn sie durch ihre Umwelt in einem ausgewogenen Maß zur Anstrengung herausgefordert werden.

Eltern können also die Leistungsmotivation und die Lernerfolge ihrer Kinder am besten unterstützen, wenn sie ihre Erfolge würdigen, ihren Mut zum Lernen bestärken und ihnen Raum geben, eigene Ideen auszuprobieren und Selbstständigkeit zu entwickeln.

Das fünfte Lebensjahr

Im Alter von vier Jahren gilt es, seine Rolle in einem erweiterten sozialen Umfeld zu finden.

 INFO

Kinder sind die besten Lehrmeister

Wie klettert man auf einen Baum, wie baue ich ein tolles Legohaus? Kinder lernen besonders gerne und erfolgreich von Kindern, denen sie mit Feuereifer gleichkommen möchten. Durch die Vorbildfunktion festigen diese Jungen und Mädchen wiederum ihre Kenntnisse und Fertigkeiten.

Die Entwicklung sozialer Beziehungen im fünften Lebensjahr

Die Jungen und Mädchen stecken nun im »besten Kindergartenalter« und ihr Drang nach Selbstständigkeit und bewusster, kompetenter Teilhabe nimmt deutlich zu. In dieser Entwicklungsphase erreicht zudem das Bindungsverhalten eine neue Qualität. Eltern und Kinder werden nun mehr und mehr zu Partnern. Gleichzeitig erweitern die Kleinen ihren Aktionsradius und orientieren sich zunehmend, aus dem Familienkreis hinaus, nach außen. Die Beziehungen zu Gleichaltrigen und Freunden gewinnen erheblich an Bedeutung.

Gleichaltrige werden immer wichtiger

Die allmähliche Ablösung von Vater und Mutter zeichnet sich im fünften Lebensjahr auch durch wachsende soziale Kontakte aus. Im Kindergarten, am Spielplatz oder beim Kinderturnen sammeln die Kleinen jetzt reichlich Erfahrungen im Umgang mit anderen Kindern. Dem Zusammensein und der Auseinandersetzung mit den Peers, wie Gleichaltrige in der psychologischen Fachsprache genannt werden, kommt zunehmend größeres Gewicht zu. Das gemeinsame Spiel läuft nun dem Alleinspiel allmählich den Rang ab.

Die Entwicklung sozialer Beziehungen im fünften Lebensjahr

Zusammenleben in einer Gemeinschaft lernen

Die sozialen Fähigkeiten, die Vierjährige durch den Aufenthalt im Kindergarten und durch das Spiel in der Gruppe erwerben, sind besonders für Einzelkinder wichtig, aber auch für Kinder mit Geschwistern von großer Bedeutung. Denn im Gegensatz zu Geschwistern muss man sich Freunde erwerben und die Freundschaft durch soziales Verhalten bewahren.

Der soziale Kontakt mit Gleichaltrigen ist für die Kleinen eine Schule des Lebens, in der sie das Zusammenleben in einer Gemeinschaft lernen. Im freien Spiel sammeln die Kinder miteinander grundlegende soziale Erfahrungen, die sie im Umgang mit anderen Menschen ihr Leben lang benötigen werden. Sie lernen nun, ohne die Moderation von Erwachsenen, Kontakt zu anderen aufzunehmen, Ziele auszuhandeln und gemeinsam zu erreichen, Regeln zu bestimmen, einzuhalten und dies genauso von anderen zu verlangen, Kompromisse einzugehen, aber auch den eigenen Kopf durchzusetzen. Wie weit dulden andere mein Verhalten? Wie weit kann ich gehen? Wie weit lasse ich mir im Gegenzug Verhaltensweisen anderer gefallen, die ich nicht gut finde? Grenzen werden ausgelotet, die eigene Toleranz und Selbstbehauptung geschult.

Ältere und Jüngere profitieren voneinander

Kinder gehen anders miteinander um, als Erwachsene dies mit Kindern tun. Sie behandeln sich gegenseitig häufig weniger vorsichtig, sorgsam und rücksichtsvoll und sind nicht daran interessiert, anderen etwas beizubringen. Sie möchten miteinander spielen und das Spiel so angenehm, spannend und interessant wie möglich gestalten. Oft lernen dabei die Jungen und Mädchen besonders in Gruppen mit einer gewissen Altersmischung viel voneinander. Die Jüngeren sind hier gefordert, sich anzupassen und anzustrengen sowie ihre Emotionen zu regulieren, um in der Gemeinschaft bestehen zu können. Die Großen lernen bis zu einem gewissen Grad, Rücksicht zu üben und Verantwortung zu übernehmen, zu trösten und zu helfen.

Was macht Kinder beliebt?

Um in der Gruppe akzeptiert zu werden, müssen die Kleinen ein für die Gruppe akzeptables Verhalten zeigen. Je besser dies gelingt, desto höher werden sie von den anderen geschätzt. In der Regel sind deshalb in Kindergruppen besonders die Kinder beliebt, für die zum Beispiel Teilen und Abgeben kein großes Problem darstellt, die eine hohe Fähigkeit zum kooperativen Spiel aufweisen, einfühlsam auf ihre Spielkameraden eingehen, Toleranz üben und gut kommunizieren können. Kinder gelten zudem als äußerst sympathisch, wenn sie wenig aggressiv sind, aber ein gut entwickeltes Selbstvertrauen besitzen und eine positive Grundeinstellung aufweisen. Ein Faktor für Beliebtheit ist außerdem ein gewisses Maß an Führungsqualitäten. So sind geschätzte Kinder häufig in der Lage, andere im Spiel mitzureißen, Ideen zu entwickeln, fortzuführen und ihre Mitspieler zu motivieren.

INFO

Gewinnen ist alles

Bei Vierjährigen hört die Moral meist auf, wenn es bei Spielen darum geht, Erster zu sein. Ganz ungeniert werden Würfel und Figuren manipuliert. Das schlechte Gewissen stellt sich in diesem Alter noch nicht ein oder wird von dem starken Siegeswunsch schlicht übertönt.

Regelspiele, die vielfältige Sozialkompetenzen voraussetzen, lassen sich im Alter von vier Jahren immer besser meistern.

Das fünfte Lebensjahr

»Farina ist der Kopf der Gruppe«

In der Regel dauert es eine Weile, bis sich Kinder in eine Gemeinschaft integrieren und sich dort wohlfühlen. Je nach Situation und Zusammensetzung, aber auch Temperament und sozialer Kompetenz finden sie nach und nach eine Rolle innerhalb der Gruppe. Besonders bei altersgemischten Zusammensetzungen kann sich diese mit der Zeit ändern, wenn aus »kleinen Mitläufern« die tonangebenden »Großen« werden. Manchen Kindern gelingt es schon relativ bald, eine Führungsposition einzunehmen.

Die Situation erfassen

»Als Farina letztes Jahr in unsere Gruppe kam«, erinnert sich die Erzieherin, »verhielt sie sich wie die meisten Neuankömmlinge. Sie wartete ab, beobachtete genau das Geschehen und hielt sich im Hintergrund. Erst langsam begann sie, die Spielaktivitäten der anderen Kinder nachzuahmen. Sie lief mit nach draußen, um zu schaukeln und zu klettern, oder setzte sich neben ein anderes Mädchen und legte wie dieses ein Puzzle. Dabei war sie nicht übermäßig schüchtern. Sie ging auf die Kontaktaufnahme der anderen ein, traute sich in den ersten Tagen jedoch kaum, selbst Kontakte aufzunehmen und zum Beispiel andere Kinder zum Mitspielen aufzufordern.«

Sich in die Gemeinschaft integrieren

»Nach nicht allzu langer Zeit hatte Farina die neue Situation bereits im Griff. Da sie zuvor eine Spielgruppe besucht hatte, bereitete es ihr keine Schwierigkeiten, die formalen Regeln in unserer Gruppe einzuhalten. Sie nahm am Stuhlkreis ebenso selbstverständlich teil wie an anderen gemeinsamen Aktivitäten. Diese Vertrautheit im Umgang mit den äußeren Anforderungen verschaffte ihr die Sicherheit, die sie benötigte, um sich gut in die Gemeinschaft einzubringen. Sie taute richtig auf. Schnell fand sie eine Freundin unter den Dreijährigen, spielte aber auch viel mit anderen Kindern, die sie nun ohne zu zögern zum Spielen aufforderte. Durch ihr freundliches, kooperatives Wesen zählte sie bald zu den beliebten Spielpartnern.«

Durch die Anforderungen wachsen

»Heute gehört Farina nicht mehr zu den Jüngsten in der Gruppe und sie hat sich im Laufe von knapp zwei Jahren

In der Kindertagesstätte zeigt sich auch beim Theaterspiel sehr schnell, wer in der Gruppe den Ton angibt.

Die Entwicklung sozialer Beziehungen im fünften Lebensjahr

Ich bin der Größte! Wer in der Gruppe eine Führungsrolle übernimmt, sollte aber auch schon im Kindergartenalter lernen, dass damit Verantwortung und soziale Kompetenz verbunden sind.

 TIPP

Kinder brauchen Kinder

Spätestens Ende des fünften Lebensjahres sollten Jungen und Mädchen regelmäßig eine Einrichtung besuchen, in der sie mit anderen Kindern zusammen sind. Die weitere Entfaltung der sozialen Fähigkeiten, die sich im steten Kontakt mit Gleichaltrigen auf besondere Weise vollzieht, ist auch für den späteren Schulbesuch wichtig.

eine richtige Führungsrolle »erarbeitet«. Dabei kommt ihr zugute, dass sie großes Selbstvertrauen besitzt und vor Ideen regelrecht übersprudelt. Gerade in den Rollenspielen fallen ihr viele fantasievolle Handlungen ein, bei denen die anderen Kinder gerne mitmachen. Meist schafft sie es in diesen Situationen sogar, nicht zu dominant zu sein. So ist sie in der Lage, auf die Ideen anderer einzugehen und das Spiel nach diesen zu richten. Ergeben sich dennoch Konflikte, bemüht sie sich im Rahmen ihrer Fähigkeiten meist darum, diese zu lösen und Kompromisse einzugehen. Natürlich gelingt ihr dies nicht immer, und von Zeit zu Zeit zieht sie sich enttäuscht und verärgert aus einer Situation zurück, weil die anderen Kinder nicht nach ihrer Pfeife tanzen. Doch kann sie diese Rückschläge überwiegend schon ganz gut bewältigen, ist selten aggressiv oder lange beleidigt. Alles in allem zählt Farina zu den Wortführern unter den Drei- und Vierjährigen, aber auch die älteren Kinder können sie gut akzeptieren und spielen gerne mit ihr.«

Das fünfte Lebensjahr

Spielerisch Demokratie lernen ermöglicht das Ferienprogramm »mini münchen« für Kinder. Ausgestattet mit einem persönlichen Stadtausweis, können sie in einer Spielstadt selbstständig agieren.

INFO

Wechsel der Perspektive

Demokratisches Verständnis setzt voraus, dass ich die Gefühle, Gedanken und Überzeugungen anderer verstehen und akzeptieren kann. Die dafür nötige Fähigkeit zur Perspektivübernahme verbessert sich im fünften Lebensjahr stetig.

Die Selbstständigkeit nimmt zu

Viele Vierjährige möchten ihre Kompetenzen auch im Alltag unter Beweis stellen. Mit Bekundungen wie »Ich kann mir mein Brot schon selber streichen!« oder »Darf ich die Autotüre aufschließen?« und durch ihr Verhalten unterstreichen sie, wie viel sie sich schon zutrauen. Wer seinem Kind häufig die Gelegenheit gibt, seine Fertigkeiten einzubringen und sein Können auszuloten, kann dessen Selbstvertrauen und Selbstwertgefühl beträchtlich unterstützen. Es fühlt sich durch diesen Vertrauensbeweis positiv bestätigt und lernt auf diese Weise zudem, seine Fähigkeiten einzuschätzen.

Kindliche Mitbestimmung

Selbstständigkeit, Selbstvertrauen und Selbstwertgefühl sind wichtige Voraussetzungen dafür, dass Kinder bereits jetzt beginnen, die Fähigkeiten zu entwickeln, die es ihnen später erlauben, Grundzüge demokratischer Prozesse zu begreifen. Dass Kinder in der Lage sind, unter größtmöglicher Mitbestimmung wichtige Teile ihres Lebens selbst zu regeln, zeigt das Beispiel des Warschauer Waisenhauses Dom Sierot unter der Leitung des polnischen Arztes und Pädagogen Janusz Korczak. In seinem Hauptwerk »Wie man ein Kind lieben soll«, das 1919 erstmalig erschien, benennt er die Beziehung zwischen Kindern und Erwachsenen als Grundlage einer gemeinsamen Handlungsplanung: »Die Fähigkeit, sich mit Kindern zu verständigen, will erarbeitet werden. Das kommt nicht von selbst! Ein Kind muss wissen, dass es erlaubt ist und dass es sich lohnt, aufrichtig seine Meinung zu sagen, dass es weder Ärger noch Unwillen erregt und dass es verstanden wird.«

Erste demokratische Fertigkeiten

Die Bereitschaft, sich in der Gruppe einzubringen und Verantwortung zu übernehmen, ist ein demokratischer Aspekt, der schon mit Vierjährigen gelebt werden kann. Fähigkeiten, wie sich für die Gemeinschaft zuständig zu fühlen, die eigenen Interessen sowie die einer Gruppe zu vertreten, gemeinsam Problemlösungen zu finden, Konflikte konstruktiv zu lösen und auch ungeliebte demokratische Mehrheitsbeschlüsse zu akzeptieren, lassen sich in diesem Alter genau wie bei älteren Kindern nur im alltäglichen Handeln erwerben. Werden Vorschulkinder von Erwachsenen unterstützt, lernen sie in der Familie sowie in Institutionen wie der Kindertagesstätte Demokratie. Hierzu ist zum Beispiel erforderlich, dass man eine Gesprächskultur pflegt, bei der man sich gegenseitig zuhört und sich für die Meinung der anderen interessiert. Für Kinder wirkt es wie eine »demokratische Initialzündung«, wenn man ihnen die Möglichkeit zur Mitbestimmung einräumt. Dies kann bei der Gestaltung

Die Entwicklung sozialer Beziehungen im fünften Lebensjahr

INFO

Kinder haben Rechte – Der Pädagoge Janusz Korczak

Eigentlich hieß er Henryk Goldszmit und wurde 1878 in Warschau geboren. Der erfolgreiche Kinderarzt und Autor, der unter dem Pseudonym Janusz Korczak veröffentlichte, engagierte sich schon früh nicht nur finanziell für Kinder der Unterschicht. 1911 gab er eine steile Karriere auf und wurde Leiter des jüdischen Waisenhauses Dom Sierot. Dort begann Janusz Korczak seine pädagogischen Ideen zu realisieren und führte das Waisenhaus nach den Prinzipien einer selbst verwalteten Kinderrepublik, in der Kinder und Erzieher gemeinsam lernten, gewaltfreie Demokratie zu praktizieren und sich gegenseitig zu respektieren. Hierzu dienten Einrichtungen wie das Parlament, ein Kindergericht und eine Kinderzeitung. 1919 übernahm er zudem die Leitung des Waisenhauses Nasz Dom (Unser Haus). In den folgenden Jahren arbeitete er unter anderem als Dozent an der Universität und als Sachverständiger beim Gericht. Weite Bekanntheit erlangte er in Polen mit einer regelmäßigen Radiosendung mit und über Kinder, die er als „Alter Doktor" auf sehr unterhaltsame und individuelle Weise gestaltete.

Nach dem Einmarsch der Deutschen in Polen 1939 musste das Waisenhaus 1940 in das Warschauer Ghetto umziehen und bestand dort unter schrecklichen Bedingungen weiter. Als die Kinder 1942 in das Vernichtungslager Treblinka deportiert wurden, begleitete sie Janusz Korczak freiwillig in den sicheren Tod. Im August desselben Jahres wurde er in Treblinka ermordet.

der Räumlichkeiten genauso geschehen wie bei der Festlegung von allgemeingültigen Regeln. Solchermaßen ernst genommen, sind bereits Vierjährige in der Lage, demokratische Prozesse bis zu einem gewissen Grad zu begreifen und zu verinnerlichen. Wichtig ist, dass die Entscheidungen gemeinsam gefällt und dann auch von allen, Kindern und Erwachsenen, getragen werden.

»Was könnten wir denn jetzt machen?« Es ist nicht immer leicht zu lernen, gemeinsame Entscheidungen zu treffen und dabei verschiedene Interessen zu berücksichtigen.

Das fünfte Lebensjahr

Vierjährige können schon begreifen, dass mit Höflichkeit vieles im Leben leichter geht.

Das Bindungsverhalten verändert sich

Im ersten Lebensjahr meistern Kinder einen bedeutenden Schritt in ihrer sozialen Entwicklung, indem sie eine starke emotionale Bindung zu ihren Eltern oder anderen eng vertrauten Bezugspersonen aufbauen. Die Bindung schlägt sich im Verhalten der Kleinen nieder. Sobald sie sich in bestimmten Situationen unsicher oder bedroht fühlen, suchen sie die körperliche Nähe ihrer Bindungspersonen auf, die ihnen wie der sprichwörtliche Fels in der Brandung ein Gefühl der Sicherheit verleihen. Diese Sicherheit gibt ihnen im Gegenzug das Vertrauen, neue Dinge und Situationen zu erkunden sowie Trennungen zu bewältigen. »Zielorientiert« nennen Psychologen dieses für Kleinkinder typische Bindungsverhalten, das sich meist ab dem dritten und vierten Lebensjahr zu verändern beginnt. Offensichtlich wird seine graduelle Wandlung bei vielen Jungen und Mädchen im fünften Lebensjahr, wenn sie deutlich selbstständiger und sozial kompetenter werden.

Partnerschaftliche Beziehung mit den Eltern

Dank ihrer enormen sprachlichen Fortschritte gelingt es den Kindern jetzt schon gut, ihre eigenen Bedürfnisse und Vorstellungen klar zu formulieren. »Stehst du vorne, wenn wir mit dem Kindergartenchor singen?«, sichert sich zum Beispiel Nathalie vor dem großen Auftritt die Unterstützung der Mutter. Aufgrund ihrer gesamtpersönlichen Entwicklung sind die Kinder nicht mehr darauf angewiesen, ihren Wunsch nach Fürsorge und Unterstützung nur durch körperliche Nähe auszudrücken. Psychische Nähe und verbale Kommunikation gewinnen an Gewicht. Den Kindern fällt es

Die Entwicklung sozialer Beziehungen im fünften Lebensjahr

deshalb nun leichter, Trennungen zu bewältigen, zudem erweitern sie laufend ihre sozialen Kontakte außerhalb der Familie und sind stark daran interessiert, Freundschaften zu knüpfen.

Überdies nimmt in diesem Alter die Fähigkeit zur sozialen Perspektivübernahme stetig zu. »Hat es dir gefallen?«, fragt Nathalie ehrlich interessiert ihre Mutter nach dem Chorauftritt. Sie ist immer besser in der Lage, die Wünsche, Ziele und Motive ihrer Bezugspersonen zu erkennen, und zeigt diese erweiterte Fähigkeit durch ihr zunehmend partnerschaftliches Bindungsverhalten. Diese Entwicklung einer »zielkorrigierten Partnerschaft« wird noch einige Jahre in Anspruch nehmen. Im täglichen Miteinander macht sie sich bereits jetzt deutlich bemerkbar, weil die Kinder beginnen, gemeinsame Ziele mit ihren Bezugspersonen zu verhandeln. So wie Nathalie ihre Mutter bittet, beim Konzert vorne zu stehen, um ihr Sicherheit zu verleihen.

Der Sinn für Höflichkeit wächst

Vierjährige werden sich nicht nur darüber bewusst, wie sie das Verhalten anderer zum Beispiel durch Bitten oder Argumentieren verändern können, sie beginnen auch zu verstehen, dass ihr Verhalten das ihrer Mitmenschen beeinflusst. Wie reagieren andere, wenn ich freundlich bin und beim Aufräumen helfe? Und wie, wenn ich ruppig bin oder einfach ungefragt ihre Sachen nehme? Im fünften Lebensjahr erlangen Kinder langsam die Fähigkeit, ihr eigenes Handeln zu betrachten. Sie begreifen dabei den Sinn und Zweck von Höflichkeit, Respekt und Rücksichtnahme im alltäglichen Miteinander, den Wert von Eigenschaften wie Freundlichkeit und Hilfsbereitschaft.

Zwar mangelt es noch an den »richtigen« Manieren, klappen Begrüßungen und kommen die obligatorischen Floskeln »bitte« und »danke« nicht immer richtig und die Tischsitten sind noch recht frei, aber Kinder mit vier Jahren können durchaus schon auf ihre Art und Weise kultiviert und liebenswürdig sein. Sie stecken zum Beispiel der Gruppe zuliebe ihre Bedürfnisse zurück, sprechen nicht alle Gedanken laut aus, um ihr Gegenüber nicht zu verletzen, sind anderen gegenüber aufmerksam und erweisen ihnen einen Gefallen oder helfen bei Tätigkeiten. Sie entwickeln bereits Sinn für eine Höflichkeit, die aus dem Herzen kommt.

INFO

Wie der Vater, so der Sohn

Höflichkeit erleichtert das Leben, und wie andere Verhaltensweisen erlernen Kinder sie am besten nach den Vorbildern in ihrer Umgebung. Wer höflich zu seinem Nachwuchs ist, der wird auch von ihm respektvoll behandelt.

Die Moral entwickelt sich

Vier- bis Fünfjährigen ist üblicherweise bereits stark bewusst, dass in Gemeinschaften wie der Familie oder dem Kindergarten allgemeinverbindliche Grundsätze das Miteinander ordnen. Sie beginnen nun in verstärktem Maß, diese Regeln und Normen ihrer Umwelt zu verinnerlichen. Auch wenn sie es selbstverständlich nicht immer schaffen, sie zu befolgen, sind für Vierjährige die Vorschriften in ihrer Umwelt meist gleichsam in Stein gemeißelt. Dementsprechend bewerten sie regelkonformes und regelwidriges Verhalten nach strengen Maßstäben und halten es für ganz richtig beziehungsweise ganz falsch.

Das fünfte Lebensjahr

Moralische Urteile formieren sich

Vierjährige beschäftigen sich schon mit Bewertungen wie »gut« und »böse«, »falsch« und »richtig«, und nicht selten sind sie in dieser Phase der Regelverinnerlichung fasziniert von den obersten Regelhütern und höchsten Strafen, die sie kennen: der Polizei und Gefängnissen. Zudem achten sie darauf, dass auch die Eltern sich an Vorschriften halten, und belehren sie nicht selten.

Bezeichnenderweise beurteilen Kinder in diesem Alter Regelverstöße noch nach den Auswirkungen und nicht nach der Absicht, die hinter der Handlung steckt. »Was ist schlimmer? Wenn jemand zehn Gläser unabsichtlich zerbricht oder wenn jemand absichtlich ein Glas auf den Boden wirft?« Vor so eine Entscheidung gestellt, werden Kinder im fünften Lebensjahr meist die erste Aktion für verwerflicher halten, da der Schaden größer war.

Dennoch besitzen viele bereits ein Gespür für den Unterschied zwischen unmoralischem Handeln und Verstößen gegen Konventionen. »Ist es schlimmer, jemanden zu beleidigen oder beim Essen zu schmatzen?« Die Mehrzahl der Vierjährigen bestimmt den Verstoß gegen die moralische Norm als schwereres Vergehen. Sie wissen schon aus eigener Erfahrung, dass derjenige, der beleidigt wird, emotional schlimmer verletzt wird, als derjenige, der sich das Schmatzen anhören muss.

TIPP

Nicht gleich, aber gleichwertig

Geschlechtstypisches Verhalten lernt man durch Nachahmung. Es ist deshalb wichtig, wie den Kleinen die verschiedenen Geschlechterrollen innerhalb der Familie vorgelebt werden. Wenn die Eltern ihre jeweiligen Tätigkeiten als gleich wichtig bewerten und sie auch einmal wechselseitig übernehmen, werden die Kinder die Geschlechterrollen als gleichwertig empfinden.

Erkennen, wie eine Familie zusammenhängt

Neben Regeln und regelgerechtem Verhalten spielt nun auch die Auseinandersetzung mit der eigenen Identität eine wichtige Rolle. So suchen Vierjährige ihren Standort innerhalb der Familie und bilden dabei Vorstellungen aus, die auf dem Prinzip der Wechselseitigkeit beruhen. Geschwisterkindern wird klar, dass nicht nur ihre Geschwister für sie, sondern auch sie für ihre Geschwister Schwester oder Bruder sind. Sie können zudem nachvollziehen, dass man innerhalb der Familie für verschiedene Personen unterschiedliche Rollen einnimmt. So ist die Mutter zugleich die Tochter der Großmutter oder der Onkel auch der Bruder des Vaters. Den meisten Vierjährigen fällt es aber noch schwer, zwischen Verwandtschaft und Freundschaft zu unterscheiden. Dieses Verständnis entwickeln die meisten Kinder erst in der Grundschulzeit.

Orientierung an gleichgeschlechtlichen Vorbildern

Darüber hinaus wissen Kinder in diesem Alter bereits einige Zeit, ob sie ein Junge oder ein Mädchen sind. Doch in der Regel wird es ihnen frühestens gegen Ende des fünften Lebensjahres bewusst, dass das Geschlecht unveränderbar und nicht nur von Äußerlichkeiten wie Kleidung, Frisur, Körperbau oder typisch männlichem oder weiblichem Verhalten abhängig ist. Dies ist eine notwendige Voraussetzung, um in den folgenden Jahren eine männliche oder weibliche Identität zu entwickeln und eine Geschlechtsrolle aufzubauen.

Die Entwicklung sozialer Beziehungen im fünften Lebensjahr

Wenn es für vierjährige Kinder langsam an Bedeutung gewinnt, ob sie ein Junge oder ein Mädchen sind, kann sich das Geschlechtskriterium jetzt auch schon in ihrem Verhalten niederschlagen. So beziehen sie bei der Einschätzung anderer Menschen nunmehr ein, ob diese Männer oder Frauen sind, und viele Kinder beginnen gleichgeschlechtliche Spielkameraden zu bevorzugen. Zudem gewinnt die Orientierung an den Tätigkeiten und Beschäftigungen von Elternteilen und anderen Bezugspersonen desselben Geschlechts an Bedeutung. Zwar ahmen schon jüngere Jungen und Mädchen bevorzugt die Tätigkeiten nach, die sie im alltäglichen Miteinander eher beim Vater beziehungsweise der Mutter sehen, im fünften Lebensjahr beginnen viele Kinder jedoch, sich mit dem gleichgeschlechtlichen Elternteil zu identifizieren, und wollen sich als wichtiges Element ihrer Identität »typisch« als Junge oder Mädchen verhalten.

Klare Vorstellungen von Geschlechterrollen

Wie verhält sich ein Junge? Wie ein Mädchen? Womit spielen Mädchen? Welche Spielsachen bevorzugen Jungen? Was ziehen Jungen an? Und was Mädchen? Über geschlechtstypische Verhaltensweisen, Spielformen und Eigenschaften haben Vierjährige schon durch ihre Beobachtungen in der Familie und ihrer Umwelt bestimmte Vorstellungen entwickelt, die natürlich auch von der Kultur abhängig sind, in der sie aufwachsen. Bemerkenswerterweise legen Kinder jedoch die Regeln des typisch männlichen und weiblichen Verhaltens sehr viel strenger und eindeutiger aus, als sie ihnen in ihrer Umwelt vorgelebt werden. Das bedeutet, dass sie die geschlechtsspezifischen Verhaltensmuster noch keinesfalls als wandelbare soziale Konventionen verstehen können, sondern sie empfinden sie als absolute, vorgegebene Kategorien. Anhand dieser klaren Definition beginnen sie sich in ihre Rolle als Junge oder Mädchen einzuleben. Frühestens im Grundschulalter beginnen sie zu verstehen, dass »typische« Jungen und Mädchen auch ein ihrer Geschlechtsrolle widersprechendes Verhalten zeigen können.

Kinder erleben vorwiegend weibliche Bezugspersonen. Deshalb sind gerade Jungen bemüht, sich von Mädchen abzugrenzen und einem männlichen Rollenbild nachzueifern. Der Rollendruck unter Mädchen ist hingegen geringer.

Das fünfte Lebensjahr

Ein Nachmittag im Schwimmbad ist für die meisten Vierjährigen ein Heidenspaß. Manche lernen in diesem Alter sogar schon schwimmen.

Von Kopf bis Fuß

In der Regel kennen Vierjährige ihren Körper gut und können bereits alle Körperteile benennen.

Die motorische Entwicklung im fünften Lebensjahr

Körperliche Erfahrung und Welterkundung mit allen Sinnen spielen in der gesamtpersönlichen Entwicklung weiterhin eine wichtige Rolle. Die Kinder lernen nun durch eine Vielzahl von Tätigkeiten ihren Körper immer besser kennen und beherrschen. Sowohl im grobmotorischen als auch im feinmotorischen Bereich sind in diesem Alter die Fortschritte enorm. Neben Aktivitäten wie Laufen und Balancieren, Malen und Basteln wird für Vierjährige auch das Spiel mit verschiedensten Geräten zunehmend interessanter.

Die Körperbeherrschung steigert sich

Im fünften Lebensjahr streckt sich bei den meisten Kindern der Körper, er wird schlanker und muskulöser. Die Bewegungsabläufe werden stetig sicherer und kraftvoller, schneller und elastischer. Die Koordinationsfähigkeit, die körperliche Ausdauer und der Gleichgewichtssinn sind bei Vierjährigen bereits gut ausgebildet und ihre Reaktionszeit verkürzt sich erheblich. Dank dieser körperlichen und motorischen Entwicklungen führen sie Bewegungen nicht nur immer besser und geschickter aus, sondern können sich überdies schon viele neue Bewegungsabläufe bei Spiel und Sport, aber auch bei feinmotorischen Tätigkeiten aneignen.

Die motorische Entwicklung im fünften Lebensjahr

Körperbetontes Spiel, die Bewegung im Freien und in großen Räumen ist auch in diesem Alter von großer Bedeutung. Durch die Bewegungserfahrungen gewinnen sie Selbstvertrauen in die eigenen Fähigkeiten und bauen Leistungsmotivation auf. Sie lernen darüber hinaus ihre körperlichen Grenzen kennen sowie mögliche Gefahren einzuschätzen. Beim gemeinsamen Spiel und Sport sind zudem die sozialen Kompetenzen der Kinder gefordert, die sie bei vielfältigen Gelegenheiten weiter vertiefen können.

Ständig in Bewegung

Laufen, Rennen und Springen ist für Jungen und Mädchen jetzt nicht nur für ihr physisches und psychisches Wohlbefinden, sondern auch für ihre gesamtpersönliche Entwicklung ungeheuer wichtig. Selbst wenn sich für Erwachsene der Bewegungsdrang von Vierjährigen in scheinbar planlosem Toben ergehen mag, durch das körperbetonte Spiel schulen sie ihre Körperbeherrschung, die sie ein Leben lang für vielfältigste Tätigkeiten brauchen werden. Sie trainieren zudem ihre sinnliche Wahrnehmung und verbessern ihr Raumgefühl, das für das mathematische Verständnis ebenso entscheidend ist wie später für das Erlernen von Fertigkeiten wie Lesen und Schreiben. Um sein Kind optimal zu fördern, sollte man ihm so viel Gelegenheit wie möglich zum Spielen, Rennen und Toben im Freien geben.

In der Regel schaffen es die Jungen und Mädchen nun problemlos, auf Zehenspitzen oder rückwärts zu gehen. Sie können außerdem bereits richtig rennen und dabei Haken schlagen oder enge Kreise ziehen, aber auch gleichzeitig werfen oder aus dem Lauf heraus springen. Man sollte darauf achten, dass sie die Möglichkeit haben, auf verschiedenen Untergrundarten zu trainieren. Im Wald und am Strand, auf steinigen Anhöhen, auf Schnee und Eis werden sie nun richtig »geländegängig« und sammeln vielfältigste Erfahrungen. Steht ein flaches Hindernis im Weg, muss ein kleiner Bach überquert werden? Solche Hürden nehmen Vierjährige bereits mit Bravour, denn in diesem Alter gelingen Kindern schon relativ weite Sprünge mit Anlauf. Zudem sind ihr Gleichgewichtssinn und ihre Koordinationsfähigkeit so weit ausgebildet, dass sie in der Lage sind, einige Zeit auf einem Bein, in verschiedenen Geschwindigkeiten und Rhythmen oder wie ein kleiner Frosch in der Hocke zu hüpfen.

Verbesserter Gleichgewichtssinn

Vierjährige verstehen es bereits gut, ihre Bewegungen auszugleichen, was sie mit Vorliebe durch das Fahren mit dem Roller oder Laufrad schulen. Das Fahrradfahren mit Stützen ist nun sehr beliebt, und einigen wenigen gelingt es mit viel Übung bereits gegen Ende des fünften Lebensjahres, ohne Stützen auf dem Drahtesel im Gleichgewicht zu bleiben. Die Kleinen können bisweilen aber auch schon Rollschuh und Schlittschuh laufen und das Springen mit dem großen Hüpfball bereitet ihnen keine Probleme. Viele Kinder meistern außerdem jetzt bereits einige Schritte auf Becherstelzen.

TIPP

Der Ball ist rund

... und kann von Vierjährigen schon ganz gut gekickt und gefangen werden. Auch das Werfen gelingt in diesem Alter immer besser. Ballspielen ist eine exzellente Übung für die Augen-Hand-Koordination und schult die Körperbeherrschung. Wer mit seinem Kind kickt und wirft, unterstützt dessen gesamte motorische Entwicklung.

Das fünfte Lebensjahr

Laufen, springen und klettern, turnen und schwimmen: Vierjährige erweitern und verbessern ständig ihre motorischen Fähigkeiten.

Der verbesserte Gleichgewichtssinn zeigt sich beim Balancieren ganz deutlich. Vierjährige können zum Beispiel schon gut auf einer Linie auf dem Boden oder auf einem Balken gehen. Dabei lernen sie langsam, nicht mehr die Füße abwechselnd zu schieben, sondern einen Fuß vor den anderen zu setzen.

Geschickte Kraxler

Viele Kinder entwickeln sich jetzt zu richtigen Klettermaxen. Ihre körperlichen Fertigkeiten erproben sie an Leitern von Rutschen oder Klettergerüsten auf Spielplätzen, an Bäumen oder auch Felsen, die beim Wandern am Wegesrand stehen. Konzentration und Koordinationsfähigkeit, Kraft und Gleichgewicht sind hier gefordert und werden auf diese Weise stetig geschult.

Wie sieht die Welt von oben aus? Auch die räumliche Erfahrung wird durch die Kraxeleien erweitert und trainiert. Eine wichtige Rolle spielt beim Klettern die Angstbewältigung. Traue ich mich schon, die hohe Leiter zu erklimmen oder mich bis zur Spitze des Gerüstes hochzuhangeln? Kinder lernen hier, Gefahren einzuschätzen, ihre Ängste zu überwinden und ihre Grenzen zu erproben. Ihr Selbstwertgefühl und ihr Vertrauen in die eigenen Fähigkeiten werden dadurch enorm gestärkt. Gerade das Klettern an natürlichen Hindernissen schult zudem die Wahrnehmung und das Umweltwissen. So können sie beispielsweise spüren, wie sich Baumrinde anfühlt und Äste unter der Belastung schwanken, wie sich Felsen in der Sonne aufwärmen und im Regen rutschig werden. Diese Erfahrung mit allen Sinnen ist für alle Entwicklungsbereiche von enormer Bedeutung.

Kinderturnen

Im fünften Lebensjahr entwickeln viele Jungen und Mädchen, sei es zusammen mit der Mutter beziehungsweise dem Vater oder allein, großen Spaß am Kinderturnen, das von vielen Vereinen angeboten wird. Mit komplizierten Übungen an Reck oder Ringen hat dies nichts zu tun. Vielmehr handelt es sich um ein ausgewogenes Bewegungsangebot, in dem die Kleinen ihre grundlegenden motorischen Fertigkeiten erproben und schulen können. Ausdauer und Schnelligkeit, Sprungkraft und Koordination sowie die allgemeine Beweglichkeit werden hier spielerisch unter anderem im Rahmen von Tanz- und Singspielen trainiert.

Bewegung zu Musik

Doch nicht nur im Turnverein, auch zu Hause, im Kindergarten oder bei Kinderfesten nehmen Kinder mit großer Freude an Spielen teil, die zur Musik ausgeführt werden. Vierjährigen gelingt es schon gut, verschiedene Bewegungsmuster wie einfachste Tanzschritte auszuführen. Zudem können sie sich bereits merken, in welcher Reihenfolge sie zu einem Tanzlied stampfen und hüpfen, springen oder in die Hocke gehen müssen. Die Bewegung zur Musik fördert die Koordinationsfähigkeit und das Rhythmusgefühl, das nicht nur für die allgemeine Musikalität, sondern auch für das Sprachverständnis und später zum Lesen- und Schreibenlernen wichtig ist. Nicht zuletzt sind Tanzspiele überdies eine Wohltat für die Seele. Sie setzen angenehme Emotionen frei, lösen Spannungen und vermitteln ein positives Gruppengefühl.

TIPP

Aufwärtstrend

Klettern stellt für Kinder eine hervorragende körperliche und psychische Förderung dar. Gut geeignet sind dazu auch Sprossenwände, die in vielen Wohnungen Platz finden.

Erste Erfahrungen mit dem Schwimmen

Das nasse Element zieht manche Kleinen magisch an, andere wiederum brauchen einige Zeit, bis sie den sprichwörtlichen Sprung ins kalte Wasser wagen. In diesem Fall bewährt es sich, Kinder mit Hilfe von einfachen Übungen an das Wasser zu gewöhnen. So kann man sie am Beckenrand sitzend mit den Füßen im Wasser planschen und mit geeignetem Spielzeug, zum Beispiel einer Gießkanne, spielen lassen oder mit ihnen im Wasser gehen. Einigen hilft es auch, wenn man mit ihnen übt, durch den Mund zu atmen. Ist die erste Scheu überwunden, entwickeln sich die meisten Jungen und Mädchen zu wahren Wasserratten, die man nur mit konsequenter Geduld wieder auf trockenen Boden bringt.

Schwimmen ist ein äußerst gesunder Sport, der die gesamte Muskulatur trainiert und die Koordinationsfähigkeit schult. Hallenbäder ermöglichen es, ihn während des ganzen Jahres auszuüben und gerade in Schlechtwetterperioden stellt der Besuch eines Schwimmbades eine hervorragende Ergänzung zum allgemeinen Bewegungsangebot dar. Viele Vereine und private Schwimmschulen bieten Schwimmkurse schon für Vierjährige an und tatsächlich können Kinder bereits in diesem Alter schwimmen lernen. Erfahrungsgemäß beherrschen sie es jedoch meist schneller, wenn man damit noch ein bis zwei Jahre wartet. Beim Schwimmen wie bei jedem anderen Sport sollte zudem immer die Freude an der Bewegung, die sinnliche Erfahrung und die Steigerung des Selbstvertrauens im Vordergrund stehen. Lassen Sie Ihr Kind also nach Herzenslust planschen und spritzen und das nasse Element mit viel Spaß entdecken, die Bewegung kommt hierbei auf keinen Fall zu kurz.

Das fünfte Lebensjahr

Ist mein Kind hyperaktiv?

Seit einigen Jahren schlagen Ärzte und Therapeuten Alarm. Ihren Schätzungen zufolge leiden bis zu zehn Prozent der Kinder eines Jahrgangs an einem Aufmerksamkeitsdefizitsyndrom (ADS), zu dem sich häufig auch noch Hyperaktivität dazugesellt (ADHS). Doch leidet wirklich jeder Zappelphilipp an dieser Krankheit?

Nicht jedes sehr lebhafte Kind hat ADHS

Der knapp fünfjährige Julian sitzt am Esstisch. Ständig kippelt er trotz der Ermahnungen der Mutter mit dem Stuhl, schmeißt aus Versehen sein Glas um und fuchtelt mit der Gabel in der Luft. Nach zehn Minuten hält es ihn nicht mehr am Tisch, er rennt in den Garten und beginnt, auf seinen Lieblingsbaum zu klettern. Sein Mittagessen hat er kaum angerührt. Auf die Ermahnungen der Mutter reagiert er zuerst gar nicht und nach einiger Zeit höchst angriffslustig.

Christoph ist schon etwas älter und wieder einmal hat es Ärger wegen seiner Unordentlichkeit gegeben. In seinem Zimmer herrscht ein wildes Durcheinander. Christoph ist außerdem aggressiv und enttäuscht, weil er sich erneut mit seinem besten Freund gestritten hat. Er schafft es einfach nicht, bei Spielen die Regeln einzuhalten, will ständig beim Würfeln drankommen und wird wütend, wenn ihn die anderen Mitspieler seiner Meinung nach zu lange warten lassen. An diesem Abend dauert es wie so oft stundenlang, bis er die nötige Ruhe zum Einschlafen findet, ständig sucht er Themen, über die er sprechen muss. Sein innerer Motor läuft noch auf Hochtouren.

Wenn Sie in diesen Szenen Ihr Kind wiedererkennen, ist dies nicht unbedingt ein Grund zur Sorge. Julian und Christoph sind aufgrund ihrer Lebhaftigkeit zwar für sich selbst und ihre Umwelt anstrengend, leiden aber beide nicht an ADHS. Sie zeigen alterstypische Schwierigkeiten, die in

Manche Kinder zeigen einen unbändigen Bewegungsdrang. Dabei ist es ganz entscheidend, dass sie genügend Möglichkeiten haben, sich auszutoben.

jeder Entwicklungsphase auftreten können. Verstärkt kommen diese Probleme bei Kindern vor, denen die Gelegenheit fehlt, ihren ausgeprägten Bewegungsdrang auszuleben. Raus auf den Spielplatz und zum Sport heißt es in diesem Fall, um sich richtig auszutoben und so zur inneren Ausgeglichenheit zu finden.

Was versteht man unter Hyperaktivität?

Bei ADHS (Aufmerksamkeitsdefizit-/Hyperaktivitätssyndrom), im Volksmund kurz Hyperaktivität genannt, handelt es sich um ein komplexes Krankheitsbild, das verschiedene Symptome über lange Zeit hinweg beinhaltet. Über die Ursachen des ADHS gibt es unter Experten verschiedene Ansichten. Neben einer möglichen Störung von Botenstoffen im Gehirn spielen sehr frühe Beziehungserfahrungen eine Rolle. Zu den Anzeichen zählen unter anderem Aufmerksamkeitsprobleme und eine hohe Ablenkbarkeit, mangelnde Konzentrationsfähigkeit und Ausdauer beim Spielen oder bei der Erledigung von Aufgaben, unruhiges motorisches Verhalten (stilles Sitzen ist eine Qual) und eine ausgeprägte Impulsivität sowohl in den Bewegungen als auch verbal. Kurz gesagt sind ADHS-Kinder extreme Quasselstrippen und Hampelmänner, zerstreut und vergesslich und weder in der Lage, lange bei einer Sache zu bleiben, noch sich zu konzentrieren oder zu organisieren. Darüber hinaus haben sie häufig Wahrnehmungsstörungen und ein gestörtes Körpergefühl.

Viele der genannten Verhaltensweisen zeigen aber auch Kinder, die nicht an ADHS leiden, in unterschiedlichem Maß. Entscheidend ist jedoch, dass die Symptome bei den Betroffenen ungewöhnlich ausgeprägt sind, schon von frühester Kindheit an mehr oder minder ständig in verschiedenen Situationen auftreten und kaum durch Erziehungsmaßnahmen beeinflusst werden können. Ob wirklich eine ADHS-Störung vorliegt, können und sollen nur Spezialisten beurteilen.

Wie wird die Störung behandelt?

Nach einer eingehenden Diagnose sollte ein Behandlungsplan erstellt werden, der das Kind, die Eltern und seine weitere Umgebung einbezieht. Wenn die Hilfen auf der Verhaltensebene über längere Zeit wirkungslos bleiben, kann eine ergänzende Therapie mit Medikamenten sinnvoll sein. Erfahrungsgemäß führt eine solche kombinierte Therapie häufig dazu, dass die Symptome des ADHS verschwinden. Dies erfordert jedoch Zeit und Geduld von den Betroffenen, die auf diesem langen Weg auf die Unterstützung ihrer Umgebung angewiesen sind.

Freude an Bewegung – in der Gruppe macht's am meisten Spaß!

TIPP

Ein Fall für den Fachmann

Die Diagnose und Behandlung von ADHS erfordert viel Erfahrung. Wer den Verdacht hegt, dass sein Kind an ADHS leidet, sollte sich deshalb auf jeden Fall an einen Spezialisten wenden. Informationen dazu gibt es bei Kinderärzten und Selbsthilfegruppen.

Das fünfte Lebensjahr

Matschen

Die allermeisten Vierjährigen sind rundum zufrieden, wenn sie Sand oder Erde und Wasser zur Verfügung haben, um nach Herzenslust zu matschen. Das Spiel mit dem feuchten Sand- oder Erdbrei ist ein hervorragendes Mittel, um die Feinmotorik zu fördern. Beim Formen und Matschen werden die Finger- und Handgelenksmuskulatur trainiert und die Koordination der Bewegungen gefördert. Darüber hinaus ist es ein äußerst sinnliches Vergnügen, das vor allem das taktile System, die Berührungsempfindungen auf der Haut, stimuliert und schult und ganz nebenbei die Konzentrationsfähigkeit unterstützt.

Gerade das Zusammenspiel von trockenem Sand und feuchter Matsche bietet den Kindern eine Vielzahl von Erfahrungen. Trocken und feucht, leicht und schwer, warm und kalt: Sie begreifen, wie der Sand durch die Zugabe von Wasser seine Eigenschaften verändert, und lernen, wie er in seinen verschiedenen Erscheinungsformen unterschiedlich eingesetzt werden kann, beispielsweise ganz trocken und fein als »Puderzucker« für den Sandkuchen oder feucht als festes Baumaterial für eine hohe Burg.

Zum Matschen eignen sich die unterschiedlichsten Materialien. Ist es einmal nicht möglich, in der Sandkiste zu spielen, bieten sich auch Fingerfarben, Pappmaché oder Salzteig an, den man leicht selbst herstellen kann. Auf diese Weise kommen die Kinder mit verschiedensten Berührungsreizen in Kontakt und schulen Feinmotorik sowie ihre sinnliche Wahrnehmung durch die verschiedenen Konsistenzen, Farben und Temperaturen des verwendeten Materials.

> **TIPP**
>
> **Mit sanfter Hand**
>
> Kinder lernen besonders gut, ihre Kraft zu dosieren und sensibel vorzugehen, wenn sie andere eincremen dürfen. Nutzen Sie diese angenehme Möglichkeit der Motorikförderung und lassen Sie sich von Ihrem Kind nach dem Bad oder am Strand mit Lotion oder Sonnencreme verwöhnen.

Kneten

Ähnliche Berührungs- und Körpererfahrungen wie beim Matschen machen Kinder im fünften Lebensjahr beim Kneten, das etwas mehr Kraft erfordert und somit die Muskulatur der Finger und der Handgelenke noch stärker trainiert. Kneten ist

> **TIPP**
>
> **Knete einfach selbst gemacht**
>
> Knetmasse lässt sich aus einfachen Zutaten, die sich in jedem Haushalt finden, leicht selbst herstellen. Dafür werden 400 Gramm handelsübliches Feinmehl gründlich mit 200 Gramm einfachem Salz ohne Jodzusatz gemischt. Unter starkem Rühren gibt man ungefähr einen halben Liter kochendes Wasser dazu. In dieses Gemisch rührt man nun zwei bis drei Esslöffel Speiseöl, bis die Masse die gewünschte Geschmeidigkeit erreicht hat, sowie Lebensmittelfarbe. Wer verschiedenfarbige Knete herstellen möchte, muss den Knetteig aufteilen, bevor er die Lebensmittelfarben untermischt. Die fertige Knetmasse ist völlig ungiftig, macht keine lästigen Flecken und kann in einer luftdichten Dose oder in Plastikfolie eingewickelt mehrere Monate im Kühlschrank aufbewahrt werden.

Die motorische Entwicklung im fünften Lebensjahr

ein äußerst sinnlicher, aber auch ein höchst kreativer Vorgang, bei dem die Fingergeschicklichkeit auf spielerische Weise geschult wird. Im fünften Lebensjahr können sich Kinder Dinge bereits so gut vorstellen, dass sie leichte Formen und Gebilde nachbilden können, zum Beispiel eine Schnecke, die aus einer zur Wurst gerollten Knete gedreht wird. Zudem können in einem kreativen Prozess ganz eigene Schöpfungen entstehen. Durch den Umgang mit dem leicht zu bearbeitenden, bunten Material schulen Kinder ihr Formen- und Farbverständnis sowie ihr räumliches Vorstellungsvermögen.

Zum Kneten eignen sich verschiedene Materialien, besonders beliebt ist nicht nur bei Vierjährigen der Teig beim Kuchenbacken, der nebenbei noch lecker schmeckt. Er wird nun bei der weihnachtlichen Plätzchenbäckerei in verschiedensten Formen ausgestochen oder frei geformt. Wer auf handelsübliche Knete verzichten möchte oder einfach schnell geeignetes Material zum Spielen braucht, kann formbares Material leicht selbst herstellen.

Form- und Farbverständnis sowie Kreativität spielen beim Kneten eine wichtige Rolle. Darüber hinaus wird die Feinmotorik auf hervorragende Weise geschult.

Malen

Die Koordination von Auge und Hand, die Fingergeschicklichkeit sowie die innere Vorstellungskraft sind bei vielen Vierjährigen so weit fortgeschritten, dass sie teilweise schon sehr gegenständliche Bilder malen können. Auch fällt es ihnen zunehmend leichter, einfache Figuren wie Dreiecke oder Kreuze nachzuzeichnen. Mehr und mehr gelingt es ihnen, in Malbüchern die Figuren auszumalen und dabei den Rand zu beachten. Beim Malen mit Stiften haben sie jedoch häufig noch Schwierigkeiten, den richtigen Druck auszuüben, und nicht selten kommt es vor, dass ein Buntstift im Eifer des Gefechts abbricht. Darüber hinaus reizt es viele Kinder in diesem Alter besonders, Zahlen oder Buchstaben, die sie erkennen, nachzumalen. Der erste Schritt zum Schreibenlernen ist damit bereits getan, auch wenn die 7 möglicherweise in die falsche Richtung blickt oder das p zu einem b wird.

Das fünfte Lebensjahr

INFO

Die Ateliers in den Reggio-Kindergärten

Vierjährige, die Nägel in ein Holzbrett hämmern? Fünfjährige, die mit dem Maßband und der Säge umgehen? In den Reggio-Kindergärten (siehe S. 256 f.) stellt dies keine Besonderheit dar, denn zu jeder Tagesstätte gehört ein Atelier, in dem die Kinder unter Anleitung mit einer Vielzahl von Materialien und Werkzeugen experimentieren, basteln, malen, bauen und hantieren können und sich so, getreu des Reggio-Grundsatzes, in einer von hundert Sprachen ausdrücken und die Welt erforschen.
In den Regalen der Reggio-Ateliers liegt eine große Vielfalt von Werkstoffen bereit, die aus verschiedensten Quellen bezogen oder von den Jungen und Mädchen selbst gesammelt werden. Holz und Papier, Styropor und Moos, Fellreste und Leder, Muscheln und Steine stimulieren hier ebenso die Fantasie und Kreativität wie Draht und Bindfäden, Farben und Kleber, Hämmer und Meißel. Große Arbeitstische laden zum Werken ein, an Staffeleien können die Kinder bunte Bilder malen und an den Wänden und offenen Flächen werden die Arbeiten der kleinen Künstler und Handwerker ausgestellt und dokumentiert.
Die Ateliers werden von Erwachsenen mit einer künstlerischen oder handwerklichen Ausbildung geleitet, deren Augenmerk auch auf dem praxisbezogenen Lehren liegt. Sie zeigen den Kindern, wie man mit Werkzeugen und Werkstoffen umgeht, helfen und leiten an. Sie stehen den Kindern beratend zur Seite, wenn sie Ideen für eigene Arbeiten oder gemeinschaftliche Projekte entwickeln, können jedoch auch selbst als Ideengeber fungieren.

TIPP

Malen mit vollem Körpereinsatz

Auch wenn es Vierjährigen immer besser gelingt, mit Stift und Pinsel zu malen, so lieben es Kinder in diesem Alter auch, großflächig und mit Fingerfarben gleichsam unter Einsatz des ganzen Körpers zu malen. Sinnliche und Raumerfahrung werden dabei besonders angesprochen.

Malen fördert und erfordert nicht nur die Feinmotorik, es unterstützt zudem die räumliche Erfahrung sowie das Verständnis für Formen. Was passiert, wenn ich Gelb mit Rot mische? Was, wenn ich alle Farben auf meinem Bild ineinander verlaufen lasse? Das Farbverständnis wird auf diese Weise intensiv geschult. Wie kann man mit Kreide auf Asphalt malen, mit Wasserfarben auf Papier oder mit Buntstift auf Karton? Durch den Umgang mit verschiedenen Utensilien wird zudem das Umweltwissen gefördert. Malen ist aber auch und vor allem ein hochkreativer und die Fantasie anregender Prozess, durch den Kinder gestalterisch in einem künstlerischen Zwiegespräch mit sich selbst ausdrücken, was sie beschäftigt und emotional berührt.

Schneiden

Messer, Gabel, Schere, Licht, sind für kleine Kinder nicht, heißt es in einer alten Erziehungsregel. Für Vierjährige gilt dies nicht mehr in vollem Umfang, denn sie sind schon in der Lage, mit verschiedenen Schneidewerkzeugen umzugehen. Das Schneiden mit der kindersicheren Bastelschere haben sie schon länger geübt, und es gelingt ihnen nun zusehends besser, nach Vorlagen auszuschneiden. Dennoch sollten sie nicht unbeaufsichtigt mit Scheren hantieren und Bastelarbeiten erledigt man in diesem Alter noch am besten zusammen mit dem Kind.

Vierjährige helfen zudem gerne in der Küche, eine besonders große Faszination üben dabei Messer auf sie aus. In dieser Entwicklungsphase können die Jungen und

Die motorische Entwicklung im fünften Lebensjahr

Mädchen bereits lernen, ihr Schnitzel auf dem Teller selbst zu schneiden. Die Messer sollten eine feste Schneide haben, keinesfalls rasierklingenscharf, aber auch nicht abgenutzt sein. Bei zu stumpfen Messern wird der erforderliche Kraftaufwand zu hoch und die Schneide kann leichter abrutschen. Solchermaßen ausgerüstet, gelingt es Vierjährigen schon unter Aufsicht, Bananen oder Äpfel für einen Obstsalat zu schnippeln. Das Mithelfen in der Küche und das Hantieren mit dem Messer schulen nicht nur die Feinmotorik, sie stärken zudem das Selbstvertrauen sowie das Gefahrenbewusstsein des Kindes.

Kreatives Basteln und Bauen

Mit Schere und Kleber können Kinder jetzt immer besser umgehen und es entstehen bereits die ersten Basteleien. Besonders fantasiereich werden diese, wenn man den Jungen und Mädchen außer Papier verschiedenste Materialien zur Verfügung stellt, zum Beispiel Stoff und Watte, Styropor, Holz und andere Naturmaterialien. Wie weit diese ersten Werke gelingen, hängt von ihrer Feinmotorik ab, aber auch von ihrer wachsenden Fähigkeit, sich die Arbeiten, die sie erstellen möchten, innerlich vorzustellen.

In diesem Alter können Kinder zudem durchaus lernen, mit Werkzeugen wie Schraubendreher oder Feile umzugehen, und viele finden großen Spaß daran, an kindgerechten Werkbänken, vielleicht unterstützt von Papa oder Opa, zu werkeln. Manche Vierjährige meistern es schon, Konstruktionen aus Baukästen, Lego oder Duplosteinen nach Anleitung zu erstellen. Für die Feinmotorik, das räumliche Bewusstsein und das Formenverständnis sind diese Konstruktionsspiele äußerst förderlich.

»Es hat schon Spaß gemacht, mit Mama die Krone zu basteln, aber dass ich jetzt die Königin bin, ist ganz toll.«

Das fünfte Lebensjahr

Im fünften Lebensjahr verfügen Kinder bereits über eine so entwickelte Sprachkompetenz, dass sie ausführlich und lebendig über umfangreichere Ereignisse wie etwa ihre Ferienerlebnisse berichten können.

Die sprachliche Entwicklung im fünften Lebensjahr

In der Zeit zwischen viertem und fünftem Geburtstag verbessert sich im engen Wechselspiel mit den wachsenden kognitiven Fähigkeiten die Sprachkompetenz der Kinder laufend. Das aktiv genutzte Vokabular steigt auf weit über tausend Wörter an, es wird aber nach wie vor vom passiven Wortschatz erheblich übertroffen. In der gesprochenen Sprache beherrschen die Kinder die wichtigsten grammatischen Strukturen, können also Nebensätze konstruieren, Verben (Tätigkeitswörter) beugen und verschiedene Zeitformen bilden. Die Kommunikation mit anderen, die nun auch schon mit Humor und Witz angereichert ist, wird zunehmend flüssiger.

Sichere Artikulation

Bezogen auf die rein motorischen Voraussetzungen, stellt das Sprechen im Sinne von »aussprechen« jetzt generell kein Problem mehr dar. So fällt es Vier- bis Fünfjährigen meist schon sehr leicht, die ganze Palette der in ihrer Erstsprache (oder auch ihren Erstsprachen) gebräuchlichen Laute zu bilden. Dabei ist es jedoch keinesfalls ungewöhnlich, wenn ihnen Zischlaute wie s, z oder sch noch Schwierigkeiten bereiten oder knifflige Konsonantenverbindungen wie »kl«, »gl« oder »br« nicht immer leicht über die Lippen kommen.

Die sprachliche Entwicklung im fünften Lebensjahr

Eifrige Gesprächspartner und interessierte Zuhörer

In dieser Entwicklungsphase äußern sich Kinder zunehmend deutlicher und differenzierter. Bei Gesprächen mit Erwachsenen sowie in Unterhaltungen mit anderen Mädchen und Jungen wird deutlich, dass sich die Vier- bis Fünfjährigen mit den neu gewonnenen Möglichkeiten auf sprachlicher Ebene auseinandersetzen.

Da im fünften Lebensjahr das Sprachverständnis die Sprachproduktion bei weitem übertrifft, sind die Kinder in der Lage, ohne größere Probleme kindgemäßer Sprache in den Medien, über Hörspielkassetten oder beim Fernsehen, zu folgen. Dass sie die dort gebrauchten Formulierungen selbst noch lange nicht zu produzieren vermögen, ist hierbei nebensächlich. Mit Vorliebe lauschen sie Dialogen zwischen Erwachsenen oder älteren Kindern und können diese schon weitgehend verstehen. Nicht selten schnappen sie dabei aber, teilweise nur halb oder gar nicht verstandene, Dinge auf, die eigentlich nicht für ihre Ohren bestimmt waren. Deshalb ist es wichtig, Themen, die für Kinder ungeeignet sind, wirklich nur in deren Abwesenheit zu besprechen.

Zum Teil unfreiwillig komisch, weil sie so gar nicht zum Auftreten von Vierjährigen passen, erscheinen Wortverbindungen, die von Erwachsenen unverändert übernommen werden (»Da ist mir doch ein kleines Malheur passiert!«). Neben diesen eleganten Formulierungen finden allerdings auch weniger »hoffähige« Schimpfwörter und Kraftausdrücke in ihr Vokabular Eingang.

INFO

Nicht frei von Fehlern

Kinder mit vier Jahren verfügen über eine beachtenswerte Redefertigkeit, doch der Prozess des Sprechenlernens ist noch nicht abgeschlossen. Sprachliche Regelverstöße und Missgeschicke sind also kein Anlass zur Sorge.

Breitgefächerter Wortschatz

Sprachverständnis und verbale Ausdrucksmöglichkeiten haben im fünften Lebensjahr ein hohes Niveau erreicht. Eine wichtige Rolle spielt hierbei der Wortschatz der Kinder, der weiter kontinuierlich anwächst. Das aktiv genutzte Vokabular von Vier- und Fünfjährigen umfasst um die tausend Wörter und der passive Wortschatz schätzungsweise rund die doppelte Anzahl. In beiden Vokabularien befinden sich Wörter aus verschiedenen Wortarten: Namen und Substantive (Hauptwörter), darunter zum Beispiel Begriffe für Farben und Formen, Verben und Adjektive, aber auch Personal- und Possessivpronomen (persönliche und besitzanzeigende Fürwörter) [»ich« und »mein«, »du« und »dein«] sowie Adverbien (etwa »heute«, »gestern«, »morgen«) und Präpositionen (»in«, »an«, »unter«), mit denen zeitliche und räumliche Verhältnisse ausgedrückt werden.

Die Ausbildung eines breiten Vokabulars hängt bei Kindern in großem Maße von den Anregungen ab, die sie von außen erhalten, durch Gespräche in der Familie und mit vertrauten Personen, im Spiel mit anderen Kindern oder in Lernsituationen in der Kindertagesstätte. Für die Vierjährigen gewinnt in diesem Zusammenhang das Vorlesen noch einmal an Bedeutung. Ergänzend zu diesen Basis-Erfahrungen sind der gezielte Einsatz einzelner Medien, etwa das Hören von Geschichten-, Gedicht- und Liedersammlungen oder ersten Hörspielen auf Kassette und CD, wie auch ausgewählte altersgemäße Fernsehsendungen und erste, aber eher kurze Sitzungen am Computer sinnvoll.

Das fünfte Lebensjahr

Gemeinsame Bildungsprozesse

Kinder genießen die Impulse und Anregungen, die Unterstützung und das breitere Wissen erwachsener Bezugspersonen, mit denen sie vertrauensvoll kommunizieren können. Am besten lernen Groß und Klein in wechselseitigem Austausch, indem sie Ideen formulieren, zusammen Probleme lösen oder die Antworten auf die unzähligen Fragen der Kinder finden und diese zum Anlass nehmen weiterzufragen. »Ko-Konstruktion« lautet der Fachbegriff für solche Lernprozesse, deren Grundlagen Kooperation und Kommunikation, aber auch gegenseitiger Respekt und Vertrauen sind.

Kinder und Erwachsene als Ko-Konstrukteure

»Warum halten die Wolken am Himmel?«, »Wie soll ich das Haus malen?« Neben Fragen liefern auch Alltagssituationen, die zu lösen sind, Anreize zum gemeinsamen Nachdenken. Ein guter Einstieg ist außerdem das Vorlesen, wenn die Eltern dabei parallel mit den Kindern die Illustrationen anschauen. Wichtig dabei ist, dass man für das Denken der Kinder offen ist und auf das eingeht, was sie interessiert und was sie äußern. So ist der kleine Zuhörer und Betrachter bei einer Geschichte, die auf einem Bauernhof spielt, vielleicht weniger von den Tieren fasziniert, die darin vorkommen, als vom Traktor, den er auf einer Abbildung entdeckt, der aber im Text nicht auftaucht. Doch kann gerade dieser scheinbar nebensächliche Traktor den Anstoß dazu geben, dass das Kind ein für sich spannendes Thema entdeckt. Möglicherweise will es darüber nachdenken, wofür man einen Traktor verwenden kann, oder gemeinsam mit der Mutter oder dem Vater überlegen, welche Fahrzeuge es noch gibt; wobei eventuell neue Bauernhof-Fahrzeuge erfunden werden. Und es ist sicher auch eine Überlegung wert, ob der Traktor nicht lieber bei den Tieren im Stall stehen möchte ... Die Möglichkeiten, die sich in solchen Situationen durch Zuhören und Mitdenken, Anregen und offen gestellte Fragen ergeben, sind vielfältig und faszinierend – und zwar für beide Gesprächspartner!

»Warum weidet das Pferd auf der Wiese?« Es macht viel Spaß, anhand der Illustration des Bilderbuches gemeinsam eine Antwort zu finden.

Die sprachliche Entwicklung im fünften Lebensjahr

Zeitbezüge und Rollenspiele

Aufgrund der Vielzahl an grammatischen Erfahrungen, die Kinder von Geburt an aus den Äußerungen ihrer Umwelt filtern, sind sie mit vier Jahren in der Lage, Sprache intuitiv, also ohne darüber nachzudenken, überwiegend korrekt anzuwenden. Sie können die meisten Verben (Tätigkeitswörter) in den richtigen Formen beugen. Dabei beherrschen die kleinen Sprachschüler nun mehr oder minder die Regel, dass sich im Deutschen die Form des Verbs nach dem Subjekt richtet: »ich gehe«, aber »du gehst«, »der Mann kaufte«, aber »die Männer kauften«. Auch wissen sie schon einige zusammengesetzte Verben richtig auszulösen, sagen etwa »Ich puste die Kerze aus« oder »Ich springe runter«. Durch die grammatischen Formen der Verben werden auch die verschiedenen Zeiten ausgedrückt: »Ich habe ein Eis gekauft!«

Vierjährige verstehen nicht nur Zeitbezüge immer besser, es gelingt ihnen auch zunehmend, über vergangene oder zukünftige Ereignisse so zu sprechen, dass es für die Zuhörer ersichtlich ist, ob sich Dinge bereits ereignet haben oder noch geschehen werden. Doch gerade bei der Bildung der Vergangenheit können im Eifer des (Sprach-)Gefechts noch Fehler passieren. Es ist kein Beinbruch, wenn gelegentlich ein »Bist du auch im Wasser geschwimmt?« ertönt. Denn recht häufig setzen Kinder die Vergangenheitsform regelmäßiger Verben (kaufte – gekauft, drehte – gedreht, redete – geredet) in einer Übergeneralisierung auch bei unregelmäßigen Verben (schwamm – geschwommen, trank – getrunken) ein.

Neben den richtigen Zeitformen beginnen Vierjährige bevorzugt in immer längeren und ausgefeilteren Rollenspielen die Möglichkeitsform zu verwenden, zum Beispiel um sich gegenseitig »Regieanweisungen« zu geben: »Du solltest das Kind sein und nicht ins Bett gehen wollen!« oder »Jetzt wären wir Ritter und müssten gegen die Angreifer kämpfen!« Der feine Unterschied zwischen dem, was ist, und dem, was man vorschlägt oder sich wünscht, was sein sollte, kann in diesen Zusammenhängen bereits bis zu einem gewissen Grad sprachlich formuliert werden.

Verwendung komplexer Satzstrukturen

Was im vierten Lebensjahr bisweilen noch Schwierigkeiten bereitete, meistern Kinder gegen Ende des fünften Lebensjahres sehr gut. Bei der Satzkonstruktion unterlaufen Vierjährigen immer weniger Fehler, die grammatisch richtige Reihenfolge der Wörter wird in der gesprochenen Sprache allmählich selbstverständlich. Mit fünf Jahren beherrschen Kinder im Großen und Ganzen die Syntax ihrer Erstsprache(n), also die Regeln, die bestimmen, wie Wörter zu ganzen Sätzen angeordnet werden. Auch wenn sie jetzt und in den folgenden Jahren vorwiegend einfache, kurze

»Sei nicht traurig, dass Hannah gegangen ist, du wirst sie ja morgen wiedersehen, wenn wir sie besuchen.« In der alltäglichen Kommunikation lernen Kinder die sprachlichen Zeitaussagen immer besser verstehen.

Das fünfte Lebensjahr

Auch wenn Kinder mit vier Jahren bereits über ein fortgeschrittenes Sprachverständnis verfügen, sollte man im Gespräch mit ihnen darauf achten, keine zu komplexen grammatischen Konstruktionen zu verwenden, die sie noch gar nicht verstehen.

Sätze verwenden, so können sie doch schon lange, vollständige Sätze bilden, die aus Teilsätzen zusammengesetzt sind (»Ich gehe in den Garten und pflücke Blumen.«). Darüber hinaus setzen sie gelegentlich auch Nebensätze ein, die zum Beispiel mit »weil«, »wenn« oder »als« beginnen (»Ich habe eine Mütze auf, weil es kalt ist.«).

Fortschritte im Sprachverständnis

»Das Kind wird von der Mutter geküsst.« Passivsätze wie diesen können Vierjährige nun schon langsam entschlüsseln. Dreijährige würden bei einer solchen Konstruktion unter anderem aufgrund der Reihenfolge der Wörter annehmen, dass das Kind die Mutter küsst; die Satzbauweise ist für sie noch zu kompliziert. Doch auch im fünften Lebensjahr fällt das Verstehen von Formulierungen, in denen der Handelnde nicht Subjekt (Satzgegenstand) ist, um einiges leichter, wenn die beschriebene Handlung für Kinder logisch ist, sich mit ihrem Wissen deckt. So kann eine Aussage wie »Die Katze wird von der Maus gefangen« durchaus noch Schwierigkeiten bereiten, weil sie den Kenntnissen der Kinder widerspricht. Meistens werden sie die sprachliche Information so deuten, dass die Katze die Maus packt und nicht umgekehrt. Bis Kinder das Passiv zudem selbst verwenden, vergeht noch einige Zeit; in der Regel taucht es frühestens im Sprachgebrauch von Sechs- und nur vereinzelt schon von Fünfjährigen auf.

Bei allen Fortschritten können Vierjährige überdies Sätze, die eine komplizierte Zeitenfolge beinhalten, nicht verstehen, geschweige denn selbst bilden. Hierzu zählen Konstruktionen, die sich nicht an das von den Kindern vorausgesetzte Schema halten, dass die erstgenannte Handlung auch als erste passiert. Deshalb scheitern Kinder in diesem Alter üblicherweise an Satzgefügen wie »Die Katze sprang herbei, nachdem die Maus ins Haus gelaufen war«. Viele Fünfjährige würden in diesem Fall genau wie Vierjährige annehmen, dass erst die Katze herbeispringt und dann die Maus ins Haus rennt.

Die sprachliche Entwicklung im fünften Lebensjahr

Verenas Sprachprobleme

»Unsere Tochter war immer schon etwas ungeschickt«, berichtet die Mutter der vierjährigen Verena, »sie hat erst spät laufen gelernt und hatte stets leichte Gleichgewichtsprobleme. Noch heute ist ihr Gang ausgesprochen stolpernd. Wir haben uns lange keine Sorgen darüber gemacht, schließlich sind wir alle in der Familie keine ausgesprochenen Bewegungsgenies. Beunruhigter waren wir jedoch, als sie auch erst spät zu sprechen begann.«

Aussprache- und Grammatikprobleme

Ein motorischer Tollpatsch? Ein sprachlicher Spätzünder? Als Verena mit vier Jahren immer noch so undeutlich sprach, dass sie eigentlich nur von ihrem nahen Umfeld verstanden wurde, sahen sich die Eltern gezwungen zu handeln. Das Kind ließ beim Sprechen Laute aus oder vertauschte sie, zudem schienen seine Sätze nur wenig den grammatischen Regeln zu folgen, die Kinder in diesem Alter eigentlich schon meistern. So bereitete ihm etwa die Wortstellung noch Schwierigkeiten. Besonders bekümmerte Vater und Mutter, dass Verena sehr stark unter der Situation litt, sich aufgrund ihrer mangelnden sprachlichen Fähigkeiten abkapselte und allmählich vereinsamte. Alarmiert suchten die Eltern in Absprache mit der Kinderärztin bei Experten Hilfe.

Mangelhafte Wahrnehmung

»Als wir schließlich bei einem Logopäden vorstellig wurden«, fährt Verenas Vater fort, »diagnostizierte der Fachmann bei unserem Kind eine Störung der Wahrnehmungsfähigkeit und -verarbeitung. Verenas Sprach- und motorische Entwicklungsverzögerungen ergeben sich aus ihrer Schwierigkeit, Sinneswahrnehmungen wie Sehen und Hören, aber auch die Wahrnehmung der Stellung und Bewegung des eigenen Körpers im Raum sowie des Gleichgewichtsorgans, zu verarbeiten und zu deuten.

In einer ergotherapeutischen Behandlung wird unter anderem die Stimulierung von Verenas Gleichgewichtssystem, ihrer Eigenwahrnehmung und ihres Tastsinns geübt. Parallel soll eine logopädische Behandlung helfen, ihre sprachlichen Fertigkeiten zu verbessern und auch ihr Selbstbewusstsein zu stärken.«

Ernste Sprachprobleme erfordern professionelle Hilfe, aber auch den Einsatz der Eltern, die durch Zuspruch und Lob das Selbstbewusstsein des Kindes stärken können.

Das fünfte Lebensjahr

Die Anwendung von Singular und Plural wie »ein Teddybär«, »zwei Schwimmflügel«, »viele Bücher« …. erfordert bereits ein hohes Maß an Abstraktionsfähigkeit und grammatischem Verständnis.

Die Aneignung des Kasus

Das Genus (Geschlecht) von Substantiven lernen Kinder gleichsam nebenbei, die Pluralbildung (Mehrzahl) dagegen stellt sie vor einige Probleme. Aber damit noch nicht genug. Um Substantive im Deutschen richtig beugen und mit den korrekten Artikeln versehen zu können, muss man nicht nur ihr Genus wissen und erkennen, ob sie sich im Singular (Einzahl) oder Plural (Mehrzahl) befinden. Es ist zudem unabdingbar, dass man sie in den richtigen Kasus (Fall) setzt: der, die und das, aber auch dem und den, denen und deren, des und dessen. Diese Besonderheit der deutschen Sprache beginnen Vierjährige langsam zu bewältigen.

Schwierigkeiten bei der richtigen Anwendung des Kasus

Generell lernen Kinder zunächst den Nominativ (erster Fall): »Der Hund bellt«, »Die Kinder essen.« Der Nominativ ist für die Sprachneulinge am einfachsten zu meistern. Anfangs wenden sie ihn meist zu oft an und bilden Sätze wie »Ich sehe der Mann.« Diese Übergeneralisierung verschwindet, wenn sie sich in der Folge den Akkusativ (vierter Fall) aneignen (»Ich sehe den Mann und die Frauen.«). Doch der Akkusativ wird von nun an häufig auch dort eingesetzt, wo eigentlich der Dativ (dritter Fall) erforderlich ist: »Die Nudeln sind auf den Teller« statt »auf dem Teller«. Solche Verwechslungen können noch weit bis ins Schulalter vorkommen. Ein möglicher Grund hierfür ist, dass die Laute m und n sehr ähnlich klingen. Sie werden von Erwachsenen nicht immer deutlich unterschieden, sondern als eine Art Zwischenlaut ausgesprochen. Für Kinder, die sich die Sprache über das Hören aneignen, stellt diese klangliche Nähe eine besondere Schwierigkeit dar.

Doch eine nachlässige Artikulation im sozialen Umfeld allein kann nicht erklären, warum Kinder den Akkusativ und Dativ häufig verwechseln. Denn nicht selten sagen sie auch »mich«, wenn ein davon akustisch leicht zu trennendes »mir« verlangt wird. So kann es passieren, dass auch Kinder, die ohne Dialekt aufwachsen, beispielsweise »Ich gebe dich« anstelle von »Ich gebe dir« verwenden. Der Kasus ist also viel komplizierter, als es auf den ersten Blick erscheinen mag.

Die Bedeutung von Reimspielen für das Erlernen der Laute

»Auf der Mauer, auf der Lauer, sitzt 'ne kleine Wanze …«, beginnt ein bekanntes Kinderlied, das in der zweiten Strophe anstelle der »Wanze« nur noch eine »Wanz'«, in

Die sprachliche Entwicklung im fünften Lebensjahr

der dritten gar nurmehr eine »Wan'« aufführt, bis das ganze Wort verschwindet und die Sänger an dieser Stelle stumm bleiben. Solche Sing- und Sprachspiele, bei denen man ganz genau hinhören und deutlich sprechen muss, weil beispielsweise nur einzelne Laute verändert werden, bewältigen bereits Vierjährige mit großem Eifer und viel Spaß.

Ist es im Fall der Wanze auf der Mauer immer der Auslaut, also erst das e, dann das z, dann das n, wird bei Reimspielen oft der erste Laut (»Anlaut«) variiert: »Die Wüste ist ein Land, da gibt es vielen Sand, der kitzelt an der Hand.« Reime, die sich nur in einem Laut unterscheiden, bilden für die Kinder beim Aufsagen oder Singen keine Hürde. Mit etwas Hilfestellung finden sie vielleicht sogar selbst einfache Reime, etwa in Versen wie »Ich esse mit dem Mund, da drüben bellt ein ...?« »Hund!«, wird es vielen Vierjährigen an dieser Stelle schon entfahren. Wind – Kind, Pferd – Pferde, ich kaufe – ich kaufte: Kleine Laute haben oft eine große Wirkung. Sie können die Bedeutung eines Wortes verändern, Substantive vom Singular in den Plural setzen und Verben von der Gegenwart in die Vergangenheit. Für die Sprachkompetenz ist es deshalb wichtig, dass Kinder imstande sind, diese kleinen sprachlichen Einheiten gut herauszuhören und passend einzusetzen.

Die Artikel (Geschlechtswörter) sind bei »der Mann«, »die Frau«, »das Fenster« so weit klar. Aber warum heißt es dann »der Kopf«, »die Nase« oder »die Hand«?

Wortschatzerweiterung durch Fantasiebegriffe und Neuschöpfungen

»Tallama! Hicke hacke rutado!« Jens und Matthias sind in die Rollen zweier Ritter geschlüpft, die eine feindliche Burg angreifen. Um klarzustellen, dass die beiden Kämpfer aus einem anderen Land kommen, müssen sie eine fremde Sprache sprechen. Deshalb denken sich die Jungen spontan Fantasiewörter aus, die im Lauf des Spiels teilweise von den anderen Beteiligten übernommen werden.

Mit vier Jahren ersinnen Kinder nicht nur rein schöpferische Ausdrücke, sie bilden auch neue Begriffe, und zwar ganz nach den Regeln ihrer Muttersprache. So nennt Felix das Gitarrenspiel seiner Tante »gitarren«, denn schließlich kann man ja auch trompeten oder flöten. Franziska spricht analog zu »Werbung« oder »Rundung« von einer »Orangenpressung«, wenn sie einen frisch gemachten Saft möchte, oder Max von der Schwerheit und der Weichheit seines Pullovers. Solche Konstruktionen zeigen, dass Kinder bereits in diesem Alter die zentralen Wortbildungsregeln ihrer Muttersprache verstanden haben.

 INFO

Der kleinste Unterschied

»Dach« oder »wach«, aber auch »Beet« oder »Bett«, »Fleiß« oder »Fleisch«: In der Fachsprache heißen diese kleinsten sprachlichen Einheiten, die die Bedeutung von Wörtern verändern, »Phoneme«.

Das fünfte Lebensjahr

Die optimale Entwicklung eines Kindes wird gefördert, indem man seine besonderen Stärken herausfindet und ihm ermöglicht, seine Talente zu entwickeln.

Die Reggio-Pädagogik

Die Wurzeln der Reggio-Pädagogik reichen zurück bis in die 1940er Jahre. Damals wurden in der norditalienischen Stadt Reggio aufgrund der Auswirkungen des Zweiten Weltkrieges dringend benötigte zusätzliche Betreuungsplätze für Kinder eingerichtet. Theorie und Praxis sollten sich von den bis dahin vorhandenen ausschließlich kirchlichen Kindergärten abheben.

Die hundert Ausdrucksmöglichkeiten der Kinder

Im Mittelpunkt des heute international als wegweisend erachteten Erziehungsprogramms stehen die Förderung der Wahrnehmungs- und Ausdrucksfähigkeit eines Kindes durch das Kind selbst, durch die Eltern und die Erzieher und Erzieherinnen in der Kindertagesstätte. Die Konzepte dafür wurden und werden kontinuierlich weiterentwickelt. Einen entscheidenden Beitrag leistete hierzu der Pädagoge Loris Malaguzzi (1920–1994), der ausgehend von dem für die Reggio-Pädagogik basisbildenden Prinzip »Jedes Kind hat ein Recht auf Bildung« ausführte: »Wir assistieren den Kindern, wir erziehen sie nicht.« Diese Aussage verdeutlicht seine Überzeugung, dass Kinder von Geburt an und in jeder Entwicklungsphase das Potenzial, sich selbst zu bilden, besitzen, und dass es die Aufgabe der Erwachsenen ist, sie dabei angemessen zu unterstützen.

Malaguzzi und seine Mitstreiterinnen und Mitstreiter gehen davon aus, dass alle Kinder über individuelle Stärken und Fähigkeiten verfügen, mit denen sie denken, entdecken, lernen, erzählen, gestalten und erfinden und so ihr Wissen konstruieren. Die gesprochene Sprache hat an der Welt-Erfahrung nur einen bestimmten Anteil. »Hundert Sprachen hat ein Kind«, stellt Malaguzzi fest und folgert, dass es im Reggianischen Bildungsansatz darum gehen müsse, die in Fülle vorhandenen Ausdrucksmöglichkeiten adäquat zu fördern. Dieser Anspruch wird auch durch neuere Erkenntnisse in der Gehirnforschung unterstrichen. Hier wird immer wieder hervorgehoben, dass Kinder am besten lernen, wenn sie ihre eigenen Zugänge und Ideen auf vielfältige Weisen ausprobieren und erweitern können. Im Sinne der »hundert Sprachen« bedeutet dies, dass vielfältigste Materialien und Techniken, etwa aus der Kunst, der Musik und dem Theater, in die Bildungsprozesse einbezogen werden. Gleichzeitig sind die Werke und Ausdrucksformen der Kin-

Die sprachliche Entwicklung im fünften Lebensjahr

der als Mitteilungen in den verschiedenen Sprachen der Kinder zu sehen. Um Kinder verstehen zu können, müssen Erwachsene diese Botschaften ernst nehmen.

Unterstützung des Bildungsprozesses

Um die Stärke der Kinder, ihren Reichtum an Fähigkeiten zu bewahren und zu fördern, sind die Tagesstätten explizit Orte des Forschens und des Zuhörens, wobei den Erziehern vor allem die Rolle des Zuhörers zukommt. Sie sollen Informationen und Anregungen geben, aber vor allem die Kinder gemäß ihrer individuellen Lernstruktur bei ihren Erfahrungen begleiten. Diesem Anspruch des »Forschens und Zuhörens« sowie des »beim Handeln Verstehens« werden die Tagesstätten durch ihre räumliche Ausstattung gerecht. Breite Möglichkeiten bieten in allen Tagesstätten die Ateliers, in denen den Kindern Materialien und Werkzeuge von Holz bis Papier, von der Säge bis zum Hammer zur Verfügung stehen, um sich etwa durch Kunst und Handwerk in ihren verschiedenen Sprachen ausdrücken zu können.

Den Ausdrucksmöglichkeiten sind keine Grenzen gesetzt, es gibt zahllose, auch ganz spielerische »Sprachen«.

Genaue Dokumentation der Lernvorgänge

Die Erzieher und Erzieherinnen zeichnen die individuellen Entwicklungsschritte sorgfältig in schriftlichen Protokollen, aber auch mit Videoaufnahmen der Kinder bei Dialogen, in Gruppen-, Spiel- und gestaltenden Situationen auf. In Zusammenarbeit mit den Kollegen interpretieren sie ihre Beobachtungen. Intensiv wird dabei besprochen, welche besonderen Lernstrukturen die einzelnen Kinder haben: Es geht darum herauszufinden, welche Themen sie begeistern, warum sie welche Anregungen aufnehmen oder ablehnen, wie man ihre Interessen in Projekte einfließen lassen oder sie in schwierigen Situationen zum Weitermachen anregen könnte. Für jedes Kind wird ein eigenes detailliertes Portfolio geführt, in dem seine Entwicklung in den unterschiedlichen Bereichen nachvollzogen werden kann. Diese Dokumentationen belegen einerseits die hohe Kompetenz der Kinder und verleihen ihnen das motivierende Gefühl, dass ihre Entwicklung für andere von Bedeutung ist. Sie bieten aber auch eine Basis, um pädagogische Prozesse verstehen und gegebenenfalls verändern zu können.

TIPP

Förderung von Stärken

Wenn ein Kind über besondere künstlerische Fähigkeiten verfügt, aber im sprachlichen Bereich Defizite aufweist, sollte vor allem das kreative Talent gefördert werden. Mit seinen Erfolgen auf diesem Gebiet wird das Kind ein so starkes Selbstbewusstsein entwickeln, dass es seine sprachlichen Schwierigkeiten sehr viel leichter meistert.

Geschichten vom Zoobesuch

Vierjährige Kinder beherrschen allmählich die Satzstellung und sind zunehmend in der Lage, Begebenheiten in einer für sie logischen Abfolge darzustellen oder kurze Geschichten nachzuerzählen. Dabei kommt ihnen zugute, dass sie dank ihrer sich stets verbessernden Kenntnisse in Wortschatz und Grammatik bereits Sachverhalte in der Vergangenheit oder der Zukunft sowie räumliche Verhältnisse ausdrücken können.

»Gestern waren wir im Zoo. Da haben wir Eisbären gesehen. Die sind ins Wasser gerutscht. Das hat so hoch gespritzt!« Solche wohlstrukturierten Äußerungen kommen nun schon gelegentlich aus Kindermund, doch vor allem mit steigender Aufregung purzelt die Reihenfolge gerne durcheinander. Und wenn ein Vierjähriger sein Erlebnis am nächsten Tag dem Opa mitteilt, wird er nicht selten regelrecht »übersprudeln« und zuerst von der lustigen Rutschpartie der Arktisbewohner erzählen, die ihm am besten gefallen hat, bevor er überhaupt erwähnt, dass er am Vortag im Zoo gewesen ist. »Opa, der Bär hat soooo hoch gespritzt!« Meist wird der Bericht mit einer solch unvermittelten Aussage beginnen. Um also wirklich genau zu erfahren, wieso der Bär womit so hoch gespritzt hat, mit wem Lena warum gestritten hat oder wie Philipp es angestellt hat, dass seine Hose leider ganz zerfetzt ist, ist noch häufiges Nachfragen erforderlich.

TIPP

Schöngeistige Anregung

Tanz, Theater und Musik sowie andere künstlerische Tätigkeiten regen allgemein die Kreativität an. Insbesondere die Ausdrucksfähigkeit und Sprache von Kindern werden dadurch intensiv gefördert.

Kommunikation erleichtert das Leben

Zu Hause, in der Kindertagesstätte, am Spielplatz oder beim Einkaufen wird für Vierjährige der wechselseitige Austausch durch Sprache immer wichtiger. Im Umgang mit anderen Kindern, in Gesprächen mit den Eltern, mit anderen Bezugspersonen, aber auch mit Fremden wie der Eisverkäuferin im Schwimmbad werden sie sicherer. Sich ausdrücken können, Gesprochenes verstehen und im eigenen Ausdruck verstanden werden, diese kommunikativen Grundprinzipien gewinnen an Be-

INFO

Kleine Autodidakten

Kinder filtern, verarbeiten und bewerten in einem steten Prozess die Informationen, die auf sie einfließen, und sammeln auf diese Weise eigenständig ihr Wissen an. Dabei sind sie die gestaltenden Akteure ihrer Entwicklung, weil sie durch ihr eigenes Handeln ihre Lebensbereiche und ihre Kultur mit allen Sinnen entdecken und sie in der Interaktion mit anderen Kindern und mit Erwachsenen sowie mit ihrer Umwelt wahrnehmen. Bei dieser aktiven Gestaltung kindlicher Lernprozesse spielt auch der Austausch über die gesprochene Sprache schon bei Vierjährigen eine Rolle. Doch stehen Kindern viele weitere Möglichkeiten zur Verfügung, um sich auszudrücken und mit anderen zu kommunizieren, Möglichkeiten wie Spielen, Singen, Malen und Basteln, aber auch Toben, Sport und Bewegungsspiele.

Die sprachliche Entwicklung im fünften Lebensjahr

deutung. Die Kinder erfahren, dass sie beispielsweise in der Gruppe beim gemeinsamen Essen oder im Stuhlkreis besser wahrgenommen werden, wenn sie sich präzise äußern können, oder etwa Rollen- oder Regelspiele besser funktionieren, wenn sie klar abgesprochen werden.

Bessere Verständigung durch Gestik und Mimik

Kommunikation ist weit mehr als nur Sprache im engeren Sinne, als das gesprochene Wort. Im fünften Lebensjahr können Kinder zwar viele Sachverhalte beschreiben, die über kommunikative Bewegungen und Gesichtsausdruck nicht auszudrücken sind (»gestern«, »morgen«, »nebenan«, »in einer anderen Stadt«), doch auch wenn sie nun zunehmend auf den Informationsgehalt des Gesprochenen achten, nehmen die nonverbalen, körpersprachlichen Elemente in ihrer Kommunikation (sprachliche Handlungskompetenz) immer noch einen breiten Raum ein. Sie orientieren sich an Gesten, Körperhaltung und Gesichtsausdruck, Lautstärke, Sprechrhythmus und Sprechmelodie ihres Gegenübers, um zum Beispiel die Bedeutung von Wörtern oder Aussagen zu erfassen, die sie noch nicht ganz verstehen. Im Gegenzug sind ihre Äußerungen ebenfalls begleitet von verschiedenen Gesten und Mimiken, präzisieren sie ihre Mitteilungen mit allen Ausdrucksmitteln, die ihnen zur Verfügung stehen. Dabei setzen auch sie bewusst Körpersprache ein, wie Nicken oder Kopfschütteln, jubelndes Hochreißen der Arme oder den (meist missglückenden) Versuch, bei Spielen wie »Schau nicht um, der Fuchs geht um« ein Pokerface aufzusetzen.

Gestik und Mimik spielen eine wichtige Rolle, vor allem wenn man jemanden ärgern will!

Das fünfte Lebensjahr

Checkpoint: Die Sprachentwicklung im fünften Lebensjahr

Im Laufe des fünften Lebensjahres haben Kinder wesentliche Meilensteine in ihrem Spracherwerb erreicht. Das Sprachverständnis ist nun schon hoch, ihr aktiver und passiver Wortschatz umfassend und in der Sprachproduktion stellt die Grammatik kein großes Hindernis mehr dar. In den nächsten Jahren werden sich ihre Sprachkompetenzen weiter vertiefen, die Basis aber ist geschaffen. Doch in der sprachlichen Entwicklung gilt wie in allen anderen Bereichen: Jedes Kind hat seine eigene Geschwindigkeit und macht in unterschiedlichem Tempo Fortschritte. Wenn ein Kind Ende des fünften Lebensjahres noch grobe Aussprache- und Sprechfehler macht, sollte ein Logopäde konsultiert werden.

Im fünften Lebensjahr können Kinder bereits längeren Geschichten folgen und sich dann auch darüber unterhalten.

Die sprachlichen Fähigkeiten von vier und fünf Jahre alten Kindern werden in den kinderärztlichen Vorsorgeuntersuchungen U8 (43. bis 48. Monat) und U9 (60. bis 64. Monat) kontrolliert. Ein speziell für Vierjährige entwickeltes Verfahren zur Feststellung und Förderung der Sprachkompetenz ist der Sprachtest Delfin 4, den seit dem Jahr 2007 alle Kinder in Nordrhein-Westfalen zwei Jahre vor ihrer Einschulung ablegen müssen. Die folgenden Punkte beziehen sich auf die Sprachkompetenzen, die in diesen verschiedenen Überprüfungen abgefragt werden.

- Kinder in diesem Alter verfügen bereits über ein bemerkenswertes »phonologisches Arbeitsgedächtnis«, das heißt, dass sie sich neue Lautmuster immer besser merken können. Sie sind deshalb schon gut in der Lage, auch Fantasiewörter korrekt nachzusprechen. Das bewerkstelligen sie, weil sie imstande sind, bei Ausdrücken, die sie hören, einzelne Laute und Silben zu unterscheiden und diese wiederzugeben.

Die sprachliche Entwicklung im fünften Lebensjahr

- Ihr grammatisches Verständnis ist nun bereits so weit fortgeschritten, dass sie es schaffen, längere Sätze mit Nebensatzgefügen zu wiederholen. Konstruktionen wie »Maria läuft zur Tür, weil die Großmutter geklingelt hat« bereiten Vierjährigen in der Regel nur noch wenig Probleme. Das Nachsprechen gelingt ihnen darüber hinaus auch bei Sätzen, die inhaltlich gar keinen Sinn ergeben, etwa »Die Maus fliegt ganz schnell in den Keller, weil ihr bunter Hut drückt.« Anhand solcher »Quatschsätze«, die sich nicht auf der Basis eines logischen Sachverhalts merken lassen, zeigt sich, ob Kinder die grammatischen Strukturen wirklich erfasst haben.
- Des Weiteren sollte es keine große Schwierigkeit für sie darstellen, komplexere Handlungsanweisungen zu verstehen. Vierjährige sind zum Beispiel durchaus in der Lage, Aufforderungen wie »Bring mir doch bitte den roten Teller aus der Küche und stell' ihn auf den Tisch« nachzukommen. Ihr Sprachverständnis ist so weit fortgeschritten, dass sie Satzkonstruktionen, die aus Haupt- und Nebensätzen bestehen, verstehen und den Inhalt des Gesprochenen dann auch umsetzen können.
- Ihr Wortschatz und ihre grammatischen Fähigkeiten ermöglichen es den Kindern nun – wenn auch mit Unterstützung und Nachfragen –, Erlebnisse, Begebenheiten und kleine Geschichten in korrekter zeitlicher und logischer Reihenfolge zu erzählen. Beim gemeinsamen Betrachten von Bildern, etwa Illustrationen von Bilderbüchern, gelingt es ihnen schon gut, darzustellen, was sie auf der Abbildung sehen, und dies zusammenhängend wiederzugeben. Aussagen wie »Die Katze hat die Maus in das Loch gejagt. Die versteckt sich jetzt hinter dem Bett« werden formuliert. Jüngere Kinder beschreiben in solchen Situationen eher die einzelnen Elemente eines Bildes (»Da ist die Katze, ein Bett und eine Maus«).
- Vierjährige sind außerdem in der Lage, sich mit Erwachsenen und anderen Kindern zu unterhalten. Ihre sprachlichen Fertigkeiten erlauben es ihnen nun zum Beispiel, komplexe Rollenspiele durchzuführen, Spielregeln auszuhandeln oder über Erlebtes zu sprechen. Ganz allgemein können sie ihrem altersgemäßen Wortschatz entsprechend über alles reden, was sie direkt betrifft, ihre Gedanken und Emotionen äußern.

Eine Fähigkeit, über die Vierjährige verfügen sollten, ist die Kommunikation auf verschiedenen Ebenen und mit unterschiedlichen Altersstufen.

 TIPP

Vorlesen und nacherzählen

Wenn Sie Ihrem Kind eine Geschichte vorlesen und es das Gehörte dann nacherzählen lassen, können Sie auf spielerische Weise den Sprachstand ihres Kindes überprüfen und zugleich seine sprachlichen Fähigkeiten fördern.

Das fünfte Lebensjahr

Ein Wort kann viele Bedeutungen haben

»Und Aschenputtel war traurig, dass sie nicht wie ihre Stiefschwestern auf den Ball des Prinzen gehen durfte ...« Auf einen Ball gehen? Nicht verwunderlich, dass ein Vierjähriger sich verdutzt fragt, warum alle Welt in diesem Märchen so versessen darauf ist, auf einem Ball zu balancieren, der einem Prinzen gehört. Aber er wird diese Tatsache vielleicht erst einmal als gegeben annehmen und sich möglicherweise sogar ausmalen, wie die Damen, die er auf der Illustration in seinem Märchenbuch sieht, unter den schönen Kleidern einen Ball versteckt haben, darauf stehen und ihn wie Artisten im Zirkus mit kleinen Schritten bewegen. Bis sich das Rätsel irgendwann löst und das Kind versteht, dass das Wort »Ball« zwei Bedeutungen hat, die rein gar nichts miteinander zu tun haben.

Das Beispiel zeigt, dass Spracherwerb weit mehr ist, als nur die grammatischen Strukturen und das Vokabular einer Sprache zu lernen. Denn wer sich eine Sprache

Subtilen Sprachwitz verstehen Vierjährige noch kaum, dafür erfreuen sie sich um so mehr an den mehr oder weniger derben Aktivitäten und Sprüchen von Kasperle und Co.

aneignet, taucht damit zugleich in die Kultur ein, in der diese Sprache gesprochen wird. Viele Wörter wie Schloss, Ball, Blatt, Bank und Hahn haben mehrfache Bedeutungen, die sich erst mit der Zeit erschließen und nur im Zusammenhang verstanden werden können. Auch bieten gleichklingende Begriffe breiten Raum für Verwechslungen. So denken etwa manche Kinder bei dem Weihnachtslied »Es ist ein Ros' entsprungen« an ausgerissene Pferde, und wenn sie dann doch begriffen haben, dass es sich um eine Rose handelt, ist ihnen noch lange nicht klar, wofür diese Rose steht.

Die sprachliche Entwicklung im fünften Lebensjahr

Doppeldeutigkeit und Ironie

Darüber hinaus ändern sich die Bedeutungen mancher Begriffe, wenn diese in unterschiedlichen Situationen verwendet werden. Die Ziege auf dem Bauernhof wird in der Beschimpfung zur doofen Ziege, und wenn ein Arzt vom Augapfel spricht, besitzt das Wort einen ganz anderen Gehalt als bei einem Menschen, der einen anderen als »seinen Augapfel« bezeichnet. Vierjährige kennen nur wenige Bedeutungsnuancen der ihnen vertrauten Begriffe, und es dauert noch eine Weile, bis sie eine größere Anzahl von Wörtern oder Formulierungen zielsicher in verschiedenen Situationen ihren unterschiedlichen Bedeutungen gemäß einsetzen können.

Es ist deshalb nicht überraschend, dass sie auch ironisch gemeinte Kommentare meist für bare Münze nehmen, weil sie schlicht die Doppelbödigkeit des Gesagten nicht begreifen. »Super! Ich liebe es, den Fußboden aufzuwischen!« Reagieren Erwachsene mit solchen Bemerkungen, wenn die Kleinen den Fußboden verschmutzt haben, werden sie nur Unverständnis ernten oder Verwirrung stiften. Die Kinder erfassen in solchen Äußerungen zwar die Kritik, die durch derartige Aussagen an ihnen geübt wird, nicht jedoch die Ironie, die diese Kritik mildert.

Aus diesem Grund verstehen Kinder in dem Alter auch noch keine oder nur wenige ganz spezielle Witze. Die Phase der typischen Kinderwitze beginnt in der Regel erst im Grundschulalter, wird dann jedoch meist umso intensiver ausgelebt. Doch schon Vierjährige und auch jüngere Kinder finden absurde sprachliche Albereien lustig, können sich etwa schieflachen, wenn der Familienhund als »Kuh« bezeichnet wird oder der Vater an einem regnerischen Tag seine Schuhe als »Flossen« bezeichnet, mit denen er im Wasser besser vorankommt.

Sprachspielereien als Ausdruck kindlichen Humors

Auch wenn Vierjährige noch nicht mit Ironie umgehen können, so albern sie doch gerne mit Sprache herum. Verse wie »Ilsebilse, keiner willse« finden wegen ihres Lautspiels und wegen ihres komisch verpackten, aber doch eigentlich traurigen Inhalts großen Anklang. Kinder lieben aber auch Reimketten wie »Nase, Hase, Blase, Grase, Schnase«, die häufig mit Kunstwörtern ergänzt werden. Mit großem Vergnügen setzen sie ebenso absichtlich Sprachfehler ein. So versteifen sie sich darauf, eine Zeit lang in »Babysprache« zu sprechen, absichtlich zu lispeln oder alle s-Laute als sch zu artikulieren. Die Freude an der eigenen Sprachkompetenz und an dem Spiel mit der Sprache und den Lauten steht hier im Vordergrund. Aus diesem Grund finden etwa der Kinderliedklassiker »Drei Chinesen mit dem Kontrabass«, aber auch Lieder und Sprachspiele, in denen Tierlaute und Geräusche vorkommen (zum Beispiel »Old MacDonald Had a Farm«), immer wieder Gefallen.

Für Erwachsene nicht immer nachvollziehbar ist das Vergnügen, das Vierjährige, aber auch ältere Kinder an Fäkalsprache und derben Ausdrücken haben. Der Reiz und der Witz liegt hier für die Kleinen im Tabubruch, den sie genussvoll als »Humorkitzel« empfinden.

TIPP

Kinder zu Späßen animieren

Kinder drücken auch ihren Humor in vielen Sprachen aus, malen etwa erheiternde Bilder, machen ulkige Verrenkungen, kasperln ausgelassen herum oder schneiden lustige Grimassen. Ihnen macht es sichtlich Spaß, wenn sich Erwachsene an den humorvollen Aktivitäten beteiligen. Diese können die Kleinen mit Scherzen, absurden Geschichten und Albernheiten zu neuen Späßen animieren, damit den kindlichen Humor mit seiner ganzen Kreativität fördern und dabei selbst auch eine Menge Spaß haben.

Das fünfte Lebensjahr

Das Tagebuch für mein fünftes Lebensjahr

An meinem vierten Geburtstag sind alle meine Freunde aus dem Kindergarten zu mir nach Hause gekommen: Elena, Josip, Nicole, Timm und Valentina. Es gab Kuchen und ich hab die Kerzen ausgepustet. Dann haben wir Topfschlagen gespielt. Bei diesem Spiel kriegt man die Augen mit einem Tuch verbunden und muss mit dem Kochlöffel in der Hand einen Topf suchen. Da schlägt man mit dem Kochlöffel auf den Boden. Wenn man den Topf dann gefunden hat, haut man mit dem Löffel drauf, so laut man kann! Unter dem Topf ist ein kleines Geschenk, das man behalten darf. Von Laurin habe ich Malstifte bekommen und von Mama und Papa den rosa Turnanzug, den ich mir gewünscht habe. Den hab ich gleich angezogen und bin den ganzen Tag damit herumgelaufen. Mama und Papa hatten aber noch eine Überraschung! Ich musste mir die Augen zuhalten, bis sie »Jetzt!« gerufen haben. Da stand ein rotes Fahrrad mit einem Korb für meine Puppe Mia und mit Stützen, damit ich nicht umfalle.

Papa rauft mit seinen Haaren

Ich radle jetzt immer allein mit Papa oder Mama in den Kindergarten, weil Elena nicht mehr im Nachbarhaus wohnt. Elenas Mama hat nämlich ein Baby bekommen! Es heißt Alexander und ist ein Junge. Elenas Mama hat einen Riesenbauch gekriegt, da ist das Baby drin gewachsen. Elena hat gesagt, dass ihre Mama manchmal morgens so müde war, weil das so anstrengend ist. Mama hat uns erzählt, dass Laurin und ich auch in ihrem Bauch gewachsen sind. Sie hat Laurin und mir noch Ullerschallbilder gezeigt, auf denen sieht man uns in Mama drin und wir sind noch klitzeklein. Mama hat uns Fotos gezeigt, wo sie ganz dick war und komisch ausgeschaut hat. Und Papa sah auch komisch aus. Als Mama Laurin bekommen hat, hat er noch viel mehr Haare gehabt. »Seitdem ihr auf der Welt seid, raufe ich mir dauernd die Haare, und deshalb sind sie ausgefallen«, hat Papa erklärt. Warum rauft Papa denn mit seinen Haaren?

Babys können noch fast gar nichts

Elena ist zum Glück nicht weit weggezogen und wir treffen uns jeden Tag im Kindergarten. Da spielen wir immer »Vater, Mutter, Kind«. Das Kind ist ein Baby, das sich so aufführt wie Elenas kleiner Bruder Alexander. Es muss viel schlafen, und wenn es Hunger hat, schreit es ganz laut. Dann kriegt es ein Fläschchen. Elenas Bruder ist ganz klein und kann noch gar nicht viel. Wenn ich sie manchmal nach dem Kindergarten besuche, dürfen wir beim Wickeln helfen, wenn wir wollen. Dann liegt er nackig da und strampelt ganz wild mit den Beinen. »Weil ihm das Wickeln so gefällt«, hat Elenas Mama gesagt. Wenn Alexander aber die Hosen richtig voll hat, dann mag ich nicht beim Wickeln helfen!

Der Kindergarten wird gelb

Unser Zimmer im Kindergarten hat überhaupt nicht mehr schön ausgesehen. Sabine und Stefan haben im Stuhlkreis alle Bärchenkinder gefragt, wie wir das Zimmer gerne anmalen möchten. »Ganz bunt«, hat Josip gerufen, aber Jana wollte lila Wände und Ernesto viele Bilder mit Autos. »Wir sammeln jetzt erst einmal alle Vorschläge«, hat Stefan gesagt, »und dann entscheiden wir gemeinsam, was wir machen.« Jedes Kind hat ein Bild gemalt, wie es das Zimmer am liebsten hätte. Die Bilder wurden dann an der Wand aufgehängt und jeder durfte etwas dazu sagen. Ich habe ein Zimmer gemalt, das ganz grün ist. Und dann habe ich noch einen dunklen Fleck gemalt, weil ich gerne eine Höhle hätte, in der man zusammen spielen kann. Zum Schluss haben wir uns darauf geeinigt, dass das Zimmer gelb sein soll und an einer Wand ein großes Bild gemalt wird, bei dem alle Kinder mithelfen dürfen. Und eine Höhle kriegen wir auch! Da wird Holz hingestellt und Decken kommen darüber und eine Matratze auf den Boden. Das ist ganz kuschelig und man kann toll darin spielen.

Ich will kein Zettelgeld

Im Sommer fahren wir am Wochenende manchmal an einen See. Da muss ich dann rote Schwimmflügel anziehen, wenn ich ins Wasser gehe, weil der Boden von dem See so tiefe Löcher hat, in denen man untergeht. Laurin braucht keine Schwimmflügel mehr, er kann nämlich schon richtig schwimmen. Mama hat gesagt, dass ich das auch bald kann. Am See habe ich eine Gießkanne dabei, damit begieße ich Mamas und Papas Beine, wenn es ihnen in der Sonne zu heiß wird. Oder ich gehe mit Laurin zusammen zum Kiosk, da kaufen wir für alle ein Eis. Laurin bekommt dafür von Mama immer ein Zettelgeld, und wenn wir das Eis kaufen, kriegen wir viele Geldstücke zurück. Die Geldstücke schauen ganz verschieden aus, manche sind braun und andere silbern. Oma Uschi hat eine Schublade, da dürfen Laurin und ich reinschauen, wenn wir sie besuchen. Da sammelt sie Geldstücke für uns, die dürfen wir behalten und zu Hause in die Sparbüchse stecken. Davor sortieren wir die Münzen aber und machen kleine Türmchen aus den gleichen Geldstücken. Dann kann man das Geld besser zählen, hat Laurin gesagt. Laurin hat voriges Mal seine ganzen vielen Münzen umgetauscht und dafür ein Zettelgeld bekommen. Er fand das toll, aber ich mag das nicht. Ich behalte meine Geldstücke, weil das viel mehr ist!

Das sechste und siebte Lebensjahr

Die Gedächtnisleistungen steigern sich in dieser Phase enorm und das Lernen fällt auch deshalb zunehmend leichter. Das Alltagswissen wird immer breiter und das logische Denken beginnt sich zu entwickeln. Jetzt beherrschen Kinder die Regeln ihrer Muttersprache und die Grundsätze, auf denen das Zusammenleben basiert. Aufgrund ihrer gesamtpersönlichen Entwicklung sind sie spätestens im siebten Lebensjahr bereit, eingeschult zu werden.

Das sechste und siebte Lebensjahr

Der Schulstart gestaltet sich nur dann positiv, wenn die gesamte Persönlichkeit des Kindes reif für diesen entscheidenden Einschnitt im Leben ist.

Vom Kindergartenkind zum Erstklässler

Mit Spannung und Vorfreude, vielleicht auch einem leichten Bangen wird der erste Schultag erwartet. Die Einschulung ist für die Kinder mit enormen Veränderungen verbunden, die nicht immer offensichtlich sind. Die hohen Anforderungen des Schulalltags können manche Fünfjährige und die meisten Sechsjährigen gut bewältigen, nicht wenigen Kindern tut es hingegen gut, wenn sie erst ein Jahr später starten.

Wann soll unser Kind eingeschult werden?

Die Mehrzahl der ABC-Schützen, die stolz und mit prall gefüllter Schultüte zum ersten Mal in die Schule gehen, ist in Deutschland sechs Jahre alt. Dies entspricht den gesetzlichen Bestimmungen, auch wenn in verschiedenen Bundesländern das Einschulungsalter mittlerweile flexibler gehandhabt wird. Doch das Alter bietet in Bezug auf die Schulfähigkeit nur eine Orientierungsmarke, denn Kinder dieser Altersgruppe weisen in verschiedenen Entwicklungsbereichen frappierende Unterschiede auf. So sind manche im kognitiven Bereich schon sehr weit, jedoch körperlich noch sehr zart. Andere tun sich schwer, sich in eine Gruppe einzufügen oder Regeln einzuhalten, können sich aber möglicherweise sprachlich sehr gut ausdrücken.

Vom Kindergartenkind zum Erstklässler

INFO

Wie funktioniert die Schuleinschreibung?

Wenn Ihr Kind das schulpflichtige Alter erreicht hat, sind Sie verpflichtet, es an einer öffentlichen Grundschule oder an einer staatlich anerkannten privaten Grundschule anzumelden. Die Termine für die Schuleinschreibung sind stets einige Monate vor dem beginnenden Schuljahr angesetzt und die Schulämter teilen sie den Erziehungsberechtigten üblicherweise schriftlich mit. Sie hängen zudem oftmals in der Kindertagesstätte aus, werden in der Lokalpresse veröffentlicht oder können bei den Kommunen sowie im Internet erfragt werden.

Die Anmeldeverfahren sind nicht in allen Bundesländern gleich, informieren Sie sich also rechtzeitig über die jeweiligen Vorschriften. Allgemein muss die Anmeldung jedoch von den Erziehungsberechtigten persönlich oder von einer Vertretung vorgenommen werden, die eine Vollmacht besitzt. Zudem soll oft das einzuschulende Kind mitkommen. Bei der Schuleinschreibung werden als amtliche Unterlagen die Geburtsurkunde des Kindes und je nach Bundesland auch der Nachweis über die schulärztliche Untersuchung verlangt. Leben die Eltern des Kindes getrennt, ist zusätzlich ein Nachweis über das Sorgerecht vorzulegen. Bei Kindern, die nicht die deutsche Staatsbürgerschaft besitzen, muss zudem der Reisepass gezeigt werden. Möchten Sie Ihr Kind frühzeitig einschulen oder noch ein Jahr zurückstellen lassen, müssen Sie einen Antrag stellen und in der Regel ein ärztliches oder schulpsychologisches Gutachten einholen.

INFO

Was die Schulanwärter noch nicht können müssen

Wenn ein Kind schon früh lesen lernen will oder Spaß am Zählen und an kleinen Rechenaufgaben findet, sollte man es in seinem Lerneifer nicht bremsen. Bei der Einschulung wird jedoch noch nicht verlangt, dass es bereits über solche Fähigkeiten verfügt.

Ob es für ein Kind besser ist, bereits gegen Ende des sechsten Lebensjahres oder erst im Alter von sechs oder sieben Jahren eingeschult zu werden, hängt von seiner gesamten Entwicklung ab. Deshalb sollten Eltern, Ärzte und das pädagogische Fachpersonal stets das »ganze« Kind und nicht nur einige bereits erworbene geistige Fähigkeiten im Auge haben, wenn es darum geht, seine Schulfähigkeit zu bestimmen.

Was gehört zur Schulfähigkeit?

Die Schule fordert die Kinder nicht nur auf geistiger Ebene, indem sie Kulturtechniken wie Lesen, Schreiben und Rechnen lehrt. Neben den geistigen Fähigkeiten spielen soziale Aspekte und der Umgang mit den eigenen Gefühlen und Bedürfnissen für die Lernerfolge eine ebenso maßgebliche Rolle wie Motivation und Lernbereitschaft und die grob- und feinmotorischen Entwicklungen. Außerdem ist der Schulbesuch anstrengend und muss von einem Kind auch körperlich gemeistert werden. Ganz allgemein gilt ein Kind als schulfähig, wenn es in den verschiedenen Entwicklungsbereichen einen Stand erreicht hat, der es ihm ermöglicht, dem Unterricht zu folgen, Spaß am Lernen zu entwickeln, sich in der Schule wohlzufühlen, mit den Klassenkameraden zurechtzukommen und sich im Klassenverband zu behaupten.

Die Schule bedeutet nicht nur eine geistige Herausforderung, sondern auch eine Vielzahl neuer Kontakte und Erlebnisse.

Das sechste und siebte Lebensjahr

Der Einschulungstest

In den meisten Bundesländern ist es Vorschrift, dass ein Kind vor seiner Einschulung einem Schularzt vorgestellt wird. Die Termine werden den Erziehungsberechtigten meist schriftlich oder bei der Schulanmeldung mitgeteilt. Die schulärztliche Eingangsuntersuchung soll feststellen, ob ein Kind physisch in der Lage ist, den Schulalltag zu bewältigen.

Körperliche Untersuchung

Ein gutes Gehör bildet eine entscheidende Voraussetzung, um den schulischen Anforderungen gewachsen zu sein.

Beim Einschulungstest wird die allgemeine körperliche Entwicklung der zukünftigen Erstklässler zum Beispiel anhand von Größe, grob- und feinmotorischer Bewegungsfähigkeit, Gleichgewichtssinn und Raumwahrnehmung geprüft. Ein besonderes Augenmerk gilt häufig möglichen Haltungsschäden. Die allgemeine Untersuchung beinhaltet darüber hinaus die Messung des Blutdrucks und des Gewichts, die Begutachtung der Zähne sowie der Hör- und Sehfähigkeit. Um sich ein umfassendes Bild vom körperlichen Zustand machen zu können, fragen die Schulärzte in der Regel auch nach Allergien, chronischen Erkrankungen, schweren Infektionskrankheiten oder Unfällen, die das Kind möglicherweise schon überstanden hat. Meist werden die Eltern zudem aufgefordert, den Impfpass des Kindes sowie die Aufzeichnungen der Vorsorgeuntersuchungen (gelbe Hefte) mitzubringen.

Überprüfung der geistigen Entwicklung

Je nach Bundesland beurteilt der Schularzt zudem die sprachlichen und kognitiven Fertigkeiten. Dies kann auf der Grundlage des Gesprächsverhaltens des Kindes oder mittels verschiedener Tests erfolgen. Da die Fähigkeiten, verbal mitgeteilte Informationen zu verstehen und sich auszudrücken, wichtige Voraussetzungen für einen guten Start in das Schulleben darstellen, wird großer Wert auf die sprachliche Untersuchung gelegt. In manchen Bundesländern besteht für Jungen und Mädchen, die in ihrer sprachlichen Entwicklung hinterherhinken, die Möglichkeit, bestimmte Förderkurse oder fördernde Einrichtungen zu besuchen. Die schulärztliche Untersuchung kann hierzu eine Empfehlung geben.

Vom Kindergartenkind zum Erstklässler

Aber auch die allgemeine kognitive Entwicklung eines Kindes, seine Merk- und Konzentrationsfähigkeit werden überprüft. Häufig fordert man es zu diesem Zweck auf, geometrische Figuren nachzuzeichnen, Größen und Mengen zu vergleichen oder zu erzählen, was es am Morgen zum Frühstück gegessen hat.

Ergänzende Tests

In manchen Bundesländern werden die Kinder darüber hinaus beispielsweise zu einem Gruppentest in die Schule gebeten, die sie später besuchen möchten. Es ist zudem nicht ungewöhnlich, wenn die Lehrerinnen und Lehrer die künftigen ABC-Schützen an einem oder mehreren Tagen in der Kindertagesstätte beobachten. Sie können sich durch das Gespräch mit den Erzieherinnen und Erziehern einen gründlicheren Eindruck verschaffen, als die Momentaufnahme während eines schulärztlichen Einschulungstests zu bieten in der Lage ist.

Wer entscheidet?

In der Regel befindet die Schulleitung darüber, ob sie ein Kind als schulfähig erachtet und deshalb in die erste Klasse aufnimmt. Diese Entscheidung stützt sich aber auf die Empfehlungen, die sich aus der schulärztlichen Eingangsuntersuchung ergeben haben. Bei »Wackelfällen« werden unter Umständen zudem die Lehrerinnen und Lehrer befragt, wenn sie den Jungen oder das Mädchen bereits kennengelernt haben, sowie die Erzieherinnen und Erzieher aus der Kindertagesstätte.

Wenn ein Kind noch nicht schulfähig ist

Selbstverständlich machen sich Eltern Sorgen, wenn die Aussage, ihr Sohn oder ihre Tochter sei noch nicht schulfähig, getroffen wird. Die Betonung liegt jedoch auf dem »noch«. Im Kindergarten werden die Lernprozesse sehr breit und unter ausgesprochen individueller Begleitung unterstützt. Das schulische Lernen fordert eine hohe Anpassungsleistung an die sehr spezialisierten Lehrverfahren, an die verminderte Begleitung der komplexen sozialen Prozesse durch Erwachsene und hohe motorische Kompetenz. Ein weiteres Jahr bis zur Einschulung kann sich für ein Kind deshalb als Segen erweisen. Nun hat es Zeit, im Rahmen seiner Entwicklung einzelne, noch nicht so ausgeprägte Fähigkeiten weiter auszubauen und in allen Bereichen (in unterschiedlichem Ausmaß) bestens vorbereitet in den neuen Lebensabschnitt zu starten.

> **TIPP**
>
> **Fachkundige Entscheidungshilfe**
>
> Wenn Sie sich nicht sicher sind, ob Ihr Kind den Anforderungen des Schulalltags schon gerecht werden kann, sollten Sie den Rat von Fachleuten einholen, sich zum Beispiel mit den Erzieherinnen und Erziehern in der Kindertagesstätte oder Ihrem Kinderarzt besprechen.

Schule ist nicht immer leicht! Auch damit müssen Schulanfänger umzugehen lernen.

Das sechste und siebte Lebensjahr

Hatte ein Kind bereits im Vorschulalter ausreichend Möglichkeit, seine natürliche Wissbegierde zu befriedigen, wird der Start in das Schulleben umso leichter fallen.

Die kognitive Entwicklung im sechsten und siebten Lebensjahr

Aufgrund der bisherigen vielfältigen Lernprozesse erhöhen sich in der letzten Entwicklungsphase vor dem Schuleintritt noch einmal die Potenziale des Kurz- und des Langzeitgedächtnisses. Auch die Konzentrationsfähigkeit ist nun so ausgeprägt, dass die Jungen und Mädchen für die schulischen Lernanforderungen gerüstet sind. Im siebten Lebensjahr sind die meisten Kinder aufgrund ihrer kognitiven Entwicklung bereit, komplexe Fähigkeiten wie Lesen, Schreiben und Rechnen zu lernen.

Was verlangt die Schule?

Der kognitive Entwicklungsstand ist ein zentrales Kriterium bei der Beurteilung der Schulfähigkeit. Dabei geht es vor allem darum, ob ein Kind die notwendigen Voraussetzungen mitbringt, um die Unterrichtsinhalte zu verstehen und Arbeitsaufträge umzusetzen. In diesem Zusammenhang stellen neben den sprachlichen Fertigkeiten unter anderem die Fähigkeiten, sich an einem Unterrichtstag immer wieder auf die verschiedenen Aspekte des Unterrichts konzentrieren, anderen längere Zeit zuhören und sich die bedeutenden Lernzusammenhänge merken zu können, Schlüsselquali-

Die kognitive Entwicklung im sechsten und siebten Lebensjahr

fikationen für einen erfolgreichen Start in den »Ernst des Lebens« dar. Darüber hinaus ist es wichtig, dass sich der Schulanwärter für die Menschen und Dinge in seiner Umwelt interessiert und ein gehöriges Maß an Wissbegierde aufbringt.

Zu den förderlichen Voraussetzungen gehört zudem, dass ein Kind über Lernbereitschaft und eine gesunde Leistungsmotivation verfügt. Dazu zählt auch, dass es Misserfolge verarbeiten kann und bei Fehlschlägen nicht sofort aufsteckt, sondern weiterhin versucht, sein Ziel zu erreichen, also Tätigkeiten so lange über einen gewissen Zeitraum hinweg wiederholt, bis es mit seiner Leistung zufrieden ist oder die von ihm erwartete Leistung erbringt. Diese Fähigkeit ist in der Vorschulzeit, wenn sich Kinder in Gebieten, die ihnen am Herzen liegen, weiterentwickeln möchten, von Bedeutung. Beispielsweise wenn sie gewisse Sportarten ausführen, ein Instrument lernen, basteln, malen, werken, konstruieren oder Zusammenhänge erforschen. Ohne die starke eigene Motivation gestaltet sich das schulische Lernen schwierig. Und nicht zuletzt muss ein Kind in der Lage sein, Aufgaben selbstständig zu lösen.

Die Gedächtniskapazität wächst

Zur Entwicklung der Schulfähigkeit trägt außerdem bei, dass bei Fünf- und Sechsjährigen die Kapazität des Kurzzeitgedächtnisses erheblich zunimmt. Da Informationen jetzt immer schneller verarbeitet werden und die Gedächtnisspanne breiter wird, können sie dem Unterricht folgen und Aufgaben umsetzen. Die Kinder sind in der Lage, sich Aussagen noch besser zu merken und angemessen wiederzugeben. Sobald sie sich nicht an eine vorgegebene Reihenfolge halten müssen, steigt die Menge der memorierten Fakten ganz erheblich.

TIPP

Gedächtnisstütze

Die Merkfähigkeit (und nicht nur die Ihres Kindes) lässt sich auf spielerische Weise mit Gedächtnisspielen trainieren.

Die Merkfähigkeit steigert sich

Neben der Leistung des Kurzzeitgedächtnisses nimmt auch die Merkfähigkeit des Langzeitgedächtnisses in diesem Alter zu. Hinzu kommt, dass die Kinder nun zunehmend auch andere Gedächtnisstrategien anwenden, wenn sie etwas auswendig lernen oder sich einprägen wollen. So können Fünf- und Sechsjährige beim Betrachten eines Bildes ihre Aufmerksamkeit explizit auf Dinge richten, die sie sich merken sollen. Sie setzen jetzt die Wiederholung, die vielen Kindern unbewusst als Gedächtnisstrategie schon länger geläufig ist, bewusst ein und sprechen zum Beispiel Gedichte oder Liederverse so lange laut vor sich her, bis die Texte sitzen.

Viele Sechsjährige nutzen mehr oder weniger bewusst die Tatsache, dass man sich Dinge besser merkt, wenn man sie immer differenzierteren Kategorien zuordnet. Diese Strategie können sie bisweilen in Anfängen einsetzen, weil sich ihr Allgemeinwissen stetig vergrößert. Sechsjährige wissen, dass Tiger Tiere, Raubtiere und Katzen sind, Äpfelbäume zu den Pflanzen gehören und im Garten stehen, Fichten dagegen im Wald. Legt man ihnen eine Reihe von Bildern mit Tieren und Pflanzen vor, fällt es ihnen leichter, sich die einzelnen Darstellungen unter ihren jeweiligen Kategorien zu merken: alle Raubtiere, alle Haustiere, alle Bäume im Garten oder alle Bäume im Wald.

Das sechste und siebte Lebensjahr

»Jörg blieb selten lange bei der Sache«

Konzentration, Aufmerksamkeit und Ausdauer bilden die Basis für ein erfolgreiches Lernverhalten und sind eine wichtige Bedingung, um komplexe Tätigkeiten ausführen zu können. Wenn Kinder in die Schule kommen, sollten sie diese Fähigkeiten bereits in einem altersgemäßen Maß beherrschen. Doch was tun, wenn ein Junge oder ein Mädchen einfach nicht imstande ist, sich in eine Sache zu vertiefen?

Zappelig und unzufrieden

»Keine fünf Minuten konnte sich Jörg früher still beschäftigen«, erinnert sich die Mutter des Sechsjährigen. »Kaum waren einige Teile des Puzzles zusammengelegt, wollte er lieber Lego spielen. Kaum waren die Legoteile im Zimmer verstreut und eine Konstruktion begonnen, wollte er doch lieber mit seinen Autos herumfahren. Manchmal klappte es mit der Konzentration besser, doch meist wurde er in Phasen, in denen er sich selbst beschäftigen und mit einer gewissen Ausdauer zu Werke gehen sollte, sehr schnell unruhig und quengelig. Er war einfach nicht in der Lage, die nötige Konzentration aufzubringen.«

> **TIPP**
> **Gehirnnahrung**
> Neben körperlicher Aktivität und ausreichend Schlaf wirkt sich auch eine fettarme und vitaminreiche Ernährung zum Beispiel mit viel Obst, Salat und Gemüse positiv auf die Konzentrationsfähigkeit aus.

»Jetzt habe ich schon eine ganze Menge gemalt, da kann ich ja später weitermachen.« Wenn sich ein sechsjähriges Kind nicht übermäßig lang auf eine Tätigkeit konzentrieren kann, ist das überhaupt kein Grund zur Beunruhigung.

Die kognitive Entwicklung im sechsten und siebten Lebensjahr

Im Rahmen des Üblichen

»Wir machten uns schon Sorgen, dass Jörg, wenn er später in die Schule käme, große Probleme bekommen würde. Andererseits fiel uns auf, dass er im Spiel mit anderen Kindern stets mit höchster Aufmerksamkeit dabei war«, ergänzt der Vater. »Als wir mit den Erzieherinnen in der Kindertagesstätte sprachen, wurden wir beruhigt. Sie meinten zwar, dass Jörg ein ›unruhiger Geist‹ sei, sich jedoch für sein Alter vollkommen unauffällig entwickele.« Diese Aussage fanden Jörgs Eltern auch von ihrer Kinderärztin bestätigt. Sie versicherte ihnen, dass 15 bis 20 Minuten stille, konzentrierte Beschäftigung für viele Fünfjährige eine Herausforderung darstelle.

Konzentration kann man lernen

Kinderärztin und Erzieherinnen waren übereinstimmend der Meinung, dass Jörg viel Bewegung brauche und sich vielleicht auch aufgrund von Bewegungsmangel manchmal schlecht konzentrieren könne. Zudem merkten alle an, dass Jörg sehr leicht abzulenken sei.

Die Eltern zogen Konsequenzen. Heute bieten sie Jörg immer eine Bewegungsalternative, wenn er bei einer ruhigen Tätigkeit nicht die rechte Ausdauer findet. »Wir haben ein Zimmertrampolin angeschafft, auf dem er sich austoben kann«, berichtet der Vater. »Manchmal hilft es schon, ihn ein paar Minuten springen zu lassen, und kurze Zeit später klappt es mit dem Puzzle. Auch achten wir darauf, Ablenkungen zu vermeiden, wenn er malen oder eine andere Tätigkeit ausüben möchte, bei der er die Aufmerksamkeit steuern muss. So liegen dann auf dem Tisch nur die Dinge, die er für sein Vorhaben braucht, alles andere wird weggeräumt. Außerdem haben wir alle gelernt, dass sich der Junge leichter in eine Tätigkeit vertieft, wenn man sie gemeinsam mit ihm beginnt. Offensichtlich findet er durch die gemeinsame Konzentration besser zur aufmerksamen Ruhe und Ausdauer.« Die Maßnahmen zeigen erste Erfolge. Jörg fällt es mittlerweile leichter, bei einer Sache zu bleiben, und er lässt sich nun weniger ablenken. Doch beim Spiel mit den anderen Kindern gelingt ihm dies noch immer viel besser als bei Tätigkeiten, die er allein und still sitzend ausübt. Ganz normal für einen Sechsjährigen!

Konzentrationsfähigkeit zählt zu den entscheidenden Voraussetzungen für einen erfolgreichen Schulstart. Treten hier ernste Probleme auf, sollten sich Eltern unbedingt professionelle Hilfe suchen.

Das sechste und siebte Lebensjahr

Wachsende naturkundliche Kenntnisse

Im sechsten und siebten Lebensjahr haben Kinder schon eine grundlegende Vorstellung über die Natur, die sie in ihrem Lebensraum erfahren. Dieses naturkundliche (Erfahrungs-)Wissen wird stetig größer und mehr und mehr durch abstrakte Fakten angereichert. Auf diese Weise erweiterte sich das Verständnis für einfache physikalische Zusammenhänge in den letzten Jahren. So sind die Jungen und Mädchen damit vertraut, dass Wasser flüssig und im gefrorenen Zustand, als Eis, fest ist. Auch überblicken sie, dass der Regen in der Kälte des Winters zu Schnee wird und beides aus Wolken fällt. Sie haben die ersten Erfahrungen mit offenem Feuer gemacht, das sie zum Beispiel als Kerzenflamme oder möglicherweise als großes Lagerfeuer kennengelernt haben. Sie wissen zudem aus Erfahrung, dass nicht nur Maschinen wie Flugzeuge und Hubschrauber, sondern auch mit Luft gefüllte Dinge wie Ballons sowie leichte Drachen fliegen und vom Wind bewegt werden können.

Fünf- und Sechsjährige sind überdies damit vertraut, dass es Lebewesen und unbelebte Dinge gibt, doch vor allem den Jüngeren in dieser Altersstufe fällt es oft noch schwer zu begreifen, dass Pflanzen lebendig sind, obwohl sie sich nicht selbst bewegen. Das Verständnis hierfür wächst jedoch mit zunehmendem Wissen. Sobald Kinder lernen, dass Pflanzen aus einem Samen wachsen und solche Samen in den Früchten zu finden sind, dass sie wie andere Lebewesen Wasser und Nahrung brauchen und sogar Wunden haben können, wird ihnen der Gedanke vertrauter, dass Bäume, Blumen und Sträucher leben.

Was kommt auf den Teller?

Fünf- und Sechsjährige wissen darüber hinaus bereits gut über ihre tägliche Nahrung Bescheid. Sie kennen eine ganze Reihe von Lebensmitteln und wissen häufig schon, woraus sie bestehen oder woher sie kommen: Obst wächst an verschiedenen Pflanzen, zum Beispiel Äpfel an Bäumen und Himbeeren an Sträuchern, und Erdbeerpflanzen sind vielen aus dem Garten oder von Plantagen vertraut. Auch ist ihnen oft bekannt, dass die Körner für das Müsli aus Getreide sind und Pommes frites aus geschnittenen Kartoffeln gemacht werden. Zudem sind sogar Stadtkinder nicht selten darüber im Bilde, dass die Milch von der Kuh und das Ei vom Huhn kommt.

Spielerisch die Welt erkunden: Mit Schnee kann man so viel machen. Wenn man ihn allerdings zu lange in der Hand hält, wird er wieder zu Wasser.

INFO

Mini-Biotop

Naturkunde lässt sich auf kleinstem Raum bewerkstelligen. Wenn Sie keinen eigenen Garten oder Balkon besitzen, kann Ihr Kind Sonnenblumen, Bohnen oder Kräuter auf der Fensterbank ziehen. Das Wunder des (Pflanzen-)Lebens wird ihm so bewusst.

Die kognitive Entwicklung im sechsten und siebten Lebensjahr

Lernen begreifen

Wissen wird aufeinander aufbauend und im Lauf der Zeit erworben. Für Erwachsene erscheint dieses grundlegende Konzept des Lernens einfach, Kinder begreifen es jedoch erst nach und nach. Bemerkenswerterweise gelingt es ihnen oft nicht vor dem sechsten Lebensjahr, in bestimmten Situationen zwischen ihrem Vorwissen und neu gelernten Fakten zu unterscheiden. Dies liegt auch daran, dass sie sich häufig erst in diesem Alter Begebenheiten zuverlässig im richtigen Zeitverlauf merken können.

Im Laufe des siebten Lebensjahres bereitet Kindern das Verständnis für Lernvorgänge weniger Probleme. Zudem verstehen sie jetzt, dass man Wissen auf verschiedene Weisen erwerben kann, sei es durch eigene Erfahrungen, im Gespräch mit anderen oder über Medien wie Bücher und Fernsehen.

TIPP

Helfende Hinweise

Fünf- und Sechsjährige brauchen die Unterstützung Erwachsener, um ihre Fähigkeit zum analogen Denken zu vertiefen. Diese können Sie fördern, indem Sie Ihr Kind auf Ähnlichkeiten bei Lebewesen und Dingen hinweisen und es mit Oberbegriffen wie »Lebewesen«, »Gemüse« oder »Werkzeug« vertraut machen.

Analoges Denken

Vor allem im siebten Lebensjahr wird den Jungen und Mädchen darüber hinaus bewusst, dass Wissen durch eigene Schlussfolgerungen erweitert werden kann. Denn Fünf- und Sechsjährigen gelingt es immer besser, die Elemente ihres Wissens- und Erfahrungsschatzes miteinander zu verbinden und analog auf immer wieder neue Situationen anzuwenden. Kindern leuchtet es deshalb nun beispielsweise schon ein, dass Federn für Vögel den gleichen Zweck erfüllen wie das Fell für Säugetiere, und sie schließen vielleicht daraus, dass beides der Kleidung des Menschen entspricht.

Die wachsende Verschiebung der Strategie hin zum analogen Denken zeigt sich auch in Konstruktions- und gestaltenden Spielen, in denen die Kinder gleiche Techniken, Materialien und Werkzeuge in unterschiedlichen Situationen verwenden oder im Gegenzug Verschiedenes in gleichen Situationen einsetzen. So lenken sie zum Beispiel mit demselben Trichter Wasser über die Sandburg sowie glitzernde Steinchen auf eine Bastelei oder verwenden die gleichen Stoffbahnen, um sich zu verkleiden oder eine Höhle zu bauen.

Schlüsse ziehen und Regeln entdecken

Fünf- und Sechsjährige können aufgrund ihrer vielfältigen Beobachtungen und ihres Wissens allgemeine Schlüsse ziehen sowie allgemeine Aussagen auf Einzelfälle umsetzen. So haben alle Hunde, die sie aus eigener Erfahrung kennen, ein Fell und bellen. Aus diesem Wissen können die Kinder nun bereits bewusst schließen, dass diese Charakteristika nicht nur bei den ihnen bekannten, sondern bei allen Hunden vorhanden sind. Sie leiten aus besonderen Einzelfällen eine allgemeine Regel ab.

Im Gegenzug schließen sie auch schon vom Allgemeinen auf das Besondere. In dieser Altersstufe wissen Jungen und Mädchen üblicherweise, dass Schnee nur fällt, wenn es kalt ist. Sehen Kinder auf einer Fotografie einen Schneemann, können sie aufgrund ihres Vorwissens folgern, dass das Bild wahrscheinlich im Winter aufgenommen wurde, nämlich, als es kalt war.

INFO

Logisch, aber falsch

Fünf- und Sechsjährige ziehen nicht immer die richtigen Schlüsse, denn sicher gibt es zum Beispiel auch Hunde, die nicht bellen. Wichtig ist jedoch, dass sie beginnen, problemlösend zu denken.

Das sechste und siebte Lebensjahr

»Jetzt sind wir schon ganz nah bei Oma«: Im sechsten und siebten Lebensjahr können sich Kinder zunehmend besser in ihrer Umwelt orientieren.

Den Mengenbegriff verstehen

Vor allem im siebten Lebensjahr beginnen Kinder ein realistisches Verständnis für Mengen zu entwickeln. Dies lässt sich an einem berühmten Test gut nachvollziehen. Befüllt man zwei identische Gläser gleich hoch mit Saft, so verstehen Vorschulkinder, dass sich in beiden Gefäßen die gleiche Menge an Flüssigkeit befindet. Schüttet man nun den Inhalt eines Glases vor ihren Augen in ein anderes, schmaleres Gefäß, können viele Fünfjährige nicht nachvollziehen, dass sich darin die gleiche Menge befindet wie in dem ersten Glas, obwohl sie gesehen haben, dass weder Saft hinzugegeben noch etwas weggeschüttet wurde. So vermuten die einen, dass die Menge im zweiten Glas größer ist, weil der Saftpegel nun höher steht. Andere wiederum gehen davon aus, dass sich die Menge verringert hat, weil das zweite Glas schmaler als das erste ist. Die beiden Aspekte Höhe und Umfang können sie noch nicht gleichzeitig in ihre Überlegungen einbeziehen, Sechsjährige sind dazu jedoch schon gut in der Lage. Ihnen ist deshalb eher klar als Fünfjährigen, dass Mengen in unterschiedlichen Formen und Anordnungen gleich bleiben, solange man nicht die Anzahl der dazugehörigen Objekte ändert. Dieses Verständnis der »Mengeninvarianz« ist eine wichtige Voraussetzung, um rechnen zu lernen!

Mengen und Zahlen

Fünf- und Sechsjährige besitzen weitere mathematische Grundkenntnisse. So wissen sie aus ihren Alltagserfahrungen, dass man mit Zahlen Anzahlen, also den Umfang einer Menge, angibt, beispielsweise drei Stifte oder sieben Kaugummis. Darüber

 TIPP

Üben Sie den Schulweg

Kinder sind im Straßenverkehr erheblichen Gefahren ausgesetzt. Finden Sie deshalb schon vor Schulbeginn gemeinsam mit dem ABC-Schützen die sicherste Strecke zur Schule heraus, und erklären Sie ihm genau, warum er aus Sicherheitsgründen eventuell einen Umweg gehen muss. Üben Sie den besten Schulweg bereits einige Wochen vor Schulbeginn sorgfältig mit Ihrem Sohn oder Ihrer Tochter ein und machen Sie ihn oder sie dabei immer wieder auf Gefahren aufmerksam. So vorbereitet, kann Ihr Kind nach einiger Zeit auch ohne Ihre Begleitung zur Schule gehen.

Die kognitive Entwicklung im sechsten und siebten Lebensjahr

hinaus können sie (in diesem Alter meist schon über die Zehn hinaus) zählen. Und sie verstehen, dass die bezeichneten Mengen mit jeder Zahl in der Reihe immer größer werden: Eine Maus ist weniger als zwei Mäuse, diese sind wiederum weniger als drei Mäuse. Auf der Basis dieses Wissens gelingen ihnen im Verlauf dieser Altersstufe deshalb schon kleine Additionen.

Raum und Zeit

Kinder können sich nun außerdem Räume, in denen sie sich nicht aufhalten, immer besser vorstellen. Diese gesteigerte Vorstellungskraft trägt dazu bei, dass sie jetzt langsam lernen, verschiedene Perspektiven zu übernehmen. Was Fünfjährige oft noch schwer begreifen, verstehen Sechsjährige meist schon gut. Je nachdem, wo man sich in einem Raum befindet, sieht er anders aus. Steht der Schrank von der Türe aus gesehen an der linken Wand, befindet er sich vom Fenster aus gesehen an der rechten Wand. Und somit präsentiert sich der Raum Melanie, die an der mir gegenüberliegenden Wand steht, anders als mir.

Auch dank ihres meist strukturierten Tagesablaufs haben Fünf- und Sechsjährige schon ein gewisses Gefühl für Zeitintervalle erworben. Darüber hinaus wird ihnen auf einer sehr grundlegenden Ebene stetig bewusster, dass Zeit, Entfernung und Geschwindigkeit zusammenhängen. Sie können nun nachvollziehen, dass ein schnelles Tier wie ein Gepard für eine gewisse Strecke weniger Zeit braucht als eine Schnecke oder umgekehrt beide Tiere in der gleichen Zeit eine unterschiedlich lange Strecke zurücklegen. Sie sind jedoch in der Regel überfordert, wenn sie sich komplexere Situationen in diesem Zusammenhang vorstellen sollen.

> **INFO**
>
> **Handarbeit**
>
> Die ersten »Rechenmaschinen« sind für Kinder die eigenen Finger. An ihnen können sie das Ergebnis von Additionen abzählen.

Das Gefühl für Zeitintervalle lässt sich durch rhythmische Musikinstrumente fördern.

Das sechste und siebte Lebensjahr

Checkpoint: Die kognitive Entwicklung im sechsten und siebten Lebensjahr

Kinder machen in diesem Alter oft ganz erstaunliche Fortschritte im geistigen Bereich und am Ende dieser Entwicklungsphase sind die meisten bereit und fähig, in die Schule zu gehen. Die folgenden Fragen können einen Anhaltspunkt dafür bieten, ob sich Ihr Kind unauffällig entwickelt. Dies ist wahrscheinlich der Fall, wenn die Antworten meist positiv ausfallen.

Konzentrationsfähigkeit und Gedächtnis

- Hört Ihr Kind zu, wenn Sie ihm eine Geschichte vorlesen oder ihm etwas erklären?
- Betrachtet es mit Ausdauer Bilderbücher und entdeckt es auf den Abbildungen auch kleine Details?
- Merkt es sich mehrere Dinge, zum Beispiel Zahlen, Wörter oder eine Bilderfolge, über einen kurzen Zeitraum?
- Macht es gerne Puzzles oder spielt es gerne Memory?
- Bringt es ein angefangenes Puzzle oder ein Bild (grundsätzlich und auch nach einer Unterbrechung) zu Ende?

Lernverhalten

- Lässt sich Ihr Kind bei Problemen, etwa beim Basteln oder beim Anziehen, helfen?
- Geht es auf Anregungen der Umwelt ein?
- Entwickelt es eine eigene Motivation, um zum Beispiel beim Werken oder beim Sport ein Ziel zu erreichen?
- Lässt es sich von kleinen Misserfolgen nicht entmutigen?
- Ist Ihr Kind gespannt auf die Schule?
- Mag es gerne Neues lernen oder zeigt es sich desinteressiert?
- Findet Ihr Kind Gefallen an Buchstaben, Zahlen und Texten?

Aufgabenverständnis

- Antwortet Ihr Kind auf Fragen richtig und genau?
- Versteht es, wenn man ihm eine alltägliche Begebenheit in einer seinem Alter angemessenen Sprache erzählt?
- Führt Ihr Kind altersgemäße Aufforderungen aus?

»Ich kann schon bis zehn zählen, manchmal nehme ich aber die Finger zu Hilfe, wenn die Aufgabe zu schwierig wird.«

Die kognitive Entwicklung im sechsten und siebten Lebensjahr

Mathematisches Grundverständnis

- Kann Ihr Kind Dinge nach verschiedenen Eigenschaften sortieren?
- Ist Ihr Kind in der Lage, bis zehn zu zählen?
- Kennt es den Würfel und kann es damit spielen?
- Erkennt und unterscheidet es einfache Formen wie Dreieck und Viereck?

Raum- und Zeitverständnis

- Hat Ihr Kind schon ein Gefühl dafür, welche Gegebenheiten und Tätigkeiten länger beziehungsweise kürzer dauern?
- Setzt es die Zeitadverbien »vorher« und »nachher« richtig ein?
- Erzählt es Erlebnisse in zeitlich logischer Reihenfolge?
- Kann Ihr Kind schon rechts und links auseinanderhalten?
- Kann es sein Zimmer beschreiben, auch wenn es sich nicht darin aufhält?

Allgemeinwissen

- Kennt Ihr Kind alle wichtigen Farben und kann es sie bezeichnen?
- Kann Ihr Kind die Frage nach seiner Adresse beantworten?
- Kennt es ein paar Naturphänomene und kann es sie einigermaßen treffend beschreiben (zum Beispiel Regen, Schnee und Wind, Tag und Nacht, Feuer)?
- Sind ihm die Namen von einigen Tieren und Pflanzen bekannt?
- Weiß es, woraus manche Lebensmittel gefertigt werden?

> **TIPP**
>
> **Kochkenntnisse**
>
> Um das Alltagswissen Ihres Kindes zu erweitern, können Sie beim Kochen ganz nebenbei in einem Frage-und-Antwort-Spiel erläutern, wie einzelne Zutaten heißen und woher sie kommen.

»Warum zeigt die Karte unsere Wanderroute? Die sieht doch ganz anders aus!« Die Kinder ahnen zwar schon, was es mit der Landkarte auf sich hat, es dauert aber noch, bis sie die Darstellungsform wirklich begreifen.

Das sechste und siebte Lebensjahr

Im Kindergarten erlernen die Kleinen den Umgang mit Gleichaltrigen so weit, dass auch in sozialer Hinsicht der Einstieg in das Schulleben ohne größere Probleme gelingen kann.

Die Entwicklung sozialer Beziehungen im sechsten und siebten Lebensjahr

Die sozialen Fähigkeiten der Kinder bilden sich stetig weiter aus. Ihr Verständnis für Regeln, ihre Selbstständigkeit, aber auch ihr Selbstbewusstsein und ihre Fähigkeit, Emotionen zu regulieren, wachsen nun so weit an, dass sie in großen Gruppen gut zurechtkommen können. In sozialer Hinsicht steht deshalb spätestens im siebten Lebensjahr in der Regel einem gelungenen Einstieg in die Schulklasse nichts mehr im Wege.

Neue Menschen, neue Regeln, neue Ansprüche

Mit dem ersten Schultag verändern sich der Alltag der Kinder und ihr soziales Umfeld grundlegend. Im schulischen Leben werden vielfältige Forderungen an sie gestellt, die nicht nur ihre kognitiven, sondern auch ihre sozialen Fähigkeiten in hohem Maße betreffen. Ganz allgemein wird von ihnen jetzt verlangt, dass sie das Lernen und Arbeiten innerhalb einer großen Gruppe Gleichaltriger gut bewältigen können. Die Kinder müssen deshalb in der Lage sein, sich in einen Klassenverband mit bis zu dreißig Kindern einzugliedern und sich in dieser Gemeinschaft zu behaupten. Da die Schule meist eine weitaus weniger behütende Umgebung als der bislang gewohnte

Die Entwicklung sozialer Beziehungen im sechsten und siebten Lebensjahr

Kindergarten bietet, stellt dies für die Jungen und Mädchen eine anspruchsvolle und bisweilen anstrengende Aufgabe dar, die Selbstvertrauen, ein stabiles Selbstbewusstsein und weitreichende Sozialkompetenzen erfordert.

Soziale Fähigkeiten sind überdies gefragt, wenn es darum geht, erfolgreich und mit Freude am Unterricht teilzunehmen. Hier kommt dem Bewusstsein für Regeln und dem Willen, sich daran zu halten, ebenso große Bedeutung zu wie der Fähigkeit, die eigenen Bedürfnisse zugunsten der Gemeinschaft zurücknehmen zu können. Zudem sind eine gewisse Selbstständigkeit sowie ein kompetenter Umgang mit Anerkennung und kleinen Niederlagen für Schulkinder wichtige Lernvoraussetzungen.

Wachsende Eigenverantwortlichkeit

Schulanfänger stehen am Anfang eines neuen Lebensabschnitts, der für sie einen weiteren Schritt in die Selbstständigkeit bedeutet. Die Kinder müssen nun lernen, jeden Tag ihre Bücher, Hefte und Unterrichtsmaterialien in den Schulranzen zu packen und sich darum zu kümmern, dass diese vollständig sind. Es wird von ihnen verlangt, dass sie Arbeitsaufträge ohne Hilfe eigenständig umsetzen, ihre Hausaufgaben selbstverständlich und vollständig erledigen, aber zum Beispiel auch an das Geld für den Klassenausflug oder die Unterschrift unter dem Elternbrief denken. Spätestens im siebten Lebensjahr können viele Kinder schon die für die Schule erforderliche Selbstständigkeit aufbringen, dennoch brauchen sie üblicherweise noch weit über die ersten Monate des Schulbesuchs hinaus die Unterstützung der Eltern und Lehrer, um den vielfältigen neuen Anforderungen gerecht zu werden.

»Alles dabei! Ich bin schon so groß, dass ich ohne Mamas Hilfe meine Schulsachen zusammenpacken kann.«

 TIPP

Zur Selbstständigkeit erziehen

Kinder lernen Eigenverantwortlichkeit, indem man ihnen Freiräume für Entscheidungen zubilligt und ihnen etwas zutraut. In der Regel sehen sie darin eine Bestätigung ihrer Handlungskompetenz und gewinnen dadurch an Selbstvertrauen. Dieses Vertrauen in die Fertigkeiten eines Kindes sollte sich jedoch nicht nur auf angenehme Tätigkeiten beziehen. Zur Selbstständigkeitserziehung zählt auch, dass Jungen und Mädchen lernen, die eigenen Handlungen zu organisieren. Was brauche ich, wenn ich auf den Spielplatz gehe? Was möchte ich mitnehmen, wenn ich heute bei der Oma übernachte? Schon Fünfjährige sind mit Unterstützung gut in der Lage, solche Vorbereitungen durchzuführen und in gewissem Maß Entscheidungen für sich selbst zu treffen. Dazu gehört, dass man Kinder in diesem Alter auch mit den Konsequenzen ihres selbstständigen Handelns vertraut macht. Wer sein Lieblingskuscheltier zu Hause vergisst, obwohl er daran erinnert wurde, es einzupacken, muss bei der Großmutter mit einem Ersatz vorliebnehmen. Zur Selbstständigkeitserziehung gehört es außerdem, gewisse Ordnungen einzuhalten. Wenn Kinder beispielsweise bereits gelernt haben, Stifte und Papier nach dem Malen sowie Schere und Kleber nach dem Basteln wieder an den dafür bestimmten Platz zu räumen, wird es ihnen später leichter fallen, ihre Unterlagen für die Schule selbstständig zusammenzustellen.

Das sechste und siebte Lebensjahr

Kinder müssen erst lernen, dass sie sich auch bei ihren Äußerungen an Regeln halten müssen.

Dass man nur mit vereinten Kräften Erfolg hat, ist eine wichtige Erfahrung.

Regeln gelten für alle

Mit festen Grundsätzen sind Fünf- und Sechsjährige durch ihre vielfältigen Erfahrungen, die sie beim Spielen, in der Familie und in der Kindertagesstätte gemacht haben, bereits vertraut. Meist ist bei Kindern dieser Altersgruppe das Verständnis für Regeln so weit gediehen, dass sie spätestens im siebten Lebensjahr auch die Vorschriften in der Schule begreifen und verinnerlichen können. Hierbei kommt ihnen zugute, dass sie es nun schon besser verstehen, die Befriedigung ihrer spontanen Bedürfnisse aufzuschieben und ihre Emotionen zu regulieren. Zwar fällt ihnen das schwer und gelingt nicht immer auf Anhieb, aber Fünf- und Sechsjährige sind dennoch zunehmend in der Lage, zum Beispiel nicht zu essen, obwohl sie gerade Lust auf ihr Pausenbrot haben, auf ihrem Stuhl sitzen zu bleiben, obwohl sie herumtoben möchten, oder still zuzuhören, obwohl sie viel lieber mit der Banknachbarin schwätzen würden.

Einfügen in eine Gruppe

Die Verinnerlichung von Regeln und Normen sowie die zunehmende Emotions- und Bedürfniskontrolle spielen eine wichtige Rolle für das Bestehen in der Gruppe. In diesem Alter haben Jungen und Mädchen schon eine Vorstellung darüber entwickelt, wie man sich in der Gemeinschaft benehmen sollte, und sie versuchen ihr Verhalten danach auszurichten. So ist ihnen bereits bewusst, dass man manchmal die eigenen Wünsche zugunsten der Ziele der Gruppe zurückstecken muss, und sie kennen den Unterschied zwischen Mein und Dein. Wer sich im Gruppengespräch nicht an die Regeln hält und beispielsweise andere nicht zum Zug kommen lässt, weil er stets die Antwort auf eine Frage verkündet, obwohl er nicht aufgerufen wurde, wird deshalb über kurz oder lang in der Gemeinschaft keine Anerkennung finden.

Im Gegenzug brauchen Kinder jedoch auch ein gewisses Selbstbewusstsein sowie eine gehörige Portion Durchsetzungsvermögen, um in einer Gruppe bestehen zu können. Fünf- und Sechsjährigen fällt dieser Balanceakt zwischen Eigen- und Gruppeninteresse nun leichter, weil sie immer differenzierter die Motive, Bedürfnisse und Ziele anderer Personen erkennen und in ihr Handeln einbeziehen können.

Die Entwicklung sozialer Beziehungen im sechsten und siebten Lebensjahr

Kooperieren lernen

Die wachsenden Fähigkeiten im sozialen Bereich kommen den Kindern später im schulischen Bereich zugute, wo von den Schülern erwartet wird, dass sie in der Lage sind, gemeinsam mit anderen an Aufgaben zu arbeiten. Auch hierbei ist es wichtig, die Wünsche und Vorstellungen der anderen zu berücksichtigen, aber dennoch die eigenen Ideen einzubringen und mit einer gewissen Beharrlichkeit zu vertreten. Diese Fähigkeit können bereits Fünfjährige in Rollenspielen oder im Rahmen von Projekten in der Kindertagesstätte üben.

Konflikte führen können

»War es Absicht oder Versehen, dass Paulina meinen Stift zerbrochen hat?« Fünfjährige verstehen es laufend besser, die Beweggründe im Handeln ihrer Mitmenschen zu erfassen und es danach zu beurteilen. Auch leuchtet es ihnen nun ein, dass Dinge zufällig geschehen können. Bei Sechsjährigen geht dieses Verständnis meist noch tiefer. Sie können bereits die weitere Situation und den Wissensstand einer Person bei einer Handlung in ihre Beurteilung einfließen lassen. »Wenn Valentina nicht im Zimmer war, als wir die Spielregeln änderten, so kann sie auch nicht wissen, dass man nun immer zweimal beim Brettspiel würfeln darf.« Solche Überlegungen fallen ihnen zunehmend leichter und beeinflussen mehr und mehr ihr eigenes Handeln. Aufgrund dieser erweiterten Fähigkeit zur Perspektivübernahme gelingt es Kindern im sechsten und siebten Lebensjahr immer besser, sich nicht nur in eine Gruppe einzugliedern und zu kooperieren, sondern auch konfliktfähig zu handeln.

»Vielleicht bin ich wirklich gemein gewesen?« Fünf- und Sechsjährige lösen Konflikte nun besser untereinander, weil sie zunehmend auch ihr eigenes Handeln reflektieren und kritisch beurteilen können. Je nach Persönlichkeit fällt dies ebenso leicht oder schwer, wie in Streitsituationen den eigenen Standpunkt mit einem gewissen Selbstbewusstsein zu vertreten und zu behaupten. Diese Fähigkeit müssen sie genauso schulen wie die, ihre Emotionen zu regulieren und in Konflikten nicht von ihren eigenen Aggressionen mitgerissen zu werden. Dank ihrer gesamtpersönlichen Entwicklung sind Fünf- und Sechsjährige jedoch meist in der Lage, Konflikte im Sinne einer erstrebenswerten Streitkultur sprachlich zu lösen und sich danach wieder zu versöhnen.

Jetzt ist es hilfreich, wenn von außen eingegriffen und die Auseinandersetzung auf eine Diskussion zurückgeführt wird.

INFO

Allein und doch sozial

Je nach Temperament und Charakter sind manche Kinder eher gruppenorientiert und bevorzugen das Spiel in der Gemeinschaft, andere wiederum beschäftigen sich gerne stillvergnügt alleine. Dennoch sind auch diese Kinder bei Bedarf meist gut in der Lage, an Gruppenaktivitäten teilzunehmen und zu kooperieren.

Das sechste und siebte Lebensjahr

Checkpoint: Die sozialen Beziehungen im sechsten und siebten Lebensjahr

Um den Alltag in der Schule gut zu bewältigen, müssen Kinder über weitreichende Sozialkompetenzen verfügen. Die aufgelisteten Stichpunkte bieten eine Orientierung, ob ein Kind aufgrund seiner sozialen Entwicklung schon bereit und fähig ist, in die Schule zu gehen. Dies ist wahrscheinlich der Fall, wenn Sie die Mehrzahl der Fragen positiv beantworten können.

Allgemeines Verhalten

- Ist Ihr Kind selbstbewusst und nicht auffällig schüchtern?
- Kann es sich auf ungewohnte Situationen einstellen und reagiert nicht mit unangemessener Ängstlichkeit?
- Übernimmt Ihr Kind auch unangenehme Aufgaben und kommt es entsprechenden Aufforderungen nach?
- Reguliert es seine Emotionen so weit, dass es nicht auffällig launenhaft ist?
- Trennt es sich in der Regel problemlos für längere Zeit von Bezugspersonen?

Verhalten in der Gruppe

- Geht Ihr Kind gerne in den Kindergarten und sträubt sich nicht?
- Ist es in die Kindergartengruppe integriert und kommt gut mit den anderen aus?
- Fordert Ihr Kind andere Kinder zum Spielen und gemeinsamen Aktivitäten auf?

> **TIPP**
>
> **Spielerische Auseinandersetzung**
>
> Wie man Konflikte löst, lernen Kinder auch anhand von Bilderbüchern, die die Ursachen und Folgen aggressiven Verhaltens verständlich vor Augen führen und beispielhaft zeigen, wie Meinungsverschiedenheiten friedlich beigelegt werden können.

Wir halten zusammen! Die erste Clique spielt für die Persönlichkeitsentwicklung eine wichtige Rolle: Integration, aber auch Abgrenzung nach außen werden nun intensiv erlebt.

Die Entwicklung sozialer Beziehungen im sechsten und siebten Lebensjahr

- Lässt es andere Jungen und Mädchen mitspielen?
- Kann es andere Kinder bitten, mitspielen zu dürfen?
- Hat Ihr Kind einen oder mehrere Freunde?
- Ist es in der Lage zu teilen und abzugeben?
- Bittet es andere Kinder um ihre Spielsachen und nimmt es sie nicht einfach weg, wenn es damit spielen will?
- Hilft Ihr Kind anderen Jungen und Mädchen?
- Beteiligt es sich an Gruppenspielen?
- Nimmt es an Regelspielen teil?
- Hält Ihr Kind allgemeine Regeln ein?
- Versteht es in Gruppensituationen die Interessen anderer?
- Vertritt es in Gruppensituationen die eigenen Interessen?
- Wartet es in bestimmten Situationen ab, bis seine Wünsche und Bedürfnisse erfüllt werden?
- Plant Ihr Kind in längeren Rollenspielen den Spielverlauf zusammen mit anderen Kindern?
- Hält es sich an Abmachungen?

Selbstständig sein

- Hat Ihr Kind genügend Selbstvertrauen?
- Versucht es schon, Probleme aktiv zu lösen?
- Räumt es bereits bis zu einem gewissen Grad auf?
- Bestimmt es selbst Dinge, die es in den Kindergarten mitnehmen möchte, um dort damit zu spielen?
- Kann Ihr Kind mit den Konsequenzen seiner Handlungen umgehen?
- Spielt es für eine bestimmte, längere Zeit alleine?
- Findet es selbstständig in intensive Beschäftigungen?
- Ist Ihr Kind neugierig auf die Schule?

Konflikte aushalten und lösen können

- Legt Ihr Kind keine auffällige Aggressivität an den Tag?
- Streitet es sich nicht auffallend oft mit anderen Kindern?
- Kann es die eigenen Gefühle ausdrücken?
- Versteht es in Streitsituationen den Standpunkt und die Gefühle anderer?
- Kann Ihr Kind in Konflikten die Schuld auch bei sich sehen?
- Versteht es in Konflikten die eigene Meinung zu vertreten?
- Löst es Konflikte auf sprachlicher Ebene?
- Geht Ihr Kind Kompromisse ein und hält es sich auch daran?
- Kann es sich nach einem Streit mit anderen Kindern wieder versöhnen?

Im gemeinsamen Spiel erwerben Kinder entscheidende soziale Kompetenzen wie Kooperationsfähigkeit, Rücksicht und Verbindlichkeit.

Das sechste und siebte Lebensjahr

»Wir sind jetzt schon so groß und stark, dass wir in die Schule kommen!«

TIPP

Schmerzhafte Veränderung

In Phasen starken Wachstums treten bei manchen Kindern nachts Schmerzen an Armen und Füßen, an den Ober- und Unterschenkeln sowie im Bereich der Knie- und Fußgelenke auf. Sie können durch Massieren mit einer Salbe, Wärme, Hochlagern des Beines oder leichte Gymnastik (»Radfahren«) gemildert werden.

Die motorische Entwicklung im sechsten und siebten Lebensjahr

In diesem Alter verändert sich der Körper augenfällig. Obwohl diese Wachstumsperiode sehr anstrengend sein kann, werden die Kinder insgesamt nun leistungsfähiger. Sowohl im grob- als auch im feinmotorischen Bereich nehmen Koordinationsfähigkeit und Geschicklichkeit der Bewegungen noch einmal erheblich zu. Bis zum siebten Geburtstag sind die meisten Jungen und Mädchen aufgrund ihrer körperlichen und motorischen Entwicklung fähig, den auch physisch fordernden Schulalltag zu bewältigen.

Deutlicher Gestaltwandel

Im sechsten und siebten Lebensjahr verändert sich der Körper von Kindern in der Regel besonders auffällig. Die meisten Jungen und Mädchen erleben in dieser Zeit des ersten Gestaltwandels einen regelrechten Wachstumsschub. Der ganze Körper streckt sich, der Hals wird länger und die Schultern treten deutlicher hervor. Der Rumpf wird insgesamt schlanker und langsam bildet sich eine Taille aus, Hüften und Brust verbreitern sich im Gegenzug etwas. Die Körpermitte verlegt sich im siebten Lebensjahr langsam unter den Bauchnabel. Auch die Arme und Beine werden schlaksiger und muskulöser, mit klar abgezeichneten Gelenken. Im Verhältnis zum Rumpf wirken sie nun erheblich länger.

Die motorische Entwicklung im sechsten und siebten Lebensjahr

Der Kopf wächst in dieser Phase nur noch wenig und auch das Gehirn vergrößert sich langsamer. Im siebten Lebensjahr hat es üblicherweise bereits rund neunzig Prozent seines endgültigen Gewichts erreicht. Insgesamt verändern sich die Proportionen zugunsten von Rumpf und Beinen, so dass der gesamte Körper nun immer weniger »kopflastig« erscheint.

Gesicht und Zähne

Nicht nur die Körper-, auch die Gesichtsproportionen verschieben sich im Zuge des Gestaltwandels. Die Nase, Mund- und Kinnpartie werden nun prägnanter, die obere Gesichtshälfte wächst hingegen langsamer und insgesamt prägen sich die Gesichtszüge weiter aus. Zudem beginnt jetzt der Zahnwechsel. Meist fallen als Erstes die Schneidezähne aus, später erst die Eck- und Backenzähne. Das Gebiss zeigt richtig bezaubernde Lücken, in die sich langsam die zweiten Zähne schieben.

Diese Phase ist für die Kinder meist sehr anstrengend. Es ist deshalb nicht ungewöhnlich, wenn sie in diesem Alter besonders krankheitsanfällig sind, leicht ermüden oder Schlafprobleme aufweisen.

Anforderungen der Schule

Die Schule verlangt eine gewisse körperliche Belastbarkeit, Ausdauer und Körperbeherrschung. Nun heißt es während der Woche spätestens um sieben Uhr aufzustehen, den trotz Mahnungen der Orthopäden üblicherweise noch immer zu schweren Schulranzen zur Schule zu tragen, den Lärmpegel in der Klasse und auf dem Pausenhof auszuhalten, stundenlang mit nur wenigen Unterbrechungen stillzusitzen, obwohl der Körper nach Bewegung drängt, zuzuhören und sich auf den Unterricht zu konzentrieren. Meist lernen Kinder im siebten Lebensjahr, diese Belastungen zu meistern und ihren Bewegungsdrang so weit zu beherrschen, dass sie eine Schulstunde gut überstehen.

Bewegung als Ausgleich

Im sechsten und siebten Lebensjahr müssen Kinder ihren starken Bewegungsdrang unbedingt ausleben. Nur so können sie die nötige körperliche Kraft und Ausdauer aufbauen sowie die Koordinationsfähigkeit und Körperbeherrschung trainieren, die von der Schule verlangt werden. Kinder, die sich in ihrem Körper wohlfühlen, besitzen zudem ein größeres Selbstvertrauen, das ihnen hilft, auch die geistigen und sozialen Anforderungen des Schulalltags besser zu meistern.

Besonders wenn ein Kind bereits zur Schule geht, braucht es die Möglichkeit zum körperlichen Ausgleich. Durch Sport

> **TIPP**
>
> **Atempause**
>
> Kann sich Ihr Kind bisweilen nur schlecht konzentrieren? Trainieren Sie gemeinsam Entspannungstechniken, die ihm helfen, Ruhe zu finden und sich wohlzufühlen. Bewährt haben sich beispielsweise Übungen, bei denen der Atem bewusst wahrgenommen wird. Diese kann Ihr Sohn oder Ihre Tochter auch problemlos in der Schule ausführen.

Mit etwa sechs Jahren hat ein Kind in der Regel die körperliche Reife für leichte Bergwanderungen erreicht.

Das sechste und siebte Lebensjahr

Kinder können schon im Alter von etwa sechs Jahren mit Geräte- und Bodenturnen beginnen: die beste motorische Schulung, die sich denken lässt.

und Bewegung vor allem im Freien profitiert das Immunsystem und wird zudem auch Haltungsschäden vorgebeugt, die laut Experten mittlerweile in alarmierendem Ausmaß schon bei den jüngsten Schulkindern auftreten. Und nicht zuletzt bietet Bewegung ein hervorragendes Ventil, um »Dampf abzulassen« und innere Spannungen zu lösen, die im Schulalltag auftreten.

Ein gutes Körpergefühl erleichtert rechnen und schreiben lernen

Im Schulalltag trägt der Gleichgewichtssinn dazu bei, dass die Kinder in der Lage sind, ihre Körperbewegungen so zu koordinieren, dass sie auf dem Stuhl sitzen bleiben und eine Schreibhaltung einnehmen. Im Zusammenspiel mit anderen Sinnessystemen unterstützt er aber auch die Ausbildung eines Raumverständnisses, das die Jungen und Mädchen bei vielen Anforderungen in der Schule brauchen. Dieses hilft beispielsweise, beim Schreiben die Zeilen einzuhalten und ähnlich aussehende Buchstaben wie »b« und »d« zu unterscheiden. Das Raumverständnis bildet außerdem eine wichtige Voraussetzung, um eine Vorstellung von Mengen, Entfernungen, Längen und Maßen zu entwickeln. Diese Fähigkeit ist für das Rechnen bedeutsam. In der Regel ist der Gleichgewichtssinn bei Fünf- bis Sechsjährigen bereits so gut ausgeprägt, dass sie ruhig stehen und sitzen, einbeinig hüpfen und auf einer Linie balancieren können. Dennoch ist es auch in diesem Alter erforderlich, den Gleichgewichtssinn weiter zu schulen. Dies kann jedoch nur ein vielfältiges Bewegungsangebot leisten.

> **TIPP**
>
> **Worauf sollte man bei der Schultasche achten?**
>
> Ein guter Schulranzen sollte möglichst leicht und dennoch stabil sein und kann nah am Körper getragen werden. Idealerweise ist er hochformatig und nicht breiter als die Schultern des Kindes. Zur rückenschonenden gleichmäßigen Gewichtsverteilung tragen körpergerechte Rückenpolster bei, zum Tragekomfort breite, gepolsterte Gurte. Wichtig ist zudem, dass der Sitz des Ranzens problemlos der Körpergröße des Kindes angepasst werden kann. Nach Expertenmeinung sollte eine volle Schultasche höchstens zehn bis zwölf Prozent des Körpergewichtes betragen. Helfen Sie deshalb Ihrem Kind, indem Sie jeden Tag den Inhalt überprüfen und nur die notwendigen Materialien einpacken.

Die motorische Entwicklung im sechsten und siebten Lebensjahr

Alles klar bei Clara

Die sechsjährige Clara sitzt stolz neben ihrer Mutter. Gerade hat sie die Einschulungsuntersuchung mit Bravour bestanden. Danach wird sie mit den Eltern in die Stadt fahren, um den heiß begehrten Schulranzen zu kaufen. Von ärztlicher Seite gibt es keine Einwände dagegen, dass Clara in wenigen Wochen zum ersten Mal in ihrem Leben zur Schule geht.

Physischer Zustand

»Körpergröße und Körpergewicht bewegen sich bei Clara im durchschnittlichen Bereich. Ihr Blutdruck ist in Ordnung und ihre körperliche Konstitution macht einen guten Eindruck, sie ist lebhaft und aufmerksam«, erläutert der Schularzt Dr. Meyer. »Die ersten Milchzähne hat sie schon verloren und der Gestaltwandel ist vollzogen. Weder der Seh- noch der Hörtest erbrachten ein auffälliges Ergebnis. Seitens ihrer körperlichen Entwicklung dürfte ihr die Einschulung keine Probleme bereiten.«

In der Einschulungsuntersuchung wird nicht nur die körperliche Entwicklung eines Kindes beurteilt, sondern auch nach einer verstärkten Anfälligkeit für Infektionskrankheiten sowie nach schweren Unfällen in der Vergangenheit gefragt.

Krankheiten, Allergien und Unfälle

»Clara hatte zwar vor zwei Jahren Windpocken und Scharlach und ist hin und wieder erkältet, doch bewegen sich diese Infektionskrankheiten im Rahmen des Üblichen. Gegen Masern, Röteln, Mumps und Keuchhusten ist sie laut Impfpass geimpft. Darüber hinaus dokumentieren auch die Ergebnisse der Vorsorgeuntersuchungen keine Entwicklungsauffälligkeiten in den ersten sechs Lebensjahren. Clara hatte außer einer leichten Gehirnerschütterung noch keine Unfallverletzungen, die eine Entwicklungsverzögerung bewirken könnten. Sie ist allergisch gegen Haselnüsse und Äpfel, doch dies stellt keine Beeinträchtigung dar«, fährt Dr. Meyer fort.

Motorische Entwicklung

»Clara bewegt sich behände, kann auf einem Bein springen und auf einer Linie sicher im Gleichgewicht schreiten. Ihre Feinmotorik ist überdurchschnittlich ausgeprägt, sie hält den Stift schon geschickt, kann sehr akkurat Muster nachmalen und die Handhabung der Schere fällt ihr leicht. Mir bleibt nichts weiter übrig, als ihr viel Glück zum anstehenden Schulstart zu wünschen«, beendet der Schularzt seine Beurteilung.

Das sechste und siebte Lebensjahr

Feine Bastelarbeiten mit Schere und Papier sind eine echte Herausforderung für Sechsjährige.

Was die Schule im feinmotorischen Bereich voraussetzt

Grundvoraussetzung für einen erfolgreichen Schulbesuch ist eine gewisse Selbstständigkeit des Kindes, die sich auch auf seine feinmotorischen Fertigkeiten bezieht. Es muss in der Lage sein, sich selbst an- und auszuziehen und eine Schleife zu binden, um sich beispielsweise für den Turnunterricht umzukleiden. Erhalten Kinder ihr Mittagessen in der Schule, ist es unabdingbar, dass sie geschickt mit Messer und Gabel umzugehen wissen. Zu den wichtigsten Lernzielen zählt für Grundschüler das Schreibenlernen. Für diese komplexe feinmotorische und Wahrnehmungsleistung müssen sie die notwendige Koordinationsfähigkeit, Fingergeschicklichkeit und Kraft in Fingern, Handgelenken und Armen mitbringen. Für Bastelarbeiten ist zudem erforderlich, dass sie mit Schere und Klebstoff sicher hantieren.

Schreiben lernen

Fünf- bis Sechsjährige können gewöhnlich schon gegenständlich, aber auch kleinteilige Muster zeichnen sowie Formen und Objekte wie beispielsweise ein Auto oder ein Haus abmalen. Sie sind jetzt geschickt im Ausmalen und fahren dabei mit dem Stift nur noch selten und in geringem Maß über den Rand. Aufgrund ihrer feinmotorischen Fähigkeiten sind sie deshalb in der Regel schon in der Lage, das Schreiben zu lernen. Doch was ist hierfür genau erforderlich?

Beim Schreibenlernen müssen Kinder vorgegebene Formen und Figuren erkennen und mit Hilfe einer gezielten, kontrollierten Bewegung auf das Papier bringen. Dazu benötigen sie eine hohe Bewegungsfertigkeit der Hände, eine gute Koordination von Auge und Hand sowie die Fähigkeit zur Bewegungsplanung. Darüber hinaus

 TIPP

Kreatives und spielerisches Schreibtraining

Schreiben erfordert hoch entwickelte feinmotorische Fertigkeiten sowie eine gute Vorstellungskraft und Bewegungsplanung. Diese Fähigkeiten können bereits frühzeitig auf spielerische Weise gefördert werden. Hierfür geeignet sind beispielsweise Bastel- und Konstruktionsspiele: Lassen Sie Ihr Kind nach Herzenslust mit Stiften, Pappe und Schere, mit Legosteinen, Kleber und Bauteilen hantieren. Besonders gezielt wird die Entwicklung der Schreibfertigkeit durch Malen und Zeichnen unterstützt, entstehen hier doch vielfältige, den Buchstaben oft ähnliche Formen.

Die motorische Entwicklung im sechsten und siebten Lebensjahr

gilt es, die richtige Sitzhaltung zu finden, die eine optimale Schreibbewegung ermöglicht. Was für Erwachsene selbstverständlich ist, müssen Fünf- und Sechsjährige erst trainieren. Im Vergleich zum Abmalen von Linien, Figuren und Gegenständen erfordert das Schreiben eine weitaus höhere Präzision, damit ein »A« auch wirklich wie ein »A« aussieht oder eine Ziffer als solche erkennbar ist. Mit der Zeit entwickeln die Schreibanfänger für jeden Buchstaben und jede Ziffer, die anfänglich noch aus einzelnen Strichen und Formen zusammengesetzt werden, automatisierte Bewegungsabläufe und die motorische Umsetzung fällt zunehmend leichter und fließender aus. Doch dafür braucht es Zeit, Geduld und reichlich Übung.

Die korrekte Stifthaltung

Das Schreiben lernt sich unter anderem leichter, wenn der Stift in der richtigen Schreibstellung zwischen Daumen, Zeige- und Mittelfinger gehalten wird. Die meisten Jungen und Mädchen meistern dies spätestens im sechsten oder siebten Lebensjahr. Diese Haltung erfordert einige Geschicklichkeit bis in die Fingerspitzen und Kraft, ermöglicht jedoch auch ein präzises Führen des Stiftes. Es erleichtert den Kindern, die Figur und Form, die sie abbilden möchten, kontrolliert und zielgenau auf dem Blatt zu platzieren. Für das Malen von Buchstaben und Ziffern, die sich nur durch kleine Details wie Punkte und kurze Linien unterscheiden, ist dies von Vorteil. Auch ermüdet die Hand auf diese Weise nicht so schnell.

Druck und Schwung

Den meisten Schulanfängern fällt es noch einige Zeit schwer, den Stift mit dem richtigen Druck anzusetzen. Wird zu viel Druck ausgeübt, ermatten die Finger- und Handgelenksmuskeln schneller, die Hand verkrampft. Es dauert einige Zeit, bis sie ihre Kraft richtig dosieren und damit flüssiger und mit weniger Ermüdungserscheinungen Buchstaben und Ziffern zeichnen können. Darüber hinaus bereitet es ihnen am Anfang auch noch Probleme, Figurelemente wie Kreise oder Wellen mit dem richtigen Schwung zu malen. Spätestens im Laufe des ersten Schuljahres gelingt dies jedoch immer besser, so dass einer erfolgreichen »Schreibkarriere« in der Regel nichts im Wege steht.

> **TIPP**
>
> **Nur nicht verkrampfen!**
>
> Zeigen Sie Ihrem Kind, wie es seine Hand durch Fingerbewegungen und Ausschütteln entspannen kann, wenn sie beim Malen oder bei Schreibübungen versteift. Das Schreibenlernen fällt so wieder ein bisschen leichter.

Es erfordert zum Beispiel erhebliche feinmotorische Fähigkeiten, um ein lebendiges Gemälde entstehen zu lassen.

Das sechste und siebte Lebensjahr

Rennen, den Ball sicher führen und Haken schlagen sind eine motorische Meisterleistung.

Checkpoint: Die motorische Entwicklung im sechsten und siebten Lebensjahr

Voraussetzung für eine erfolgreiche Teilnahme am Schulunterricht ist eine bestimmte körperliche Leistungsfähigkeit. Darüber hinaus erfordern viele Aufgabenstellungen eine ausgeprägte Feinmotorik. Die folgenden Fragen dienen als Anhaltspunkte, mit denen Sie sich ein Bild darüber machen können, ob Ihr Kind aufgrund seiner körperlichen und motorischen Entwicklung schon schulfähig ist. Dies ist wahrscheinlich der Fall, wenn die Antwort überwiegend »Ja« lautet.

Grobmotorik

- Bewegt sich Ihr Kind sicher und gewandt?
- Kann es rückwärts gehen?
- Schlägt es beim Rennen Haken?
- Ist es in der Lage, koordinierte Bewegungen wie den »Hampelmann« nachzumachen?
- Kann es von einem niedrigen Mäuerchen, Hocker oder der vorletzten Treppenstufe springen?
- Beherrscht es das Springen mit Anlauf?
- Fährt es auch in Kurven sicher Dreirad, Kettcar, Roller oder Fahrrad (mit oder ohne Stützräder)?
- Ist es in der Lage, einen mittelgroßen Ball zu fangen, den man ihm zuwirft?
- Versteht es einen Ball zu werfen?
- Steigt es Treppen und klettert auf Leitern?
- Gelingt es ihm, sicher auf einem breiten Balken zu balancieren?
- Ist Ihr Kind in der Lage, einige Sekunden auf einem Bein zu stehen?
- Kann es einige Sprünge auf einem Bein machen?

Überprüfung der feinmotorischen Fähigkeiten

- Hält Ihr Kind den Stift in Schreibhaltung mit drei Fingern?
- Beherrscht es das Schneiden entlang einer Linie mit der Schere?

Die motorische Entwicklung im sechsten und siebten Lebensjahr

- Malt es schon altersgemäß gegenständlich, beispielsweise einen Baum, ein Haus, Menschen?
- Beachtet es beim Ausmalen von Vorlagen den Rand einigermaßen und füllt es die vorgegebenen Formen?
- Malt es mit Wasserfarben?
- Zeichnet es Linien nach?
- Kann es schon ein paar Buchstaben oder Zahlen, die es erkennt, nachmalen (auch seitenverkehrt)?
- Bastelt Ihr Kind gerne?
- Formt es gerne Figuren mit Knete?
- Spielt es gerne mit Legos oder anderen Konstruktionsspielen?
- Versteht es mit Messer und Gabel zu essen?
- Kann es ohne Probleme aus einem Glas trinken?
- Zieht es sich allein an und aus?
- Ist es in der Lage, die Schnürsenkel oder eine Schleife zu binden?

Körperliche Entwicklung

- Ist Ihr Kind altersgemäß kräftig entwickelt und nicht auffällig klein und zart?
- Kann es einen gefüllten Schulranzen den gesamten Schulweg alleine tragen?
- Ist es nur im üblichen Rahmen krank und neigt nicht übermäßig zu Allergien?
- Braucht Ihr Kind keinen Mittagsschlaf mehr?
- Ist es lediglich im normalen Maß nach altersgemäßen Aktivitäten wie Schule oder Spielen erschöpft?

Folgendes sollten Sie noch vor Schulbeginn überprüfen lassen:

- Sieht mein Kind scharf oder braucht es eine Brille?
- Kann mein Kind rot und grün unterscheiden?
- Hört mein Kind gut?

> **TIPP**
>
> **Sport fördern**
>
> Fördern Sie die sportlichen Aktivitäten Ihres Kindes. Diese trainieren nicht nur die Motorik, sondern verbessern auch die kognitiven und sozialen Fähigkeiten eines Kindes.

Der Gang über die Brücke erfordert motorisches Geschick und Mut.

Das sechste und siebte Lebensjahr

Jetzt bin ich schon so groß und kann auch bereits etwas lesen, so dass ich mir die Bücher, die mich interessieren, schon selbst in der Bibliothek aussuche.

Die sprachliche Entwicklung im sechsten und siebten Lebensjahr

Bis sie eingeschult werden, haben Kinder eine erstaunliche Sprachentwicklung vollzogen. Ihr umfassender aktiver und passiver Wortschatz sowie ihre grammatischen Fähigkeiten erlauben ihnen, sich in Umgangssprache gut verständlich zu machen und mit ihrer Umwelt zu kommunizieren. Diese Fähigkeiten können die Kinder in den Erwerb der Schriftsprache einbringen.

Was die Schule verlangt

Eine wichtige Grundvoraussetzung, um in der Schule von Beginn an gut mitarbeiten zu können, ist ein angemessenes Sprachvermögen. Über den Fachbereich Deutsch hinaus basiert Unterricht in weiten Teilen auf der Fähigkeit, an der Kommunikation in der Klasse aktiv teilnehmen zu können, also in der Lage zu sein, den Klassenkameraden und Lehrern zuzuhören und eigene Gedanken und Vorstellungen mündlich, später dann auch schriftlich auszudrücken. Aus diesem Grund wird seit einigen Jahren verstärkte Aufmerksamkeit auf die sprachliche Förderung im Vorschulalter gelegt und in verschiedenen Testverfahren der Sprachstand der Kinder ein oder zwei Jahre vor ihrer Einschulung überprüft.

Die sprachliche Entwicklung im sechsten und siebten Lebensjahr

Neben passivem Sprachverständnis und aktiven Sprachfertigkeiten spielt für das Erlernen von Lesen und Schreiben aber auch das Erkennen von Lautstrukturen in der gesprochenen Sprache eine wichtige Rolle. Doch was bedeutet dies im genauen Zusammenhang?

Ausdifferenzierter passiver Wortschatz

Von Mathematik bis Sachkunde, Deutsch bis Gestalten: Der Schulalltag besteht schon für ABC-Schützen aus dem Lösen von unterschiedlichen Problem- und Aufgabenstellungen. Doch nur wer die Fragen, die an ihn gerichtet werden, und die an ihn vergebenen Aufträge gut versteht, kann sie zur Zufriedenheit beantworten beziehungsweise erfüllen. Deshalb ist ein altersgemäßer passiver Wortschatz außerordentlich wichtig, um in der Schule erfolgreich zu bestehen. Dieser kann Experten zufolge bei Kindern im sechsten und siebten Lebensjahr bereits weit über zehntausend Wörter beinhalten.

In diesem Zusammenhang sind nicht die Spezialbegriffe von Bedeutung, die sich auch im Vokabular von Sechsjährigen finden. So ist es möglich, dass Kinder in diesem Alter je nach ihren Interessen bereits viele technische Begriffe oder exotische Tiernamen (von »Automatikgetriebe« bis »Zackenbarsch«) kennen, die jedoch im schulischen Alltag (noch) keine Rolle spielen. Ausschlaggebend ist hier vielmehr, dass das passive Vokabular der Kinder ihre Alltagserfahrungen abdeckt. Der passive Wortschatz beruht auf den Vorstellungen zu den einzelnen Begriffen (siehe S. 163, innere Bilder), die ein Kind aufgrund seiner Erlebnisse in Handlungen, in sinnlichen Wahrnehmungen und in konkreten Spracherfahrungen entwickelt. Sind diese Vorstellungen gut ausgeprägt, so fällt es dem Kind leicht, etwa die gebräuchlichen Farben, verschiedene Formen und die Zahlen von eins bis zehn (oder gar noch weiter), Gemüse- und Obstsorten, vertraute Tierarten sowie Alltagsgegenstände zu benennen, und es kann nachvollziehen, worüber im Unterricht gesprochen wird. Doch auch abstrakte Begriffe wie »gut« und »böse«, »gerecht« und »gemein« gehören bereits zum kindlichen Vokabular. Besonders wichtig sind Verhältniswörter wie »in«, »auf«, »unter« sowie Zeitadverbien wie »gestern«, »heute«, »morgen«, die es den Kindern erlauben, räumliche und zeitliche Angaben und Verhältnisse zu verstehen.

TIPP

Pädagogisches Rahmenprogramm

Durch Fingerspiele, Zungenbrecher und im Besonderen durch musikalische und rhythmische Erziehung wird die Entwicklung einer ausgeprägten phonologischen Bewusstheit schon im Vorschulalter gefördert.

Erfassen von Aufgaben und Fragestellungen

Das Aufgabenverständnis erfordert jedoch nicht nur die Kenntnis einzelner Wörter. Es gebietet zudem, dass Fragen und Handlungsanweisungen begriffen werden, die in ganzen Sätzen formuliert sind. Das grammatische Verständnis der Kinder sollte also so weit fortgeschritten sein, dass sie beispielsweise Fragen wie »Wo kauft ihr das Brot ein?«, Satzreihen (»Der Hund lief auf die Wiese und grub einen Knochen aus«), verschiedene Zeiten und nicht zu komplexe Konstruktionen aus Haupt- und Nebensatz (»Die Erde ist nass, weil es geregnet hat«) verstehen, wenn das darin enthaltene Vokabular ihrer Erfahrungswelt entspricht.

Verständliche Äußerungen und angemessene Ausdrucksfähigkeit

Neben dem Erfassen des Gesprochenen spielt die Fähigkeit, Sprache angemessen einzusetzen, für den gelungenen Start ins Schulleben eine wichtige Rolle. Unter rein sprachmotorischen Aspekten steht dem jetzt nichts mehr im Wege. Das Artikulationsvermögen der Kinder ist im sechsten und siebten Lebensjahr in der Regel so weit vorangeschritten, dass sie alle Laute ihrer Erstsprache(n) aussprechen und Wörter so äußern können, dass sie von anderen verstanden werden. Viele Kinder sind bei Schuleintritt sogar schon in der Lage, schwierig zu artikulierende Zungenbrecher nachzusprechen.

Das aktive Vokabular ist in diesem Alter bereits umfangreich und umfasst durchschnittlich weit über zweitausend Wörter. Es enthält Substantive und Verben, Adjektive, Konjunktionen wie »und« oder »weil«, Präpositionen, Pronomen und Zeitadverbien, aber auch schon einige wenige abstrakte Begriffe. Ferner sind die grammatischen Fertigkeiten so weit gediehen, dass die Kinder einfache Sätze, mit »und« verbundene Satzreihen und nicht zu komplexe Konstruktionen aus Haupt- und Nebensätzen mit der richtigen Wortstellung konstruieren können. Auch die Bildung verschiedener Zeiten liegt nun im Bereich ihrer sprachlichen Fähigkeiten, darüber hinaus bereiten ihnen das Genus von Hauptwörtern sowie die Bildung von Pluralformen keine Schwierigkeiten mehr.

Die Kommunikation klappt schon hervorragend

Dank dieser sprachlichen Möglichkeiten verfügen Kinder in dieser Entwicklungsphase über ein hohes Maß an Ausdrucksfähigkeit. Zum Zeitpunkt der Einschulung sind sie in der Lage, mit anderen über sich selbst und ihre Emotionen, über ihre Erfahrungen und ihre Umwelt zu sprechen. Es fällt ihnen beispielsweise nicht schwer, Objekte, Lebewesen und Personen sowie deren Tätigkeiten, die sie auf einem Bild sehen, auf altersgemäße Weise zu beschreiben, solange diese ihrer Erfahrungswelt entsprechen – etwa spielende Kinder auf dem Spielplatz oder Tiere auf dem Bauernhof. Auch können sie von ihrer Familie und ihrer Wohnsituation (Haus mit Garten oder Etagenwohnung) erzählen, ihr Lieblingsspielzeug oder ihre bevorzugten Speisen benennen, von Freunden und Begebenheiten aus dem Kindergarten berichten oder von bedeutsamen Ereignissen wie der Hochzeit des Onkels. Wichtig sind in diesem Zusammenhang die logische Struktur des Mitgeteilten sowie die Vielfältigkeit des verwandten Vokabulars, das nicht nur Substantive und wenige Verben, sondern auch andere Wortarten umfassen sollte. Grammatische Perfektion wird von ABC-Schützen nicht verlangt.

Doch nicht nur die rein sprachliche, auch die kommunikative Eignung spielt eine Rolle, damit sich ein Erstklässler in der Schule wohlfühlt. Wichtige Voraussetzungen für Gesprächsfähigkeit sind das Vermögen wie auch die Bereitschaft, anderen zuzuhören, sie ausreden zu lassen und auf Äußerungen zu reagieren. So sollte ein Kind

TIPP

Reden ist Gold

Eltern unterstützen die Sprachentwicklung ihrer Kinder von Anfang an, wenn sie viel mit ihnen sprechen, ihre Fragen ernst nehmen und mit Interesse beantworten. Positiven Einfluss übt zudem häufiges Vorlesen aus. Kinder, die Dialekt sprechen, lernen dabei ohne bewussten Aufwand die Hochsprache kennen.

Die sprachliche Entwicklung im sechsten und siebten Lebensjahr

beispielsweise in Spielsituationen anderen Gehör schenken, ihnen nicht ins Wort fallen und auf das Gesagte eingehen können.

Von der gesprochenen zur geschriebenen Sprache

Noch im Einschulungsalter richten Kinder ihren Fokus ausschließlich auf den Inhalt und die Bedeutung dessen, was sie an gesprochener Sprache hören und selbst produzieren. Doch ab Beginn der Schulzeit lernen sie in den Deutschstunden, im Lese- und Schreibunterricht, mehr und mehr auch die formalen Aspekte und die Struktur der Sprache kennen, die ihnen bislang nicht oder höchstens in geringem Maß bewusst waren und für sie erst jetzt eine Rolle zu spielen beginnen.

Um Lesen und Schreiben lernen zu können, müssen schon die Erstklässler sehr schnell begreifen, dass Wörter in Silben, Lautfolgen und Laute aufteilbar sind. Kindern im Vorschulalter fällt dies häufig noch schwer. Doch die »phonologische Bewusstheit« genannte Fähigkeit, im Strom der gesprochenen Sprache einzelne Wörter, Silben und lautliche Elemente zu unterscheiden und zu erkennen, stellt eine wesentliche Voraussetzung dar, um auch die geschriebene Sprache zu meistern. Denn die Buchstaben unseres Alphabets repräsentieren einzelne Laute, die zu Wörtern zusammengesetzt werden. Ein Kind muss diesen Zusammenhang zwischen Buchstabe, in der Fachsprache als Graphem bezeichnet, und Laut, hier sprechen die Sprachwissenschaftler vom Phonem, begriffen haben und umsetzen können, damit es imstande ist, die Schriftsprache zu erwerben.

Bereits im Vorschulalter können Kinder Sätze in Wörter und Wörter in Silben zerlegen sowie Reime erkennen. Im Einschulungsalter haben sie deshalb meist keine Schwierigkeiten, Fantasiewörter nachzusprechen, Wörter durch ihre Anlaute (Land, Hand, Sand) sowie durch ihre Auslaute (Auto und Autos) zu unterscheiden, und sie sind in der Lage, Wörter rhythmisch silbenweise zu artikulieren. Die phonologische Bewusstheit für die einzelnen Laute wächst dann in der Regel während des Erlernens der Schriftsprache so, wie das Kind es im Zuge der neuen Anforderungen benötigt.

Das ist aber interessant! Durch kindgerechtes Sprechen und Erzählen lässt sich die kindliche Aufmerksamkeit steigern und die Fähigkeit zuzuhören fördern.

Das sechste und siebte Lebensjahr

Checkpoint: Die Sprachentwicklung im sechsten und siebten Lebensjahr

Im Laufe des sechsten und siebten Lebensjahres verbessern Kinder stetig Sprachverständnis sowie Sprachproduktion. Ob der Sprachstand eines fünf- bis sechsjährigen Kindes altersgemäß ist, lässt sich durch Beobachtung feststellen. Die folgenden Fragen sollen dazu eine Anleitung bieten.

Artikulation

Spätestens im siebten Lebensjahr stellt die Lautbildung kein Problem mehr dar. Darauf sollte man achten:
- Spricht ein Kind deutlich, ohne zu stottern, zu stammeln oder zu nuscheln, so dass es wirklich gut verstanden werden kann?
- Kann es alle Laute der Muttersprache richtig aussprechen?
- Sind Sprachrhythmus und Sprechtempo flüssig?

Besonders der Umfang des Wortschatzes variiert bei Sechsjährigen in seiner Bandbreite zum Teil erstaunlich. Da kann ein Kind dem anderen schon mal ein Wort erklären, so dass es auch Pippis Späße versteht.

Sprachverständnis

Das Sprachverständnis ist im siebten Lebensjahr weit fortgeschritten. Es lässt sich unter anderem wie folgt beurteilen:
- Versteht ein Kind Spielanweisungen?
- Erfasst es komplexe Handlungsaufforderungen (»Nimm den blauen Becher und stell ihn im Garten neben Opas Stuhl.«)?
- Kann es beim Vorlesen altersgemäßen Geschichten folgen?

Aktiver Wortschatz

Für die Ausdrucksfähigkeit eines Kindes ist sein vielfältiger aktiver Wortschatz aus verschiedenen Wortarten von großer Bedeutung. Ein altersgemäßes Vokabular lässt sich durch nachstehende Beobachtungen feststellen:
- Kennt ein Kind die Bezeichnungen für die alltäglichen Gegenstände?
- Benutzt es vor allem die exakten sprachlichen Begriffe und Ausdrücke und nur selten Ersatzausdrücke wie »Ding« oder »das da«?

Die sprachliche Entwicklung im sechsten und siebten Lebensjahr

- Setzt es die Zahlwörter von eins bis zehn sowie Mengenangaben wie »viele«, »wenig« oder »alle« ein?
- Beherrscht es die Bezeichnungen für die gängigen Farben?
- Sind ihm die Bezeichnungen für häufig vorkommende Formen wie rund oder eckig geläufig?
- Verwendet das Kind Substantive (Hauptwörter), verschiedene Verben (Tätigkeitswörter), Pronomen (Fürwörter) wie »ich« oder »wir«, Präpositionen (Verhältniswörter) wie »in«, »an« und »über«, Adverbien wie »gestern« oder »morgen«, Adjektive (Eigenschaftswörter) wie »klein« und »groß«?

Grammatische Fertigkeiten

Um sich gut ausdrücken zu können, müssen die Kinder auch mit den Grundregeln der Grammatik vertraut sein. Hierbei sollte man vor allem auf folgende Kriterien achten:

- Spricht das Kind in ganzen Sätzen?
- Stimmt die Wortstellung in den Sätzen des Kindes?
- Verwendet es für Substantive das richtige Genus (grammatische Geschlecht)?
- Bildet es bei Substantiven die richtigen Pluralformen?
- Beugt es Verben richtig (etwa »ich gehe« – »er geht«)?
- Kann es Verben in die Gegenwart und die Vergangenheit setzen (etwa »du kaufst« – »du hast gekauft«)?

Ausdrucks- und Kommunikationsfähigkeit

Eine altersgemäße sprachliche Ausdrucksfähigkeit lässt sich zum Beispiel anhand der folgenden Punkte ermitteln:

- Kann das Kind Fragen beantworten (nach seinem Namen und seiner Adresse, seinem Alter, den Namen seiner Familienmitglieder)?
- Ist es in der Lage, seine Wünsche und Bedürfnisse deutlich zu äußern?
- Vermag es seine Meinung zu äußern?
- Verfügt es über die Fähigkeit, sich mit anderen Kindern beim Spielen oder bei Konflikten verbal auseinanderzusetzen?
- Ist es imstande, Sachverhalte einfach zu erklären?
- Gelingt es ihm, Begebenheiten oder Erlebnisse (zum Beispiel aus dem Kindergarten) in zeitlicher und logischer Folge zu erzählen oder ein Gespräch im Zusammenhang zu schildern?
- Besitzt das Kind die Fähigkeit, altersgemäße Geschichten verständlich nachzuerzählen oder selbst zu erfinden?

Grammatisch komplizierte Sätze sind nicht immer leicht zu verstehen. Da kann die Mama sie ruhig einmal wiederholen.

TIPP

Termin beim Logopäden

Bei auffälligen Problemen mit der Aussprache eines Kindes sollte man vor der Einschulung einen Logopäden aufsuchen. Man kann den Schulanfängern so ersparen, von den Klassenkameraden in eine Außenseiterrolle gedrängt zu werden.

Das sechste und siebte Lebensjahr

Wenn der erste Schultag naht

Das Thema Schule gewinnt im Kindergarten im letzten Vorschuljahr an Bedeutung und erhält in diesem Zeitraum auch in der Familie zunehmend Gewicht. Für die Kinder ist der Übergang vom Kindergarten- in das Schulalter eine aufregende Zeit. Die meisten Vorschüler freuen sich auf die kommende Schulzeit, der sie jedoch auch mit leichter Beklommenheit entgegenblicken. »Sind Lehrer streng?«, »Kommt meine Freundin auch in meine Klasse?« sind Fragen, die sich die Fünf- und Sechsjährigen stellen. Doch im Allgemeinen überwiegt bei ihnen der Stolz, wie die Großen nun bald in die Schule zu gehen, und eine freudige Aufbruchsstimmung macht sich breit.

Ein lobendes Wort zu den Hausaufgaben macht den Start doch gleich sehr viel leichter.

Erstes Kennenlernen

Bereits vor dem ersten Schultag besuchen Vorschulkinder üblicherweise bereits einmal die Grundschule, an der sie angemeldet wurden, und lernen so die Räumlichkeiten kennen, in denen sie in den folgenden Jahren die Schulbank drücken werden. Manchmal besuchen auch die Lehrer und Lehrerinnen aus der Grundschule, die den nächsten Jahrgang betreuen werden, die Vorschüler in der Kindertagesstätte, um sich bei ihnen persönlich vorzustellen, ihnen vom Schulalltag zu erzählen und Fragen zu beantworten. Viele Kinder haben zudem ältere Geschwister oder Freunde, die bereits in die Schule gehen, oder kennen Grundschüler aus der Kindertagesstätte. Die Pflicht der täglichen Hausaufgaben ist ihnen also beispielsweise schon bekannt, auch wenn sie selbst davon noch verschont sind. Dennoch macht es einen großen Unterschied, ob man mit dem Thema Schule indirekt durch Beobachtungen und Erzählungen vertraut ist, oder ob man nun selbst bald zur Schule gehen wird.

Die sprachliche Entwicklung im sechsten und siebten Lebensjahr

Warum Eltern von ihren eigenen Erlebnissen erzählen sollten

Unsicherheiten, die die Kinder in Bezug auf die anstehende Einschulung und das ihnen unbekannte Schulleben verspüren, können häufig im Gespräch mit Erwachsenen ausgeräumt oder zumindest gemildert werden. Die Kinder genießen es in der Regel, wenn die Eltern von ihrer eigenen Schulzeit berichten, und sie werden nicht müde, Fragen zu diesem Thema zu stellen. Sie wollen etwa wissen, wie die Lehrer der Eltern hießen, ob sie streng oder nett waren, wie die Schulräume aussahen und welche interessanten oder komischen Begebenheiten sich während der Schulzeit ereigneten. Besonders interessiert sind sie auch an den ehemaligen Klassenkameraden der Eltern.

Es lohnt sich, den Kindern die eigenen alten Klassenfotos, die Aufnahmen vom ersten Schultag, von Klassenausflügen oder von Aufenthalten in Schullandheimen zu zeigen. Die Kinder bekommen dank dieses Anschauungsmaterials reichlich Anregungen, nach allem zu fragen, was sie wissen möchten, was sie möglicherweise bedrückt oder mit Ängsten erfüllt. Sie erhalten außerdem die Gelegenheit, über ihre eigenen Vorstellungen und Wünsche zu sprechen, ihre Freude und ihren Stolz über den anstehenden Schulbesuch zu zeigen. Überdies ist es für Kinder verwunderlich und äußerst unterhaltsam, die eigenen Eltern als Kinder und die Großeltern als junge Erwachsene zu sehen. Frisuren, Kleidung und Spielzeug – alles wirkt fremd und ein wenig merkwürdig und bietet Anlass zu reichlichen Kommentaren und Erklärungen.

TIPP

Keine Drohkulisse aufbauen

Es ist sehr wichtig, dass Eltern angehenden ABC-Schützen ein positives Bild von der Schule vermitteln. Deshalb sollte auf Drohungen wie »Da wirst du aber in der Schule Ärger ernten!« verzichtet werden. Solche häufig unbewusst getätigten Einschüchterungen können bei den Kindern nicht nur Ängste vor der Schule erzeugen, sondern auch ihr Selbstbewusstsein untergraben.

Eine einschneidende Veränderung

Besonders wenn das erste Kind einer Familie eingeschult wird, wirkt sich das deutlich spürbar auf das ganze Familienleben aus. Manchmal muss der Alltag stringenter organisiert werden, und es kann durchaus der Eindruck entstehen, die gänzlich unbeschwerte Kindheit sei ab dem ersten Schultag vorbei. Darüber hinaus ist es auch für die stolzen Eltern eines angehenden Schulkindes nicht immer leicht, mit seinem neuen Status als »großes« Kind umzugehen und es in eine größere Selbstständigkeit zu entlassen.

Für die Kinder sind die anstehenden Veränderungen leichter zu erfassen, wenn die Eltern mit ihnen darüber reden, wie sich der Alltag nun gestalten wird. Eltern und Kindern tut es zudem gut, wenn sie über ihre Gefühle in dieser Übergangssituation sprechen. Trotz aller möglichen Wehmut sollten Erwachsene den Kindern jedoch unbedingt vor allem zeigen, dass sie stolz auf sie sind, und sich mit ihnen auf den neuen Lebensabschnitt freuen, ihr Selbstvertrauen durch viele lobende Worte stärken und ihnen Mut für die kommende Schulzeit machen. Dazu zählt auch, die Vorbereitungen auf die Schule gewissenhaft auszuführen, etwa gemeinsam mit dem Kind sorgfältig den Schulranzen auszusuchen und die notwendigen Schulmaterialien zusammenzustellen. Es fühlt sich so in seinen Anliegen ernst genommen und positiv unterstützt.

Das sechste und siebte Lebensjahr

Das Tagebuch für mein sechstes und siebtes Lebensjahr

Wenn wir jetzt an den See gehen, muss ich keine Schwimmflügel mehr anziehen. Ich kann nämlich schon schwimmen! Im Winter bin ich einmal in der Woche in einen Schwimmkurs gegangen und da hab ich es gelernt. Ich hab sogar das »Seepferdchen« gemacht, das ist eine richtige Prüfung. Da muss man in das Wasser springen und eine Bahn schwimmen und zum Schluss einen Ring aus dem Wasser holen. Weil ich alles gekonnt habe, habe ich vom Schwimmlehrer ein Abzeichen bekommen. Das hat mir Mama zu Hause gleich auf den Badeanzug genäht. Ich war ganz schön stolz!

Putzi muss man täglich füttern

Laurin und ich haben jetzt Meerschweinchen. Die wohnen zusammen in einem großen Käfig, damit sie miteinander spielen können. Mein Meerschweinchen heißt Putzi. Es ist braun, hat eine rosa Schnauze, schwarze Knopfaugen, fiept, wenn es Hunger hat, und lässt sich gerne streicheln. Laurins Meerschweinchen heißt Batman, den finden nämlich alle Jungen ganz toll. Laurin hat sogar einen Schlafanzug mit dem Zeichen von Batman, den zieht er am liebsten an. Mama und Papa haben gesagt, dass wir uns um die Meerschweinchen kümmern müssen, weil wir selbst für sie verantwortlich sind. Mama muss uns aber oft daran erinnern, dass wir die Meerschweinchen füttern, weil wir nicht immer daran denken. Sie bekommen Körner und Karotten und bei schönem Wetter dürfen sie auf dem Balkon laufen. Da knabbern sie das Gras aus einem großen Blumentopf, das mögen sie besonders gern.

Bald geht's in die Schule

Im Kindergarten gehöre ich jetzt zu den großen Vorschülern, die bald in die Schule kommen. Ich kenne auch schon die Schule, in die ich gehen werde, die haben wir zusammen mit unserem Erzieher Stefan besucht und in die Klassenzimmer geschaut. Ich weiß aber nicht, welche Lehrerin ich kriegen werde. Aber Laurin hat gesagt, die sind alle ganz nett, bloß manche sind netter. Er kommt jetzt in die dritte Klasse und kennt sich gut aus. Wir basteln schon alle zusammen unsere Schultüten für den ersten Schultag. Meine ist blau und mit vielen glitzernden Steinen und einem Delfin verziert. Sie ist ganz groß, damit viele Geschenke hineinpassen. Vor ein paar Wochen haben alle Vorschüler einen Sonnenblumenkern in einen Blumentopf gepflanzt, da sind schon richtige Pflanzen daraus geworden. Jeden Morgen gießen wir die Blumen, damit sie gut wachsen. Wenn die Sonnenblumen ganz groß sind, dann geht die Schule los! Ich bin schon so gespannt.

Kindertagebuch

Alles mit links!

Mama war mit mir bei einem Arzt, da müssen alle Kinder hin, die in die Schule kommen. War ja babyleicht, was man da machen soll. Der Arzt hat mich gefragt, wo ich wohne und ob ich Geschwister habe, und dann hab ich auf einem Bein hüpfen müssen. Das kann ich schon gut, weil wir am Spielplatz immer Hüpfkästchen spielen. Der Arzt hat gesagt, dass ich ganz bestimmt schon in die Schule gehen kann. Bloß wenn wir die Schere und den Füller für die Schule kaufen, müssen wir aufpassen, dass wir die richtigen besorgen. Ich brauche nämlich alle Sachen für Linkshänder, weil ich alles mit der linken Hand mache. Das ist aber kein Problem, hat der Schularzt gemeint, man muss nur wissen, mit welcher Hand man am liebsten malt, und mit der kann man dann auch besser schreiben.

Bei Rot muss man stehen bleiben

Ich hab einen Schulranzen! Gestern bin ich mit Oma Helga und Opa Hugo in die Stadt gegangen und hab mir die schönste Schultasche ausgesucht, die wir finden konnten. Sie ist grün mit einem tollen Muster. An jeder Ampel sind wir stehen geblieben, und ich habe sagen müssen, wann wir über die Straße gehen dürfen. Ist doch ganz einfach! Wenn das rote Männchen leuchtet, muss man warten, und wenn das grüne Männchen kommt, darf man gehen. Aber man muss trotzdem immer schauen, ob die Autos wirklich halten, weil man da nie ganz sicher sein kann. Oma hat gesagt, dass ich das schon gut kann, aber auf dem Schulweg trotzdem immer gut aufpassen muss. Mein Schulweg ist ganz lang, da muss ich über zwei Straßen hinüber, an denen stehen morgens und mittags Schulweghelfer, damit die Kinder gut über die Straße kommen. Ich weiß den Weg auswendig, weil ich ihn schon oft mit Papa und Mama gegangen bin.

Mit dem Kindergarten ist bald Schluss

Nächste Woche dürfen alle Vorschüler im Kindergarten übernachten. Das wird toll! Wir spielen, bis wir nicht mehr können, und dann schlafen wir auf einem Matratzenlager am Boden. Am nächsten Tag ist dann das Abschiedsfest für uns, dafür proben wir schon ganz viel. Wir Vorschüler führen nämlich ein Singspiel auf! In dem Singspiel reisen wir um die ganze Welt, und wo wir Station machen, singen wir ein Lied. Alle Kinder und Eltern aus dem Kindergarten werden uns zusehen! Danach gibt es Würstchen vom Grill und alle sitzen zusammen und feiern. Das ist mein letzter Tag im Kindergarten, danach sind die großen Ferien und die Schule beginnt. Ich kann es noch gar nicht glauben!

Schlusswort

Jetzt bin ich groß!

»Haben wir schon ein großes Kind!«, haben Mama und Papa gesagt, als wir zusammen an meinem ersten Schultag in die Schule gegangen sind. Ich hab meine Schultüte getragen, die voll mit Geschenken war, und meinen Schulranzen. Und ich hab mir nicht anmerken lassen, dass ich eigentlich furchtbar aufgeregt war.

Ich gehe gern in die Schule

Wenn ich es mir recht überlege, bin ich ja wirklich schon ganz schön groß. Ich gehe jetzt jeden Tag in die Schule und meine Lehrerin ist sehr lieb, außer wenn wir ihr nicht zuhören. Das mag sie gar nicht. Die Schule gefällt mir ganz gut und das Lernen macht mir meistens Spaß. Auch die Kinder in meiner Klasse finde ich fast alle nett, obwohl wir uns oft streiten. Aber eigentlich versöhnen wir uns meistens schnell wieder. Es fällt mir schwer, dass ich nicht so viel mit Elena reden darf, wie ich will, die sitzt nämlich neben mir. Manchmal müssen wir uns sogar an verschiedene Tische setzen, weil wir beide viel schwatzen.

Nachmittags muss ich Hausaufgaben machen, das finde ich ab und zu nicht so schön, wenn ich lieber spielen würde. Furchtbar anstrengend ist aber immer noch das Stillsitzen. Zum Glück machen wir nach jeder Schulstunde Hampelmann oder andere Übungen, damit wir Bewegung haben. Und in der großen Pause spielen wir Mädchen meistens Gummitwist, da gibt es was zu lachen!

Jetzt bin ich groß!

Ich kann mich ja eigentlich nicht erinnern

Früher war ich so klein, das kann ich mir heute gar nicht mehr vorstellen. An meinem ersten Schultag waren meine Großeltern nachmittags zu Kaffee und Kuchen da, und wir haben alle zusammen die Videos angeschaut, die Papa und Mama in den letzten Jahren von unserer Familie gemacht haben. Da sieht man mich als Baby, an meinem allerersten Lebenstag, da bin ich ganz zerknautscht und rot und habe nur ganz wenige Haare auf dem Kopf. Außerdem habe ich gar keine Zähne, das schaut lustig aus. Aber zurzeit habe ich auch viele Zahnlücken, weil meine Milchzähne ausfallen und die anderen nachwachsen.

Ich konnte überhaupt nicht glauben, dass ich mal dieses Baby auf dem Bildschirm war, weil ich mich daran überhaupt nicht erinnern kann. Oma hat dann aber gemeint, dass das ganz normal ist, weil sich niemand an seine Babyzeit erinnern kann. »Das Gedächtnis fängt nämlich viel später an zu lernen und erst an diese Zeit kann man sich erinnern«, hat sie erklärt.

Früher war ich klein

Da hat Opa gemeint, dass er sich heute auch nicht gut erinnern kann, und das stimmt, weil ihn Oma immer beschimpft, dass er so schusselig ist und ständig seine Brille sucht. Aber ehrlich gesagt, sucht sie ihre Brille auch immer und merkt nicht einmal, wenn sie sie in die Haare hochgeschoben hat. Opa hat gelacht und dann gerufen: »Respekt, Marie, damals warst du nur 53 Zentimeter groß, und heute bist du schon weit über einen Meter!« Papa hat gemeint, das will er genau wissen, und dann hat er mich mit dem Maßband gemessen. Genau einen Meter und 21 Zentimeter bin ich nun groß! »Wenn du so weiterwächst, bist du in sechs Jahren größer als ich«, hat Papa überlegt, und das fand ich doch ganz merkwürdig, weil Papa wirklich ganz groß ist und vor allem riesige Füße hat!

Ich kann jetzt schon ganz viel

Als Baby konnte ich noch fast nichts, aber inzwischen habe ich schon so viel gelernt! Ich kann schon ein bisschen lesen und rechnen und ganz schöne Bilder malen. Die, die uns am besten gefallen, hängen wir in der Küche und im Flur an die Wand. Aber ich kann noch viel mehr! Ich schaffe jetzt im Schwimmbad schon drei Bahnen und fahre ohne Stützen Rad. Ich trau mich auch, am Spielplatz auf die höchste Plattform vom Klettergerüst zu klettern, und außerdem kann ich auf der Flöte Weihnachtslieder spielen. Am liebsten mag ich »Ihr Kinderlein kommet«. Das hab ich noch gelernt, als ich in den Kindergarten gegangen bin. Ich kann ganz weit zählen und kenne sogar die englischen Zahlen bis zehn. Das hat mir Laurin beigebracht, weil der Englisch als Unterrichtsfach hat. »Voll cool«, hat er dazu gesagt, und heute hat er mich gefragt: »How are you, Marie?« Das heißt »Wie geht es dir?«. »Supergut!«, habe ich geantwortet, und das stimmt!

Serviceteil

Dieses Praxisbuch bietet eine Fülle von grundlegenden Informationen zu allen wichtigen Fragen der frühkindlichen Entwicklung. Professionelle Hilfe kann es aber in keinem Fall ersetzen. Auf den nächsten Seite finden Sie eine Zusammenstellung von Einrichtungen, die Ihnen bei Erziehungs- und Entwicklungsproblemen unterstützend zur Seite stehen. Außerdem sind die maßgeblichen Institutionen aufgelistet, die Auskunft über für Kinder geeignete Spiele und Medien erteilen. Zusätzlich enthält der Serviceteil ein umfassendes Glossar, in dem die zentralen Fachbegriffe der Frühpädagogik erläutert werden, sowie ein ausführliches Register.

Serviceteil

Information und Hilfe

Eine Vielzahl von Institutionen bietet Rat und tatkräftige Unterstützung rund um die Themen Erziehung, Entwicklung und Förderung. Im Folgenden finden Sie eine Auswahl von empfehlenswerten Einrichtungen.

Erziehung und Familie

Informationen über Familie und Erziehung, von Elterngeld bis Kinderschutz, gibt es beim

Bundesministerium für Familie, Senioren, Frauen und Jugend
11018 · Berlin · Tel. 01 80/1 90 70 50 · www.bmfsfj.de/

Eine Anlaufstelle bei Erziehungsproblemen und für Adressen von Erziehungsberatungsstellen in Ihrer Nähe ist die

Bundeskonferenz für Erziehungsberatung (bke)
Herrnstraße 53 · 90763 Fürth
Tel. 09 11/9 77 14 - 0 · www.bke.de/

Gesundheit und Entwicklung

Fragen zu diesen Bereichen beantworten Kinderärzte sowie die örtlichen Gesundheitsämter. Die Adresse Ihres nächstgelegenen Gesundheitsamtes entnehmen Sie dem Telefonbuch oder dem Internet unter

www.gapinfo.de/gesundheitsamt/alle/behoerde/ga/d/index_m.htm.

Mit umfassenden Informationen zum Thema Kindergesundheit versorgt Sie auch die

Bundeszentrale für gesundheitliche Aufklärung (BZgA)
Ostmerheimer Straße 220 · 51109 Köln
Tel. 02 21/89 92 - 0 · www.kindergesundheit-info.de/

Ein Verzeichnis aller Einrichtungen und Stellen, die Frühförderung behinderter oder von Behinderung bedrohter Kinder anbieten, erhalten Sie beim

Bundesministerium für Arbeit und Soziales
10117 Berlin · Tel. 0 18 05/ 67 67 15 · www.bmas.bund.de/

Leidet Ihr Kind unter Entwicklungsstörungen oder bestimmten Erkrankungen, bieten von betroffenen Eltern gegründete Selbsthilfegruppen Aufklärung, Erfahrungsaustausch und Unterstützung an. Eine Übersicht finden Sie im Internet unter

www.selbsthilfe-forum.de/

Wissenswertes zur Sprachentwicklung und Logopädie sowie Adressen von Logopäden in Ihrer Nähe offerieren folgende Institutionen:

Deutscher Bundesverband für Logopädie e.V. (dbl)
Augustinusstraße 11a · 50226 Frechen
Tel. 0 22 34/3 79 53 - 0 · www.dbl-ev.de/

Deutsche Gesellschaft für Sprachheilpädagogik e.V. (dgs)
Goldammerstraße 34 · 12351 Berlin
Tel. 0 30/6 61 60 04 · www.dgs-ev.de

Spielzeug und Medien

Was ist bei Spielsachen zu beachten und welche Sendungen, Hörspiele und Bücher eignen sich für mein Kind? Informationen rund um den Bereich Spiel und Spielzeug erstellt der

spiel gut Arbeitsausschuss Kinderspiel + Spielzeug e.V.
Neue Straße 77 · 89073 Ulm
Tel. 07 31/6 56 53 · www.spielgut.de

Sich über Sendungen für Kinder unterrichten und Qualitätsbeurteilungen von Kinderfilmen abfragen kann man bei der

Programmberatung für Eltern e.V. c/o
Bayerische Landeszentrale für neue Medien (BLM)
Heinrich-Lübke-Straße 27 · 81737 München
Tel. 0 89/63 80 82 80 · www.flimmo.de

Tipps zu qualitativ hochwertigen Hörspielmedien liefert die

Stiftung MedienKompetenz Forum Südwest c/o
Landeszentrale für Medien und Kommunikation (LMK) Rheinland-Pfalz
Turmstr. 10 · 67059 Ludwigshafen
Tel. 06 21/52 02 - 0 · www.ohrenspitzer.de

Eine Zusammenstellung empfehlenswerter Kinder- und Bilderbücher gibt es beim

Arbeitskreis für Jugendliteratur e.V.
Metzstraße 14c · 81667 München
Tel. 089/4580806 · www.jugendliteratur.org

Glossar

Als-ob-Spiel oder Symbolspiel: In diesen Spielen bewältigen Kinder Erfahrungen, indem sie Erlebnisse und alltägliche Handlungen nachleben und sie so zudem einüben. Erste selbstbezogene Als-ob-Spiele führen die Kleinen bereits im zweiten Lebensjahr aus, wenn sie beispielsweise so tun, als ob sie aus einem Fläschchen trinken würden. Die Handlungen (Skripts) der Symbolspiele werden nach und nach immer komplexer und dehnen sich zu Rollenspielen mit mehreren Akteuren aus. Als-ob-Spiele sind ein deutlicher Ausdruck dafür, wie sich die Vorstellungskraft und das Denken des Kindes entwickeln. Sie stellen eine wichtige Hilfe zur Verarbeitung von Lernerfahrungen und zur Ausbildung der emotionalen Selbstregulation dar.

Benennungsexplosion: Hierbei handelt es sich um das Phänomen des rasant wachsenden aktiven Wortschatzes in einer frühen Phase der Sprachproduktion. Die Benennungsexplosion tritt ein, wenn Kinder im zweiten oder dritten Lebensjahr rund fünfzig Wörter sprechen können. Sie haben somit einen Meilenstein in der Sprachentwicklung erreicht, denn auf der Grundlage der »magischen 50« lernen sie nun noch schneller neue Wörter.

Bildung: In der Pädagogik beschreibt dieser Begriff das Ergebnis eines lebenslangen Lern- und Entwicklungsprozesses, den jeder Mensch ab dem Zeitpunkt seiner Geburt durchlebt und durch den er seine Persönlichkeit entfaltet. Die individuelle Bildung eines Menschen umfasst sein gesamtes verinnerlichtes Wissen und Können, das wiederum sein Denken und Handeln bestimmt. Der Bildungsprozess ist ein innerer Vorgang, in dessen Verlauf im steten Austausch mit der Umwelt Erfahrungen verarbeitet, Kenntnisse gesammelt und Fertigkeiten erworben werden. Kinder sind Gestalter ihrer eigenen Bildung, indem sie durch Selbstbildungsprozesse beispielsweise im Spiel ihre Umwelt forschend entdecken.

Bindung: Der Terminus bezeichnet die enge emotionale Beziehung zwischen Menschen. In der frühkindlichen Entwicklung spielt vor allem die Bindung zwischen dem Kind und seiner Mutter und anderen engsten Bezugspersonen eine existenzielle Rolle. Den Höhepunkt dieses Bindungsprozesses erreichen die Kleinen im zweiten Lebensjahr. Die tiefe emotionale und fürsorgliche Bindung, die Eltern zu ihrem Kind bereits ab den ersten Stunden nach der Geburt aufbauen, wird Bonding genannt. Unterstützende Faktoren sind hierbei unter anderem das Kindchenschema sowie die Fähigkeit des Neugeborenen, zu lächeln und zu kommunizieren. »Attachment« benennt hingegen die emotionale Bindung und Anhänglichkeit, die das Kind zu den Sicherheit und Schutz bietenden Menschen in seiner Umgebung ausbildet. Die Qualität der Bindung eines Kindes zu seinen engsten Bezugspersonen beeinflusst unter anderem den Aufbau seines Selbstvertrauens und sein Lernverhalten. Ein standardisiertes Verfahren, um den Bindungsstil von ein- und zweijährigen Kindern zu überprüfen, ist der Fremde-Situations-Test. Er wurde in den 1960er Jahren von der amerikanisch-kanadischen Entwicklungspsychologin Mary Ainsworth und ihrem wissenschaftlichen Team entwickelt.

Compliance: Darunter versteht man die Bereitschaft eines Kindes, Anweisungen zu befolgen, Aufgaben gemeinsam mit Erwachsenen anzugehen und deren Wünsche zu respektieren. Die Compliance (»Komplizenschaft«) bildet sich im zweiten Lebensjahr aus und spielt unter anderem für die Leistungsmotivation eine wichtige Rolle.

Emotionale Objektkonstanz: Es handelt sich hierbei um die Fähigkeit, Personen »ganzheitlich« zu erfahren. Diesen Meilenstein in der emotionalen Entwicklung erreichen Kinder im dritten Lebensjahr. Bezugspersonen werden nun nicht mehr je nach Situation als »ganz böse« oder »ganz gut« wahrgenommen und gleichsam als zwei Individuen empfunden, sondern als positiv besetzte, geliebte Personen, die auch einmal negative Gefühle auslösen. Die emotionale Objektkonstanz ist beispielsweise bedeutsam, wenn es darum geht, Trennungen zu bewältigen oder Beziehungen zu weiteren Bezugspersonen aufzubauen.

Emotionen: Diese subjektiv und in verschiedener Intensität erlebten Gefühlsregungen dienen dazu, unsere Handlungen und die unserer Mitmenschen zu regulieren. Das emotionale Repertoire, die emotionalen Ausdrucksmöglichkeiten und das Verständnis für die Emotionen der Mitmenschen differenzie-

Serviceteil

ren sich in den ersten Lebensmonaten und -jahren aus. Zu den ersten Emotionen, die ein Mensch empfindet, zählt der Ekel. Ein wichtiges Ziel der sozial-emotionalen Entwicklung ist es zu lernen, diese Zustände mental zu verarbeiten. Dies gelingt Kindern auch aufgrund von Reifungsprozessen im Stirnhirn vor allem ab dem fünften Lebensjahr immer besser.

Entwicklung: Der Begriff beschreibt die Prozesse des Entstehens und der Veränderung im körperlich-motorischen, kognitiven, sprachlichen und sozial-emotionalen Bereich, die ein Mensch von seiner Zeugung bis zu seinem Tod durchlebt. In der Regel unterscheidet man dabei zwischen der vorgeburtlichen Phase von der Zeugung bis zur Geburt sowie der von der Geburt bis zur Pubertät dauernden Kindheit, der Jugend und dem Erwachsenenalter.

Entwicklungspsychologie: Dieses Teilgebiet der Psychologie beschäftigt sich mit der Entwicklung des Menschen in seinen verschiedenen Lebensphasen. Entwicklungspsychologen erforschen, wie und warum, in welchem Alter und in welchen Entwicklungsbereichen sich Entwicklungsprozesse ereignen, durch welche genetisch gesteuerten inneren und durch umweltbedingte äußere Faktoren sie ausgelöst, beeinflusst oder unterdrückt werden und auf welche Weise sie sich gegenseitig bedingen.

Ergotherapie: Hierbei handelt es sich um eine Behandlung, die bei verschiedenen Entwicklungsverzögerungen und -störungen eingesetzt wird. Behandlungsfelder sind unter anderem motorische Störungen aufgrund hirnorganischer Schädigungen, der Wahrnehmungsfähigkeit und Wahrnehmungsverarbeitung oder allgemein Probleme in der sensomotorischen Entwicklung.

Erziehung: Sie besteht aus sozialen Handlungen, die dazu dienen sollen, Lernprozesse absichtsvoll anzustoßen und die Entwicklung zu fördern. Wichtige Erziehungsziele sind die Ausbildung der Persönlichkeit und der Eigenständigkeit sowie der sozialen Kompetenzen von Kindern und Jugendlichen.

Fremdeln oder Acht-Monats-Angst: Dieses Phänomen tritt um den neunten Lebensmonat auf. Typischerweise begegnen Kinder in diesem Alter ihnen unbekannten Personen mit größter Vorsicht und einer deutlichen Scheu, die sich in bestimmten Situationen bis zur Panik steigern kann. In der Regel nimmt dieses Verhalten zu Beginn des zweiten Lebensjahres wieder ab. Die Ursachen des Fremdelns sind bislang nicht befriedigend geklärt. Vermutlich werden diese alterstypischen Angstreaktionen ausgelöst, weil Kinder in dieser Phase noch kein Verhaltensrepertoire für die Kommunikation mit Fremden besitzen und sie dieses Unvermögen zutiefst verunsichert.

Gehirn: Das komplexeste Organ des Menschen besteht aus Milliarden von »Neuronen« genannten Nervenzellen, die durch Billionen von Synapsen in Form von neuronalen Netzen miteinander verbunden sind. Diese bilden sich durch genetisch bedingte Reifungsvorgänge, aber vor allem durch Wahrnehmungen und Lernerfahrungen aus. Die neuronalen Netze sind flexibel und veränderbar und können immer wieder verstärkt oder neu gebildet werden. Das Gehirn ist deshalb ein plastisches Organ, das ständig geformt werden kann. Durch diese Eigenschaft bleibt der Mensch ein Leben lang lernfähig, braucht dazu jedoch Anreize durch Umwelteinflüsse.

Intuitives Sprechverhalten: Der Begriff bezeichnet die Art und Weise, in der Eltern und Bezugspersonen unbewusst mit Kindern so sprechen, wie es deren geistigen und Wahrnehmungsfähigkeiten am besten entspricht. Es bietet ihnen deshalb eine optimale Unterstützung im Spracherwerb. So verwenden Erwachsene und auch ältere Kinder in der Kommunikation mit Säuglingen die »Ammensprache«, die sich durch eine hohe Tonlage, eine ausgeprägte Sprachmelodie und viele Wiederholungen auszeichnet. Die »stützende Sprache« hilft im zweiten Lebensjahr vor allem beim Worterwerb durch Kommunikation im Dialog, die »lehrende Sprache« ab dem dritten Lebensjahr beim Grammatikerwerb. Hierbei werden typischerweise in Dialogen die Äußerungen der Kinder korrigiert oder ergänzt wiederholt, ohne jedoch diese Wiederholungen als Korrekturen hervorzustellen.

Kindheit: Darunter versteht man die Lebensphase von der Geburt bis zum Beginn der Pubertät, die wiederum in verschiedene Phasen der frühen und späten Kindheit untergliedert wird. Die frühe Kindheit beginnt mit der Neugeborenenzeit, die etwa die ersten drei Lebensmonate umfasst. Die folgende Phase des »kompetenten Säuglings« dauert bis zum Ende des ersten Lebensjahres. Die Kleinkindzeit umspannt das zweite und dritte Lebensjahr, danach folgen die Vorschul- und später die Grundschulkindheit. Der Beginn der späten Kindheit wird ungefähr im zehnten Lebensjahr angesetzt. Dieser Abschnitt dauert bis zum Einsetzen der Pubertät.

Kognitiver Bereich: Der kognitive oder geistige Bereich umfasst die Fähigkeiten zur Erkenntnisfindung beziehungsweise die geistigen Prozesse der Informationsverarbeitung. Hierzu zählen alle Funktionen und Verhaltensweisen, durch die Wissen und Fertigkeiten erworben und genutzt werden. Zu den kognitiven Fähigkeiten gehören unter anderem Wahrnehmung, Aufmerksamkeit, Erinnerung, Konzentration, Urteilsfähigkeit sowie das eng mit der Sprache verbundene Denken und Problemlösen. Zum kognitiven Bereich zählt aber auch die Steuerung der Motorik. Der kognitive und emotionale Bereich stehen in einem steten Wechselspiel. So können kognitive Vorgänge durch Gefühle beeinflusst werden, im Gegenzug kann aber zum Beispiel unser Denken auch auf unsere Gefühle einwirken.

Ko-Konstruktion: Mit diesem Terminus werden Lernprozesse bezeichnet, die Menschen im Rahmen von sozialen Beziehungen erleben. Diese vollziehen sich in der Interaktion mit anderen gleichsam in einer Lerngemeinschaft im handelnden Miteinander sowie im sprachlichen und nonverbalen Dialog.

Limbisches System: In dieser Funktionseinheit des Gehirns findet die emotionale Verarbeitung von Erfahrungen statt. Das limbische System ist eng mit dem Stirnhirn verbunden, das zum Großhirn gehört. Dort werden die Emotionen bewusst eingeordnet, zugelassen oder unterdrückt.

Logopädie: Den Menschen, die aufgrund von Beeinträchtigungen beispielsweise des Stimmapparats in ihrer sprachlichen Kommunikationsfähigkeit eingeschränkt sind, widmet sich diese medizinisch-therapeutische Fachdisziplin. Zu den Aufgaben der Logopädie zählen die Diagnose und Therapie von Sprach-, Sprech- und Stimmstörungen sowie von Hör- und Schluckstörungen.

Magische Phase: Hierbei handelt es sich um einen Zeitraum in der kognitiven Entwicklung, in der Kinder noch wenig zwischen Fiktion, Fantasie, Traum und Wirklichkeit unterscheiden können. In dieser Phase haben Kinder eine sehr ausgeprägte Fantasie und werden häufig von starken Ängsten geplagt.

Motorik: Darunter versteht man die Bewegungsfähigkeit des Körpers, die auf einem komplexen Zusammenspiel von Muskeln, Muskelgruppen und Sehnen sowie der Wahrnehmung beruht. Die Motorik ermöglicht dem Menschen, sich mit seiner Umwelt auseinanderzusetzen, auf sie zu reagieren und sie zu gestalten. Die Motorik wird in verschiedene Bereiche untergliedert. Zur Grobmotorik zählen beispielsweise die Körperstärke und die Bewegungskoordination, zur Feinmotorik unter anderem die Fingergeschicklichkeit. Unter der Bezeichnung Lokomotorik werden alle Arten der körperlichen Fortbewegung zusammengefasst, wie das Laufen und Krabbeln.

Motorische Intelligenz: Sie erlaubt unserem Körper, komplizierte Bewegungen auszuführen, ohne das Gehirn zu überlasten, und ist das Ergebnis von schnell und sicher erlernten, komplexen Bewegungsprogrammen, die immer wieder variiert werden können. Dank seiner motorischen Intelligenz verfügt der Mensch über eine einzigartige Feinmotorik und die Fähigkeit, sprechen zu lernen.

Objektpermanenz: Dieser Meilenstein in der kognitiven Entwicklung bezeichnet das Verständnis dafür, dass Gegenstände auch dann existieren, wenn man sie nicht sieht. Zu dieser kognitiven Leistung sind Kinder etwa ab dem späten zweiten Lebenshalbjahr fähig. Die Objektpermanenz ist beispielsweise für das Erlernen von Sprache von Bedeutung.

Phonologische Bewusstheit: Hier ist die Fähigkeit gemeint, in der gesprochenen Sprache einzelne Wörter, Silben und Laute zu unterscheiden. Dank der phonologischen Bewusstheit sind Menschen in der Lage, Buchstaben (Grapheme) und Laute (Phoneme) gleichzusetzen. Sie stellt deshalb eine wichtige Voraussetzung dar, um lesen und schreiben zu lernen.

Reflex: Im Laufe der Entwicklung eines Säuglings gehen diese angeborenen Bewegungsmuster teilweise verloren und werden durch bewusste Handlungen ersetzt. Überlebenswichtige Reflexe sind der Saug- und der Greifreflex.

Reifung: Gemeint ist hier die biologische Reifung eines Menschen, also das genetisch gesteuerte Wachstum des Körpers und die Ausbildung seiner Organe und Funktionen. Innerhalb der Entwicklung eines Menschen spielt die biologische Reifung beispielsweise eine wichtige Rolle als Grundlage für die Verfeinerung von Fähigkeiten oder das Erwerben von Fertigkeiten, so unter anderem bei der Ausdifferenzierung der Wahrnehmung oder beim Erlernen von motorischen Geschicklichkeiten wie Greifen und Gehen.

Repräsentation: Als »Repräsentationen« bezeichnet man die inneren Vorstellungen, die sich Menschen von ihrer Umwelt, Objekten und Vorgängen aufbauen. Im Laufe der frühkindlichen Entwicklung gewinnen diese zunächst sehr konkreten Bilder zunehmend symbolischen Charakter.

Sensible Phasen: Diese Zeiträume sind dadurch definiert, dass Kinder aufgrund ihrer physiologischen Reife und ihres Entwicklungsstandes jetzt besonders empfänglich für äußere Einflüsse sind, die ihr Lernverhalten anregen, und dass sie bestimmte Fertigkeiten dann besonders gut erlernen können. Die ersten Lebensjahre gelten beispielsweise als sensible Phase für den Spracherwerb.

Sensomotorik: Der Fachterminus benennt das enge Zusammenspiel von Bewegung und Wahrnehmung. So befähigen uns unsere Sinne, das Gleichgewicht zu wahren und den Körper aufrecht zu halten. Doch nur die Motorik ermöglicht uns wiederum, zum Erfühlen von Gegenständen unsere Hände zu bewegen.

Sensomotorische Phase: In dieser ersten, rund zwei Jahre dauernden Phase der Kindheit eignen sich Kinder die Welt über ihre sinnliche Wahrnehmung sowie ihre Motorik an und »begreifen« sie im wahrsten Sinne des Wortes.

Theory of Mind: Als »Theorie des Geistes« bezeichnet man die Fähigkeit, zu erkennen, dass das Handeln anderer Menschen durch deren Wünsche, Absichten, Vorstellungen und Vorkenntnisse beeinflusst wird, die sich von den eigenen unterscheiden können. Die Theory of Mind beginnt sich vor allem ab dem fünften Lebensjahr auszubilden.

Trotzverhalten: Dieses Verhalten, das besonders im dritten und vierten Lebensjahr auftritt, ist Ausdruck der wachsenden Selbstbewusstheit, des eigenen Willens und der Selbstständigkeit des Kindes. Die Trotzphase wird deshalb auch als Autonomiephase bezeichnet. Mit der zunehmenden Fähigkeit zur Emotionsregulierung sowie zur sozialen Perspektivübernahme nimmt das Trotzverhalten nach dem vierten Lebensjahr wieder ab.

Vorsorgeuntersuchungen: Mit den in allen Bundesländern einheitlichen, kostenlosen Vorsorgeuntersuchungen wird die Entwicklung eines Kindes überwacht. Folgende Zeiträume sind für Säuglinge und Kleinkinder vorgesehen: U1 (nach der Geburt), U2 (3.–10. Tag), U3 (4.–6. Woche), U4 (3.–4. Monat), U5 (6.–7. Monat), U6 (10.–12. Monat), U7 (21.–24. Monat), U8 (43.–48. Monat), U9 (60.–64. Monat).

Wahrnehmung: Der Begriff bezeichnet den komplexen, größtenteils unbewussten und subjektiven Verarbeitungsprozess jener Informationen im Gehirn, die über innere Körper- und äußere Umweltreize auf uns eindringen und von den Sinnesorganen aufgenommen werden. Dabei wird das für die Wahrnehmung notwendige Zusammenspiel verschiedener Sinnessysteme »sensorische Integration« genannt, die Intermodalität ist hingegen die Fähigkeit, die Inhalte der verschiedenen Sinneswahrnehmungen zu verbinden. Als Ergebnis des Wahrnehmungsprozesses sendet das Gehirn Befehle aus, die ein Verhalten, Bewegungen und Handlungen auslösen. Diese Reaktionen bewirken wiederum neue Wahrnehmungen, die in einem andauernden Rückkoppelungsprozess mit den bereits empfangenen Wahrnehmungen verglichen und verarbeitet werden. Kinder schulen ihre Wahrnehmung von Anfang an, indem sie ihre Sinnesempfindungen im Zusammenspiel mit ihrer motorischen Entwicklung in einem ständigen Lernprozess ausdifferenzieren und verfeinern.

Register

Das Register enthält Sach- und Fachbegriffe sowie Personennamen. Nicht aufgenommen wurden die ständig auftretenden Bezeichnungen »Baby«, »Säugling«, »Kleinkind«, »Kind« und »Eltern«, zudem sind die Begriffe zu den Altersstufen nicht verzeichnet, da die entsprechenden Informationen einfach und schnell über das Inhaltsverzeichnis gefunden werden können.

A

Ab-/Loslösung 22, 74, 94, 123, 165, 228
Abstand 22, 96, 122
Acht-Monats-Angst 73–75, 312
ADHS (Aufmerksamkeitsdefizit-/Hyperaktivitätssyndrom) 242 f.
Adjektive (Eigenschaftswörter) 249, 298, 301
ADS (Aufmerksamkeitsdefizitsyndrom) 242
Adverbien 249, 298, 301
Aggression s. Wut
Ainsworth, Mary 23, 311
Aktiver Wortschatz s. Wortschatz
Alleinspiele 98
Allmachtglauben 168
Als-ob-Spiel 91, 116–119, 128 f., 131, 142, 177, 223, 251, 261, 287, 311
Ammensprache s. Intuitives Sprechverhalten
Analoges Denken 277
Angst 73–76, 84, 96 f., 164 f., 168, 303
Antiautoritäre Erziehung
    s. Erziehung
Ärger 59, 84
Artikel 195, 254, 295
Artikulation 30 f., 144, 152 f., 155, 194, 248, 298, 300 f.
Asymmetrische Interaktion 206
Atmen 62, 67
Attachment (Anhänglichkeit) 22, 311
Audiomedien s. Hörspiele
Auditives System 27
Aufgabenverständnis
    s. Sprachverständnis
Aussprache s. Artikulation
Autonomiephase s. Trotzverhalten
Autoritative Erziehung
    s. Erziehung

B

Babysitter 96
Babysprache 34
Baden 50, 55
Balancieren 136, 183, 240, 294
Ballspiel 91, 104, 239
Basteln 188, 222, 246 f., 292
Bauchlage 63, 78
Bauklötze 91, 120, 137, 189, 217
Becherstelzen 239
Beliebtheit 229
Benennungsexplosion 107, 311
Beobachtungsfähigkeit 214
Betonung 150, 155
Bewegung s. Motorische Entwicklung
Bilderbuch s. Buch
Bildung 12 f., 24, 114 f., 311
Bindung 22 f., 43, 54, 57 f., 60, 123 f., 179, 234 f., 311
Bobbycar 91
Bonding (frühe Eltern-Kind-Bindung) 22, 58, 311
Bremsen 102, 136
Brettspiel 177
Bruder s. Geschwister
Buch, Bilderbuch 74, 88, 91, 113, 119, 197, 202 f., 224, 249 f., 261, 298
Buchstaben 299
Buntstifte s. Stifte

C

Casa dei Bambini (ital. Kinderbetreuungseinrichtung) 221
Compliance (Komplizenschaft) 95, 126, 311
Computer 120, 170, 224 f., 249

D

Daumenlutschen 140
Deutscher Jugendliteraturpreis 203
Dialekt 298
Dom Sierot (poln. Waisenhaus) 232 f.
Doppeldeutigkeit 263
Drehen 63, 73
Dreiecke s. Malen
Dreirad 119, 182, 185, 294
Drei-Wort-Sätze 133

E

Echo-Sätze 150
Eigenschaftswörter s. Adjektive
Einschulung(stest) s. Schule
Ein-Wort-Sätze 105
Einzelkinder 229
Ekel 20, 59, 84
Emotionale Objektkonstanz 123, 311
Emotionen 20 f., 58 f., 84 f., 126 f., 137, 164 f., 172, 176 f., 284–287, 311, 313
Entbindung 57
Entdeckungsdrang
    s. Forschungsdrang
Entthronungsschock 180
Entwicklung 15–37, 39–51, 62, 312
Entwicklungspsychologie 17, 312
Erbanlagen 40 f.
Erde 244
Erfolgserlebnisse 226 f.
Ergotherapie 191, 253, 312
Erkennen 55
Ernährung s. Essen

Erzieher, Erzieherinnen 48, 124, 173–175, 218 f., 227, 256 f., 271, 275
Erziehung 49–51, 312
Erziehungsberatungsstellen 48
Essen 26, 28, 104, 137, 188, 246 f., 274, 276, 295
Experimentieren 215 f., 222

F

Fahrradfahren 239, 294
Fälle s. Kasus
Familienkonstellation 42 f., 123, 236
Fangen (eines Balls) 136
Fangspiel 131, 136
Fantasie 116 f., 129, 168 f., 194, 220, 246
Fantasiewörter 255, 260, 299
Farben/Farbwahrnehmung 93, 113, 139, 145, 162, 167, 189, 219, 246
Fernsehen 120 f., 170, 224 f., 249
Fingerfarben 91, 119, 137, 139, 244, 246
Fingersprache 104
Förderspielzeug 91
Formen 113, 118, 163, 219, 245 f., 292
Forschungsdrang 24, 71–73, 77–79, 87, 89, 94, 118, 161, 164 f., 207, 215 226
Fötal 62
Fragealter 106, 197, 205–207, 212 f.
Freiraum 28, 47
Fremdeln s. Acht-Monats-Angst
Fremde-Situations-Test 23, 311
Freundlichkeit s. Höflichkeit
Freundschaften 47, 176, 229, 235
Führungsqualitäten 229–231
Funktionelles Wissen 86 f., 89
Furcht s. Angst
Fürwörter s. Pronomen

G

Gähnen 61
Geborgenheit s. Sicherheitsgefühl
Gebote 124 f.
Geburt 57
Gedächtnis 72, 88, 160–162, 203, 272 f., 280
Gedächtnisspiel 119, 177, 273, 280
Gefühle s. Emotionen
Gegensatzpaare 162, 167
Gehen 100–102, 185
Gehirn 18–20, 27, 54 f., 62, 87, 141, 186 f., 256, 312–314
Geistige Entwicklung s. Kognitive Entwicklung
Gemeinschaft s. Gruppe
Gene s. Erbanlagen
Genus (grammatisches Geschlecht) 194 f., 298, 301
Geräte, technische 118
Geruchssinn s. Olfaktorisches System
Geschlechterrollen 236 f.
Geschlossene Körperhaltung 62
Geschmackssinn s. Gustatorisches System
Geschwister 43, 179 f.
Gesicht 289
Gespräche 32 f., 206 f., 249, 258 f., 298 f.
Gestaltwandel 288
Gestik 67, 72–75, 82, 95, 104, 150, 259
Gesundheit s. Vorsorgeuntersuchungen
Gleichaltrige 45, 47, 98 f., 130–133, 228 f.
Gleichgewichtssinn 26, 101 f., 136, 181–183, 239 f., 270, 290
Grammatik 147, 193–197, 204, 248 f., 251–254, 261, 297 f., 301
Grammatisches Geschlecht s. Genus
Greifen 63 f., 73, 79, 104
Greifreflex s. Reflex
Großeltern 43, 124
Größenverständnis 161 f., 166
Gruppe 230–233, 283–287
Gustatorisches System 26

H

Händigkeit 79, 192
Hauptwörter s. Substantive
Höflichkeit 51, 235
Holz 93, 134, 220, 246 f., 257
Hören 27, 29 f., 56, 67
Hörspiel 197, 224, 249
Humor 263
Hüpfen 133, 183, 191
Hyperaktivität s. ADHS

I

Ich-Entwicklung 17, 94 f., 106, 151
Ignorieren 152 f., 198
Impulskontrolle 214
Instrumente s. Musik
Intermodalität 27, 314
Intuitives Sprechverhalten 35, 67, 312
Ironie 263
Itard, Jean 221

J

Jugendämter 48

K

Kasus (Fälle) 254
Kategorienbildung 113, 144, 163, 167, 273
Kaufladen 119
Kausales Denken 212–214
Key, Ellen 50
Kinästhetisches System 26
Kindchenschema 59, 311
Kindergarten s. Kindertagesstätte
Kinderkrippe 45, 96, 98
Kindertagesstätte (Kindergarten) 45, 48, 132–134, 172–175, 178, 190, 199, 228 f., 256 f.
Kinderturnen 184, 240 f.
Kinderzimmer 225

Register

Kindheit 312 f.
Klatschen 72
Kleidung 104, 133, 136, 171, 175, 188, 220, 292, 295
Klettern 133, 183, 240 f.
Kneten 93, 118 f., 188, 244 f.
Knöpfe 218 f.
Kodály, Zoltán 193
Kognitive Entwicklung 18–21, 54–56, 71–73, 86–93, 103, 112–121, 160–170, 212–227, 272–281, 313
Ko-Konstruktion 24, 250, 313
Konfliktführung 176, 285–287
Konjunktionen 298
Konstruktionsspiel 118, 189, 217, 220, 223, 247, 277, 292
Konzentrationsfähigkeit 133, 203, 213, 271 f., 274 f., 280, 289
Kooperieren lernen 285
Koordinationsfähigkeit 182–185, 238 f., 241
Kopfschütteln 72, 95, 259
Korczak, Janusz 232 f.
Körperbeherrschung 238 f.
Körperkontakt 28, 164
Körperpflege 28, 188
Korrigieren 152 f., 198
Krabbelphase 77
Kraftausdrücke s. Schimpfwörter
Kreativität 92 f., 220 f.
Kreisspiel 177
Kriechen 73, 77, 185
Kriechreflex s. Reflex
Kuchenbacken 90, 128, 245
Kuscheltiere 91

L

Lachen 31, 59
Lallphase 31, 81
Laufen 133, 136, 185
Lauflernhilfen 79
Laufrad 182

Laute 54, 67 f., 81–83, 106, 144, 146, 152, 194, 204, 248, 254 f., 263, 299
Lehrende Sprache s. Intuitives Sprechverhalten
Leistungsmotivation 226 f., 273
Lernen 13, 18, 160 f., 167, 215 f., 258, 271, 277, 280
Lernstörungen 167
Lieder s. Musik
Limbisches System 19 f., 313
Linkshändigkeit s. Händigkeit
Logopädie 148 f., 198, 253, 260, 301, 313
Loslassen 103 f.
Lutschoffener Biss 140

M

Magische 50 Wörter 107, 311
Magische Phase 168, 131, 313
Malaguzzi, Loris 256
Malen 104, 118 f., 133, 138 f., 189, 191, 222, 245 f., 292 f.
Märchen 169
Matschen 119, 244
Medien s. Buch, Computer, Fernsehen, Hörspiel
Mehrzahl s. Plural
Mengenverständnis 278
Merkfähigkeit s. Gedächtnis
Mimik 55, 59, 67, 75, 82, 150, 259
Misserfolge 22, 226 f., 273
Mitbestimmung 232 f.
Montessori, Maria 50, 221
Montessori-Kindergarten 134
Moral 235 f.
Motorik/motorische Entwicklung 25–28, 61–65, 77–80, 100–104, 135–142, 181–192, 217, 238–247, 288–295, 313
Motorische Intelligenz 186 f., 313
Muscheln 216, 246
Musik 119, 136, 185–187, 193 f., 204, 220, 241

Mutter 44, 54 f., 57–59, 65–67, 71, 74 f., 81 f. 96–98, 123, 180

N

Nachahmung 51, 55, 72, 91, 98 f., 116, 142
Nachstellschritt 136
Nähe 22, 96, 122
Nahrung s. Essen
Nasz Dom (poln. Waisenhaus) 233
Naturkundliche Kenntnisse 169, 276
Nein/Negation 95
Netzwerke 46 f.
Neugier s. Forschungsdrang
Niederlage 177 f., 184, 283

O

Objektpermanenz 72, 313
Olfaktorisches System 26 f.
Ordnen 216–219

P

Papier 93, 220, 246, 257
Pappmaché 244
Parallelspiele 98
Passivsätze 252
Patchwork-Familie s. Familienkonstellation
Peers s. Gleichaltrige
PEKiP (Prager Eltern-Kind-Programm) 63
Perlen auffädeln 119, 137, 189
Permissive Erziehung s. Erziehung
Personenpermanenz s. Objektpermanenz
Persönliche Neigungen 171
Perspektivübernahme 176, 178, 232, 235, 279, 285
Pflanzen 128, 276
Phoneme s. Laute

Serviceteil

Phonologische Bewusstheit 204, 297, 299, 313
Phonologisches Arbeitsgedächtnis 260
Physiologische Sprechunflüssigkeiten 193
Piaget, Jean 116
Pinsel 133, 136, 189
Pinzettengriff s. Greifen
Planschen 91
Plural (Mehrzahl) 195, 254, 298, 301
Polarisation der Aufmerksamkeit 221
Präpositionen (Verhältniswörter) 196 f., 249, 298, 301
Problemlösung 89, 92 f.
Pronomen (Fürwörter) 195 f., 249, 298, 301
Propriozeption s. Kinästhetisches System
Prosodie 67
Puppe 91, 117, 119, 129, 142, 180
Puzzle 119, 133, 137, 188, 280

Q

Quietschen 31, 59

R

Rasseln s. Musik
Raumverständnis 103, 161, 182 f., 196, 217, 258, 270, 279, 281, 290
Rechtshändigkeit s. Händigkeit
Reflex 56, 61, 64, 314
Regeln 124 f., 173, 177 f., 236, 283 f., 287
Reggio-Pädagogik 246, 256 f.
Reifung 62, 314
Reime 83, 204, 254 f., 263
Reize 26 f., 54 f., 62
Repräsentation 86–89, 154, 314
Respekt s. Höflichkeit
Rhythmusgefühl s. Musik
Richtungswechsel 102, 136, 183

Rituale 55, 71, 97
Rodeln 185
Rollenspiel s. Als-ob-Spiel
Roller 182, 294
Rollschuhlaufen 239
Rousseau, Jean-Jacques 50
Rückenlage 56, 63, 78
Rücksichtnahme s. Höflichkeit

S

Salzteig 119, 188, 244
Sammeln 216–219
Sand 91, 118 f., 244
Satzmelodie s. Sprachmelodie
Satzstrukturen 34 f., 146 f., 261, 297 f.
Sauberkeitserziehung 140–142
Saugen 30, 61 f.
Saugreflex s. Reflex
Scham s. Schuldbewusstsein
Schaukeln 63, 65, 133, 181
Schaukelpferd 91
Schere s. Schneiden
Scherengriff s. Greifen
Schimpfwörter 199–201
Schlittschuhlaufen 185, 239
Schlucken 30, 61 f., 67
Schlüsse ziehen 277
Schneiden 133, 188, 246 f., 292
Schnuller 140
Schreiben 292 f.
Schreien 31, 59, 67, 76, 84
Schreitreflex s. Reflex
Schuhe 101
Schulärztliche Untersuchung 269–271, 291
Schuldbewusstsein 125, 150
Schule 199, 268–275, 278, 282–299, 302 f.
Schulfähigkeit s. Schule
Schulranzen s. Schule
Schulweg s. Schule
Schwester s. Geschwister

Schwimmen 185, 241
Séguin, Édouard 221
Sehen 27, 55 f., 61, 64
Selbstbewusstsein 44 f., 72, 74, 94 f., 116, 227, 282 f., 286 f.
Selbstrepräsentation 150 f.
Selbstständigkeit 44, 95, 127, 142, 171, 232, 283, 287, 292
Sensible Phasen 58 f., 314
Sensomotorik 25, 205, 314
Sensomotorische Phase 17, 314
Sensorische Integration 27, 314
Sicherheit(sgefühl) 23 f., 97, 172 f., 234 f.
Silben 81–83, 299
Singen s. Musik
Singspiel 177
Sinneseindrücke s. Wahrnehmung
Sitzen 73, 77 f., 80
Skifahren 185
Skripts 162, 311
Sortieren s. Ordnen
Soziale Beziehungen 22–24, 57–60, 74–76, 94–99, 122–134, 171–180, 228–237, 282–287
Soziales Lächeln 60
Spiegel-Ich 95
Spielgruppe 45, 96–98, 121, 130
Spielplatz 98, 106
Spielzeug 91, 119
Spontanbewegungen 63
Sprachbaum 32
Sprachlaute s. Laute
Sprachliche Entwicklung 29–35, 66–68, 81–83, 88, 105–107, 143–155, 193–207, 248–263, 296–303
Sprachmelodie s. Prosodie
Sprachprobleme 198, 253
Sprachproduktion 33
Sprachspiele 148
Sprachtest Delfin 260
Sprachverständnis 33, 280, 297, 300
Sprechen 72, 81
Sprechfehler 152 f.

Sprechmelodie 106, 155, 259
Springen 136, 183, 191, 239
Stadtbücherei 203
Stadtkinder 183
Steckspiele 189, 220
Stehen 73, 78, 100, 190
Steiner, Rudolf 134
Stifte 91, 119, 133, 137–139, 189, 245 f., 292 f.
Stiftung Lesen 203
Stillen 50, 62
Stoff 134, 220, 247
Stottern s. Sprachprobleme
Strampeln 61, 63
Strecken 61
Stützen 63
Stützende Sprache s. Intuitives Sprechverhalten
Substantive (Hauptwörter) 146, 194, 249, 254 f., 298, 301
Symbolische Phase des Denkens 17
Symbolspiel s. Als-ob-Spiel
Symmetrische Interaktion 207

T

Tagesmutter 142
Taktiles System 26
Tasten 64
Teilhabe 89–91, 116, 128
Theoriebildung (kindliche) 170
Theory of Mind (Theorie des Geistes) 176, 314
Tiefensensibilität
    s. Kinästhetisches System
Todesängste s. Angst
Toilettengang 141 f., 188
Toleranz üben 229
Ton (Material) 119, 188
Tonhöhen 150, 155
Töpfchennutzung 141 f.
Traglinge 65
Trennung 23, 96 f., 122 f., 132, 173

Treppensteigen 100, 102, 136, 183, 191
Trinken 137, 295
Trommeln s. Musik
Trösten 21
Trotzverhalten 95, 126 f., 314

U

Übergangsobjekte 97
Übergeneralisierung 195, 251, 254
Überraschung 84
Umwelteinfluss 19, 32 f., 40 f.
Umweltwissen 240, 246
Ursache und Wirkung 72, 169, 213 f.
Urvertrauen 17

V

Vater 54, 58, 65–67, 81 f., 98, 123
Verben (Zeitwörter) 146, 197, 251, 298, 301
Verbessern s. Korrigieren
Verbote 124 f.
Verhältniswörter
    s. Präpositionen
Verinselung 47
Verlegenheit s. Schuldbewusstsein
Vernichtungsängste s. Angst
Versteckspiel 131
Vestibuläres System 26
Visuelles System 27
Vorbegriffliche Phase
    s. Symbolische Phase
Vorfreude 172
Vorlesen s. Buch
Vorsorgeuntersuchungen 28, 30, 56, 73, 190 f., 260 f., 314

W

Wachphase 57, 59, 89 f.
Wachsmalkreiden 119, 139, 189
Wahrheitssuche 213

Wahrnehmung 25–27, 30 f., 54–56, 58, 64 f., 67, 86, 94, 120, 138, 253, 256, 314
Waldkindergarten 134
Waldorfkindergarten 134
Waschen s. Körperpflege
Wechselschritt 136, 183
Weltwissen 114 f.
Wendlandt, Wolfgang 32
Werfen 185, 239, 294
Werken 119, 188, 247, 257
Windeln 140–142
Winken 72
Wissbegier s. Forschungsdrang
Wissenshorizont 112
Witze 263
Wochentage s. Zeitverständnis
Wortschatz 33 f., 88, 105–107, 143–147, 151, 154 f., 193–205, 248 f., 260 f., 296 f., 300 f.
Wut 84, 95, 126 f., 200 f.
W-Wörter 193, 205, 212 f.

X

Xylophon s. Musik

Z

Zahlen, Zählen 278 f., 281, 297
Zähne 289
Zehenspitzen 136
Zeitverständnis 113, 125, 155, 163, 193, 197, 215, 248 f., 251 f., 258, 279, 281, 297 f., 301
Zeitwörter s. Verben
Zielkorrigierte Partnerschaft 235
Zweisprachigkeit 68
Zwei-Wort-Sätze 106, 146
Zwillinge 41

Bildnachweis

6 o l: Mau/Katzer **6 o r:** IFA/Jupiterimages GmbH **6/7:** Corbis/Green/ZEFA **7 o l:** mev, Augsburg **7 o r:** PP/Wartenberg **8 o l:** Corbis/Seckinger/ZEFA **8 o r:** Kunterbunt **8/9:** PP/Börner **9 o l:** IFA/IPS **9 o r:** Pitopia GbR, Karlsruhe/Kempf **10 o:** WMV **10 u:** WMV **11 o:** WMV **11 u:** WMV **12:** Mau/Katzer **14/15:** IFA/Jupiterimages GmbH **16:** PP/ELTERN/Fath **18:** PP/Deutscher **19:** IFA/IT/tpl **20:** IFA/IT-Stock **21:** Mau/Reik **22:** IFA/Alexandre **23:** PP/ELTERN/Neusser **24:** Mau/Raith **25:** PP/ELTERN/Steiner **26:** IFA/BE&W **28:** PP/ELTERN/Mayr **29:** PP/Wartenberg **31:** PP/ELTERN/Meyer **33:** PP/Wartenberg **34:** Mau/agefotostock **35:** IFA/Jupiterimages GmbH **37:** PP/Anders **38/39:** Corbis/Green/ZEFA **40:** PP/ELTERN/Neusser **41:** Mau/Gebhardt **42:** Corbis/Schäfer **43:** Corbis/Wilhelm **44:** Mau/Photononstop **46:** PP/ELTERN/Frömel **48:** KNA-Bild, Bonn **49:** Kunterbunt **50:** PP/ELTERN/Neusser **51:** PP/ CAMERA PRESS/Stonehouse **52/53:** mev, Augsburg **54:** Mau/Raith **55:** PP/Raith **56:** PP/ELTERN/Seckinger **57:** Christoph & Friends, Essen/Baumeister **58:** IFA /Diaf **60:** istockphoto.com/Cudic **61:** IFA/DIAF/SDP **62:** PP/ELTERN/Krüger **63:** PP/ELTERN/Seckinger **65:** PP/ELTERN/Raith **67:** istockphoto.com/Roach **68:** Mau/Pacific Stock **71:** IFA/DIAF/SDP **73:** IFA/Diaf **74:** PP/ELTERN/Krüger **76:** PP/ELTERN/Anders **77:** Mau/Raith **78:** PP/ELTERN/Seckinger **79:** Mau/Workbookstock.com **80:** PP/ELTERN/Raith **81:** IFA/Alexandre **83:** mev, Augsburg/independent light **84:** Mau/Raith **85:** PP/Wartenberg **86:** istockphoto.com/Adair **89:** IFA/PLC **90:** istockphoto.com/Tchernov **91:** Mau/Stock Image **92:** istockphoto.com/Squires **93:** Mau/Kilian **94:** IFA/Gentieu **96:** IFA/IPS **97:** Corbis/Bock **99:** IFA/Alexandre **100:** Mau/Curtis **102:** PP/ELTERN/Krüger **103:** PP/ELTERN/Krüger **104:** istockphoto.com **107:** Mau/SuperStock **110/111:** PP/Wartenberg **112:** PP/ELTERN/Schneider **113:** Mau/Sun Star **114:** IFA/Jupiterimages GmbH **115:** PP/Kammeter **117:** IFA/Alexandre **118:** PP/ELTERN/Seckinger **119:** Mau/AGE **120:** Kunterbunt **121:** Mau/Phototake **122:** IFA/Jupiterimages GmbH **123:** Mau/age fotostock **124:** IFA/BE&W **125:** PP/Rizzoli **126:** IFA/Jupiterimages GmbH **127:** PP/ELTERN/Neusser **128:** Mau/Pöhlmann **129:** PP/ELTERN/Anders **131:** PP/ELTERN/Meyer **132:** PP/ELTERN/Neusser **133:** PP/ELTERN/Neusser **134:** IFA/Fotostock **135:** dpa/Perrey **136:** PP/CAMERA PRESS/Pashley **137:** Mau/Botanica **138:** PP/ELTERN/Raith **139:** Mau/Raith **140:** istockphoto.com/Thompson **141:** istockphoto.com/Sheets **143:** Mau/Stock Image **144:** Mau/Curtis **148:** IFA/Jupiterimages GmbH **149:** PP/ELTERN/Anders **151:** Mau/Ley **152:** IFA/Jupiterimages GmbH **153:** IFA/DIAF/SDP **154:** Mau/Hillebrand **158/159:** Corbis GmbH, Düsseldorf/Seckinger/ZEFA **160:** PP/ELTERN/Seckinger **162:** Mau/age fotostock **163:** PP/ELTERN/Anders **164:** Alamy, Abingdon/Bildagentur-online/Begsteiger **165:** Mau/Stock image **166:** PP/ELTERN/Frers **167:** Fotolia.com/Defazio **168:** Pitopia GbR, Karlsruhe/Priewe **170:** IFA/Jupiterimages GmbH **171:** Mau/Pöhlmann **172:** dpa/Kasper **174:** istockphoto.com/Walker **175:** PP/ELTERN/Weccard **177:** PP/ELTERN/Frers **178:** PP/ELTERN/Dürichen **179:** PP/Wartenberg **181:** Mau/Ley **182:** IFA/Jupiterimages GmbH **183:** IFA/Jupiterimages GmbH **184:** dpa/Deck **185:** Kunterbunt **186:** Mau/Velten **187:** IFA/Int. Stock **189:** PP/ELTERN/Hassos **190:** PP/ELTERN/Anders **191:** PP/ELTERN/Meyer **192:** Mau/Creek **193:** PP/ELTERN/Leppert **194:** WMV **195:** istockphoto.com/Roach **196:** Mau/Schultze + Schultze **198:** Mau/Pearce **199:** IFA/IDS **201:** WMV **202:** PP/ELTERN/Brosch **203:** Mau/Fergusson **204:** Mau/Workbookstock **205:** Mau/AGE **206:** Mau/AGE **210/211:** Kunterbunt **212:** Mau/Stock Image **214:** Kunterbunt **215:** PP/ELTERN/Seckinger **216:** PP/ELTERN/Frömel **217:** Mau/Stock Image **219:** istockphoto.com/Cooper **220:** istockphoto.com/Nieves **221:** Corbis-Bettmann, New York **222:** istockphoto.com/Adamczyk **223:** Alamy, Abingdon/Picture Partners **224:** IFA/Millette **225:** PP/ELTERN/Neusser **226:** Fotolia.com/Losevsky **227:** istockphoto.com/Syncerz **228:** Mau/Peek **229:** Mau/Doc Max **230:** Mau/Nonstock **231:** Mau/Botanica Lilly Dong **232:** Kultur & Spielraum e.V., München **233:** PP/ELTERN/Krüger **234:** Mau/Merten **237:** PP/ELTERN/Photokinder **238:** PP/ELTERN/Buck **240:** IFA/DIAF/SDP **242:** Mau/Hillebrand **243:** Mau/agefotostock **245:** istockphoto.com **247:** Corbis/Norman **248:** Mau/agefotostock **250:** Mau/PowerStock **251:** Mau/agefotostock **252:** Mau/Hangen **253:** Mau/AGE **254:** PP/CAMERA PRESS/Woman's Value **255:** IFA/Alexandre **256:** IFA/Jupiterimages GmbH **257:** istockphoto.com/Weakley **259:** IFA/Lindy **260:** PP/Wartenberg **261:** IFA/Jupiterimages GmbH **262:** PP/ELTERN/Schramm **266/267:** PP/Börner **268:** Mau/Spirit **269:** dpa/Phorms **270:** Mau/Workbookstock **271:** Mau/Spirit **272:** istockphoto.com **274:** Mau/Stock Image **275:** Mau/AGE **276:** Mau/Merten **278:** IFA/DIAF/SDP **279:** Mau/König **280:** Mau/Nikky **281:** Alamy, Abingdon/Gibson **282:** Mau/AGE **283:** PP/Börner **284 o:** PP/Börner **284 u:** IFA/IT/tpl **285:** Mau/Fergusson **286:** Mau/Pöhlmann **287:** PP/Börner **288:** Alamy, Abingdon/Picture Partners **289:** Mau/Zirn **290:** Mau/AGE **291:** istockphoto.com/Cole **292:** Mau/Velten **293:** Mau/Stock Image **294:** Mau/Umstätter **295:** Alamy, Abingdon/CoverSpot **296:** Mau/AGE **299:** Mau/AGE **300:** PP/Börner **301:** Alamy, Abingdon/Picture Partners **302:** Mau/Ludwig **306:** IFA/IPS **308:** Pitopia GbR, Karlsruhe/Kempf

Auf den Abbildungen der Spielkomponenten sind folgende Kinder zu sehen: Konrad Müller, Bielefeld, S. 10 o, 11 u; Merle, Malte und Jan Hokamp, Gütersloh, S. 10 u; Emma und Paul Opfer, Gütersloh, S. 11 o
Coverabbildungen:
vorne: Corbis GmbH, Düsseldorf/North
Rückseite: shutterstock.com/iofoto
Corbis = Corbis GmbH, Düsseldorf
dpa = Picture-Alliance GmbH, Frankfurt
IFA = IFA-Bilderteam GmbH, Ottobrunn
Kunterbunt = Kunterbunt, Heidi Velten, Leutkirch
Mau = Mauritius Images GmbH, Mittenwald
PP = Picture Press, Hamburg
WMV = Wissen Media Verlag, Gütersloh

Einband der Boxen: Illustrationen von Rebecca Abe, Angela Fischer-Bick, Peter Friedl, Dagmar Kammerer, Christine Kastl und Pieter Kunstreich